掌尚文化

Culture is Future

尚文化·掌天下

本书得到云南财经大学金融学国家级
一流专业建设经费全额资助出版

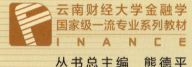

云南财经大学金融学
国家级一流专业系列教材

丛书总主编　熊德平

金融市场与金融机构

Financial Markets and Financial Institutions

马彧菲　杨铖　编著

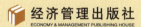

经济管理出版社
ECONOMY & MANAGEMENT PUBLISHING HOUSE

图书在版编目（CIP）数据

金融市场与金融机构 / 马彧菲，杨铖编著. -- 北京：
经济管理出版社，2024. -- ISBN 978-7-5243-0080-9

Ⅰ. F830.9；F830.3

中国国家版本馆 CIP 数据核字第 2024AC5136 号

组稿编辑：宋　娜

责任编辑：宋　娜

责任印制：许　艳

责任校对：陈　颖

出版发行：经济管理出版社

　　　　　（北京市海淀区北蜂窝 8 号中雅大厦 A 座 11 层　100038）

网　　址：www.E-mp.com.cn

电　　话：(010) 51915602

印　　刷：唐山玺诚印务有限公司

经　　销：新华书店

开　　本：720mm×1000mm/16

印　　张：25

字　　数：504 千字

版　　次：2025 年 6 月第 1 版　　2025 年 6 月第 1 次印刷

书　　号：ISBN 978-7-5243-0080-9

定　　价：98.00 元

前　言

"金融市场与金融机构"（或"金融机构与金融市场"）是教育部《普通高等学校本科专业类教学质量国家标准》中金融学类本科专业必修课程"'5+X'模式"之"X"（备选课程菜单）中排列第一的课程，同时也是《全国金融硕士专业学位（Master of Finance，MF）指导性培养方案》中规定的金融专硕专业必修课程。

本书可以作为普通高等学校金融学类专业本科"金融机构与金融市场"或"金融市场学"等课程的教材，同时也可以用于金融专硕"金融市场与金融机构"的课程。本书分为"第一篇金融市场"和"第二篇金融机构"，共包含十二章内容。每一章内容包含：学习目标、引导案例、正文（含补充阅读、案例等）、本章测试题、扩展阅读、参考文献、测试题答案。

本书的特点在于：一是加入大量实践案例和最新发展情况，有助于学生了解教材知识和金融实践的联系；二是增添"扩展阅读"版块，引入本章相关的学科前沿论文，有助于学生了解学科前沿、拓宽视野。

本书为《云南财经大学金融学国家一流专业系列教材》其中一部，丛书总主编由云南财经大学金融学国家一流本科专业建设点负责人熊德平教授担任。

本书作者皆为云南财经大学金融学院教师，马彧菲讲授"金融市场与金融机构"及相关课程多年，杨铖曾就职于某国有大型商业银行，对金融市场与金融机构有独到的理解与认识。本书的第一主编为马彧菲，马彧菲制定了本书的大纲，负责本书的统稿，并对接出版过程。马彧菲撰写了"第一篇金融市场"，具体章节为第一至第八章；杨铖撰写了"第二篇金融机构"，具体章节为第九至第十二章。修改工作各自完成。

本书的出版，要感谢云南财经大学金融学国家级一流专业建设经费资助，感谢经济管理出版社申桂萍、宋娜、王倩的精心编辑和辛勤付出。此外，感谢云南财经大学熊德平教授对本书的指导，感谢云南财经大学研究生王媛媛、吴卓珊、尹泉智、梁智豪、孙雯婷、王思静、陈育民、可浩辰、张恒杰、韦越、向雯及黄林等人为本书所做的贡献。

由于编者的水平和经验有限，书中难免有纰漏，恳请同行及读者批评指正，以便我们下次修订。

编者

2024 年 11 月

目　录

第一篇　金融市场

第二篇　金融机构

第一篇　金融市场

第一章　金融市场概论

经过 40 多年的改革和开放，中国经济取得了举世瞩目的发展和成就。作为世界第二大经济体，中国金融市场无论在中国经济发展，还是在国际金融体系中，都发挥着愈发重要的作用。金融市场上经营着货币资金借款、外汇买卖、有价证券交易、债券和股票的发行、黄金等贵金属买卖等业务。本章将对金融市场的概念、要素、功能、分类、发展趋势及体系建设等内容进行介绍。

学习目标

1. 掌握金融市场的概念。
2. 熟悉金融市场的要素、功能及分类。
3. 理解金融市场的发展趋势。
4. 了解我国金融市场体系建设。

引导案例
锻造有活力、有韧性的金融市场

一个有活力、有韧性的金融市场，必定是一个在扩大双向开放中不断锻造包容性的市场。当前，面对内外环境的高度不确定性，我国金融体系经受住了考验，韧性不断增强，为保经济、稳大盘发挥了重要的压舱石作用。

这很大程度得益于对外开放水平的不断提升。特别是 2018 年以来，随着 50 多项金融开放政策的集中出台，我国金融领域对外开放呈现出不断提速、加力、扩面的特点。市场互联互通大踏步前进，跨境资本流通市场机制持续得到拓展和优化，股票市场、债券市场国际影响力同步提升；金融机构"走出去"持续发力，多元化的全球金融服务体系逐步建成；人民币国际化步伐不断加快，金融市场的国际话语权提升的基础不断稳固。

数据是我国金融与世界金融"双向奔赴"成果的最好验证。在稳增长政策持续发力的背景下，2023 年上半年北向资金净流入 1833.24 亿元，高于 2022 年全年；截至 2023 年 6 月底，覆盖全球近 40 个国家和地区的 802 家（按法人机构）境外投资者通过债券通道进入银行间债券市场，上半年累计成交额达 4.8 万亿元，同比增长 26%；截至 2023 年 5 月底，境外机构持有我国银行间市场债券 3.19 万亿元，比开放债券交易前增加了 2.26 万亿元……这一系列制度型开放举措，正在成为推动我国金融稳步深度融入全球化、提升国际竞争力的加速器。

我们需要在未来更全面地统筹好开放与安全的关系，进一步将制度型开放向纵深推进，在市场化、法治化原则的指引下，不断增强各项开放政策的稳定性、透明度和可预期性。

资料来源：中国经济网. 田轩：锻造有活力有韧性的金融市场［EB/OL］.（2023-07-24）［2023-09-24］. http://m.ce.cn/bwzg/202307/24/t20230724_ 38642879. shtml.

第一节　金融市场的概念

一、金融市场相关概念

金融市场（Financial Market）是指以金融资产为交易对象而形成的供求关系及其机制的总和。广义的金融市场是指资金供应者和资金需求者双方通过信用工具进行交易而融通资金的市场；狭义的金融市场往往特指证券的发行与买卖的场所。这一概念包含有三层含义：第一，它是金融资产进行交易的一个有形或无形的场所；第二，它反映了金融资产之间的供求关系；第三，它包含了金融资产交易过程中所产生的运行机制，其中最主要的是价格机制。

金融资产（Financial Assets）是指一切代表未来收益或资产合法要求权的凭证，也称为金融工具或证券。它可以划分为基础性金融资产（包括债务性资产和权益性资产）以及衍生性金融资产（包括远期、期货、期权和互换等）。

金融市场与要素市场和产品市场的差异主要体现在：第一，金融市场上参与者之间的关系不是一种单纯的买卖关系，而是一种借贷关系或委托代理关系，是以信用为基础的资金的使用权和所有权的暂时分离或有条件的让渡；第二，金融市场中的交易对象是一种特殊的商品即货币资金，货币资金可以进行借贷及有条件的让渡，是因为当其转化为资本时能够得到增值；第三，金融市场的交易场所通常是无形的，通过电信及计算机网络等进行交易。

二、金融市场的要素

金融市场的构成包含几类要素：金融市场的主体、客体、组织形式、价格等。

（一）金融市场的主体

金融市场的主体，即金融市场的交易者。从动机来看，金融市场的主体主要有：投资者（投机者）——赚取差价收入、筹资者——满足资金需求、套期保值者——转嫁自身风险、套利者——利用市场赚取无风险利润、监管者——进行宏观调控和监管。这五类主体由如下六类参与者构成：

1. 政府部门

中央政府与地方政府通常是资金的需求者，通过发行财政部债券或地方政府债券来筹集资金。政府部门同时也可能是资金的供应者。无论是发展中国家还是发达国家，政府部门都是金融市场上的经济行为主体之一。

2. 工商企业

在不少国家，国有或私营的工商企业是仅次于政府部门的资金需求者。同时，工商企业也是金融市场上的资金供应者之一，对于在生产经营过程中暂时闲置的资金，为了使其保值或获得盈利，他们会将其暂时让渡出去，以使资金发挥更大效益。最后，工商企业还是套期保值的主体。

3. 居民个人

居民个人一般是金融市场上的主要资金供应者。个人的各种投资，如直接购买债券或股票，或购买共同基金份额、投入保险等，都为金融市场提供了资金。个人有时也有资金需求，但数量一般较小，如住房抵押贷款等消费贷款。

4. 存款性金融机构

存款性金融机构是指通过吸收各种存款而获得可利用资金，并将其贷给需要资金的各经济主体或是投资于证券等以获取收益的机构，一般包括如下几类：商业银行、储蓄机构、信用合作社等。

5. 非存款性金融机构

非存款性金融机构的资金来源和存款性金融机构吸收公众存款不一样，主要是通过发行证券或以契约性的方式聚集社会闲散资金。非存款性金融机构一般包括：保险公司、养老基金、投资银行、投资基金等。

6. 中央银行

中央银行处于一种特殊地位——它既是金融市场的行为主体，又是金融市场上的监管者。中央银行作为银行的银行，充当最后贷款人的角色，从而成为金融市场资金的提供者。同时，中央银行的公开市场操作不以营利为目的，但会影响到金融市场上资金的供求及其他经济主体的行为。

（二）金融市场的客体

金融市场的客体是指金融市场上交易的工具，即金融工具。金融市场中货币资金的交易是指以金融工具为载体，资金供求双方通过买卖金融工具实现资金的融通。也就是说，金融工具是反映金融市场上资金供给者与资金需要者之间债权债务关系的一种凭证。

金融工具种类繁多，各具特色，包括属于基础性金融工具的票据、债券、股票等，以及属于衍生性金融工具的远期、期货、期权和互换等。

金融工具具有几项重要特性：期限性、收益性、流动性和安全性。期限性是指债务人在特定期限之内必须清偿特定金融工具的债务余额的约定。收益性是指金融工具能够定期或不定期地给持有人带来价值增值的特性。流动性是指金融工具转变为现金而不遭受损失的能力。安全性（或风险性）是指投资于金融工具的本金和收益能够安全收回而不遭受损失的可能性。一般来说，期限性与收益性正向相关，即期限越长，收益越高，反之亦然。流动性、安全性则与收益性成反向相关，安全性、流动性越高的金融工具往往收益性越低，反之亦然。正是期限性、流动性、安全性和收益性相互间的不同组合导致了金融工具的丰富性和多样性，使之能够满足多元化的资金需求和对上述特性的不同偏好。

（三）金融市场的组织形式

金融市场的组织形式是指金融市场的交易场所，金融市场的交易既可在有形市场进行，也可在无形市场进行。其具体组织形式主要有三种：一是有固定场所的有组织、有制度、集中进行交易的方式，如证券交易所；二是柜台交易方式，即在金融机构的柜台上由买卖双方进行面议的、分散的交易方式；三是借助电子计算机网络或其他通信手段实现交易的方式。

（四）金融市场的价格

金融市场的价格是金融市场的基本构成要素之一，它通常表现为各种金融工具的价格。金融市场价格是由资金供求关系决定的，以金融工具或金融产品交易为依据形成的具体价格，有利率、汇率、证券价格、黄金价格和期货价格等，其本质都是资产的价格。不同的金融工具有着不同的价格，且影响其变动的因素十分广泛，这也使金融市场的价格形成变得更加复杂。同时，由于金融市场价格与投资者的利益密切相关，因而受到广泛的关注。

◎ **补充阅读**

2023 年 6 月金融市场运行情况

一、债券市场发行情况

2023 年 6 月，债券市场共发行各类债券 63377.8 亿元。其中，国债发行 8299.4 亿元，地方政府债券发行 8302.3 亿元，金融债券发行 8108.2 亿元，公司信用类债券 1 发行 13417.1 亿元，信贷资产支持证券发行 267.7 亿元，同业存单发行 24746.1 亿元。

截至 6 月末，债券市场托管余额为 150.3 万亿元。其中，银行间市场托管余额为 130.2 万亿元，交易所市场托管余额为 20.1 万亿元。分券种来看，国债托管余额为 26.1 万亿元，地方政府债券托管余额为 37.5 万亿元，金融债券托管余额为 36.4 万亿元，公司信用类债券托管余额为 32.2 万亿元，信贷资产支持证券托管余额为 2.3 万亿元，同业存单托管余额为 14.4 万亿元。商业银行柜台债券托管余额共计 442 亿元。

二、债券市场运行情况

2023 年 6 月，银行间债券市场现券成交额达 27.0 万亿元，日均成交 12876.1 亿元，同比增加 20.0%，环比增加 3.3%。单笔成交量在 500 万~5000 万元的交易占总成交金额的 45.8%，单笔成交量在 9000 万元以上的交易占总成交金额的 47.7%，单笔平均成交量为 4765.1 万元。交易所债券市场现券成交额为 3.9 万亿元，日均成交 1973.3 亿元。商业银行柜台市场债券共计成交 7.6 万笔，成交金额为 182.7 亿元。

三、债券市场对外开放情况

截至 2023 年 6 月末，境外机构在中国债券市场的托管余额为 3.33 万亿元，占中国债券市场托管余额的比重为 2.2%。其中，境外机构在银行间债券市场的托管余额为 3.28 万亿元。分券种看，境外机构持有国债 2.1 万亿元、占比 65.5%，持有政策性金融债 0.7 万亿元、占比 22.1%。

四、货币市场运行情况

2023 年 6 月，银行间货币市场成交额共计 169.5 万亿元，同比增加 21.2%，环比减少 0.7%。其中，质押式回购成交 155.1 万亿元，同比增加 23.6%，环比基本持平；买断式回购成交 5290.8 亿元，同比减少 2.5%，环比增加 3.0%；同业拆借成交 13.9 万亿元，同比增加 0.1%，环比减少 8.4%。交易所标准券回购成交 38.5 万亿元，同比增加 11.3%，环比增加 1.6%。

2023 年 6 月，银行间质押式回购月加权平均利率为 1.67%，环比上升 13 个基点；同业拆借月加权平均利率为 1.57%，环比上升 7 个基点。

五、票据市场运行情况

6 月份，商业汇票承兑发生额为 2.4 万亿元，贴现发生额为 1.8 万亿元。截至 6 月末，商业汇票承兑余额共计 17.7 万亿元，贴现余额为 12.1 万亿元。

6 月份，签发票据的中小微企业达 9.6 万家，占全部签票企业的 91.9%，中小微企业签票发生额达 1.5 万亿元，占全部签票发生额的 63.9%。贴现的中小微企业共 9.1 万家，占全部贴现企业的 96.2%，贴现发生额为 1.3 万亿元，占全部贴现发生额的 69.6%。

六、股票市场运行情况

2023 年 6 月末，上证指数收于 3202.1 点，环比下降 2.5 点，降幅为 0.1%；深证成指收于 11026.6 点，环比上涨 232.7 点，涨幅为 2.2%。6 月份，沪市日均交易量为 3916.7 亿元，环比减少 5.1%；深市日均交易量为 5697.7 亿元，环比增加 10.5%。

七、银行间债券市场持有人结构情况

截至 2023 年 6 月末，银行间债券市场的法人机构成员共 4008 家，全部为金融机构。按法人机构统计，非金融企业债务融资工具持有人 2 共计 2189 家。从持债规模来看，前 50 名投资者持债占比 50.8%，主要集中在公募基金、国有大型商业银行（自营）、股份制商业银行（资管）等；前 200 名投资者持债占比 81.5%。单只非金融企业债务融资工具持有人数量的最大值、最小值、平均值和中位值分别为 71、1、12、11 家，持有人在 20 家以内的非金融企业债务融资工具的只数占比为 90%。

2023 年 6 月，从交易规模来看，按法人机构统计，非金融企业债务融资工具前 50 名投资者的交易占比 63.5%，主要集中在证券公司（自营）、基金公司（自营）和股份制商业银行（自营），前 200 名投资者交易占比 90.5%。

资料来源：中国人民银行金融市场司.2023 年 6 月份金融市场运行情况［EB/OL］.（2023-07-27）［2023-09-27］.http：//www.pbc.gov.cn/jinrongshichangsi/147160/147171/147173/5001522/index.html.

三、金融市场的功能

金融市场分支丰富，参与者广泛，主要具有以下几方面的功能：

（一）货币资金融通功能

融通货币资金是金融市场最主要、最基本的功能。金融市场一方面为社会中资金不足的一方提供了筹集资金的机会，另一方面也为资金的富余方提供了投资机会，即为资金的需求方和供给方搭起了一座桥梁，使社会资金实现在盈余部门和短缺部门之间的融通和调剂。

（二）优化资源配置功能

通常货币资金总是流向最有发展潜力、能为投资者带来最大利益的地区、部门和企业，而金融资产的价格变动则反映了整体经济运行的态势和企业、行业的发展前景，是引导货币资金流动和配置的理想工具。

（三）风险分散与风险管理功能

金融市场的参与者通过买卖金融资产转移或者接受风险，利用组合投资可以分散那些投资于单一金融资产所面临的非系统性风险。金融市场的投融资过程就是风险管理过程，股票市场、债券市场、衍生金融工具市场的发展为企业的发展、分散化投资、风险转移策略等提供了基础支持和多种实现工具。例如，利用套期保值、组合投资、期货期权、金融互换以及保险机构的保险单等，可以达到风险转移、风险分散的目的。

（四）经济调节功能

金融市场可以通过其特有的资本聚集功能和引导资本合理配置的机制，发挥对经济的调节作用。金融市场的经济调节功能既表现在借助货币资金供应总量的变化影响经济的发展规模和速度，又表现在借助货币资金的流动和配置影响经济结构和布局，还表现在借助利率、汇率、金融资产价格变动促进社会经济效益的提高，以及借助金融市场的运行机制，为中央银行实施货币政策、调节宏观经济提供传导渠道。

（五）交易及定价功能

通过金融交易中买卖双方相互作用所形成的价格，金融市场具有决定和发现利率、汇率、证券价格等金融资产价格的功能，能够为金融资产交易提供价格依据，并通过调节价格引导资源配置。

（六）反映经济运行的功能

金融市场是国民经济景气情况的重要信号系统，是反映国民经济情况的"晴雨表"。首先，在一个有效的市场中，证券交易行情能够反映企业的经营管理情况及发展前景，从而成为反映微观经济运行状况的指示器。其次，金融市场交易能够直接或间接地反映国家货币供应量的变动，能够反映宏观经济运行的信息和运行状况。最后，在金融国际化条件下，通过国际金融市场上的信息传播，金融市场能够反映世界经济发展的情况。金融市场所反映的宏观经济运行方面的信息，有利于政府部门及时制定和调整宏观经济政策，也可以为企业、个人的投融资决策提供信息依据。

第二节　金融市场的分类

根据不同的分类方式，可把金融市场划分为以下类型。

一、按标的物划分

按标的物可将金融市场划分为货币市场、资本市场、外汇市场、黄金市场和衍生市场。

（一）货币市场

货币市场指以期限在一年及一年以下的金融资产为交易标的物的短期金融市场。主要包括国库券、商业票据、银行承兑汇票、可转让定期存单、回购协议、联邦资金等短期信用工具。货币市场的主要功能是保持金融资产的流动性，以便能够随时将其转换成现实的货币。市场交易量大是货币市场区别于其他市场的重要特征之一。

（二）资本市场

资本市场是指期限在一年以上的金融资产交易的市场。资本市场的主要功能是为资金需求者筹措长期资金。它一般包括两大部分：银行中长期存贷款市场（如债券市场）和有价证券市场（如股票市场）。

（三）外汇市场

广义的外汇市场是指外汇买卖、经营活动的总和。狭义的外汇市场指的是银行间的外汇交易。其主要功能有：实现购买力的国际转移；调剂国际资金余缺；避免或减少因汇率变动带来的风险，从而促进国际贸易的发展。

（四）黄金市场

黄金市场是指专门集中进行黄金买卖的交易中心或场所。目前，黄金仍是国际储备工具之一，在国际结算中占据着重要的地位，因此，黄金市场仍被看作金融市场的组成部分。但随着时代的发展，黄金非货币化的趋势越来越明显。

（五）衍生市场

衍生市场是各种衍生金融工具进行交易的市场。衍生金融工具，是指由原生性金融商品或基础性金融工具创造出的新型金融工具。它一般表现为一些合约，这些合约的价值由其交易的金融资产的价格决定。衍生工具包括远期合约、期货合约、期权合约、互换协议等。

二、按金融市场的功能划分

按金融市场的功能，可将金融市场划分为发行市场和交易市场。

（一）发行市场

资金需求者将金融资产首次出售给公众时所形成的交易市场，称为初级市场、发行市场或一级市场。

（二）交易市场

证券发行后，各种证券在不同的投资者之间买卖流通所形成的市场，即为二级市场、交易市场或流通市场。

初级市场是二级市场的基础和前提；二级市场为初级市场提供流动性和价格决定。

三、按中介特征划分

按照中介特征，可将金融市场划分为直接金融市场和间接金融市场。

（一）直接金融市场

直接金融市场是指资金需求者直接从资金所有者那里融通资金的市场，一般指通过发行债券或股票方式在金融市场上筹集资金的融资市场。

（二）间接金融市场

间接金融市场是指通过将银行等信用中介机构作为媒介来进行资金融通的市场。

直接金融市场与间接金融市场的差别并不在于是否有金融中介机构的介入，而主要在于中介机构的特征的差异。直接金融市场上也有金融中介机构，但它不是资金的中介，而大多是信息中介和服务中介。

四、按交割时间划分

按照金融产品的交割时间，可将金融市场划分为现货市场和期货市场。

（一）现货市场

现货市场是指市场上的买卖双方成交后须在若干个交易日内办理交割的金融市场。现货交易包括现金交易和固定方式交易。现金交易是指成交日和结算日在同一天发生的证券买卖；固定方式交易则是指成交日和结算日之间相隔几个交易日（一般在七天以内）的证券买卖。

（二）期货市场

期货交易是指交易双方达成协议后，并不立即交割，而是在一定时间后进行交割。期货市场是按达成的协议交易并按预定日期交割的金融市场。

五、按有无固定场所划分

按照有无固定场所，可将金融市场划分为有形市场和无形市场。

（一）有形市场

有形市场即为有固定交易场所的市场，一般指的是证券交易所等固定的交易场地。在证券交易所进行交易首先要开设账户，然后由投资人委托证券商买卖证券，证券商负责按投资者的要求进行操作。

（二）无形市场

无形市场是指在证券交易所外进行金融资产交易的总称。它的交易一般通过现代化的电讯工具在各金融机构、证券商及投资者之间进行。它是一个无形的网络，金融资产及资金可以在其中迅速地转移。

六、按地域范围划分

按照地域范围，可将金融市场划分为国内金融市场和国际金融市场。

（一）国内金融市场

国内金融市场是指金融交易的作用范围仅限于一国之内的市场，它除了包括全国性的以本币计值的金融资产交易市场之外，还包括一国范围内的地方性金融市场。

（二）国际金融市场

国际金融市场是金融资产的交易跨越国界进行的市场，是进行金融资产国际交易的场所。

国内金融市场是国际金融市场形成的基础。国际金融市场是国内金融市场发展到一定阶段的产物，是与实物资产的国际转移、金融业的国际化、资本的国际流动及现代电子信息技术的高度发展相辅相成的。

第三节　金融市场发展趋势

近些年，金融市场在发展过程中，体现出以下几方面的发展趋势：

一、金融全球化

金融全球化趋势，包含了交易和参与者的全球化两方面：一是金融市场交易的全球化，主要包括国际货币市场交易的全球化、国际资本市场交易的全球化和外汇市场的全球一体化三个方面。二是市场参与者的国际化，传统的以大银行和主权国政府为代表的国际金融活动主体正为越来越多样化的国际参与者所代替。

金融全球化带来的有利影响包括：促进国际资本的流动，有利于稀缺资源在国际范围内的合理配置，促进世界经济的共同增长；合理配置资产持有结构、利用套期保值技术为分散风险创造了条件；为筹资者提供更多的选择机会，有利于其获得低成本的资金。

但同时，金融全球化也带来了一些不利影响，例如，金融风险的控制显得更为复杂，增加了政府在执行货币政策与金融监管方面的难度，使政府金融监管部门在金融监管及维护金融稳定上产生了一定的困难等。

二、金融自由化

金融自由化趋势，主要表现为：减少或取消国与国之间对金融机构活动范围的限制；放宽金融机构业务活动范围的限制，允许金融机构之间的业务适当交叉；对外汇管制的放松或解除；放宽或取消对银行的利率管制；鼓励金融创新等。

金融自由化的有利影响包括：导致金融竞争更加激烈，在一定程度上促进了金融业经营效率的提高；在金融自由化过程中产生的新型的信用工具及交易手段，极大方便了市场参与者的投融资活动，降低了交易成本；促进资本的国际自由流动，有利于资源在国际间的合理配置，在一定程度上促进了国际贸易的活跃和世界经济的发展。

金融自由化同样会带来一些不利影响，包括：国际资本的自由流动，既有机遇，也充满了风险；金融市场上管制的放松，对金融机构的稳健经营提出了较高的要求，一旦处理不好，有可能危及金融体系的稳定，并导致金融动荡和经济危机；金融自由化还给货币政策的实施及金融监管带来了困难。

三、金融工程化

金融工程化是指将工程思维引入金融领域，综合采用各种工程技术方法（主要有数学建模、数值计算、网络图解、仿真模拟等）设计、开发新型的金融产品，创造性地解决金融问题。这里的新型和创造性是指金融领域中思想的跃进、对已有观念的重新理解与运用，或者是对已有的金融产品进行分解和重新组合。金融工程技术应用的具体方面包括套期保值、投机、套利、构造投资组合等。

金融工程化趋势的有利影响，主要体现在为人们创造性地解决金融风险提供了空间。金融工程的出现标志着高科技在金融领域的应用，它大大提高了金融市场的效率。

但同时，金融工程也是一把"双刃剑"，它在大大提高金融市场效率的同时，也放大了金融市场的风险。美国发生的"次贷危机"以及由此演变而成的全球金融危机，对我国起到了一定的警示作用。

四、金融科技化

金融科技化是指通过利用各类科技手段创新传统金融行业所提供的产品和服务，提升效率并有效降低运营成本。根据金融稳定理事会的定义，金融科技基于大数据、云计算、人工智能、区块链等一系列技术创新，全面应用于支付清算、借贷融资、财富管理、零售银行、保险、交易结算六大金融领域，是金融业未来的主流趋势。

2022 年，依据《中华人民共和国国民经济和社会发展第十四个五年规划和 2035 年远景目标纲要》，中国人民银行制定并印发《金融科技发展规划（2022—2025 年）》，提出新时期金融科技发展指导意见，明确金融数字化转型的总体思路、发展目标、重点任务和实施保障，强调要高质量推进金融数字化转型，健全适应数字经济发展的现代金融体系，为构建新发展格局、实现共同富裕贡献金融力量。

金融的科技化是基本趋势，金融科技将会在以下四个维度促进我国金融行业发展进入一个全新的时代：一是维护国家金融安全，二是助力我国金融业"弯道超车"，三是实现民生普惠，四是助推"一带一路"建设。

与此同时，金融科技仍面临一些亟待破解的现实挑战。例如，新兴业态监管和长尾消费者保护难度大，多重风险交叉叠加效应增强，金融数据治理和融合应用不足，产业链供应链安全可控水平有待持续提升，金融科技服务产业发展的直达性和有效性需要进一步加强。

五、金融普惠化

普惠金融是指立足机会平等要求和商业可持续原则，以可负担的成本为有金融服务需求的社会各阶层和群体提供适当、有效的金融服务。小微企业、农民、城镇低收入人群、贫困人群和残疾人、老年人等特殊群体是当前普惠金融重点服务对象。

自 2015 年党中央部署实施《推进普惠金融发展规划（2016-2020 年）》以来，金融服务覆盖率、可得性、满意度不断提升，在统筹疫情防控和经济社会发展、助力打赢脱贫攻坚战、补齐民生领域短板等方面发挥了积极作用。

2022 年 2 月，中央全面深化改革委员会第二十四次会议审议通过《推进普惠金融高质量发展的实施意见》，强调要深化金融供给侧结构性改革，把更多金融资源配置到重点领域和薄弱环节，加快补齐县域、小微企业、新型农业经营主体等金融服务短板，促进普惠金融和绿色金融、科创金融等的融合发展，提升政策精准度和有效性。

与此同时，普惠金融的发展面临着诸多问题与挑战：普惠金融服务不均衡，普惠金融体系不健全，法律法规体系不完善，金融基础设施建设有待加强，商业可持续性有待提升等。

◎ **补充阅读**

富滇－格莱珉扶贫贷款项目

富滇银行为发挥金融助推脱贫攻坚能效，立足边疆少数民族地区扶贫工作实际，积极探索金融精准扶贫新路径，引入世界小额扶贫信贷先驱格莱珉银行技术创新金融扶贫产品，于2016年5月率先在大理市唯一贫困乡太邑彝族乡启动富滇－格莱珉扶贫贷款项目，这标志着格莱珉模式首次在中国成功落地。2017年末，项目筹集使用资金1677.28万元，其中运营资金为990.28万元，向当地累计投放信贷资金687万元，惠及当地农户342户1124人，支持鼓励种养殖产业发展和生产经营。

资料来源：中华人民共和国民政部. 富滇—格莱珉扶贫贷款项目［EB/OL］.（2018-09-18）［2023-09-24］. https：//www.mca.gov.cn/zt/history/helpPoor/201809 00011352. html.

第四节　金融市场体系建设

2021年，《中华人民共和国国民经济和社会发展第十四个五年规划和2035年远景目标纲要》提出要"全面深化改革 构建高水平社会主义市场经济体制"。其中，建设高标准市场体系，是加快完善社会主义市场经济体制的重要内容，对加快构建以国内大循环为主体、国内国际双循环相互促进的新发展格局具有重要意义。2022年，党的二十大报告也指出，要"构建全国统一大市场，深化要素市场化改革，建设高标准市场体系"。基于金融在经济体系中的作用和功能，金融市场建设不仅是大市场体系的重要组成部分，更是推进高标准市场体系建设的重要资源。建设高标准市场体系必须建设高标准的金融市场体系。

以下将从中国金融市场体系建设取得巨大成就、高质量发展对于金融市场体系建设提出新要求、完善金融市场体系建议三个方面①，介绍我国金融市场体系建设的情况。

一、中国金融市场体系建设取得巨大成就

以改革开放为引领，中国金融市场体系建设取得了巨大成就，经历了从无到有、从小到大、从相对单一到类别齐全的发展过程。目前，金融市场体系建设的成就主要表现在三个方面：一是金融市场种类齐全、市场业态丰富。种类齐全的金融市场已覆盖了金融服务的各个领域。二是金融市场规模体量庞大。证券市场、货币市场、外汇市场、黄金市场、衍生品市场等市场的交易量和总市值等各个指标都处于全球较为领先地位，部分指标名列前茅。三是金融市场作用和功能凸显。我国金融市场体系对完善和健全社会主义市场体系、促进经济社会发展、推动改革开放具有重要影响，在市场投融资、金融资源配置、服务实体经济等方面都起到了关键作用。

二、高质量发展对于金融市场体系建设提出新要求

党的二十大报告对高质量发展做出了详细阐述和明确部署。这对完善金融市场运行机制、发挥金融市场功能、建设高标准金融市场体系、提升金融服务实体经济水平等方面，提出了新要求、新任务。

（一）金融市场要服务好高质量发展的重点领域

金融市场建设要根据高质量发展要求，从金融市场定位以及发展目标出发，既要扬长板，也要补短板，更多聚焦和服务经济重点领域和薄弱环节，加大金融服务力度、强化金融资源配置。高质量发展需要以现代化经济体系和产业体系为支撑。金融市场要牢牢把握现代化产业体系建设这一高质量发展的核心动力，更多支持科技创新实践、绿色低碳发展、数字化转型等关键领域，为科创金融、绿色金融、数字金融发展提供市场平台，同时，要在乡村振兴、财富管理、共同富裕、盘活存量资产等方面发挥金融市场的积极作用。

（二）持续深化金融市场功能

一是深入挖掘金融市场价格发现功能。随着经济结构优化、产业转型升级、企业发展方式创新，金融市场也面临新的资产类别、形态及特征，如数据资产、知识产权、碳资产等，这需要通过完善市场机制，充分结合新产业形态和新资产特征，更好地发挥金融市场的估值定价价格功能。二是强化金融市场资源配置功

---

① 以下内容引自上海交通大学上海高级金融学院执行理事屠光绍所作的《建设高标准金融市场体系，服务高质量发展》主题演讲。

能。金融市场应不断加大改革开放力度、提升创新活跃度，更好地服务于新产业体系的投融资，高水平、高质量地满足新产业企业，尤其是科创企业、绿色发展企业、高碳到低碳转型企业的金融服务需求。三是提升金融市场风险管理功能。通过金融产品工具的创新和金融衍生品市场的发展，更好地发挥金融市场的风险管理功能，满足市场参与者对风险管理的需求。

（三）深入优化金融市场结构

要通过健全资本市场功能，提高直接融资的比重，特别是推动股权性投融资发展；要扩大金融市场长期资金来源，形成合理的资金结构。这些对高质量发展，特别是支持产业结构升级和企业创新至关重要。此外，还应加强期货和现货市场、场外市场和场内市场等的建设，进一步优化市场结构。

（四）加大金融市场开放力度

以双循环为核心的新发展格局来推动高质量发展，要求金融市场进一步扩大对外开放，利用好国际国内两个市场两种资源，更好地实现金融资源国内配置和国际配置的有效联动。通过金融市场开放不断推动人民币国际化进程，在市场开放的同时，进一步推动金融制度性开放，更多地参与国际金融市场规则的制定，形成国际制度和国内制度的融合互动。

（五）进一步提高金融市场效率

降低金融市场成本，提升金融市场效率，这既是金融市场服务实体经济的必然要求，也对全国统一大市场具有重要意义。关键是要抓住金融市场的要素流动，通过要素的充分流动，实现各类市场间的功能协调。

（六）加强金融市场风险防范、维护金融安全

金融风险防范和金融安全是高质量发展对金融市场提出的要求，金融市场稳定安全又是其中的重要内容。目前，国际政治经济局势和国内经济金融形势不断变化，金融风险复杂性也在增加，必须高度重视金融市场的风险防范。此外，金融安全的重要性也在进一步提升。既要加大金融市场改革创新，又必须注重风险防范；既应扩大金融市场开放，也要维护金融安全。这对制度建设、市场监管也提出了更高的要求。

三、关于完善金融市场体系的几点思考

建设高标准金融市场体系，主要从两方面着手：一方面是根据高质量发展和高标准市场体系的需要，新建或扩大已有的各类金融市场规模、能级；另一方面则是通过已有各类市场之间的有序合作和联通联动，提升金融市场的整体效率和功能，起到"1+1>2"的作用。以下主要从另一方面这个角度，就如何从通过产品工具、市场投资人、交易方式、基础设施等有序对接、连通联动促进金融市场

功能和效率上提出一点想法。

（一）金融现货和期货市场之间的匹配

根据国际市场经验，金融期货和金融现货存在一定的匹配关系。相比较而言，中国的金融期货市场发展相对较晚一些，但近年来，中国加大了金融期货市场的建设力度，我国金融期货和金融现货之间的匹配度不断提升，这健全了金融市场的风险管理功能，也带动了金融现货产品的发行和交易，支持了直接融资的发展和实体经济企业的融资需求。不久前，中证1000股指期货和期权的推出就是一个明显的案例。总体上来看，与股票现货市场相比，期货市场的产品工具还是相当不足的，应该加快推出新品种。同时，满足外汇市场参与者风险管理的需要，应加快推出汇率期货，实现现货和期货的匹配，从而进一步完善外汇市场的功能。

（二）商品期货市场与金融机构参与对接

我国大宗商品期货市场的体量和交易量均处于全球领先地位。然而，仍需努力实现大宗商品定价权。通过有序放开金融机构参与大宗商品期货交易，有利于形成市场参与者的多元化，健全大宗商品市场的定价机制，更好支撑我国大宗商品期货市场的国际竞争力。

（三）金融工具和其他要素市场的协同

目前，绿色金融体系的主要支撑是绿色信贷和绿色债券，绿色投资发展较慢，这与碳排放权市场中碳定价功能有密切关系。解决这一个问题，一是要对碳排放权市场的行业进行有序扩容。二是要有序引入金融工具，如金融支持工具、交易工具和其他融资工具。三是要推动资产管理机构作为机构投资者积极进入这一市场。除了碳市场，另外如数据市场、知识产权市场等，也应考虑与金融工具的协同。

（四）国内金融市场和国际金融市场合作

要强化国内金融市场和国际金融市场的合作，实现我国金融市场参与国际金融资产配置，利用好国内国际两个市场和两种资源，促进金融领域双循环，在市场开放的同时，推动金融制度型开放。近年来，我们已经推出一些相互挂牌交易的产品并取得了较好的效果。

（五）场外市场和场内市场的联动

加快场外市场和场内市场的联动，关键是市场信息制度和机制问题。从前一段时间受到广泛关注的"雪球"现象来看，场内市场和场外市场之间存在市场信息不对称情况。因此，场内市场和场外市场信息有序流动是实现二者有效联动的重点。

（六）不同市场基础设施之间的优化整合

目前，一些金融市场特别是同一类别的市场在清算、结算和托管体系方面相互独立、彼此分割、自成一体，同一市场主体因参与不同的市场交易需要在每个交易场所都有一套清算、结算、登记托管办法。这既增加了成本、影响市场效率，又不利于控制市场风险，应从清算体系入手，实现金融市场基础设施的整合。不同的市场类别有不同的市场管理机构，因此，促进金融市场的有序联动，需要不同监管部门之间的有效协调，只有这样才能打破市场壁垒，减少市场分割，从而不断加快高标准金融市场体系建设，为高质量发展提供更有效的支持。

 本章测试题

一、名词解释

1. 金融市场
2. 金融资产
3. 货币市场
4. 发行市场
5. 金融工程
6. 金融科技

二、简答题

1. 金融市场与要素市场和产品市场的差异主要体现在哪些方面？
2. 金融市场具有哪些功能？

三、论述题

我国金融市场体系建设存在哪些不平衡不充分发展的问题？

◎ **扩展阅读**

金融市场参与、风险异质性与家庭幸福

摘要：本文研究了金融市场参与对家庭幸福的影响。理论分析显示，金融市场参与通过风险和收益对家庭幸福产生影响。本文运用 2015 年中国家庭金融调查数据，实证研究了金融市场参与对家庭幸福的影响。为克服内生性，本文选取

工具变量，运用极大似然估计发现，家庭参与金融市场会显著提高家庭幸福的可能性。从投资风险的角度进一步研究发现，金融投资的风险异质性对家庭幸福有显著影响：家庭参与低风险金融投资会显著提高家庭幸福，参与高风险金融投资会显著降低家庭幸福。从民间借贷参与角度，本文发现家庭参与民间借出款会显著提高家庭幸福的可能性。民间借贷投资风险对家庭幸福的异质性影响也是存在的，高风险借出款对家庭幸福有显著的负向影响。本文为理解家庭金融投资行为与幸福的关系提供了新的证据，可为构建和谐社会提供有益参考。

资料来源：尹志超，岳鹏鹏，陈悉榕. 金融市场参与、风险异质性与家庭幸福［J］. 金融研究，2019（4）：168-187.

重大突发公共卫生事件下的金融市场反应

摘要： 本文旨在评估金融市场对重大突发公共卫生事件的反应，尤其是上市公司所在地的公共治理能力是否会影响上市公司股票收益率。其中，城市公共治理能力以基于实时数据计算的防疫能力和复工复产能力指标来刻画。主要有如下发现：第一，防疫能力会影响投资者情绪，但不会直接影响股票收益率；第二，所在地复工复产能力对股票收益率存在正向影响；第三，机制分析表明，经营基本面更容易受疫情影响的企业，如小企业、成长型企业、所在地数字金融基础设施较差的企业，其股票收益率对当地复工复产能力的反应更敏感。本文结论表明，在全国一盘棋的抗疫努力下，投资者对于战胜疫情有信心，短期内复工复产能力对金融市场来说更重要。从应对措施来看，短期内可对比较脆弱的企业实施精准果断的帮扶，长期内可考虑加强地区防疫能力建设和数字基础设施建设。

资料来源：陈赟，沈艳，王靖一. 重大突发公共卫生事件下的金融市场反应［J］. 金融研究，2020（6）：20-39.

稳增长、防风险背景下的宏观经济与金融市场风险溢出

摘要： 在当前实体经济低迷及金融市场明显波动的背景下，研究宏观经济与金融市场风险溢出具有较强的现实指导意义。本文利用混频溢出指数和混频格兰杰因果检验方法，研究我国宏观经济与金融市场之间风险溢出的静、动态特征和传导渠道。从溢出结果来看，混频溢出指数能够较好地识别危机和重大事件。金融市场是实体经济部门的风险净输出方，外汇市场对实体部门的冲击最大，其次是股市、债市。不同时期，因内外部环境差异，风险溢出结构显著不同。从溢出渠道来看，金融市场与实体经济存在直接冲击渠道与间接冲击渠道，其中，"政策渠道"显示了宏观政策变量在风险溢出过程中的中介作用。"预期理论"在新冠疫情期间风险溢出中发挥主要作用。

资料来源：尚友芳，方意，和文佳．稳增长、防风险背景下的宏观经济与金融市场风险溢出［J］．国际金融研究，2023（5）：34-45．

参考文献：

［1］陈赟，沈艳，王靖一．重大突发公共卫生事件下的金融市场反应［J］．金融研究，2020（6）：20-39．

［2］上海高级金融学院SAIF．屠光绍：建设高标准金融市场体系，服务高质量发展｜洞见［EB/OL］．（2022-12-14）［2023-09-24］．https：//mp. weixin. qq. com/s？_biz＝MzU2MDE1MTIyMg＝＝&mid＝2247512357&idx＝1&sn＝dc2ab2d 80a26947648da648059ab78f4&chksm＝fc0e9efccb7917ea85ccd9454677ad7280d8e022a 24445180e69c76d606c3134ca73d11b2d8a&scene＝27．

［3］尚友芳，方意，和文佳．稳增长、防风险背景下的宏观经济与金融市场风险溢出［J］．国际金融研究，2023（5）：34-45．

［4］尹志超，余颖丰．重视金融科技在金融发展中的作用［N］．光明日报，2018-11-20（11）．

［5］尹志超，岳鹏鹏，陈悉榕．金融市场参与、风险异质性与家庭幸福［J］．金融研究，2019（4）：168-187．

测试题答案

一、名词解释

1. 金融市场：指以金融资产为交易对象而形成的供求关系及其机制的总和。

2. 金融资产：指一切代表未来收益或资产合法要求权的凭证，亦称为金融工具或证券。

3. 货币市场：指以期限在一年及一年以下的金融资产为交易标的物的短期金融市场。

4. 发行市场：指资金需求者将金融资产首次出售给公众时所形成的交易市场。

5. 金融工程：是指将工程思维引入金融领域，综合采用各种工程技术方法（主要有数学建模、数值计算、网络图解、仿真模拟等）设计、开发新型的金融产品，创造性地解决金融问题。

6. 金融科技：指通过利用各类科技手段创新传统金融行业所提供的产品和服务，提升效率并有效降低运营成本。

二、简答题

1. 金融市场与要素市场和产品市场的差异主要体现在哪些方面？

第一，金融市场上参与者之间的关系不是一种单纯的买卖关系，而是一种借贷关系或委托代理关系，是以信用为基础的资金的使用权和所有权的暂时分离或有条件的让渡；第二，金融市场中的交易对象是一种特殊的商品即货币资金，货币资金之所以可以进行借贷及有条件的让渡，是因为当其转化为资本时能够得到增值；第三，金融市场的交易场所通常是无形的，通过电信及计算机网络等进行交易。

2. 金融市场具有哪些功能？

金融市场具有货币资金融通、优化资源配置、风险分散与风险管理、经济调节、交易及定价、反映经济运行等功能。

三、论述题

我国金融市场体系建设存在哪些不平衡不充分发展的问题？

（1）金融资源配置不平衡，对部分领域的金融服务不充分。从金融供给角度来看，国企"拿"得太多，民企"拿"得太少；房地产"拿"得太多，制造业"拿"得太少；支持效率低下、过剩产能的金融资源太多，支持民营、"三农"以及高新科技的金融资源太少。金融机构缺乏对国有企业和民营企业一视同仁的态度，"惜贷"现象仍比较严重，中小企业"融资难、融资贵"的问题仍然突出。

（2）直接融资发展不平衡，资本市场多层次、功能互补不充分。以银行信贷为主的间接融资仍占据金融体系的主导地位，以股权和债券为主的直接融资占比较低，且近年来仍有下降趋势。直接融资体系内部存在产品结构不合理、资本市场结构层次发展不足、场内市场和场外市场发展不平衡等问题，导致其不能为企业融资，尤其是科技创新型企业与中小微企业融资提供便利。就债券市场而言，市场中债券品种、结构也不完善，国债比公司债、企业债规模更大，发展得更充分，而公司债、企业债则发展不充分。

（3）间接融资发展不平衡，银行体系多层次、广覆盖、有差异服务不充分。近年来，我国金融业的规模不断扩大，但以大银行为主的金融机构之间同质化现象明显，粗放型经营模式仍然存在，中小金融机构特别是民营银行、社区银行发展滞后，部分专业金融机构的服务目标不清晰甚至缺失，金融机构多样化、专业化和科技化水平有待提升。

（4）个人金融服务发展不平衡，消费金融等普惠金融发展不充分。目前我国金融市场能够提供的个人金融产品和服务种类偏少、结构不合理、质量良莠不齐，不能满足人民对多元化、高质量金融产品和服务的需求。

第二章　货币市场

　　货币市场是一年期及一年期以内的短期金融工具交易所形成的供求关系及其运行机制的总和。货币市场的活动主要是为了保持资金的流动性，以便随时可以获得现实的货币。有效率的货币市场应该是一个具有广度、深度和弹性的市场，其市场容量大，信息流动迅速，交易成本低，交易活跃且持续，能吸引众多的投资者和投机者参与。本章对货币市场的内容进行详细介绍，分析现行的各种货币市场的工具及货币市场的参与者。

◎ 学习目标

1. 掌握货币市场的概念、特点和功能。
2. 掌握货币市场的类型。
3. 理解货币市场的工具。
4. 掌握货币市场的参与者。
5. 理解货币市场包含的各个子市场的相关内容。

◎ 引导案例

同业业务的收缩

　　2017 年，中国银行业监督管理委员会披露消息称，银行同业资产和负债双双收缩，为 2010 年以来首次。商业银行同业业务最初仅限于商业银行之间的拆借，以调剂短期流动性余缺，这是"同业"概念的本源。然而，从 2010 年以来，同业业务逐渐发生了质变，演变成商业银行利用同业拆入资金或吸收理财资金，扩大各种表外资产的工具，除了传统的同业存放、同业拆借、同业票据转贴现外，又衍生出同业代付、同业偿付、买入返售等各种"创新"，其作用也从调剂资金余缺变成了掩护信贷资产出表。各银行借此变相规避监管资本要求、拨备计提、绕开存贷比红线，让银行资金通过信托、证券资管等渠道流向房地产等受限行业，以谋取高利润。

中国银行业监督管理委员会密集下发监管文件，开出众多罚单，组织开展了专项治理。然而，随着同业规模的收缩，中小银行将面临更大的资金压力。在同业游戏里，由于吸储能力存在差别，大行资金富裕是借出方，中小银行资金短缺是资金拆入方。同业规模收缩必然使一些靠吃利差为生的中小银行日子不好过，一些靠同业资金"寅吃卯粮"的中小银行更是有"断炊"之忧。

由此可见，同业市场对商业银行有着重要作用，是货币市场乃至金融市场的重要组成部分。货币市场期限短、风险低和流动性高，从20世纪70年代开始迅速发展，货币市场的发展可以有效地帮助银行体系缓解风险，提升金融体系提供流动性和进行风险管理的能力，在一国金融体系中发挥着重要的作用。

资料来源：陈芳，朱莹莹. 中小银行同业业务新特征及转型对策［J］. 中国银行业，2021（12）：73-76.

第一节　货币市场概述

一、货币市场的定义

货币市场（Money Market）又称短期金融市场，是指期限在一年以内的金融资产交易的市场。该市场的主要功能是保持金融资产的流动性，以便随时转换成可以流通的货币。它的存在，一方面满足了借款者的短期资金需求，另一方面为暂时闲置的资金找到了出路。货币市场一般指国库券、商业票据、银行承兑汇票、可转让定期存单、回购协议等短期信用工具买卖的市场。货币市场是金融机构调节流动性的重要场所，是中央银行货币政策操作的基础。

二、货币市场的特点

货币市场的存在是由于个人、公司和政府对现金的需求与其现金收入不匹配。持有过多的现金余额会导致利息的损失，现金持有者会把"多余的"现金投资在货币市场。货币市场能够提供一种高效率的服务，由于投资期限较短，当他们需要现金时，可以在几乎没有价值损失风险的情况下将这些证券以相对低廉的成本迅速转变成现金。与持有现金相比，投资于货币市场工具能够带来更多的收益，同时它还具有较强的流动性和较小的风险性。

银行协调借款人和贷款人信息不对称的问题，通过提供这种服务实现规模经济并由此产生利润。相对于货币市场来说，银行要接受更多的监管，管理成本也更高。在信息不对称问题不严重的情况下，货币市场在提供短期资金方面有显著的成本优势。

（一）融资期限短

货币市场是进行短期资金融通的市场，融资期限最短的只有1天，最长的也不超过1年，所以该市场的一个显著特点就是融资期限短。

（二）流动性强

由于融资期限较短，所以货币市场上的金融工具变现速度都比较快，因而该市场具有较强的流动性。

（三）风险性小

正是由于期限短、流动性强，货币市场工具的价格波动不会过于剧烈，市场风险较小。同时，货币市场工具的发行主体大多为政府、商业银行及资信较高的大公司，违约风险低，信用风险较小。

（四）可控性强

相对资本市场而言，政府对货币市场的影响力和控制力要大得多。货币市场是财政部和中央银行可以直接参与的金融市场。货币市场除了能够满足参与者调剂资金余缺和补充流动性的需要之外，还可以为货币政策和财政政策的实施创造条件。财政部国库券的发行和中央银行的公开市场业务会影响货币市场的运行。货币市场利率对社会资金供求关系变动的反映具有灵敏性和高效性，是反映市场资金状况、衡量金融产品收益率的重要指标。央行以货币市场利率水平为依据，监控市场利率水平，预测市场利率走势，制定基础利率。

（五）通常以大额出售

货币市场是批发市场，货币市场工具通常以较大的面值出售，其交易费用相对其所支付的利息而言更为低廉。个人投资者一般是在货币市场共同基金或短期基金之类的金融机构的帮助下间接投资于货币市场证券。

三、货币市场的功能

货币市场产生和发展的初始动力是为了保持资金的流动性，它借助于各种短期资金融通工具将资金需求者和资金供应者联系起来，既满足了资金需求者的短期资金需要，又为资金富余者的暂时闲置资金提供了获取盈利的机会。但这只是货币市场的表面功用，将货币市场置于金融市场以至市场经济的大环境中可以发现，货币市场的功能远不止此。货币市场既从微观上为银行、企业提供了灵活的管理手段，使他们在对资金的安全性、流动性、营利性相统一的管理上更方便灵活，又为中央银行实施货币政策以调控宏观经济提供手段，为保证金融市场的发展发挥了巨大作用。

（一）短期资金融通功能

货币市场为季节性、临时性资金的融通提供了可行之径。相对于长期投资性资金需求来说，短期性、临时性资金需求是微观经济行为主体最基本的，也是最经常的资金需求，因为短期的临时性、季节性资金不足是由于日常经济行为的频繁性所造成的，是必然的、经常的，这种资金缺口如果不能得到弥补，那么就连社会的简单再生产也不能维系，或者只能使商品经济处于初级水平。短期资金融通功能是货币市场的一个基本功能。

（二）政策传导的功能

货币市场具有传导货币政策的功能。众所周知，市场经济国家的中央银行实施货币政策主要是通过再贴现政策、法定存款准备金政策、公开市场业务等的运用来影响市场利率和调节货币供应量以实现宏观经济调控目标的，在这个过程中货币市场发挥了基础性作用。

四、货币市场的构成

一个有效率的货币市场应该是一个具有广度、深度和弹性的市场，其市场容量大，信息流动迅速，交易成本低，交易活跃且持续，能吸引众多的投资者和投机者参与。根据货币市场上的融资活动及其流通的金融工具，可将货币市场划分为同业拆借市场、回购市场、商业票据市场、可转让定期存单市场和短期政府债券市场。

第二节 同业拆借市场

一、同业拆借市场的定义

同业拆借市场是除中央银行之外的金融机构彼此之间进行短期资金融通的市场，即金融机构之间利用资金融通的地区差、时间差调剂资金头寸，由资金多余的金融机构对临时资金不足的金融机构短期放款的市场。同业拆借的资金主要用于银行暂时的存款票据清算的差额及其他临时性的资金短缺需要。同业拆借市场能够为准备金不足的非中央银行金融机构提供融资需求，还能及时反映资金供求和货币政策意图。

二、同业拆借市场的形成

同业拆借市场最早出现于美国，其形成的根本原因在于法定存款准备金制度的实施。按照美国1913年通过的《联邦储备法》规定，加入联邦储备银行的会员银行，必须按存款数额的一定比率向联邦储备银行缴纳法定存款准备金。由于清算业务活动和日常收付数额的变化，总会出现有的银行存款准备金多余，有的银行存款准备金不足的情况。存款准备金多余的银行需要运用多余部分，以获得利息收入，而存款准备金不足的银行又必须设法借入资金以弥补准备金缺口，否则就会因延缴或少缴准备金而受到央行的经济处罚。在这种情况下，存款准备金多余和不足的银行，在客观上需要互相调剂。于是，1921年在美国纽约形成了以调剂联邦储备银行会员银行的准备金头寸为内容的联邦基金市场。

在经历了20世纪30年代的第一次资本主义经济危机之后，西方各国普遍强化了中央银行的作用，相继引入法定存款准备金制度作为控制商业银行信用规模的手段，与此相适应，同业拆借市场也得到了较快发展。在经历了长时间的运行与发展过程之后，当今西方国家的同业拆借市场，较之形成之时，无论在交易内容开放程度方面，还是在融资规模等方面，都发生了深刻变化。拆借交易不仅仅发生在银行之间，还扩展到银行与其他金融机构之间。拆借目的已不仅限于补足存款准备和轧平票据交换头寸，金融机构如在经营过程中出现暂时的、临时性的资金短缺，也可进行拆借。更重要的是同业拆借已成为银行实施资产负债管理的有效工具。由于同业拆借的期限较短、风险较小，许多银行都把短期闲置资金投放于该市场，以及时调整资产负债结构，保持资产的流动性。特别是那些市场份额有限、承受经营风险能力脆弱的中小银行，更是把同业拆借市场作为短期资金经常性运用的场所，力图通过这种做法提高资产质量，降低经营风险，增加利息收入。

三、同业拆借市场的特点

（一）短期性

融通资金的期限一般比较短，拆借资金的期限多为一日或者几日，最长不超过一年。

（二）参与者限制

参与拆借的机构基本上都在中央银行开立存款账户，交易资金主要是该账户上的多余资金。同业拆借的参与者是商业银行和其他金融机构。中小银行出于谨慎考虑，会经常保存超额准备金，通过拆借市场向大银行拆出，同业拆借成为中小银行经常性的资金运用方式。

（三）同业拆借资金用途

同业拆借市场的资金主要用于弥补短期资金不足、票据清算的差额以及解决临时性资金短缺需求。

（四）同业拆借大多是信用拆借

同业拆借可以使商业银行在不用保持大量超额准备金的前提下，就能满足存款支付的需要。拆借活动在金融机构之间进行，市场准入条件较严格，金融机构主要以其信誉参与拆借活动。1996年1月3日，我国建立起了全国统一的同业拆借市场并开始试运行。

（五）拆借利率相对较低

一般来说，同业拆借利率是以中央银行再贷款利率和再贴现率为基准，根据社会资金的松紧程度和供求关系由拆借双方自由议定的。由于拆借双方都是商业银行或其他金融机构，其信誉比一般工商企业要高，拆借风险较小，加之拆借期限较短，因而利率水平较低。同业拆借利率能反映市场资金供求状况，货币市场上的核心利率，是观察市场利率走势的风向标。

四、同业拆借市场的类型

（一）银行同业

1. 概念

银行同业拆借市场是指银行业同业之间短期资金的拆借市场。各银行在日常经营活动中会经常发生头寸不足或盈余的情况，为了互相支持对方业务的正常开展，并使多余资金产生短期收益，银行同业之间的资金拆借交易自然产生。

2. 特点

这种交易活动一般没有固定的场所，主要通过电讯手段成交。期限按日计算，有1日、2日、5日不等，一般不超过1个月，最长期限为120天，期限最短的甚至只有半日。拆借的利息叫"拆息"，其利率由交易双方自定，通常高于银行的筹资成本。拆息变动频繁，灵敏地反映资金供求状况。同业拆借每笔交易的数额较大，以适应银行经营活动的需要。日拆一般无抵押品，单凭银行间的信誉。期限较长的拆借常以信用度较高的金融工具为抵押品。

（二）短期拆借

1. 概念

短期拆借市场又叫"通知放款"，主要是指商业银行与非银行金融机构（如证券商）之间的一种短期资金拆借市场。

2. 特点

利率多变，拆借期限不固定，随时可以拆出，随时偿还。交易所经纪人大多采用这种方式向银行借款。具体做法是，银行与客户间订立短期拆借协议，规定拆借幅度和担保方式，在幅度内随用随借，担保品多是股票、债券等有价证券。借款人在接到银行还款通知的次日即须偿还，如到期不能偿还，银行有权出售其担保品。

◎ 补充阅读

LIBOR 的改革

伦敦同业拆借利率（London InferBank Offered Rafe，LIBOR），是指在伦敦银行内部交易市场上的商业银行对存于非美国银行的美元进行交易时所涉及的利率。LIBOR 常常作为商业贷款、抵押、发行债务利率的基准。

2022 年初伦敦银行间同业拆借利率（LIBOR）形成机制改革正式启动。作为世界上最重要的基准利率，在金融市场交易和资产定价中扮演重要角色的 LIBOR，其形成机制改革是全球金融发展和金融监管机制改革的一个重要里程碑。LIBOR 的缺陷主要有：一是 LIBOR 是在银行间市场上，应大型银行拆借头寸的需求而形成的。然而，由于货币市场发展迅速，银行间拆借市场的规模近年来急剧萎缩。二是 LIBOR 最终将被替代，这既是因为银行间的信用出现了问题，也是因为金融市场对无风险利率的诉求在上升。三是在交易量萎缩、报价样本规模不足的情况下，LIBOR 形成机制的透明度也开始下降，LIBOR 被操纵的问题逐渐显现。

按照既定的步调，2021 年 12 月 31 日，对于英镑、欧元、瑞士法郎、日元以及一周和两个月期美元的 LIBOR 报价停止。到 2023 年 6 月 30 日，所有基于 LIBOR 的报价终止。新的基准利率主要有以下优点：第一，它基于货币市场的真实交易而形成，而且，交易的数据是实时、全额、真实的。第二，它的市场基础超越了传统的"银行间"，覆盖了更多的机构和更为广泛的金融交易。第三，美国的新基准以国债为抵押品，摒弃了银行的信用风险，杜绝了金融机构参与造假的可能。这个变化，强化了基准利率的无风险性。同时它也有一些缺陷，如利率波动大，且容易受外部因素的影响。在新机制下，多重复杂因素都可能对利率形成产生影响，诸如市场流动性的变化、货币政策的外溢性影响等。此外，新利率对银行信用风险不敏感，这使得银行资产端与负债端的利率风险难以对冲，存在"基差风险"等。

资料来源：李扬 . LIBOR 的改革及其对中国的启示［J］. 新金融，2022（8）：4-12.

第三节　回购市场与短期政府债券市场

一、回购市场

（一）回购协议

1. 概念

回购协议（Repurchase Agreement），也称回购交易，是指卖出一种证券，并约定于未来某一时间以约定的价格再购回该证券的交易协议，根据该协议所进行的交易被称为回购交易。从买方角度，又叫逆回购协议。回购交易将现货交易与远期交易相结合，以达到融通短期资金的目的。因此，从本质上来看，回购协议是一种短期质押贷款协议。

按证券转移行为法律性质的不同，回购协议可分为质押式回购和买断式回购。在质押式回购中，债券并不从正回购方账户转到逆回购方，而是在正回购方账户内被冻结，在回购期间双方均不得动用债券。在买断式回购中，债券持有人将债券"卖"给逆回购方，所有权转移至逆回购方，逆回购方可以自由支配购入债券，只要在协议期满能够有相等数量同种债券反售给债券持有人即可。

2. 特点

首先，回购协议将资金的收益与流动性融为一体，增大了投资者的兴趣。投资者完全可以根据自己的资金安排，与借款者签订"隔日"或"连续合同"的回购协议，在保证资金可以随时收回移作他用的前提下，增加资金的收益。其次，增强了长期债券的变现性，避免证券持有者因出售长期资产以变现而遭受损失。最后，具有较强的安全性。回购协议一般期限较短，并且又有100%的债券作抵押，所以投资者可以根据资金市场行情变化，及时抽回资金，避免长期投资的风险。

3. 期限

回购协议的期限在1天到数月不等，期限只有1天的称为"隔夜回购"，1天以上的称为"定期回购"，有的回购协议期限不定，属于开放式回购协议。多数回购协议的期限都很短，最常见的回购协议在14天之内。

4. 利率

回购协议收益受本金、期限和回购利率的综合影响，因为有证券作为质押，回购利率一般低于同业拆借利率，其收益主要为买卖双方协定的利息。在回购市场中，利率的确定取决于多种因素，主要有用于回购的证券质地、回购期限的长短、交割的条件以及货币市场其他子市场的利率水平。

有关回购协议的公式如下：

回购收益＝回购利息＝回购本金×回购利率×回购期限÷360 　　(2.1)

回购价格＝回购本金+回购利息 　　(2.2)

（二）回购市场的定义及特征

回购协议市场（Repurchase Agreement Market），简称回购市场，是指通过回购协议进行短期资金融通交易的场所。回购市场主要有以下特征：

1. 参与者的广泛性

回购市场的参与者包括商业银行、非银行金融机构、中央银行和企业。一般而言，大银行和证券交易商（特别是政府证券交易商）是回购市场上的主要资金需求者。

2. 风险性

尽管回购交易使用的是高质量的抵押品，但是仍会存在一定的信用风险。这种信用风险主要来源于当回购到期，而正回购方无力购回证券时，逆回购方只能保留证券，若遇到抵押证券价格下跌，则逆回购方会遭受一定的损失。

3. 短期性

回购期限一般不超过1年，通常为隔夜（即今日卖出证券，明日再买回证券）或7天。

4. 利率的市场性

回购利率由交易双方确定，主要受回购证券的质量、回购期限的长短、交割条件、货币市场利率水平等因素的影响。

表2-1展示了2023年7月我国质押式回购和买断式回购的成交情况，据此可以看出我国目前质押式回购的发展远超买断式回购。

表2-1　2023年7月我国质押式回购和买断式回购的成交月报（按机构类别分类）

机构类型	质押式回购			买断式回购		
	成交笔数	成交金额（亿元）	加权平均利率（%）	成交笔数	成交金额（亿元）	加权平均利率（%）
大型商业银行	89072	864268.30	1.4329	9	55.20	1.0719
股份制商业银行	65450	353983.18	1.4372	423	1032.31	1.5728
城市商业银行	109294	432233.99	1.4652	461	1475.98	1.4979

机构类型	质押式回购			买断式回购		
	成交笔数	成交金额（亿元）	加权平均利率（%）	成交笔数	成交金额（亿元）	加权平均利率（%）
农村商业银行和合作银行	105031	267307.42	1.4744	277	408.68	1.3574
证券公司	84636	229812.84	1.6203	2116	4544.98	1.4965
其他	544699	1195697.26	1.6571	872	2578.10	1.6078
合计	998182	3343302.99	1.5339	4158	10095.24	1.5250

资料来源：中国外汇交易中心（全国银行间同业拆借中心）．质押式回购月报、买断式回购月报 [EB/OL]．［2023-08-23］．https：//www.chinamoney.com.cn/chinese/mtmoncjgl/.

二、短期政府债券市场

（一）短期政府债券市场的含义

短期政府债券（Short-term Government Bonds）是一国政府部门为满足短期资金需求而发行的一种期限在 1 年以内的债务凭证。政府在遇有资金困难时，可通过发行政府债券来筹集社会闲散资金，以弥补资金缺口，这成为中央银行开展公开市场操作的重要工具。

一般来说，由财政部门发行的短期债券称为国库券，政府短期债券市场主要指的是国库券市场。

（二）短期政府债券的特征

与其他货币政策工具不同，短期政府债券有明显的特征。

1. 贴现发行

国库券的发行一般都采用贴现发行的方式，即以低于国库券面额的价格向社会发行。

2. 违约风险低

国库券是由一国政府发行的债券，它有国家信用作担保，故其信用风险很低，通常被誉为"金边债券"。

3. 流动性强

国库券的期限短、风险低，易于变现，故其流动性很强。

4. 面额较小

相对于其他的货币市场工具，国库券的面额比较小。目前美国的国库券面额一般为 10000 美元，远远低于其他货币市场工具的面额（大多为 10 万美元）。

（三）短期政府债券的分类

目前我国短期政府债券主要有两类：短期国债和中央银行票据。

1. 短期国债

短期国债是一国政府为满足先支后收所产生的临时性资金需要而发行的短期债券。按期限划分，有 3 个月、6 个月、9 个月和 12 个月等；按付息方式，可分为贴现国债和附息国债，短期国债大部分为贴现国债。短期国债一般采用拍卖方式发行，即短期国债的认购者将所要认购的数量、价格等提交中央银行，由财政部根据价格优先的原则予以分配。

由于短期国债多以贴现的方式计算价格和利息，发行价格是从票面额中按一定贴现率扣除贴现利息之后得到的。短期国债的发行价格公式如下：

$$\text{发行价格} = \text{票面金融} \times \left(1 - \text{贴现率} \times \frac{\text{发行期限}}{360}\right) \tag{2.3}$$

2. 中央银行票据

中央银行票据（Central Bank Bill）是中央银行为调节商业银行超额准备金而向商业银行发行的短期债务凭证，其实质是中央银行债券。它的作用包括丰富公开市场业务操作工具，弥补公开市场操作的现券不足，为市场提供基准利率，推动货币市场的发展等。

2023 年 7 月 28 日国债和其他债券各期限的收益率曲线如图 2-1、表 2-2 所示。

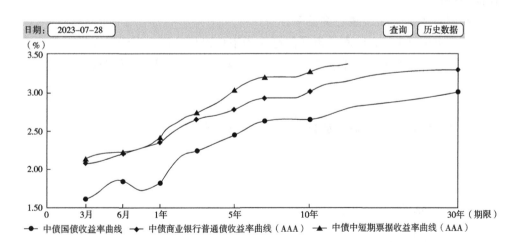

图 2-1 2023 年 7 月 28 日国债和其他债券各期限的收益率曲线

资料来源：中国人民银行. 国债及其他债券收益率曲线［EB/OL］.［2023-07-29］. http：//www. pbc. gov. cn/rmyh/108976/index. html#Container.

表 2-2　2023 年 7 月 28 日国债和其他债券各期限的收益率　　　单位:%

2023-07-28	3 月	6 月	1 年	3 年	5 年	7 年	10 年	30 年
中债国债收益率	1.6051	1.8449	1.8181	2.2448	2.4410	2.6275	2.6533	3.0061
中债商业银行普通债收益率	2.0686	2.2016	2.3492	2.6501	2.7824	2.9292	3.0164	3.3002
中债中短期票据收益率	2.1332	2.2233	2.4157	2.7375	3.0339	3.2027	3.2688	—

资料来源:中国人民银行. 国债及其他债券收益率曲线〔EB/OL〕.〔2023-07-29〕. http://www. pbc. gov. cn/rmyh/108976/index. html#Container.

（四）短期政府债券市场的功能

1. 弥补国家赤字的重要场所

就政府来说,不需增加税收就可解决预算资金不足的问题,有利于平衡财政收支,促进社会经济的稳定发展。

2. 为商业银行的二级准备提供优良的资产

就商业银行来说,国库券以其极高的流动性为商业银行提供了一种非常理想的二级准备金,有利于商业银行实行流动性管理。

3. 增加社会投资渠道

就个人投资者来说,投资国库券不仅安全可靠,可以获得稳定的收益,且操作简便易行。

4. 为中央银行宏观调控提供平台

就中央银行来说,国库券市场的存在为中央银行进行宏观调控提供了重要手段。中央银行可以通过公开市场操作买卖国库券,来达到调控货币供应量的目的。

第四节　票据市场与大额可转让定期存单市场

一、票据市场

（一）商业票据

1. 商业票据的概念

商业票据（Commercial Paper）是指由金融公司或某些信用较高的企业开出的无担保短期票据。商业票据的可靠程度依赖于发行企业的信用程度,可以背书转让,可以贴现。

2. 商业票据的特点

商业票据具有期限较短、发行金额较大和利率较高的特点。商业票据的期限在一年以下，利率高于同期银行存款利率，商业票据可以由企业直接发售，也可以由经销商代为发售。此外，商业票据还具有成本低和灵活性好的特点。一般而言，商业票据融资的成本要低于向银行申请贷款的成本，因为商业票据融资是一种直接融资的方式，资金投资者和需求者之间没有中介机构的介入，借贷双方存在直接的对应关系，与向银行申请贷款相比，省去了银行从中赚取的中介费用。只要发行人和交易商达成书面协议，在约定时期内，发行人可不限次数及不定期发行，以满足自身短期资金的需求，具有较强的灵活性。

3. 商业票据的发行

（1）发行者。主要是资金雄厚、信誉卓著的大公司、金融机构以及事业单位。

（2）发行方式。主要分为直接发行和交易商发行。直接发行商业票据者须为资信卓著的大公司，而且要求其发行数量巨大，发行次数频繁。交易商发行是通过商业票据交易商的发行，对发行来说较简便，但费用高。选择何种发行方式，通常由公司本身资信及经营需要决定。

（3）发行数量。一般来讲，公司发行商业票据是为了筹集所需短期资金，用于短期临时性的周转需要。其发行数量主要取决于资金需要量和市场需求量。

（4）发行利率和发行期限。利率主要根据发行人的资信等级、市场资金供求情况、发行期限等因素确定，通常应参考当时中央银行贴现率、国库券及大额可转让存单利率、商业银行优惠放款利率、同业拆放利率等。发行期限视筹资需要及发行方式而确定，一般较短，多为1~2个月。

有关商业票据的公式如下：

$$商业票据实际利率=\frac{折扣额}{发行价格}\times\frac{360}{距到期日天数} \tag{2.4}$$

$$折扣额=面额-发行价格 \tag{2.5}$$

$$发行价格=\frac{面额}{1+实际利率\times\dfrac{距到期日天数}{360}} \tag{2.6}$$

（二）商业票据市场的定义和特点

商业票据市场就是一些信誉卓著的大公司所发行的商业票据交易的市场。其具有以下特点：

1. 商业票据市场是一个发行市场

商业票据的一级市场发行规模大，而二级市场却不发达，由于商业票据的期限较短，大多数投资者基本持有至到期。

2. 商业票据采用信用发行的方式

商业票据的发行程序简单，无须进行抵押。商业票据大多由信誉较好的大公司发行。

3. 商业票据的发行成本低

由于发行者信用较高，商业票据的利息和发行成本均要低于同期银行贷款利息和成本。

4. 商业票据有助于提高发行人的信誉

发行商业票据来融通资金能够间接证明发行公司的信用等级。一般都是信用等级较高的公司来发行。

二、银行承兑汇票市场

（一）银行承兑汇票的概念

银行承兑汇票（Bank's Acceptance Bill）是由在承兑银行开立存款账户的存款人出票，向开户银行申请并经银行审查同意承兑的，保证在指定日期无条件支付确定的金额给收款人或持票人的票据。对出票人签发的商业汇票进行承兑是银行基于对出票人资信的认可而给予的信用支持。银行承兑汇票按票面金额向承兑申请人收取万分之五的手续费，不足 10 元的按 10 元计。承兑期限最长不超过6 个月。承兑申请人在银行承兑汇票到期未付款的，按规定计收逾期罚息。

（二）银行承兑汇票的作用

银行承兑汇票与其他货币市场工具相比，有着独特的优势。

1. 手续简单，成本较低

银行承兑汇票相对于银行贷款来说，利息成本较低。另外，借款者运用银行承兑汇票筹资比发行商业票据筹资的门槛低。

2. 提高银行效益

银行可以通过银行承兑汇票收取手续费，增加银行的收益。另外，银行通过开展银行承兑汇票业务也可以增强其信用能力。

3. 提高企业竞争力

首先，附加了银行信用，可以增加企业的销售额。其次，银行承兑汇票流通性强，灵活性高，可以背书转让，也可以申请贴现，不会占压企业的资金。

（三）银行承兑汇票的交易

1. 一级市场

（1）出票。出票是指出票人签发票据并将其交付给收款人的行为。出票的效力有两种：一是出票人承担担保责任。出票人要对该汇票承担责任，即如果付款人拒绝承兑、拒绝付款，或者无法承兑、付款时（如付款人破产、被责令停止营业等），出票人仍要承担票据责任，支付票据金额。二是付款人取得承兑或付款的资格。汇票一旦出票完毕，持票人即可以在到期后向付款人提示承兑或提示付款，付款人就可以承兑或付款。

（2）承兑。承兑是指执票人在汇票到期之前，要求付款人在该汇票上作到期付款的记载。承总是汇票特有的制度。付款人一般在汇票正面签名。发票人与付款人之间是委托关系，发票人开了票不等于付款人就必须付款。执票人为使汇票到期能得以支付，必须将汇票向付款人提示承兑。只有当付款人签字承兑后，他才对汇票的付款负法律责任。

2. 二级市场

（1）背书。背书是指持票人为将票据权利转让给他人或者将一定的票据权利授予他人行使，而在票据背面或者粘单上记载有关事项并签章的行为。背书按目的可以分为两类：一是转让背书，即以转让票据权利为目的的背书；二是非转让背书，即以设立委托收款或票据质押为目的的背书。

（2）贴现。贴现是指付款人开具并经承兑人承兑的未到期的商业承兑汇票或银行承兑汇票背书后转让给受让人（持票人），受让人（持票人）向银行等金融机构提出申请将票据变现，银行等金融机构按票面金额扣去自贴现日至汇票到期日的利息，将剩余金额支付给持票人（收款人）的行为。有关贴现的公式如下：

$$贴现利息 = 贴现额 \times 贴现期（天数）\times \frac{月贴现率}{30} \qquad (2.7)$$

$$实付贴现金额 = 贴现额 - 贴现利息 \qquad (2.8)$$

（3）转贴现。转贴现是指办理贴现的银行将其贴进的未到期票据，再向其他银行或贴现机构进行贴现的票据转让行为。贴进承兑汇票的银行如果资金并不短缺，一般都会持有贴现的汇票直至到期，只有在汇票到期之前需要资金时才会办理转贴现。

（4）再贴现。再贴现是中央银行通过买进在中国人民银行开立账户的银行业金融机构持有的已贴现但尚未到期的商业票据，向在中国人民银行开立账户的银行业金融机构提供融资支持的行为。

◎ 补充阅读

《商业汇票承兑、贴现与再贴现管理办法》

2022年11月，中国人民银行、中国银行保险监督管理委员会下发了《商业汇票承兑、贴现与再贴现管理办法》（以下简称《办法》），这是该办法自 1997 年正式下发以来，时隔 25 年的首次全面修订。《办法》共八章四十二条，所称的商业汇票包括但不限于纸质或电子形式的银行承兑汇票、财务公司承兑汇票、商业承兑汇票等。《办法》修订的意义如下：

第一，适应票据市场发展的需要。《办法》的出台对票据市场意义重大，一是重新定义了商业汇票的内涵及期限，为票据市场的未来重新明确了发展目标及发展路径；二是明确了总体风险管控框架及管理内容，特别是提出了承兑余额及保证金余额这两项风控指标，进一步提升了票据市场透明度，规范了票据市场发展方向；三是明确了基础设施、电票及供应链票据的定位，为票据市场供应链票据及数字化发展奠定了基础；四是拓宽了发展空间，回归真实交易，同时，首次提出发展票据经纪等要求，为进一步服务经济、促进创新、活跃票据市场创造了条件。

第二，服务经济高质量发展的需要。票据信息披露系统上线后，票据市场透明度不断提升，在此背景下，《办法》的出台将使票据信用属性被提升至前所未有的高度，有利于进一步完善银行信用体系，大大改善商业信用环境。考虑到商业汇票主要用于境内企业，整体信用环境的改善，有助于增强国内企业综合实力，推动产业转型升级，提升经济总体效率与质量。

第三，服务中小微企业及供应链经济的需要。《办法》缩短了票据期限，由最长一年改为最长 6 个月，这将有力推动应收账款及应付账款的票据化进程，缩短供应链应收应付期限，避免出现大企业或核心企业恶意拖欠中小企业款项的情况，改善中小微企业支付及融资环境，加快供应链运转效率，畅通供应链内物流、资金流及信息流，助力整体经济运行。

第四，创新服务实体经济的需要。《办法》对待创新持正面积极的态度，其中提到的电子商业汇票、财务公司承兑汇票、信息披露等均为票据市场在不同时期的业务创新。供应链票据、绿色票据、标准化票据等创新产品代表着票据市场的发展方向，《办法》的出台有利于推动相关机构、相关部门加大对创新产品的投入，不断优化创新产品性能，为实体经济提供更优质的金融服务。

资料来源：第一财经．解读《商业汇票承兑、贴现与再贴现管理办法》［EB/OL］．（2022-11-21）［2023-09-24］．https：//baijiahao.baidu.com/s？id=1750094686017041606&wfr=spider&for=pc.

三、大额可转让定期存单市场

（一）大额可转让定期存单的含义

大额可转让定期存单也称大额可转让存款证（Large Negotiable Certificate of

Deposit，NCDs），是银行印发的一种定期存款凭证，凭证上印有一定的票面金额、存入和到期日以及利率，到期后可按票面金额和规定利率提取全部本利，逾期存款不计息。大额可转让定期存单可流通转让，自由买卖。大额可转让定期存单是 20 世纪 60 年代商业银行的金融创新产品，它是一种表明一个特定数额的货币已经存在银行或储蓄机构的一种证明，由商业银行或储蓄机构发行，简称"大额存单"。

（二）大额可转让定期存单的产生和特点

1. 产生

为规避利率管制，花旗银行前身 First National City Bank 于 20 世纪 60 年代初开始发行可转让定期存单，这使商业银行的资金配置策略重心转向"负债管理"。大额可转让存单起源于 20 世纪初，首先由美国花旗银行发行。

与其他西方国家相比，我国的大额可转让存单业务发展比较晚。我国第一张大额可转让存单面世于 1986 年，最初由交通银行和中央银行发行，1989 年经中央银行审批，其他的专业银行也陆续开办了此项业务。大额存单的发行者仅限于各类专业银行，不准许其他非银行金融机构发行。存单的投资者主要是个人，企业数量不多。近几年随着我国市场机制的进一步完善发展，为了拓宽筹资渠道，努力集聚社会闲散资金支持国家经济建设，经中国人民银行批准，一度曾停止发行的大额可转让定期存单又开始在各专业银行争相发行。

2. 特点

（1）不记名、可转让，不能提前支取。普通定期存款单都是记名的，而大额可转让定期存单不记名。普通定期存款单一般都要求存款人到期才能提取存款本息，不能进行转让，而大额可转让定期存单可以在二级市场上进行自由的流通转让。

（2）大额存单按固定单位发行，面额较大。普通定期存款单的最低存款数额一般不受限制，并且金额不固定，可大可小，有整有零，而大额可转让定期存单一般都有较高的金额起点，并且都是固定的整数。

（3）利率一般高于同期存款利率。大额可转让定期存单的利率由发行银行根据市场利率水平和银行本身的信用确定，一般都高于相同期限的普通定期存款利率。

（4）付息的方式多样。可以按季付息、按年付息或者按月付息等。

（三）大额可转让定期存单的市场特征

1. 利率趋于浮动化

20 世纪 60 年代初，大额可转让定期存单主要以固定利率发行。进入 20 世纪 70 年代后，随着市场利率波动的加剧，发行者开始增加浮动利率大额可转让定期存单的发行。另外，期限也呈缩小的趋势，一般为 3~12 个月。

2. 收益与风险紧密相连

大额可转让定期存单虽由银行发行，但是也存在一定的信用风险和市场风险。信用风险主要指的是发行存单的银行在存单期满时无法偿付本息的风险。市场风险指的是在存单持有人急需资金时，存单不能在二级市场上立即出售变现或者不能以比较合理的价格出售的风险。收益取决于三个因素：发行银行的信用评级、存单的期限及存单的供求量。

（四）大额可转让定期存单的流通

大额可转让定期存单的流通是指对已发行但还未到期的存单进行买卖的行为。在一级市场上购买了存单的投资者若急需资金想要出售存单，可以在二级市场上将存单转售给经纪商，以维持流动性。经纪商买入存单后可以一直持有到期，获得本息，也可以在二级市场上进行二次出售。

大额可转让定期存单的转让价格取决于转让时的市场利率。当市场利率高于存单协议利率时，存单的转让价格较发行价格低，存单的买者获利；若市场利率低于存单协议利率，存单的转让价格较发行价格高，存单的卖者获利。

（五）大额可转让定期存单的价值分析

1. 从投资者的角度来看

利率高于活期存款，有较高的利息收入。灵活性较强，可以随时进行转让融资，随时获得兑现。信誉良好，危险性小，收益具有稳定性。

2. 从银行的角度来看

对银行来讲，大额可转让定期存单发行手续简便，书面文件资料要求简单，费用也低，而且吸收的资金数额大，期限稳定，是一个很有效的筹资手段。尤其是在转让过程中，大额可转让存单调期成本费用比债券调期买卖低，为金融市场筹措资金及民间企业有效运用闲置资金，弥补资金短缺创造了有利条件，并且由于 CD 单可自由买卖，它的利率实际上反映了资金供求状况，有利于调整资产的流动性，实施资产负债管理。

◎ 补充阅读

大额存单的重启与改革

在经历了多次启动与中止发行之后，2015 年 6 月 2 日中国人民银行发布了《大额存单管理暂行办法》，重新推出大额存单，允许商业银行、政策性银行和农村合作金融机构以及中国人民银行认可的其他存款类金融机构，面向非金融机构及个人投资者（企业认购金额不低于 1000 万元，个人认购金额不低于 30 万元）发行标准期限的记账式大额存单凭证，并以市场化方式确定利率。重启发行大额存单的目的不仅仅是丰富金融产品，更重要的是通过大额存单的发行推动存款利率市场化。

从国际经验来看，利率市场化改革离不开大额可转让定期存单。美国通过逐步取消不同规模存单利率管制实现利率市场化，日本则是在存单短期利率市场化基础上通过市场联动，实现定期存款利率市场化。二者都借助于大额可转让定期存单以实现利率市场化。从我国的国情来看，选择并发行大额存单作为利率市场化最后阶段的操作是渐进式改革思路的体现。大额存单与理财产品不同，它是银行存款类负债业务，是存款的一种，大额存单利率市场化就是存款产品部分利率市场化，是存款利率市场化的一部分。大额存单与同业存单又不同，虽然二者都是银行存款负债业务，但是大额存单面向对象要比同业存单更加广泛，不再局限于金融机构之间，而是拓展至金融机构及社会其他非金融机构和个人。此外，大额存单重启是金融市场增量，是商业银行等金融机构的主动负债工具，与一般居民存款被动负债业务不同，同时存单持有人也局限在一定金额以上的大额客户和机构，不会对市场和普通居民存款造成巨大冲击。因此，大额存单与其他金融产品的不同决定了其在利率市场化最后一站——存款利率市场化改革中承担重要角色。

2016 年 6 月 6 日，中国人民银行宣布，个人投资人认购大额存单起点金额从不低于 30 万元降至不低于 20 万元。此举是为推进大额存单业务发展，拓宽个人金融资产投资渠道，提高居民个人投资积极性，增强商业银行主动负债能力。

2020 年 12 月 14 日，工、农、中、建、交、邮储六大国有行集体发布公告表示，自 2021 年 1 月 1 日起，个人大额存单、人民币定期存款产品等，提前支取计息方式由靠档计息调整为按照支取日各行人民币活期存款挂牌利率计息。此举有利于推动银行加快金融创新，增加居民的投资意识，推动实体经济的发展。

资料来源：许坤，黄璟宜．我国大额存单重启与利率市场化改革［J］．财经科学，2015（8）：13-22.

第五节　货币市场共同基金市场

一、货币市场共同基金的概念及特征

共同基金是将众多的小额投资者的资金集合起来，由专门的经理人进行市场运作，赚取收益后按一定的期限及持有的份额进行分配的一种金融组织形式。货币市场共同基金是主要在货币市场上进行运作的共同基金。

与一般的基金相比，除了具有一般基金的专家理财、分散投资等特点外，货币市场共同基金还具有如下投资特征：

第一，货币市场基金投资于货币市场中高质量的证券组合。

第二，货币市场共同基金提供一种有限制的存款账户。

第三，货币市场共同基金所受到的法规限制相对较少。

二、货币市场共同基金的产生和发展

货币市场共同基金最早出现在 1972 年。20 世纪 70 年代初美国对商业银行与储蓄银行提供的大部分存款利率进行管制，美国政府出台了限制银行存款利率的 Q 项条例。20 世纪 70 年代末，由于连续几年的通货膨胀导致市场利率剧增，货币市场工具如国库券和商业票据的收益率超过了 10%，远远高于银行与储蓄机构为储蓄存款和定期存款所支付的 5.5% 的利率上限。银行存款对许多投资者的吸引力下降，他们急于为自己的资金寻找到新的能够获得货币市场现行利率水平的收益途径。随着储蓄机构的客户不断地从储蓄存款和定期存款中抽出资金，投向收益更高的货币市场共同基金，货币市场共同基金的总资产迅速扩大。因此，货币市场共同基金的迅速发展是市场利率超过银行和其他存款机构管制利率的产物。同时货币市场共同基金能迅速发展并且保持活力的原因还在于管制较少，货币市场共同基金没有法定的利率上限，而且对提前取款也不进行罚款。目前，在发达的市场经济国家，货币市场共同基金在全部基金中所占比重最大。

我国货币基金行业在近十年里经历了蓬勃发展。据中国证券投资基金业协会的数据统计，截至 2023 年 5 月末，国内货币基金规模从 2013 年 6 月末的 3000 多亿元增长至 11.9 万亿元，是环比规模增幅最大的公募基金产品类型，存续货币基金数量达到 372 只。随着我国公募基金行业的快速发展，货币基金作为现金管理类的普惠金融产品，凭借安全性高、流动性好、投资成本低等特点，已成为公募基金的重要品种，积极服务于居民财富管理。

我国货币基金快速崛起的主要原因有以下三点：一是收益相对较高，货币基金作为现金管理工具，其收益明显高于活期存款，虽然后期货币基金收益率有所下滑，但申赎方便、流动性强的特征让其依然有吸引力。二是收益稳，回撤小，仅在极端情况下可能发生亏损。因为货币基金主要采用摊余成本法进行基金估值，债券价格变动无法反映到基金收益上，并且持有的固收类资产久期短，所以其受债券市场影响较小。三是可以充当"资金蓄水池"的角色。在资本市场没有更好投资方向的情况下，货币基金成为闲置资金较好的去处。

◎ 案例
余额宝上线十周年：每天为用户赚1个"小目标"

2023年6月13日，余额宝正式上线十周年。余额宝官方数据显示，十年间，余额宝已累计为用户赚取收益超3867亿元（截至2023年5月1日），相当于每天为用户赚1亿元零花钱。余额宝已接入34只货币基金，接入的基金平均规模上涨80倍，7日年化收益率从1.8%至2.2%不等（见图2-2），用户可以自行选择喜欢的基金进行更换，最终拿到满意的收益。站在用户角度来看，余额宝不仅理财门槛低，可以灵活取用、逐日计算收益，还拥有良好的流动性和较低的风险，能够最大限度地满足用户对小额理财的需求。数据显示，小额普惠是余额宝的一大特点，余额宝三线及以下城市的用户占比一半，人均持仓金额不到7000元。

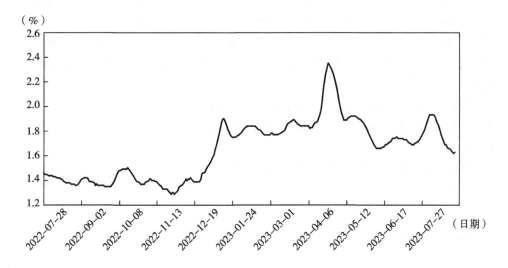

图2-2　2023年7月27日余额宝七日年化收益率的历史走势

2013年6月13日，余额宝服务在支付宝App上线并迅速走红，正式开启了"互联网金融元年"。此前国内已有货币基金，但因申购门槛高、普及率低，难以吸引普通老百姓投资，余额宝首创的货币基金"1元起购、随时可赎回"，且在支付宝App就能随时操作的模式大大降低了老百姓的理财门槛，让闲钱也能赚到收益。

余额宝在上线前几年，曾一度达到年化6%的收益率，远高于银行活期存款利息。后来，随着国内资金面宽松、市场利率持续走低，货币基金整体年化收益率也降到2%左右，但即便如此，10年间余额宝仍给老百姓的闲钱赚了不少收益。

此外，余额宝也推动了中国货币基金的蓬勃发展。余额宝走红后，互联网公司及银行业相继力推"宝宝"类货币基金，纷纷复制"1元起购、随时可赎回"的模式，整个行业的门槛全面降低、用户体验全面提升。

自余额宝出现后，各种类似的互联网金融产品开始如雨后春笋般出现，市场竞争日渐白热化。2014年，京东金融基于京东账户体系的承载体——网银钱包推出了"小金库"服务，这一服务可直接用于京东渠道的消费场景，如京东商城购物、购买货币基金等。除了支付宝和京东，微信也在悄然进行互联网金融生态的布局。2017年，微信零钱通开放公测，此后用户可以将微信零钱或银行借记卡资金转入零钱通，在进行微信支付的同时，获得相应的理财收益。零钱通支持用户自动获取理财收益，最低1分钱起购，可随时申购赎回，使用门槛相当低，整体与余额宝的相似度极高。

在余额宝、小金库、零钱通这些互联网金融产品的带领下，布局零钱理财产品逐渐成为行业共识，各大银行也开始加速入局。例如，招商银行推出"朝朝宝"、工商银行推出"天天盈"、中信银行推出"零钱+"和"活钱+"，这些产品不仅可以用于转账、支付等各类场景，还能使理财者收获比活期存款更高的利率。

资料来源：①电商报. 余额宝上线十年，为用户赚了3867亿元［EB/OL］.（2023-06-15）［2023-09-24］. https：//baijiahao. baidu. com/s？id=1768730637429861384&wfr=spider&for=pc.

②新京报. 余额宝上线十周年：每天为用户赚1个"小目标"［EB/OL］.（2023-06-13）［2023-09-24］. https：//www. bjnews. com. cn/detail/1686645345169103. html.

 本章测试题

一、名词解释

1. 货币市场
2. 同业拆借
3. 回购
4. 银行承兑汇票
5. 转贴现
6. 中央银行票据

7. 货币市场基金

二、简答题

1. 货币市场有哪些特点？
2. 银行承兑汇票的作用是什么？
3. 短期政府债券有哪些分类？

三、计算题

假设某商业汇票的报价为：票面金额为 10000 万元，利率为 3.06%，到期期限还有 30 天，则该商业票据的发行价格为多少？

四、论述题

1. 2023 年 7 月 3 日，伦敦同业拆借利率退出历史的舞台，试述对中国的启示。
2. 大额可转让定期存单是什么？它与定期存款的区别是什么？

◎ 扩展阅读

货币市场基金估值与期末业绩拉升行为

摘要： 货币市场基金由于风险小、流动性好和可以短期内提升收益，吸引着投资者资金的流入，是基金公司期末冲规模的重要工具。本文以 2006—2018 年中国货币市场基金收益和持仓数据为样本，验证基金期末业绩拉升行为。研究发现，年末两周货币市场基金年化收益率比其他日期提高了 32.21 个基点，期末业绩拉升行为显著。前期规模排名低的基金公司，期末货币市场基金业绩拉升水平普遍较高。这主要是由于它们更有动力利用货币市场基金冲规模。另外，本文还发现，货币市场基金持仓比例高的短期融资券期末交易活跃度显著高于其他日期的交易活跃度。这表明采用摊余成本法估值的货币市场基金主要是通过出售债券资产兑现投资收益来实现期末业绩拉升。

资料来源：杨振，刘海龙，吴文锋. 货币市场基金估值与期末业绩拉升行为 [J]. 管理评论，2022，34（10）：9-23.

货币市场流动性分层：度量、成因和影响

摘要： 国外文献发现，货币市场的运行情况和金融机构的融资环境会对实体

经济和金融稳定产生显著影响，但较大的市场结构差异和较低的数据可得性限制了国内学者对这一问题的研究。利用质押式回购以及同业存单市场总共五个维度的指标，本文采用因子分析法构建了货币市场流动性分层指数。时间序列的分析表明，"包商事件"后货币市场的流动性分层迅速增加且其与金融机构违约风险的相关性显著下降，这反映出货币市场定价效率的下降。进一步的研究还发现，货币市场的流动性分层会增加低评级和民营企业的融资成本，并导致金融机构违约概率的上升和金融不稳定性的增加。本文在定量刻画货币市场流动性分层的同时，考察了其近期迅速上升的原因以及对实体企业融资和金融稳定的影响，为金融更好地支持实体经济发展提供了参考。

资料来源：胡悦，吴文锋，石川林．货币市场流动性分层：度量、成因和影响［J］．管理科学学报，2022，25（8）：104-126.

审慎推进我国银行间债券市场两类回购改革

摘要： 债券回购交易兼具融资、融券属性，是金融机构重要的交易工具，与拆借、现券、衍生品市场具有较强联动效应，也是央行货币政策操作的主要工具之一。银行间债券回购作为我国银行间市场的主要组成部分，在调节流动性、传导货币政策、推动利率市场化改革等方面发挥着重要作用。与国际上转移质押物所有权的做法不同，我国债券回购以质押券冻结这一方式为主。随着银行间债券市场的不断发展，质押式回购冻结的债券越来越多，形成了"流动性越好的债券反而越容易被冻结"的现象，制约了债券二级市场的流动性，不利于健全国债收益率曲线与货币政策传导，影响价格发现与债券估值。两类回购利率比价关系不尽合理，易造成不同类型回购利率之间利差走阔。审慎推进银行间债券市场两类回购改革，发挥市场自主选择机制，适度调整回购市场格局，完善现有回购制度，使其逐步与国际接轨，有利于提高债券二级市场的流动性，满足金融机构的债券交易型需求，更好发挥债券回购在货币市场中的稳定器和利率锚的作用，推进银行间债券市场对外开放与健康发展。

资料来源：崔嵬．审慎推进我国银行间债券市场两类回购改革［J］．金融研究，2018，456（6）：47-55.

参考文献：

［1］陈秀梅．论我国互联网金融市场信用风险管理体系的构建［J］．宏观经济研究，2014（10）：122-126.

［2］崔嵬．审慎推进我国银行间债券市场两类回购改革［J］．金融研究，2018，456（6）：47-55.

[3] 翟光宇，王超，姜美君．人口老龄化、货币政策效果及传导渠道 [J]．金融研究，2023（4）：1-18．

[4] 胡悦，吴文锋，石川林．货币市场流动性分层：度量、成因和影响 [J]．管理科学学报，2022，25（8）：104-126．

[5] 李宏瑾，任羽菲．国际货币市场基准利率改革及对中国的启示 [J]．国际经济评论，2019，144（6）：134-152+8．

[6] 许坤，黄璟宜．我国大额存单重启与利率市场化改革 [J]．财经科学，2015（8）：13-22．

[7] 杨振，刘海龙，吴文锋．货币市场基金估值与期末业绩拉升行为 [J]．管理评论，2022，34（10）：9-23．

[8] 尹振涛，罗朝阳，汪勇．数字化背景下中国货币政策利率传导效率研究——来自数字消费信贷市场的微观证据 [J]．管理世界，2023，39（4）：33-48+99．

[9] 应展宇．中国货币市场：结构视角的经济分析 [J]．经济理论与经济管理，2021，41（4）：12-26．

[10] 张春生，梁涛，蒋海．我国资本项目的开放条件成熟了吗——基于金融市场的分析 [J]．经济学家，2017，217（1）：88-96．

[11] 张一林，梁玮，郁芸君．中国影子银行发展中刚性兑付的形成与治理机制 [J]．经济研究，2023，58（2）：192-208．

测试题答案

一、名词解释

1. 货币市场：是指期限在一年以内的金融资产交易的市场。该市场的主要功能是保持金融资产的流动性，以便随时转换成可以流通的货币。它的存在，一方面满足了借款者的短期资金需求，另一方面为暂时闲置的资金找到了出路。货币市场一般指国库券、商业票据、银行承兑汇票、可转让定期存单、回购协议等短期信用工具买卖的市场。货币市场是金融机构调节流动性的重要场所，是中央银行货币政策操作的基础。

2. 同业拆借：金融机构之间利用资金融通的地区差、时间差调剂资金头寸，由资金多余的金融机构对临时资金不足的金融机构短期放款。同业拆借的资金主要用于银行暂时的存款票据清算的差额及其他临时性的资金短缺需要。

3. 回购：回购是指卖出一种证券，并约定于未来某一时间以约定的价格再购回该证券的交易协议，根据该协议所进行的交易称回购交易。

4. 银行承兑汇票：银行承兑汇票是指由在承兑银行开立存款账户的存款人出票，向开户银行申请并经银行审查同意承兑的，保证在指定日期无条件支付确定的金额给收款人或持票人的票据。

5. 转贴现：转贴现是指办理贴现的银行将其贴进的未到期票据，再向其他银行或贴现机构进行贴现的票据转让行为。

6. 中央银行票据：中央银行票据是中央银行为调节商业银行超额准备金而向商业银行发行的短期债务凭证，其实质是中央银行债券。

7. 货币市场基金：共同基金是将众多小额投资者的资金集合起来，由专门的经理人进行市场运作，赚取收益后按一定的期限及持有的份额进行分配的一种金融组织形式。货币市场共同基金是主要在货币市场上进行运作的共同基金。

二、简答题

1. 货币市场有哪些特点？

（1）融资期限短。货币市场是进行短期资金融通的市场，融资期限最短的只有1天，最长的也不超过1年，所以该市场的一个显著特点就是融资期限短。

（2）流动性强。由于融资期限较短，所以货币市场上的金融工具变现速度都比较快，从而使该市场具有较强的流动性。

（3）风险性小。正是由于期限短、流动性强，所以货币市场工具的价格波动不会过于剧烈，市场风险较小。货币市场工具的发行主体大多为政府、商业银行及资信较高的大公司，因此，其信用风险较小。

（4）可控性强。货币市场是财政部和中央银行可以直接参与的金融市场。财政部国库券的发行和中央银行的公开市场业务会影响货币市场的运行。

（5）通常以大额面值出售。货币市场是批发市场，货币市场工具通常是以较大的面值出售的，其交易费用相对其所支付的利息而言更为低廉。

2. 银行承兑汇票的作用是什么？

（1）手续简单，成本较低。银行承兑汇票相对于银行贷款来说，利息成本较低。另外，借款者运用银行承兑汇票进行筹资比发行商业票据进行筹资的门槛低。

（2）提高银行效益。银行可以通过银行承兑汇票收取手续费，增加银行的收益。另外，银行通过开展银行承兑汇票业务也可以增强其信用能力。

（3）提高企业竞争力。首先，附加了银行信用，可以增加企业的销售额。其次，银行承兑汇票流通性强、灵活性高，可以背书转让，也可以申请贴现，不会占压企业的资金。

3. 短期政府债券有哪些分类？

目前我国短期政府债券主要有两类：短期国债和中央银行票据。

（1）短期国债。短期国债是指一国政府为满足先支后收所产生的临时性资金需要而发行的短期债券。按期限划分，有 3 个月、6 个月、9 个月和 12 个月等期限类别；按付息方式，可分为贴现国债和附息国债。短期国债大部分为贴现国债。短期国债一般采用拍卖方式发行，即短期国债的认购者将所要认购的数量、价格等提交中央银行，由财政部根据价格优先的原则予以分配。

（2）中央银行票据。中央银行票据是指中央银行为调节商业银行超额准备金而向商业银行发行的短期债务凭证，其实质是中央银行债券。它的作用包括丰富公开市场业务操作工具，弥补公开市场操作的现券不足，为市场提供基准利率，推动货币市场的发展等。

三、计算题

假设某商业汇票的报价为：票面金额为 10000 万元，利率为 3.06%，到期期限还有 30 天，则该商业票据的发行价格为多少？

$$10000 \div \left(1 + 3.06\% \times \frac{30}{360}\right) = 9974.666（万元）$$

四、论述题

1. 2023 年 7 月 3 日，伦敦同业拆借利率退出历史的舞台，试述对中国的启示。

伦敦同业拆借利率（London InterBank Offered Rate，LIBOR），是指在伦敦银行内部交易市场上的商业银行对存于非美国银行的美元进行交易时所涉及的利率。LIBOR 常常作为商业贷款、抵押、发行债务利率的基准。2022 年初，伦敦银行间同业拆借利率（LIBOR）形成机制改革正式启动。作为世界上最重要的基准利率，在金融市场交易和资产定价中扮演重要角色的 LIBOR，其形成机制改革是全球金融发展和金融监管机制改革的一个重要里程碑。

启示：

（1）大力发展直接融资。直接融资的本质，就是让资金的最终提供者和资金的最终使用者直接显示偏好，直接订立合约，决定利率水平，并直接进行交易。在以间接融资为主体的金融体系中，利率的形成过程受到银行中介的阻隔，利率的真实面目可能"迷失"。因此，打开银行的资产负债表，构成利率市场化的重要任务。为有效推动利率市场化这一与发展资本市场同等重要的任务，就要打开银行的资产负债表，有效率地引导全社会"脱媒"。

（2）解除信贷管制。解除信贷管制是利率市场化的又一必要条件。因为，只有解除信贷管制，资金的供求双方，包括作为"中介机构"的各类金融机构，才能充分展示自己的偏好并展开有效竞争。

（3）市场的一体化。要打破市场分割，促进金融市场一体化，打通金融市场与银行信贷市场，打通银行间市场和交易所市场。

（4）央行调控机制的市场化。在市场经济中，货币当局应当拥有足够且有效的市场手段，通过其资产负债表的调整和资产交易活动去改变资金供求格局，进而影响基准利率的水平和结构，调节货币信贷的供给。

（5）不应忽视影子银行的作用。影子银行是指向企业、居民和其他金融机构提供流动性、期限配合和提高杠杆率等服务，从而在不同程度上替代商业银行核心功能的工具、结构、企业或市场。影子银行体系主要通过开发交易活动和提升金融市场的流动性，通过对传统金融产品和服务"再构造"，来向经济社会提供源源不断的信用供给。在这个过程中，它成为推动利率市场化的重要力量。

（6）抓住数字货币发展的机遇。本次国际金融市场上的基准利率改革昭示了金融改革和发展的新方向，对于中国金融的改革和发展，具有极强的借鉴意义。中国的数字经济、数字货币，以及基于数字经济的支付清算机制已经走在世界前列，应当继续鼓励发展。

2. 大额可转让定期存单是什么？它与定期存款的区别是什么？

大额可转让定期存单是银行印发的一种定期存款凭证，凭证上印有一定的票面金额、存入和到期日以及利率，到期后可按票面金额和规定利率提取全部本利，逾期存款不计息。大额可转让定期存单可流通转让，自由买卖。

（1）存款方式不同。定期存款是一种普通的存款方式，客户可以根据自己的需求选择不同的存期，以实现资金的安全保值，同时获取相应的利息收益。而大额存单的存单金额比较高，超过了普通定期存款的金额限制。

（2）存款利率不同。由于大额存单金额较大，相对普通的定期存款来说，银行会给大额存单更高的利率回报，以此吸引更多的客户进行投资。因此，在存款期限相同的情况下，大额存单比定期存款的利率更加优惠。除此之外，大额存单还分为固定利率存单和浮动利率存单，投资者可根据自己的实际需求进行投资。

（3）存取灵活性不同。定期存款在存期内不能进行部分或全额提前支取，否则可能会受到违约金的惩罚。而大额存单则可以通过派息、赎回等方式进行灵活取用，一般不存在提前支取的限制。

（4）投资门槛不同。普通定期存款的起存金额比较低，一般只需要几百元即可；而大额存单则需要一笔较为可观的资金才能进行投资。目前对个人投资者而言，认购大额存单的起点金额不低于 20 万元；对机构投资者而言，认购起点金额不得低于 1000 万元。

（5）风险程度不同。无论是定期存款还是大额存单，都是银行全额承担风险的低风险投资品种。但是由于大额存单的起存金额比较高，可能会面临更大的信用风险和流动性风险。

第三章　资本市场

党的二十大报告提出要"健全资本市场功能，提高直接融资比重"。资本市场是现代金融体系的重要组成部分，是关键的要素和资源市场。本章首先介绍了资本市场的相关知识，包括资本市场的概念、主要特征，以及我国资本市场的规模；随后对资本市场的组成部分，即股票市场、债券市场以及投资基金市场展开了详细描述。

◎ 学习目标

1. 掌握资本市场的概念、特征以及组成部分。
2. 理解股票的概念、种类以及股票市场的运作。
3. 理解债券的概念、种类以及债券市场的运作。
4. 了解投资基金的概念、种类以及其运作。

◎ 引导案例
完爆基金经理？ChatGPT 炒股，一年多回报率超 500％

ChatGPT（Chat Generative Pre-trained Transformer），是 OpenAI 研发的聊天机器人程序，于 2022 年 11 月 30 日发布。ChatGPT 是人工智能技术驱动的自然语言处理工具，它能够基于在预训练阶段所见的模式和统计规律生成回答，还能根据聊天的上下文进行互动，真正像人类一样来聊天交流，甚至能完成撰写邮件、视频脚本、文案、翻译、代码、论文等任务。

近日，美国顶级公立大学佛罗里达大学金融学院公布的一项研究表明，将 ChatGPT 融合在投资模型中，可以预测股市的走势，其投资回报率甚至高达惊人的 500％，堪称 AI 界的"巴菲特"。其研究方法是用 ChatGPT 深度分析上市公司发布的新闻标题、内容，来确定是好消息还是坏消息。然后，对这些内容进行评级，再通过复杂的计算公式制成"ChatGPT 指数"，结合公司的实时股价进行比对，以验证 ChatGPT 的分析能力。简单来说，就是研究员为 ChatGPT 提供大量的新闻标题和内容，让 ChatGPT 用情感分析判断这些事件对股市的影响。ChatGPT 会判断出某一事件对股票价格有利、不利，还是不相关。随后，研究者会依照该结果打分，用真实的股市回报来看 ChatGPT 准不准。

该研究使用 2021 年 10 月至 2022 年 12 月证券价格研究中心（Center for Research of Security Price，CRSP）公开的真实股市数据和新闻进行测试。研究员根据 ChatGPT 提供的"多空策略"交易建议炒股，在此期间获得了超过 500% 的收益。这一出色的投资表现，与同期购买并持有标准普尔 500ETF 的 -12% 回报率形成强烈对比。有网友惊呼："ChatGPT 的股票投资水平，超过专业金融分析师和传统分析平台！"

研究结果说明，ChatGPT 的评分对每日股市回报有显著预测能力。为了进一步研究 ChatGPT 的能力，将 ChatGPT 的评分与传统的数据分析平台进行了比较，发现其预测能力远远高于传统股市情绪分析模型。开发探索大语言模型在金融行业的应用是非常有潜力的。

资料来源：新浪财经. 完爆基金经理？ChatGPT 炒股，一年多回报率超 500%［EB/OL］. （2023-05-21）［2023-09-24］. https：//baijiahao. baidu. com/s？id=1766498115461500538& wfr=spider&for=pc.

第一节　资本市场概述

一、资本市场的概念

资本市场（Capital Market）又称长期资金市场，是金融市场的重要组成部分。作为与货币市场相对应的理论概念，资本市场通常是指进行中长期（一年以上）资金（或资产）借贷融通活动的市场。由于长期金融活动，涉及资金期限长、风险大，具有长期较稳定收入，类似于资本投入，故长期资金市场被称为资本市场。

党的十八大以来，围绕"打造一个规范、透明、开放、有活力、有韧性的资本市场"总目标，资本市场在全面深化改革中逐步迈向高质量发展，服务实体经济能力不断提升。我国资本市场已跻身全球第二大资本市场，在服务实体经济、促进资本形成、实现价格发现、管理对冲风险、有效配置资源等方面的效能逐步显现，居民家庭资产配置中证券类金融资产占比日益提升。

二、资本市场的主要特征

与货币市场相比，资本市场特征主要如下：

1. 融资期限长

融资期限至少在 1 年以上，也可以长达几十年，甚至无到期日。例如，中长期债券的期限都在 1 年以上；股票没有到期日，属于永久性证券；封闭式基金存续期限一般都在 15~30 年。

2. 流动性较差

在资本市场上筹集到的资金多用于解决中长期融资需求，故流动性和变现性相对较弱。

3. 风险大而收益较高

由于融资期限较长，发生重大变故的可能性也大，市场价格容易波动，投资者需承受较大风险。同时，作为对风险的报酬，其收益也较高。

在资本市场上，资金供应者主要是银行、保险公司、信托投资公司及各种基金和个人投资者；而资金需求方主要是企业、社会团体、政府机构等。其交易对象主要是中长期信用工具，如股票、债券等。资本市场主要包括中长期信贷市场与证券市场。

4. 资金借贷量大

不同于货币市场的短期资金，资本市场的资金融通一般是为了企业的运营和发展，在这一用途下对于资金的需求量较大是显而易见的。资本市场的资金借贷量较大，这同时也增加了发生风险的可能性，当然其收益也相对比较高。

5. 价格变动幅度大

资本市场主要包括中长期信贷市场与证券市场。其交易对象主要是中长期信用工具，如股票、债券等，这些金融工具的特性使资本市场的价格变动幅度较大。

三、资本市场的构成和我国资本市场规模

(一) 资本市场的构成

资本市场包括长期证券市场和长期借贷市场。长期证券市场主要指股票市场和长期证券市场；长期信贷市场主要是指银行提供的消费信贷市场。

(二) 我国资本市场的规模

我国 2014—2022 年股票市场、债券市场的市场规模分别如图 3-1、图 3-2 所示。从图中可以看出，从 2014—2022 年，我国债券市场规模一直远高于股票市场规模，而且债券市场呈现出平稳增长的趋势。

（亿元）

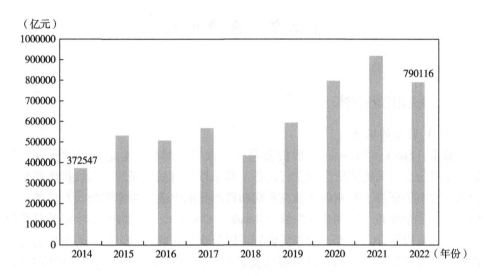

图 3-1　2014—2022 年我国股票市场规模

资料来源：CASMAR 数据库，股票市场年规模统计。

（亿元）

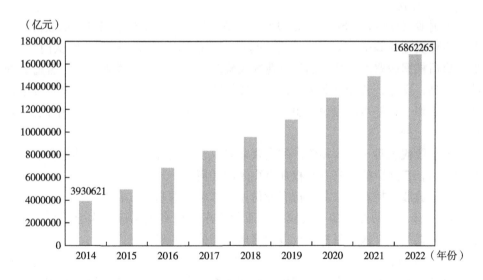

图 3-2　2014—2022 年我国债券市场规模

资料来源：CASMAR 数据库，债券市场年交易数据表。

第二节 股票市场

一、股票市场概述

（一）股票的概念

股票（Stock、Shares）是股份公司所有权的一部分，也是发行的所有权凭证，是股份公司为筹集资金而发行给各个股东作为持股凭证并借以取得股息和红利的一种有价证券。股东的权益在利润和资产分配上表现为索取公司对债务还本付息后的剩余收益，即剩余索取权（Residual Claims）。股票是资本市场的长期信用工具，可以转让、买卖，股东凭借它可以分享公司的利润，但也要承担公司运作错误所带来的风险。每股股票都代表股东对企业拥有一个基本单位的所有权，每家上市公司都会发行股票。

（二）股票的种类

1. 普通股

普通股（Ordinary Share）是股份公司资本构成中最普通、最基本的股份，是股份企业资金的基础部分。普通股的基本特点是其投资收益不是在购买时约定，而是事后根据股票发行公司的经营业绩来确定的。公司的经营业绩好，普通股的收益就高；反之，若经营业绩差，普通股的收益就低。普通股是股份公司资本构成中最重要、最基本的股份，也是风险最大的一种股份，但又是股票中最基本、最常见的一种。

普通股代表对一家公司资产的剩余索取权，在履行了该企业的其他所有金融合同之后，普通股的所有者有权拥有剩余的任何资产。

普通股股票持有者按其所持有股份比例享有以下基本权利：

（1）参与公司经营的表决权。普通股股东一般有出席股东大会的权利，有表决权和选举权、被选举权，可以间接地参与公司的经营。

（2）参与股息红利的分配权。普通股的股利收益没有上下限，视公司经营状况好坏、利润大小而定，公司税后利润在按一定的比例提取公积金并支付优先股股息后，再按股份比例分配给普通股股东。但如果公司亏损，普通股股东则得不到股息。

（3）优先认购新股的权利。当公司资产增值，增发新股时，普通股股东有按其原有持股比例认购新股的优先权。

（4）请求召开临时股东大会的权利。

（5）公司破产后依法分配剩余财产的权利。不过这种权利要等债权人和优先股股东权利满足后才轮到普通股。

2. 优先股

优先股（Preference Share）是享有优先权的股票。优先股的股东对公司资产、利润分配等享有优先权，其风险较小。

优先股也是一种没有期限的有权凭证，具有如下特点：

（1）优先股股东不参加公司的红利分配，无表决权和参与公司经营管理权。

（2）优先股有固定的股息，不受公司业绩好坏影响，并可以先于普通股股东领取股息。

（3）当公司破产进行财产清算时，优先股股东对公司剩余财产有先于普通股股东的要求。

二、股票的发行

（一）股票的发行制度

股票发行制度主要有三种，即审批制、核准制和注册制，每一种发行监管制度都对应一定的市场发展状况。在市场逐渐发育成熟的过程中，股票发行制度也应该逐渐地改变，以适应市场发展需求，其中审批制是完全计划发行的模式，核准制是从审批制向注册制过渡的中间形式，注册制则是目前成熟股票市场普遍采用的发行制度。

1. 审批制

审批制（Examination and Approval System）是一种带有较强行政色彩的股票发行管理制度。这主要表现在以下方面：股票发行实行下达指标的办法，同时对各地区、部门上报企业的家数也作出限制；掌握指标分配权的政府部门对希望发行股票的企业进行层层筛选和审批，然后做出行政推荐；监管机构对企业发行股票的规模、价格、发行方式、时间进行审查。

实施这一制度，对于特定时期协调证券市场的供求关系，对于国有企业改制上市、筹集资金和调整国民经济结构，起到了积极的作用。但其缺陷也逐步暴露出来，主要如下：用行政办法无法实现社会资源优化配置，不适应社会主义市场经济要求；政府部门和监管机构对发行事项高度集中管理，减少了发行人和承销商的自主权，制约了中介机构的发育；一些中介机构违反有关法律法规，帮助企业虚假"包装"，骗取发行上市资格，影响了市场的公正；发行额度计划管理方式，容易使股票发行审批中出现"寻租"现象。在市场自律机制不完善的情况下，证券市场也积累了一定的风险。

2. 核准制

核准制（Authorized System）一方面取消了政府的指标和额度管理，并引进证券中介机构的责任，以判断企业是否达到股票发行的条件；另一方面使证券监管机构能够同时对股票发行的合规性和适销性条件进行实质性审查，并有权否决股票发行的申请。在核准制下，发行人在申请发行股票时，不仅要充分公开企业的真实情况，而且必须符合有关法律和证券监管机构规定的必要条件，证券监管机构有权否决不符合规定条件的股票发行申请。证券监管机构对申报文件的真实性、准确性、完整性和及时性进行审查，还对发行人的营业性质、财力、素质、发展前景、发行数量和发行价格等条件进行实质性审查，并据此作出发行人是否符合发行条件的价值判断和是否核准申请的决定。

3. 注册制

股票发行注册制（Registered System）主要是指发行人申请发行股票时，必须依法将公开的各种资料完全准确地向证券监管机构申报。证券监管机构的职责是对申报文件的全面性、准确性、真实性和及时性作形式审查，不对发行人的资质进行实质性审核和价值判断，将发行公司股票的良莠留给市场来决定。

为什么要从核准制改为注册制，主要有以下几点原因：第一，注册制的审核程序很简单，企业上市所要花费的时间和精力会少很多，可以有效加快企业的上市进度；第二，在注册制下，企业的上市门槛会变低很多，一些营收少、利润低或亏损的企业也可以完成上市，能充分发挥资本市场服务实体经济的作用；第三，更多的上市公司，可以促使投资者在选择股票时更加谨慎，推动树立价值投资理念。

2016年3月1日，国务院对注册制改革的授权正式实施。2020年10月9日国务院印发了《关于进一步提高上市公司质量的意见》，提出将"全面推行、分步实施证券发行注册制，支持优质企业上市"。考虑到我国资本市场起步较晚，诸多配套措施仍待完善，如果贸然对存量市场进行大刀阔斧的改革，很容易引起市场剧烈波动，易滋生市场乱象，导致投资者蒙受损失。因此，注册制改革采取分步走策略，根据实践经验进行制度的不断迭代。先从建立市场预期入手，逐步推进增量市场制度试点，再着手于存量增量市场同步改革，以此积累丰富的理论和实践经验，确保全面注册制平稳落地。

2018年11月，上交所设立科创板并宣布启动试点注册制改革。2019年7月，科创板开市。作为注册制改革排头兵，科创板从交易体系完善、资本市场经验丰富的上交所诞生，着手于增量市场的改革，阻力较小，能够自上而下更有效地推进新制度施行。2019年12月新证券法出台，为进一步推进改革提供了法律依据，2020年12月新一轮退市制度改革发布，为全面注册制改革打下坚实基础。

2023 年 2 月 17 日，中国证券监督管理委员会（以下简称"证监会"）及交易所等发布全面实行股票发行注册制制度规则。这标志着注册制的制度安排基本定型，注册制推广到全市场和各类公开发行股票行为，全面实行股票发行注册制正式实施。其中，在精简优化发行上市条件方面，坚持以信息披露为核心，将核准制下的发行条件尽可能转化为信息披露要求。各市场板块设置多元包容的上市条件。在完善审核注册程序方面，坚持证券交易所审核和证监会注册各有侧重、相互衔接的基本架构，进一步明晰证券交易所和证监会的职责分工，提高审核注册效率和可预期性。证券交易所审核过程中发现重大敏感事项、重大无先例情况、重大舆情、重大违法线索的，及时向证监会请示报告。证监会同步关注发行人是否符合国家产业政策和板块定位。同时，取消证监会发行审核委员会和上市公司并购重组审核委员会。在优化发行承销制度方面，对新股发行价格、规模等不设任何行政性限制，完善以机构投资者为参与主体的询价、定价、配售等机制。

◎ 补充阅读

注册制与科创板

科创板（The Science and Technology Innovation Board，STAR Market），是由国家主席习近平于 2018 年 11 月 5 日在首届中国国际进口博览会开幕式上宣布设立的，是独立于现有主板市场的新设板块，注册制试点已在该板块内进行。

《证监会发布关于在上海证券交易所设立科创板并试点注册制的实施意见》强调，在上交所新设科创板，要坚持面向世界科技前沿、面向经济主战场、面向国家重大需求，主要服务于符合国家战略、突破关键核心技术、市场认可度高的科技创新企业。重点支持新一代信息技术、高端装备、新材料、新能源、节能环保以及生物医药等高新技术产业和战略性新兴产业，推动互联网、大数据、云计算、人工智能和制造业深度融合，引领中高端消费，推动质量变革、效率变革、动力变革。

随着科创板稳步推进，交易所受理名单逐批公布，各方积极参与的同时，却也出现了一些不理性的行为。最典型的是"垫资开权限"。按规则，开通科创板股票交易权限需要此前 20 个交易日日均资产不低于 50 万元。但在不理性的暴富预期诱惑下，个别不够开立权限标准的中小投资者却在"钻研""垫资开权限"。

设立科创板并试点注册制是提升服务科技创新企业能力、增强市场包容性、强化市场功能的一项资本市场重大改革举措。通过发行、交易、退市、投资者适当性、证券公司资本约束等新制度以及引入中长期资金等配套措施，增量试点、循序渐进，使新增资金与试点进展同步匹配，力争在科创板实现投融资平衡、一二级市场平衡、公司的新老股东利益平衡，并促进现有市场形成良好预期。

资料来源：①中国证券监督管理委员会．中国证监会发布《关于在上海证券交易所设立科创板并试点注册制的实施意见》[EB/OL]．（2019-01-30）[2023-09-24]．http：//www.csrc.gov.cn/csrc/c100028/c1001082/content.shtml.

②证券时报．上交所：积极稳妥推进科创板和注册制试点[EB/OL]．（2018-12-06）[2023-09-24]．https：//baijiahao.baidu.com/s？id=1619058449789203880&wfr=spider&for=pc.

（二）股票发行的主要流程

1. 发行方式的选择

（1）公开间接发行。指通过中介机构，公开向社会公众发行股票。我国股份有限公司采用募集设立方式向社会公开发行新股时，须由证券经营机构承销的做法，就属于股票的公开间接发行。

这种发行方式的发行范围广、发行对象多，易于足额募集资本；股票的变现性强，流通性好；股票的公开发行还有助于提高发行公司的知名度和扩大其影响力。但这种发行方式也有不足，主要是手续繁杂，发行成本高。

（2）不公开直接发行。指不公开对外发行股票，只向少数特定的对象直接发行，因而不需经中介机构承销。我国股份有限公司采用发起设立方式和以不向社会公开募集的方式发行新股的做法，即属于股票的不公开直接发行。这种发行方式弹性较大，发行成本低，但发行范围小，股票变现性差。

2. 选定作为承销商的投资银行

公开间接发行股票的方式一般通过投资银行来进行，投资银行（Investment Banks）是与商业银行相对应的一类金融机构，主要从事证券发行、承销、交易、企业重组、兼并与收购、投资分析、风险投资、项目融资等业务的非银行金融机构，是资本市场上的主要金融中介。投资银行是美国和欧洲大陆的称谓，英国称之为商人银行，在中国和日本则指证券公司。

投资银行的组织形态主要有四种：一是独立型的专业性投资银行，这种类型的机构比较多，遍布世界各地，他们有各自擅长的业务方向，如中国的中信证券、中金公司和美国的高盛、摩根士丹利。二是商业银行拥有的投资银行，主要是商业银行通过兼并收购其他投资银行，参股或建立附属公司从事投资银行业务，这种形式在英德等国非常典型，如汇丰集团、瑞银集团。三是由全能型银行直接经营投资银行业务，这种形式主要出现在欧洲，银行在从事投资银行业务的同时也从事商业银行业务。投资银行的业务主要是投资。四是跨国财务公司。

采用不公开直接发行股票的方式，发行条件通常由发行公司和投资者直接商定，从而绕过承销环节。投资银行的中介职能减弱许多，一般包括寻找可能的投资者、帮助发行公司准备各项文件、进行尽责调查和制定发行的日程表等。

3. 准备招股说明书

招股说明书是股份公司公开发行股票时，就募股事宜发布的书面通告。招股说明书由股份公司发起人或股份化筹备委员会起草，送交政府证券管理机构审查批准。

其主要内容包括：①公司状况：公司历史，性质，公司组织和人员状况，董事、经理、监察人和发起人名单。②公司经营计划，主要是资金的分配和收支及盈余的预算。③公司业务现状和预测，包括设备情况，生产经营品种、范围和方式，市场营销分析和预测。④专家对公司业务、技术和财务的审查意见。⑤股本和股票发行，股本形成、股权结构、近几年净值的变化，股票市价的变动情况、股息分配情形，股票发行的起止日期，总额及每股金额、股票种类及其参股限额，股息分配办法，购买股份申请手续，公司股票包销或代销机构。⑥公司财务状况，注册资本，清产核算后的资产负债表和损益表，年底会计师报告。⑦公司近几年年度报告书。⑧附公司章程及有关规定。⑨附公司股东大会重要决议。⑩其他事项。招股说明书是发行股票时的必备文件之一，需经证券管理机构审核、批准，也是投资者特别是公众投资者认购该公司股票的重要参考。

4. 发行定价

股票发行价格是股票发行计划中最基本和最重要的内容，它关系到发行人与投资者的根本利益及股票上市后的表现。若发行价过低，将难以满足发行人的筹资需求，甚至会损害原有股东的利益；而倘若发行价太高，又将增大投资者的风险，增大承销机构的发行风险和发行难度，抑制投资者的认购热情，并影响股票上市后的表现。因此，发行公司及承销商必须对公司的利润及其行业因素、二级市场的股价水平等因素进行综合考虑，然后确定合理的发行价格。

（三）股票发行的认购与销售

1. 包销

股票包销（Underwriting）是指发行公司和证券机构达成协议，如果证券机构不能完成股票发售的，由证券机构承购的股票发行方式。股票包销又分全额包销和余额包销两种。

包销形式下的承销商盈亏情况：如果发行股票的市场价值高于发行价，无论其市场价值多高，承销商只能根据承销合同以发行价售出，承销商的最大收益就是发行价与净价之间的差价；但当发行股票的市场价低于发行价时，承销商的盈亏同比缩减。这种收益有限与损失相对无限的不对称性风险相当于看跌期权的空头。其中，期权执行价是发行价，期权效期是股票发行期（一般不超过两周），期权费是差价。

2. 代销

股票代销（Stock Sales Commission）是指证券公司代发行人发售证券，在承销期结束时，将未售出的证券全部退还给发行人的承销方式。

3. 备用包销

备用包销（Reserve Underwriting）是股票认购的一种方式。上市公司通过认股权发行股票时，发行公司与投资银行签订备用包销合同，合同要求投资银行作为认购者买下未能售出的剩余股票，而发行公司为此支付备用费。

三、股票的交易

（一）股票的交易方式

1. 现货交易

股票的现货交易（Spot Transactions）是证券交易中最古老的交易方式，它具有以下几个显著的特点：第一，成交和交割基本上同时进行；第二，是实物交易，即卖方必须实实在在地向买方转移证券，没有对冲；第三，在交割时，购买者必须支付现款（由于在早期的证券交易中现金被大量使用，现货交易又被称为现金现货交易）；第四，交易技术简单，易于操作，便于管理，一般说来现货交易是投资，它反映了购入者有进行较长期投资的意愿，希望能在未来的时间内，从证券上取得较稳定的利息或分红等收益，而不是购入者为了获取证券买卖差价的利润而进行的投机。

2. 期货交易

期货交易（Futures Trading）的协议是标准化的合同，合同的款项条文、每份合同所载的交易额及交割期限等都是标准化的。股票的期货交易方式具有以下几方面的特点：第一，成交和交割具有非同步性，期货成交时，无实际的款券让渡，允许在成交后的一定时期之后再进行交割；第二，成交价格和交割期限具有预定性，期货成交签订契约时，已将今后的股票买卖价格和交割期固定下来了，这样就起到转移价格风险和保值的作用；第三，成交后买卖双方的盈亏具有不确定性，股票市场行情瞬息万变，而股票交易却按照事先约定的价格进行清算，这必然导致交割时的行市与成交价格不具有一致性，也必将给交易者带来好处或损失；第四，交割以清算方式相互冲抵，因为期货交易的实际交割日在远期，买卖双方在交割日到来之前，均可通过再买入或卖出进行方向相反的交易，通过交易进行对冲，只需交付两者的差额即可，不必全部都用实物或现货进行交换；第五，股票期货交易具有投机性，期货交易方式本身的时间差和价格差，会给交易者带来息外收益，因此，投资者期望通过期货来保护投资，以免因行情变动造成损失，而投机者则利用期货交易的时间差，视行市涨落，低价买进高价卖出，赚取投机利润。

3. 信用交易

信用交易（Deal on Credit），又叫保证金交易或垫头交易，也是通常所说的买空卖空，这就是当投资者在看好后市但资金又不充足时，以购入的股票为担保向经纪人借入一定的款项来购买股票，或在看空后市但没有股票时，以一定数额的资金为担保向经纪人融通股票而卖出股票的行为。

（二）股票交易市场

股票交易市场按照交易程序分为场内交易市场、场外交易市场和第三市场。

1. 场内交易市场

场内交易市场是指各种证券的交易所。证券交易所有固定的交易时间和固定的场所，以及规范的交易规则。交易所按拍卖市场的程序进行交易。证券持有人拟出售证券时，可以通过电话或网络终端下达指令，该信息输入交易所撮合主机，按价格从低到高排序，低价者优高价优先。出价最先。拟购买证券的投资人，用同样方法下达指令，按照由高到低排序，高的购买人和出价最低的出售者取得一致时成交。证券交易所通过网络形成全国性的证券市场，甚至形成国际化市场。

2. 场外交易市场

场外交易市场没有固定场所，由持有证券的交易商分别进行。任何人都可以在交易商的柜台上买卖证券，价格由双方协商形成。这些交易商互相之间用计算机网络联系，掌握各自开出的价格，竞价充分，与有组织的交易所并无多大差别。场外交易市场包括股票、债券、可转让存单和银行承兑汇票等。

3. 第三市场

第三市场是指在证券交易所场外专门买卖已在证券交易所上市的证券交易市场。应当指出，第三市场交易属于场外市场交易，但与其他场外市场有明显区别，主要是第三市场的交易对象是在交易所上市的股票，而其他场外交易市场则从事未上市的股票在交易所以外交易。

（三）股票交易的程序

1. 开户

股票开户是指投资者在证券交易市场上买卖股票之前在证券公司开设证券账户和资金账户，并与银行建立储蓄等业务关系的过程。随着证券交易的发展，股票开户分为现场开户与非现场开户：现场开户是指投资者在证券公司营业部柜台办理开户的开户方式；非现场开户包括见证开户、网上开户及中国结算公司认可的其他非现场开户方式。

2. 委托

投资者买卖证券必须通过证券交易所的会员进行。投资者委托证券经纪人买卖某种证券时，要签订委托契约书，填写年龄、职业、身份证号码、通讯地址、电话号码等基本情况。委托书还要明确股票种类、股票价格、买卖数量、时间等。最后经签名盖章方生效。

3. 竞价成交

由于要买进或卖出同种证券的客户都不止一家，故他们往往通过双边拍卖的方式来成交。国内证券交易所内的双边拍卖形式主要通过计算机终端申报竞价。

4. 清算交割

清算交割是指证券买卖双方在证券交易所进行的证券买卖成交以后，通过证券交易所将证券商之间的证券买卖数量和金额分别予以轧抵，其差额由证券商确认后，在事先约定的时间内进行证券和价款的收付了结行为。清算交割一般分两个部分：一部分指证券商与交易所之间的清算交割，另一部分则是指证券商与投资者之间的清算交割。双方在规定的时间内进行价款与证券的交收确认，即买入方付出价款得到证券，卖出方付出证券获得价款。

5. 过户

股票过户，是指客户买进记名股票后到该记名股票上市公司办理变更股东名簿记载的行为。股票过户以后，现股票的持有人就成为该记名股票上市公司的股东，并享有股东权。证券交易所的一般股票交易程序在无记名股票的清算交割之后或记名股票的过户以后才算正式了结。不记名股票可以自由转让，记名股票的转让必须办理过户手续。在证券市场上流通的股票基本上都是记名股票，其转让只有办理过户手续才能生效。

◎ 补充阅读

A 股重磅利好"四箭齐发"

2023 年 8 月 27 日，A 股重磅利好滚动来袭，降印花税、收紧 IPO、严控减持、融资加杠杆……"四箭齐发"火线救市。

首先是财政部宣布，印花税减半征收。这是时隔近 15 年后，印花税再次下调。8 月 27 日，财政部、税务总局发布《关于减半征收证券交易印花税的公告》，为活跃资本市场、提振投资者信心，自 2023 年 8 月 28 日起，证券交易印花税实施减半征收。

回顾 A 股印花税调整历史，自 1990 年首次征收以来，我国股票交易印花税已经历了 10 次调整（包含此次），如图 3-3 所示，每次调整都会影响 A 股市场短期交易情绪。

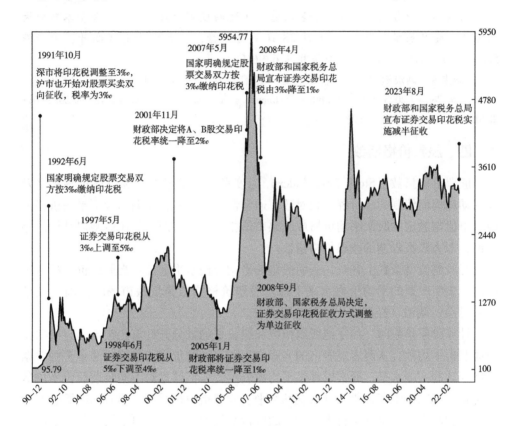

图 3-3　A 股交易印花税调整历史及上证指数月收盘表现

紧接着，证监会同样于 8 月 27 日连发三条重磅政策，政策涉及阶段性收紧 IPO 节奏、规范股份减持行为、调降融资保证金比例等。

证监会表示，充分考虑当前市场形势，为完善一二级市场逆周期调节机制，围绕合理把握 IPO、再融资节奏，作出以下安排：根据近期市场情况，阶段性收紧 IPO 节奏，促进投融资两端的动态平衡……

关于市场关注的大股东减持行为，证监会进一步规范相关方减持行为，作出以下要求：上市公司存在破发、破净情形，或者最近三年未进行现金分红、累计现金分红金额低于最近三年年均净利润 30% 的，控股股东、实际控制人不得通过二级市场减持本公司股份……

此外，经中国证监会批准，上交所、深交所、北交所发布通知，修订《融资融券交易实施细则》，将投资者融资买入证券时的融资保证金最低比例由100%降低至80%。此调整将自2023年9月8日收市后开始实施。

财政部、税务总局、证监会密集官宣上述四项重大政策利好，令资本市场大为振奋。受此影响，2023年8月28日早盘开盘，三大股指全线高开，沪指涨5.06%，深指涨5.77%，创业板指涨6.96%。

资料来源：新浪财经.A股重磅利好"四箭齐发"，一文看懂后市影响［EB/OL］.（2023-08-28）［2023-09-24］. https://finance. sina. com. cn/stock/marketresearch/2023-08-28/doc-imzisxvt9686634. shtml? cref=cj.

四、股票价格指数

股票价格指数（Stock Price Index）为度量和反映股票市场总体价格水平及其变动趋势而编制的股价统计相对数。通常情况下，将报告期的股票平均价格或股票市值与选定的股票平均价格或股票市值相比，并将两者的比值乘以基期的指数值，即为该报告期的股票价格指数。

当股票价格指数上升时，表明股票的平均价格水平上涨；当股票价格指数下降时，表明股票的平均价格水平下降。股票价格指数是反映市场所在国（或地区）社会、政治、经济变化状况的晴雨表。

计算股票指数时，往往把股票指数和股价平均数分开计算。按定义，股票指数即股价平均数。从两者对股市的实际作用而言，股价平均数反映的是多种股票价格变动的一般水平，通常以算术平均数表示。人们通过对不同时期股价平均数的比较，可以认识多种股票价格变动水平。股票指数是反映不同时期的股价变动情况的相对指标，也就是将第一时期的股价平均数作为另一时期股价平均数的基准的百分数。通过股票指数，人们可以了解计算期的股价相较基期的股价上升或下降的百分比率。股票指数是一个相对指标，因此就一个较长的时期来说，股票指数比股价平均数能更为精确地衡量股价的变动。

（一）股票价格平均数的计算

股票价格平均数反映一定时点上市股票价格的绝对水平，它可分为简单算术股价平均数、修正的股价平均数、加权股价平均数三类。人们通过对不同时点股价平均数的比较，可以看出股票价格的变动情况及趋势。

1. 简单算术股价平均数

是将样本股票每日收盘价之和除以样本数得出的，即：

$$简单算术股价平均数 = \frac{1}{n} \sum_{i=1}^{n} P_i \tag{3.1}$$

式中：n 为样本的数量，P_i 为第 i 只股票的价格。

世界上第一个股票价格平均数——道·琼斯股价平均数在 1928 年 10 月 1 日前就是采用简单算术平均法计算的。简单算术股价平均数虽然计算较简便，但它有两个缺点：一是它未考虑各种样本股票的权数，从而不能区分重要性不同的样本股票对股价平均数的不同影响；二是当样本股票发生股票分割派发红股、增资等情况时，股价平均数会由于产生断层而失去连续性，使时间序列前后的比较发生困难。

2. 修正的股价平均数

修正的股价平均数有两种：

一是除数修正法，又称道式修正法。这是美国道·琼斯在 1928 年创造的一种计算股价平均数的方法。该法的核心是求出一个常数除数，以修正股票分割、增资、发放红利等因素所造成的股价平均数的变化，从而保持股价平均数的连续性和可比性。具体做法是以新股价总额除以旧股价平均数，求出新的除数，再以计算期的股价总额除以新除数，得出修正的股价平均数。即：

新除数＝变动后的新股价总额/旧的股价平均数 （3.2）

修正的股价平均数＝报告期股价总额/新除数 （3.3）

二是股价修正法。股价修正法就是将股票经历分割、增资、发行红股等变动后的股价还原为变动前的股价，使股价平均数不因此变动。美国《纽约时报》编制的 500 种股价平均数就采用股价修正法来计算股价平均数。

3. 加权股价平均数

加权股价平均数是指根据各种样本股票的相对重要性进行加权平均计算的股价平均数，其权数（Q）可以是成交股数、股票总市值、股票发行量等，其计算公式为：

$$加权股价平均数 = \frac{\sum_{i=1}^{n} P_i Q_i}{\sum_{i=1}^{n} Q_i} \quad (3.4)$$

（二）股价指数的计算

股票指数是反映不同时间点上股价变动情况的相对指标。通常是将报告期的股票价格与选定的基期价格相比，并将两者的比值乘以基期的指数值，即为该报告期的股票指数。股票指数的计算方法有三种：相对法、综合法、加权法。

1. 相对法

相对法又称平均法，就是先计算各样本股票指数，再加总求总的算术平均数。其计算公式为：

$$股票指数 = \frac{1}{n} \sum_{i=1}^{n} \frac{P_1^i}{P_0^i} \qquad (3.5)$$

式中：P_0^i 表示第 i 种股票基期的价格，P_1^i 表示第 i 种股票报告期的价格，n 代表样本数。

2. 综合法

综合法是先将样本股票的基期价格和报告期价格分别加总，然后相比求出股票指数。即：

$$股票指数 = \frac{\sum\limits_{i=1}^{n} P_1^i}{\sum\limits_{i=1}^{n} P_0^i} \qquad (3.6)$$

3. 加权法

加权股价指数是根据各期样本股票的相对重要性予以加权，其权数可以是成交股数、股票发行量等。按时间划分，权数可以是基期权数，也可以是报告期权数。

以基期成交股数（或发行量）为权数的指数称为拉斯拜尔指数。其计算公式是：

$$加权股价指数 = \frac{\sum P_1 Q_0}{\sum P_0 Q_0} \qquad (3.7)$$

以报告期成交股数（或发行量）为权数的指数称为派许指数。其计算公式为：

$$加权股价指数 = \frac{\sum P_1 Q_1}{\sum P_0 Q_1} \qquad (3.8)$$

式（3.7）和式（3.8）中：Q_0 和 Q_1 分别表示基期和报告期的成交股数，P_0 和 P_1 分别表示基期和报告期的股价。

第三节　债券市场

一、债券市场概述

（一）债券的概念及特征

债券（Bonds）是一种金融契约，是指政府、金融机构、工商企业等直接向社会借债筹借资金时，向投资者发行，同时承诺按一定利率支付利息并按约定条件偿还本金的债权债务凭证。债券的本质是债的证明书，具有法律效力。债券购买者或投资者与发行者之间是一种债权债务关系，债券发行人即债务人，投资者（债券购买者）即债权人。

债券作为一种债权债务凭证，与其他有价证券一样，也是一种虚拟资本，而非真实资本，它是经济运行中实际运用的真实资本的证书。债券作为一种重要的融资手段和金融工具具有如下特征：

1. 偿还性

偿还性是指债券有规定的偿还期限，债务人必须按期向债权人支付利息和偿还本金。

2. 流动性

流动性是指债券持有人可按需要和市场的实际状况，灵活地转让债券，以提前收回本金和实现投资收益。

3. 安全性

安全性是指债券持有人的利益相对稳定，不随发行者经营收益的变动而变动，并且可按期收回本金。

4. 收益性

收益性是指债券能为投资者带来一定的收入，即债券投资的报酬。在实际经济活动中，债券收益表现为三种形式：一是投资债券可以给投资者定期或不定期地带来利息收入；二是投资者可以利用债券价格的变动，买卖债券赚取差额；三是投资债券所获现金流量可以通过再投资获取利息收入。

（二）债券的分类

1. 按发行主体不同划分

根据债券发行主体的不同，债券可分为政府债券、金融债券和公司债券三大类。

第一类是由政府发行的债券，称为政府债券（Government Bonds），它的利息享受免税待遇。其中，由中央政府发行的债券也称公债或国库券，其发行目的是弥补财政赤字或投资于大型建设项目；而由市、县、镇等各级地方政府机构发行的债券就称为地方政府债券，其发行目的主要是为地方建设筹集资金，因此都是一些期限较长的债券。

第二类是由银行或其他金融机构发行的债券，被称为金融债券（Financial Bonds）。金融债券发行的目的一般是为了筹集长期资金，其利率也一般要高于同期银行存款利率，而且持券者需要资金时可以随时转让。

第三类是公司债券（Corporation Bonds），它是由非金融性质的企业发行的债券，其发行目的是筹集长期建设资金。一般都有特定用途。按有关规定，企业要发行债券必须先参加信用评级，级别达到一定标准才可发行。因为企业的资信水平比不上金融机构和政府，所以公司债券的风险相对较大，因而其利率一般也较高。

2. 按利率是否变动划分

根据债券的利率是否变动，可将债券分为固定利率债券和浮动利率债券。

固定利率债券（Fixed Interest Securities）是指在偿还期内利率固定的债券。

浮动利率债券（Floating Rate Bonds）是指利率可以变动的债券，这种债券利率的确定与市场利率挂钩。

3. 按付息方式不同划分

根据利息的不同支付方式，债券一般分为附息债券和贴现债券。

附息债券（Interest-bearing Bonds）是指在它的券面上附有各期息票的中长期债券，息票的持有者可按其标明的时间期限到指定的地点按标明的利息额领取利息。息票通常以6个月为一期，由于它在到期时可获取利息收入，息票也是一种有价证券，因此它也可以流通、转让。

贴现债券（Discount Bonds）是指在发行时按规定的折扣率将债券以低于面值的价格出售，在到期时持有者仍按面额领回本息的债券，其票面价格与发行价之差即为利息。

4. 按偿还期限长短划分

根据偿还期限的长短，债券可分为短期、中期和长期债券。一般的划分标准是期限在1年以下的为短期债券（Short-term Bonds），期限在10年以上的为长期债券（Long-term Bonds），而期限在1～10年的为中期债券（Medium-term Bonds）。

5. 按募集方式划分

按照是否公开发行，债券可分为公募债券和私募债券。

公募债券（Public Collection Bonds）是指按法定手续，经证券主管机构批准在市场上公开发行的债券，其发行对象是不限定的。这种债券由于发行对象是广大的投资者，因而要求发行主体必须遵守信息公开制度，向投资者提供多种财务报表和资料，以保护投资者利益，防止欺诈行为的发生。

私募债券（Private Placement Bonds）是指发行者以与其有特定关系的少数投资者为募集对象而发行的债券。该债券的发行范围很小，其投资者大多数为银行或保险公司等金融机构，它不采用公开呈报制度，债券的转让也受到一定程度的限制，流动性较差，但其利率水平一般高于公募债券。

6. 按担保性质划分

根据有无抵押担保，可以将债券分为信用债券和担保债券。

信用债券（Debenture Bonds）也称无担保债券，是指仅凭债券发行者的信用而发行的、没有抵押品作担保的债券。一般政府债券及金融债券都为信用债券。少数信用良好的公司也可发行信用债券，但在发行时须签订信托契约，对发行者的有关行为进行约束限制，契约由受托的信托投资公司监督执行，以保障投资者的利益。

担保债券（Secured Bonds）是指以抵押财产为担保而发行的债券。具体包括以土地、房屋、机器、设备等不动产为抵押担保品而发行的抵押公司债券，以公司的有价证券（股票和其他证券）为担保品而发行的抵押信托债券和由第三者担保偿付本息的承保债券。当债券的发行人在债券到期而不能履行还本付息义务时，债券持有者有权变卖抵押品来清偿抵付或要求担保人承担还本付息的义务。

7. 几种特殊类型的债券

（1）可转换债券。可转换债券（Convertible Bonds）是指能按一定条件转换为其他金融工具的债券。可转换债券一般都是可转换公司债券，这种债券的持有者可按一定的条件根据自己的意愿将持有的债券转换成股票。

（2）可赎回债券。可赎回债券（Callable Bonds）也称"可买回债券"，是指发行人有权在特定的时间按照某个价格强制从债券持有人手中将其赎回的债券，可视为债券与看涨期权的结合体。

（3）永续债券。永续债券（Perpetual Bonds）又称无期债券，是指非金融企业（发行人）在银行间债券市场注册发行的"无固定期限、内含发行人赎回权"的债券。在永续债的每个付息日，发行人可以自行选择将当期利息以及已经递延的所有利息，推迟至下一个付息日支付，且不受任何递延支付利息次数的限制。

（4）零息债券。零息债券（Zero Coupon Bonds）是指以贴现方式发行，不附息票，而于到期日按面值一次性支付本利的债券。零息债券是一种较为常见的金融工具创新。零息债券不支付利息，像财政储蓄债券一样，按票面进行大幅折扣后出售。债券到期时，利息和购买价格相加之和就是债券的面值。

（5）资产支持债券。资产支持债券（Asset-backed Bonds）通常以公司的资产为担保，以支持债券的偿还。

二、债券发行市场

（一）债券的发行方式

1. 公募发行和私募发行

债券公募发行（Public Offering）是指承销商接受发行的债券，向社会上不指定的广泛投资者进行募集的方式。公募有直接公募与间接公募之分。发行人不通过中介机构,直接向众多投资者公开募集发行债券的方式即为直接公募;而发行人通过中介机构代为向不特定投资者发行债券的方式,为间接公募。

债券私募发行(Private Offering)是相对于公募而言的,是指向特定的少数投资者发行债券的方式。这里所指的特定的投资者,大致有两类:一类是个人投资者;另一类是机构投资者,如大的金融机构或是与发行人有密切业务往来关系的企业、公司等。

2. 直接发行和间接发行

直接发行是指发行人单方面确定国债的发行条件,再通过各种渠道(如银行、证券公司的柜台)向投资者直接出售国债的方式。直接发行是债券发行最早采用的方法,其特点是简单方便,发行手续在发行者与投资者之间直接进行,减少了中间环节,且发行费用较低。一般来说,直接发行主要适合于两种情形:①私募债的发行。即向特定的投资者发行债券。它的发行范围不大,发行量小,一般不需要中介机构办理发行事务。②金融债的发行。金融机构发行金融债一般也采用直接发行办法。因为金融机构本身就具备推销债券的良好条件,而不必委托其他中介机构。直接发行的缺点主要在于发行对象往往局限于特定的投资者,使证券的计划发行额不易募足。此外,直接发行没有金融机构等中介机构的协助,对于充分动员社会闲散资金缺乏足够的力量。以这种方式发行国债时间长、成本高、市场化程度低。因此,在国债市场发达的国家,这种方式基本被淘汰,只有少数国家采用直接发行方式发行面向个人投资者的非上市流通国债。

间接发行是指发行人委托专业的证券承销机构负责办理发行事宜的发行方式,包括三种类型:①证券代销。即证券发行主体委托发行中介机构发行证券,由发行中介机构代表发行主体办理发行业务,若证券应募额达不到预定发行额,中介机构不负承购剩余额的责任。②证券包销。即发行主体委托发行中介机构发行证券,并与发行中介机构签订包销合同。证券应募达不到预定发行额时,由发行中介机构对不足部分予以承购。③证券承销。即在特定的发行条件下,证券发行总额全部由发行中介机构一次性承购,发行中介机构将承购的证券再分别向投资者出售时的证券价格通常高于承销时的价格,其差额即为发行中介机构的效益。间接发行方法现已被世界各国广泛采用,其优点是,利用证券发行中介机构众多的金融网点和客户,以及熟练的专业技术人员和良好的信誉,可以迅速募集到大量资金,保证证券发行任务顺利完成。

3. 担保发行和信用发行

信用发行是指证券的发行没有任何担保品,仅凭债券发行者的信用的发行方式。这有两种形式:一种是以自身的信用能力作为担保;另一种是以他人的信用为担保，即依托某一担保人的信用担保而发行债券。

担保发行可以分为以下几种：

第一，实物担保发行。这是指债券发行者用实物作抵押或补偿，保证债券到期还本付息的方式。一旦发行者到期不能或无法按约支付债券本息，则应用担保实物进行清偿。

第二，产品担保发行。这是指发行债券的企业或公司用产品作为担保品的发行方式。采取产品担保发行的产品，应是市场上供不应求并能吸引投资者或社会公众的本企业（或公司）产品，这样才容易为广大投资者所接受。

第三，证券担保发行。这是指债券发行者用自己所持有的其他有价证券作为发行债券的担保品的发行方式，按照惯例，作为担保品的证券价值必须大大超过以此为担保发行的债券价值。用于担保的有价证券包括股票、企业（公司）债券、政府债券、金融债券等，但必须是广大投资者或社会众人所能接受的证券种类。

◎ 案例
全国第一只高等学校专项债券来了！云南筹资10亿元

为积极探索、试点发展教育建设项目收益与融资自求平衡的地方政府专项债券，规范公办高等学校类项目专项债券管理，2018年8月2日，云南省财政厅和云南省教育厅联合出台《云南省公办高等学校项目专项债券管理办法（暂行）》。

云南省财政厅计划于2018年8月10日公开招标10亿元的云南省省级公办高等学校专项债券，用于云南财经大学安宁校区和云南财经职业学院的建设。评级公司对该债券给出了最高的AAA评级。

高校专项债券属于地方政府专项债券一个细分品种。国务院规定对有一定收益的公益性项目，地方政府可以发行专项债券融资，以对应的政府性基金收入或专项收入偿还，纳入政府性基金预算管理。

财政部鼓励地方探索发展实现项目收益与融资自求平衡的专项债券品种，同步研究建立专项债券与项目资产、收益相对应的制度，打造中国版的地方政府市政项目"收益债"，从而开好地方政府融资"前门"，保障地方合理融资需求，更好地发挥专项债券对地方稳增长、促改革、调结构、惠民生、防风险的支持作用。

根据2018年云南省省级公办高等学校专项债券（一期）——2018年云南省

政府专项债券（五期）信息披露等文件，此次5年期高校专项债券发行总额为10亿元，其中8.4亿元用于云南财经大学安宁校区一期子项目2建设，1.6亿元用于云南财经职业学院建设。

项目收益与融资自求平衡是专项债券的关键。例如，8.4亿元的安宁校区一期子项目主要建设内容为学校教学综合用房、图书馆、体育用房、学生宿舍、食堂等。而项目收益主要来源于学费、住宿费收入、食堂收益和国有资产有偿收益。据此按照在校生人数测算，债券存续期内预计收入34.18亿元，偿债资金能够覆盖本息。

云南高校专项债券发行有两大创新之处。一是强化了项目建设的整体规划性，提高了债务预算管理的规范程度。二是对项目投资建设与偿还周期进行了较为周密的安排。

在债券发行之前，云南省财政厅、云南省教育厅联合出台了《云南省公办高等学校项目专项债券管理办法（暂行）》，对债券额度管理、预算编制、预算执行和决算、监督管理、职责分工等进行了详细规定，有利于保障项目的建设与债务偿还，也有利于今后类似项目的审批、融资与建设。

两只债券的期限为5年，而项目建设与投资回报期较长。针对这一问题，债券募集说明书提出，项目建设期内，高校专项债券利息先从除专项债券外的项目资金中垫付，项目收入实现后予以归还。

因高校专项债券项目取得的专项收入暂时难以实现，在不能偿还到期债券本金时，云南省政府可在专项债务限额内发行相关专项债券周转偿还，项目收入实现后予以归还。上述措施均有效地增强了本期债券本金及利息的偿付保障。

资料来源：第一财经．全国第一只高等学校专项债券来了！云南筹资10亿元［EB/OL］．（2018-08-06）［2023-09-24］．https：//baijiahao.baidu.com/s？id=1608018736400555159&wfr=spider&for=pc.

（二）债券的发行条件

1. 债券期限

债券的期限是指在债券发行时就确定的债券还本的年限。债券的发行人到期必须偿还本金，债券持有人到期收回本金的权利得到法律的保护。

债券按期限的长短可分为长期债券、中期债券和短期债券。长期债券期限在10年以上，短期债券期限一般在1年以内，中期债券的期限则介于二者之间。债券的期限越长，债券持有者资金周转越慢，在银行利率上升时越有可能使投资收益受到影响。债券的期限越长，债券的投资风险也越高，因此要求有较高的收益作为补偿，而收益率高的债券价格也高。所以，为了获取与所遭受的风险相对称的收益，债券的持有人对期限长的债券有较高的收益率要求，因而长期债券价格一般要高于短期债券的价格。

2. 债券的票面价值

债券面值是指债券发行时所设定的票面金额，它代表着发行人借入并承诺于未来某一特定日期（如债券到期日），偿付给债券持有人的金额。

债券面值首先要规定票面价值的币种。一般来说，在国内发行的债券通常以本国本位货币为面值的计量单位；国际金融市场筹资，则通常以债券发行地所在国家或地区的货币或以国际上通用的货币为计量标准。此外，还要根据债券的发行对象、市场资金供给情况及债券发行费用等因素，确定债券的票面金额。

3. 债券的票面利率

债券票面利率是指债券发行者每一年向投资者支付的利息占票面金额的比率，它在数额上等于债券每年应付给债券持有人的利息总额与债券总面值相除的百分比。票面利率的高低直接影响着证券发行人的筹资成本和投资者的投资收益，一般是由证券发行人根据债券本身的情况和对市场条件的分析决定的。

4. 债券的发行价格

债券发行价格是指债券投资者认购新发行债券时实际支付的价格。

决定债券发行价格的基本因素如下：①债券面额：债券面值即债券市面上标出的金额，企业可根据不同认购者的需要，提供面值多样化的债券，债券面额既有大额面值，也有小额面值。②票面利率：票面利率可分为固定利率和浮动利率两种。一般地，企业应根据自身资信情况、公司承受能力、利率变化趋势、债券期限的长短等决定选择何种利率形式与利率的高低。③市场利率：市场利率是衡量债券票面利率高低的参照系，也是决定债券价格按面值发行还是溢价或折价发行的决定因素。④债券期限：期限越长，债权人的风险越大，其所要求的利息报酬就越高，其发行价格就可能较低。

债券发行价格有以下三种形式：

平价发行，即债券发行价格与票面名义价值相同。债券票面利率＝市场利率。

溢价发行，即发行价格高于债券的票面名义价值。债券票面利率>市场利率。

折价发行，即发行价格低于债券的票面名义价值。债券票面利率<市场利率。

5. 债券的偿还方式

（1）到期偿还：也叫满期偿还，是指按发行债券时规定的还本时间，在债券到期时一次性偿还全部本金的偿债方式。

（2）期中偿还：也叫中途偿还，是指在债券最终到期之前，偿还部分或全部本金的偿债方式。

（3）展期偿还：是指在债券期满后又延长原规定的还本付息日期的偿债方式。

三、债券交易市场

（一）债券交易的方式

1. 现货交易

买卖双方根据商定的付款方式，在较短的时间内进行交割清算，即卖者交出债券，买者支付现金。

2. 回购交易

债券回购交易是指债券持有人（正回购方，即资金融入方）在卖出一笔债券、融入资金的同时，与买方（逆回购方，即资金融出方）协议约定于某一到期日再以事先约定的价格将该笔债券购回的交易方式。一笔回购交易涉及两个交易主体（资金融入方和资金融出方）、两次交易契约行为（初始交易和回购期满时的回购交易）和相应的两次清算。

3. 期货交易

债券期货交易是指在将来某一特定日期以重新商定的价格买卖某特定债券的交易。

交易特点：①交易者众多，市场活跃。交易者有商人银行、证券经纪商、政府机构。②对冲交易多，实物交割少。购买期货的投资者都是为了规避风险。③采用有形市场形式，实行押金制度，交易安全可靠。债券期货交易均实行会员制办法，只有取得会员资格才能在场内进行交易。

（二）债券的转让价格

1. 债券的理论价格

债券理论价格是指投资者为获得债券在未来一定时期内的利息收入而在理论上应支付的价格。以下为债券理论价格的两种不同表示方式：

（1）按年支付利息、到期一次还本债券的理论价格。这种债券通常称为剪息债券或附息票债券。这种债券的持有者在债券期限内，每年可取得按票面利率和面值计算的固定利息额，债券到期时，按票面金额收回原购买债券所支付的价款。这种债券的理论价格可用下述公式表示：

$$P = \frac{C_1}{(1+i)^1} + \frac{C_2}{(1+i)^2} + \cdots + \frac{C_n}{(1+i)^n} + \frac{S}{(1+i)^{n+1}} \tag{3.9}$$

式中：P 为债券的理论价格，C_n 为第 n 年债券持有者可以预期得到的利息收入，i 为债券持有者要求达到的实际收益率，S 为第 $n+1$ 年出售债券预期收入或债券到期应收回的价款，n 为债券持有者持有债券的期限。

（2）到期一次还本付息债券的理论价格。这种债券是最常见的一种债券，债券持有者按发行价格或转让价格取得债券，到期时一次收回债券本息。其理论价格可表示为：

$$P = \frac{S}{(1+i)^n} \qquad (3.10)$$

式中：P 为债券的理论价格；S 为债券到期应收回的本息之和，或称债券期值；i 为债券持有者要求达到的实际收益率；n 为债券的待偿期限。上述公式表明，该种债券的理论价格，是为其持有者带来的未来预期收入的现值，待偿期限越长，债券理论价格也就越高。

2. 债券的实际价格及其影响因素

债券的实际价格是指债券在流通市场上实际交易的价格，它总是围绕其理论价格不断波动。决定债券实际价格的最直接因素就是债券的供求关系，而影响债券供求关系并进而影响债券实际价格的因素主要有以下几个方面：

（1）市场利率。随着风险水平的提高，市场利率上升，以弥补债券购买人承受的债券风险的增加。因此，离到期时间较远的债券，其市场利率通常也比较高，因为在较长时间内发生不利事件的风险更大。许多债券发行人力求将债券票面利率确定为预计债券发行时的市场利率。如果票面利率等于市场利率，那么债券将以平价出售；如果票面利率不等于市场利率，那么债券就不会以平价出售，而是溢价出售或折价出售。

（2）经济发展状况。经济发展状况的变化会影响债券的供求关系，进而影响债券的价格。在经济景气时，企业会增加投入从而增加对资金的需求。因此，一方面，它会卖掉手中持有的债券，将其转化成生产性投资；另一方面，它本身也会通过发行债券筹集资金用于生产。同时，银行为满足企业不断增长的贷款需求，也可能会发行金融债券。这样，就使整个债券市场的供给大于需求，从而使债券价格下降，利率上升。

（3）财政收支状况。财政部门是债券市场的重要投资者和发行者，当财政部门有剩余资金时，不仅可能买进一些债券，而且也会适当减少财政债券的发行，这些行为会促进债券价格上升。反之，当财政资金紧张时，财政部门不仅会出售原来持有的债券，而且会发行大量的政府债券以弥补财政赤字，这必将影响债券的供求状况，促使债券价格下降。

（4）货币政策。各国中央银行对本国经济的发展都制定了相应的货币政策，并为实现货币政策目标采取了包括法定准备金政策、再贴现政策、再贷款政策以及公开市场操作在内的一系列货币政策手段，中央银行提高存款准备金率或缩小再贷款规模，都会使货币供给量减少，造成全社会范围内的资金紧缺状况，而资金紧张会导致利率上升，同时导致债券的发行量增加而投资于债券的资金减少，从而致使债券价格下降。中央银行在债券市场上进行公开市场操作则会直接影响债券的供求状况，若中央银行大量购进债券，则债券将供不应求，其价格会上升。反之，若中央银行大量抛售债券，则债券将供过于求，其价格会下降。

（5）微观因素。上述四个方面的因素都是宏观因素，它们对市场上所有的债券都会产生影响，而对每种债券而言，也有一些微观因素会影响到各自的价格。如某企业的经营状况发生了变化，可能会影响其还本付息的能力，这自然会对该企业所发行债券的价格产生影响。

（三）债券的收益率

1. 名义收益率

债券名义收益率（Nominal Yield）也称债券票面收益率。它是指投资者按既定的债券票面利率每年所获得的利息收益与债券票面金额的比率。

2. 实际收益率

债券实际收益率（Effective Rate of Return）是指投资者每年所获得的债券实际收益与债券购买价格的比率。

它是相对于债券名义收益率而言的，反映投资人债券实际收益水平的指标。债券实际收益率与名义收益的区别主要在于：名义收益率中的债券收益仅指按票面利率计算的每年利息收益；而实际收益率中的债券收益，既包括了票面利息收入，还包括了债券偿还时的差损差益金额和进行利息再投资所获得的收益，以及对上述收益纳税的扣除。同时，名义收益率是以票面金额作为计算对象的收益率，而实际收益率则是以债券的实际购买价格作为计算对象的收益率。

3. 到期收益率

债券到期收益率（Yield to Maturity，YTM）是指买入债券后持有至期满所得的收益，包括利息收入和资本损益与买入债券的实际价格之比率。这个收益率是指按复利计算的收益率，它是能使未来现金流入现值等于债券买入价格的贴现率。

（四）债券的投资风险

债券投资是投资者通过购买各种债券进行的投资。债券投资的风险是指债券预期收益变动的可能性及变动幅度，债券投资的风险是普遍存在的。

1. 信用风险

信用风险是指交易对方不履行到期债务的风险。信用风险又称违约风险，是指借款人、证券发行人或交易对方因种种原因，不愿或无力履行合同条件而构成违约，致使银行、投资者或交易对方遭受损失的可能性。

◎ 案例

债券市场：云南人民的恩情永不能忘

"云南人民的恩情永不能忘……"是指2016年云南云维股份有限公司在面临破产重整的困难之下，提前兑付公司债券本息的案例。

这次被提前兑付本息的公司债券曾经被简称为"11云维债"，于2011年在上海证券交易所发行，发行总额为10亿元，票面年利率为5.65%，原定兑付日为2018年6月1日。由于云维股份2014年、2015年连续两年净利润为负值，上海证券交易所决定自2016年5月10日起暂停上述债券在上海证券交易所的上市。债券简称由"11云维债"更名为"云债暂停"。2016年5月12日晚，云维股份发出两份公告。其中之一是宣布该债券的票面利率不调整，存续期后2年的票面利率仍维持5.65%不变。另一份宣布启动债券回售，即投资者可以将债券按面值（不含利息）卖给云维股份公司。根据6月1日发布的公告，其100万手债券，共回售了94.6306万手，市场上还剩下5.3694万手（53.694万张，面值共5369.4万元）。

2016年6月23日，云维股份公司发布公告，宣布截至2016年6月21日，本金和利息累计逾期金额超过22亿元。尽管当时尚未逾期的银行及非银行金融机构负债接近47亿元，但这些未逾期的债权人也非常担忧后续的违约问题。此后几天，云南煤化工集团和云维股份均发布公告，宣布云南煤化工集团及其子公司云维集团、云维股份、曲靖大为焦化、大为制焦5家企业被申请重整。这让所有债权人的忧虑情绪达到了顶峰，因为一旦进入重整程序，包括债券在内的所有债权人，必须统一申报债权。无论最后是顺利重整，还是被破产清算，所有债权的本息都不可能完全偿付。如果能拿回一半的债权本息，已属大幸。

2016年7月13日下午，"云债暂停"2016年第一次债券持有人会议在红塔证券公司召开，《关于要求提前偿付"云债暂停"债券的议案》获得了代表二分之一以上表决权的债券持有人和/或代理人的同意，形成有效决议。值得注意的是，本次会议是由债券承销商、托管人红塔证券召集的，该议案也是红塔证券代表全体债券持有人提出来的，而不是投资人自己提出的。这也表明了红塔证券为投资者负责的态度。云维股份作为一个面临重整的企业，不但顺利兑付债券利息，避免了违约，而且还启动了债券回售和提前兑付程序。这在如今的债券违约潮中，绝对是一个值得大书特书的案例。

在7月13日的债券持有人会议上，还有一项议案获得通过，那就是《关于同意云南圣乙投资有限公司保函的议案》。议案内容显示，本保函的担保范围为云债暂停提前终止时，云南云维股份有限公司应当支付的债券本金和利息。也就是说，如果发行人云维股份公司和实际控制人、担保人云南煤化工集团无法兑付债券，那么云南圣乙投资公司将兜底偿付。

现在，债券投资者可以说"云南人民的恩情永不能忘"。但在不久的将来，进入重整程序后，一大批金融机构将会就云南煤化工集团、云维股份公司等5家企业的债权、债务展开博弈。而且，云南煤化工集团至少还有60亿元的债券存续于市场中。

资料来源：王姣．云维股份提前偿付债券本息［N］．中国证券报，2016-07-21（A08）．

2. 利率风险

利率风险是指市场利率变动的不确定性给商业银行造成损失的可能性。巴塞尔委员会在1997年发布的《利率风险管理原则》中将利率风险定义为：利率变化使商业银行的实际收益与预期收益或实际成本与预期成本发生背离，使其实际收益低于预期收益，或实际成本高于预期成本，从而使商业银行遭受损失的可能性。

3. 通胀风险

通胀风险是指未来的通货膨胀可能会侵蚀债券的实际收益。

4. 流动性风险

债券市场的流动性是指投资者能够以合理的价格和合理的成交量买入或卖出债券的能力。流动性好的债券市场意味着交易执行迅速、成本较低，而流动性差的市场则可能导致交易滞后和价格波动。

5. 再投资风险

再投资风险是债券持有者在持有期得到的利息收入、到期时得到的本息、出售时得到的资本收益等，用它们来再投资所能实现的报酬可能会低于当初购买该债券的收益率的风险。在利率走低时，债券价格上升，但再投资收益率就会降低，再投资的风险将加大。当利率上升时，债券价格会下降，但是利息的再投资收益会上升。一般而言，期限较长的债券和息票率较高的债券的再投资风险相对较大。

第四节　投资基金市场

一、投资基金的概念和种类

（一）投资基金的概念

投资基金（Investment Funds）也称为互助基金或共同基金，是通过公开发售基金份额募集资本，然后投资于证券的机构。投资基金由基金管理人管理，基金托管人托管，以资产组合的方式进行证券投资活动，为基金份额持有人的利益服务。

投资基金的构成主体主要有以下四类：

1. 基金发起人

基金发起人是指按照共同投资、共享收益、共担风险的基本原则和股份公司的某些原则，运用现代信托关系的机制，以基金方式将投资者分散的资金集中起来以实现预先规定的投资目的的投资组织机构。中国规定证券投资基金发起人为证券公司、信托投资公司及基金管理公司。

2. 基金托管人

基金托管人是指根据基金合同的规定直接控制和管理基金财产并按照基金管理人的指示进行具体资金运作的基金当事人。基金托管人是投资人权益的代表，是基金资产的名义持有人或管理机构。

3. 基金管理人

基金管理人是指依法募集基金，办理或者委托经国务院证券监督管理机构认定的其他机构代为办理基金份额的发售、申购、赎回和登记事宜，办理基金备案手续，对所管理的不同基金财产分别管理、分别记账，进行证券投资，进行基金会计核算并编制基金财务会计报告，编制中期和年度基金报告等事项的机构。

4. 基金份额持有人

基金份额持有人是指依基金合同和招募说明书持有基金份额的自然人和法人，也就是基金的投资人。他们是基金资产的实际所有者，享有基金信息的知情权、表决权和收益权。

（二）投资基金的种类

1. 开放式基金和封闭式基金

根据基金单位是否可增加或赎回，投资基金可分为开放式基金和封闭式基金。开放式基金是指基金设立后，投资者可以随时申购或赎回基金单位，基金规模不固定的投资基金；封闭式基金是指基金规模在发行前已确定，在发行完毕后的规定期限内，基金规模固定不变的投资基金。

2. 公司型投资基金和契约型投资基金

根据组织形态的不同，投资基金可分为公司型投资基金和契约型投资基金。公司型投资基金是指具有共同投资目标的投资者组成以营利为目的的股份制投资公司，并将资产投资于特定对象的投资基金；契约型投资基金也称信托型投资基金，是指基金发起人依据其与基金管理人、基金托管人订立的基金契约，发行基金单位而组建的投资基金。

3. 成长型投资基金、收入型投资基金和平衡型投资基金

根据投资风险与收益的不同，投资基金可分为成长型投资基金、收入型投资

基金和平衡型投资基金。成长型投资基金是指把追求资本的长期成长作为其投资目的的投资基金；收入型基金是指以能为投资者带来高水平的当期收入为目的的投资基金；平衡型基金是既追求长期资本增值，又追求当期收入的基金。

4. 股票基金、债券基金等

根据投资对象的不同，投资基金可分为股票基金、债券基金、货币市场基金、期货基金、期权基金、指数基金和认股权证基金等。股票基金是指以股票为投资对象的投资基金；债券基金是指以债券为投资对象的投资基金；货币市场基金是指以国库券、大额银行可转让存单、商业票据、公司债券等货币市场短期有价证券为投资对象的投资基金；期货基金是指以各类期货品种为主要投资对象的投资基金；期权基金是指以能分配股利的股票期权为投资对象的投资基金；指数基金是指以某种证券市场的价格指数为投资对象的投资基金；认股权证基金是指以认股权证为投资对象的投资基金。

5. 美元基金、日元基金和欧元基金

根据投资货币种类，投资基金可分为美元基金、日元基金和欧元基金等。美元基金是指投资于美元市场的投资基金；日元基金是指投资于日元市场的投资基金；欧元基金是指投资于欧元市场的投资基金。

此外，根据资本来源和运用地域的不同，投资基金可分为国际基金、海外基金、国内基金、国家基金和区域基金等。国际基金是指资本来源于国内，并投资于国外市场的投资基金；海外基金也称离岸基金，是指资本来源于国外，并投资于国外市场的投资基金；国内基金是指资本来源于国内，并投资于国内市场的投资基金；国家基金是指资本来源于国外，并投资于某一特定国家的投资基金；区域基金是指投资于某个特定地区的投资基金。

二、投资基金的设立和募集

（一）投资基金的设立

证券投资基金的设立包括四个主要步骤：

1. 确定基金性质

按组织形态的不同，基金有公司型和契约型之分。按基金券可否赎回，基金又可分为开放型和封闭型两种，基金发起人首先应对此进行选择。

2. 选择共同发起人、基金管理人与托管人，制定各项申报文件

根据有关对基金发起人资格的规定慎重选择共同发起人，签订"合作发起设立证券投资基金协议书"，选择基金保管人，制定各种文件，规定基金管理人、托管人和投资人的责、权、利关系。

3. 向主管机关提交规定的报批文件

积极进行人员培训工作，为基金成立做好各种准备。

4. 发表基金招募说明书，发售基金券

一旦招募的资金达到有关法规规定的数额或百分比，基金即告成立；否则，基金发起便告失败。

（二）投资基金的募集

投资基金的设立申请一旦获得主管机关批准，发起人即可发布基金招股说明书，开始着手发行基金股份或者收益凭证。该股票或凭证由基金管理公司和基金保管公司共同签署并经签证后发行，发行方式可分为公募和私募两种，类似于股票的发行。

三、投资基金的运作流程

通俗地讲，投资基金就是汇集众多分散投资者的资金，委托投资专家（如基金管理人），由投资管理专家按其投资策略，统一进行投资管理，为众多投资者谋利的一种投资工具。投资基金集合大众资金，共同分享投资利润，分担风险，是一种利益共享、风险共担的集合投资方式。

具体流程如下：

第一，投资者资金汇聚成基金。

第二，该基金委托投资专家——基金管理人员投资运作。①投资者、基金管理人、基金托管人通过基金契约的方式建立信托协议，确立投资者出资（并享有收益、承担风险）、基金管理人受托负责理财、基金托管人负责保管资金三者之间的信托关系。②基金管理人员与基金托管人（主要是银行）通过托管协议确立双方的权责。

第三，基金管理人员经过专业理财，将投资收益分予投资者。在我国，基金托管人必须由合格的金融机构担任，基金管理人必须由专业的基金管理人担任。基金投资人享受证券投资的收益，也承担亏损的风险。

◎ 补充阅读

"基金自购"再度涌现 与投资者利益绑定积极传递信心

基金自购潮再现。近期，基金公司及旗下高管、基金经理认购自家基金产品的案例再度涌现。在业内人士看来，基金自购一方面是基金公司、基金经理的利益与投资者利益的深度绑定，另一方面也是向市场传递信心的一种方式。

2023年7月11日，交银施罗德基金公告称，基于对中国资本市场长期健康稳定发展的信心和对公司投资管理能力的信心，将在公告之日起 10 个交易日内，以固有资金 5000 万元认购旗下交银施罗德启嘉混合型证券投资基金，并至少持有 1 年以上。在此之前的 7 月 6 日，融通基金发布公告称，基于对中国资本市场长期健康稳定发展和公司主动投资管理能力的信心，本着与广大投资者风险共担、利益共享的原则，该公司已使用固有资金 900 万元认购旗下基金融通远见价值一年持有期混合型证券投资基金 A 类，公司董事长与高级管理人员合计认购该基金 296 万元，且持有期不少于 1 年。此外，根据公告，就 6 月 28 日成立的工银安悦稳健养老目标三年持有混合（基金中的基金［Fund of Funds，FOF］），基金管理人认购了 7500 万份，占基金总份额的 35.08%。就 6 月 20 日成立的嘉实方舟一年持有期混合，基金管理人运用固有资金认购该基金约 5700 万份，占基金总份额比例为 31.3%。整体来看，东方财富 Choice 数据显示，截至 7 月 12 日发稿，2023 年以来，基金公司自购旗下基金合计金额达 24.2 亿元。

基金自购之所以引发业界关注，与 2023 年基金整体表现不佳、新发基金市场冷清等诸多因素有关。在年内市场震荡、风格快速轮动的背景下，东方财富 Choice 数据显示，2023 年 1—6 月，各月度新成立的基金分别为 56 只、133 只、131 只、126 只、102 只、65 只。从中可以看出，2—6 月，新成立基金数量持续减少。此外，2023 年以来基金发行失败的案例也并不罕见。

在让利方面，公募基金管理费、托管费的下降正在释放积极信号，也体现出公募基金让利给基金持有人的趋势。在"利益绑定"方面，基金自购便是途径之一。同时，透过基金自购现象也可以对市场大势进行一定判断。2022 年 10 月份，市场大跌之际，也出现了一波基金自购潮。事后来看，2022 年 10 月底确实是全年的低点。可见，基金自购潮的出现，往往也是市场见底的一个信号。

下半年，随着稳经济增长的政策逐步出炉，经济复苏的力度可能会加大，这将有利于提振 A 股市场，A 股市场有望走出震荡回升的态势。此外，当前市场的性价比确实很高，下半年行情会比较乐观。

资料来源：央广网. "基金自购"再度涌现　与投资者利益绑定积极传递信心［EB/OL］. (2023-07-13)［2023-09-24］. http：//news. cnr. cn/native/gd/20230713/t20230713_526372371. shtml.

 本章测试题

一、名词解释

1. 优先股
2. 包销

3. 股票市场价格指数
4. 可转换债券
5. 信用风险
6. 投资基金

二、简答题

1. 请简述股票的交易方式。
2. 请简述债券的基本要素。
3. 请简述债券的收益率。
4. 请简述投资基金的种类。

三、计算题

1. 某一股市采样的股票为 A、B、C、D 四种，在某一交易日的收盘价分别为 10 元、16 元、24 元和 30 元，计算该市场股价平均数。

2. 某一次还本付息债券的票面额为 1000 元，票面利率为 10%，必要收益率为 12%，期限为 5 年，如果按单利计息，复利贴现，债券的理论价格应为多少？

四、论述题

试论述债券的投资风险都有哪些？

◎ **扩展阅读**

注册制改革会产生溢出效应吗？——基于企业投资行为的视角

摘要： 提高资本市场资源配置效率是注册制推行的重要目标之一，本文以此为出发点，构建了多期倍分法（DID）模型，探究了科创板（试点注册制）公司信息披露对同行业公司的溢出效应。研究发现，科创板公司信息披露会促使同行业公司提高研发投入，且该效应随着信息披露内容的丰富、精确度的增加而有所提高。机制分析表明，该溢出效应源自信息不确定性的降低和竞争压力的产生。同时，创板信息披露提高了同行业公司管理层对创新的认知程度以及增加了媒体关注度，进而促进公司研发投入。进一步研究发现，同行业公司研发投入受到正向溢出效应影响的同时，固定资产投入有所降低，投资结构的改变最终导致投资效率提升，显著抑制了过度投资。本文为强制性信息披露的溢出效应研究提供了因果证据，也为注册制改革政策效果的全面评估提供了支持。

资料来源：刘瑞琳，李丹．注册制改革会产生溢出效应吗？——基于企业投资行为的视角［J］．金融研究，2022（10）：170-188.

北向资金与境内股票市场流动性——基于高频数据的传导机制

摘要：资本市场流动性充足是建立全国统一大市场、促进国内与国际双循环相互协调发展的内在要求。如何利用北向资金提升境内股市流动性以更好服务实体经济迫在眉睫。本文采用2017—2021年沪深两市日数据，运用中介效应模型检验其传导机制。研究发现北向资金进出整体提高了股票流动性，得益于信息机制与竞争机制：北向资金具有示范效应，通过信息机制吸引境内投资者跟风；通过竞争机制引入内资对手盘，促进价格发现。但同时，北向资金也可能损害流动性：配置型持股通过筹码机制降低活跃交易；激进交易行为通过交易机制造成价格冲击。北向资金在极端行情中逆势交易承接流动性，展现出成熟市场理性投资者行为；在持续大幅进出阶段对流动性又具有割韭菜倾向。进一步提升境内股市流动性质量有待拓宽北向资金进入渠道、提高北向资金进入比例，对沪深两市采取差别化政策；抑制直接传导机制的负效应乃至将其转化为正效应；建立风险预警体系，防范化解北向资金进出过程中的风险；教育内资学习其对流动性逆势操作的成熟经验，提升风险驾驭能力。

资料来源：杨何灿，吴隽豪，杨咸月．北向资金与境内股票市场流动性——基于高频数据的传导机制［J］．经济研究，2023，58（5）：190-208.

多重信用评级与债券融资成本——来自中国债券市场的经验证据

摘要：本文揭示了多重信用评级的信息生产机制和信用认证机制，排除了"信用评级购买"假说对于多重评级动机的解释，研究发现：多重信用评级有利于降低债券融资成本；相对于不一致的多重信用评级，一致的重信用评级更有利于降低债券融资成本。在多重信用评级中，相对于评级机构均为"发行人付费"模式，兼有"投资者付费"模式的信用评级更有利于降低债券融资成本。此外，当多重信用评级的评级意见不一致时，平均评级的信息含量最高，即综合不同信用评级所包含的多种信息比任何单一信用评级更加具有信息含量。本研究为我国债券市场双评级制度提供了理论和经验证据的支持，有助于完善多元化信用评级制度和债券市场监管制度，并提示发债企业可以通过多重信用评级向市场传递更多和更具效度的评级信息，以弥补单一信用评级的信息不足和评级结果失准，减少投资者决策的不确定性，从而降低债券融资成本。

资料来源：陈关亭，连立帅，朱松．多重信用评级与债券融资成本——来自中国债券市场的经验证据［J］．金融研究，2021（2）：94-113.

参考文献:

［1］曹凤岐，贾春新．金融市场与金融机构［M］．北京：北京大学出版社，2002.

［2］陈关亭，连立帅，朱松．多重信用评级与债券融资成本——来自中国债券市场的经验证据［J］.金融研究，2021（2）：94-113.

［3］法博齐．固定收益证券手册（第6版）［M］．北京：中国人民大学出版社，2005.

［4］法博齐，莫迪利亚尼．资本市场：机构与工具（第4版）［M］．北京：中国人民大学出版社，2006.

［5］法博齐．债券市场：分析与策略（第7版）［M］．北京：中国人民大学出版社，2010.

［6］刘瑞琳，李丹．注册制改革会产生溢出效应吗？——基于企业投资行为的视角［J］.金融研究，2022（10）：170-188.

［7］马杜拉．金融市场与机构（第8版）［M］．北京：机械工业出版社，2010.

［8］米什金，埃金斯．金融市场与金融机构（第5版）［M］．北京：机械工业出版社，2008.

［9］桑德斯，科尼特．金融市场与金融机构（第2版）［M］．北京：人民邮电出版社，2006.

［10］杨何灿，吴隽豪，杨咸月．北向资金与境内股票市场流动性——基于高频数据的传导机制［J］.经济研究，2023，58（5）：190-208.

［11］张亦春．现代金融市场学（第4版）［M］．北京：中国金融出版社，2007.

［12］赵洪军．证券监管体制的国际演变及对我国的启示［J］.经济社会体制比较，2007（5）：66-69.

［13］中国证券业协会编．证券发行与承销［M］．北京：中国金融出版社，2012.

［14］中央国债登记结算公司编．债券投资基础［M］．北京：中国金融出版社，2008.

测试题答案

一、名词解释

1. 优先股：优先股是享有优先权的股票。优先股的股东对公司资产、利润分配等享有优先权，其风险较小。但是优先股股东对公司事务无表决权。优先股股东没有选举权及被选举权，一般来说对公司的经营没有参与权，优先股股东不能退股，其股票只能通过优先股的赎回条款被公司赎回。

2. 包销：股票包销是指发行公司和证券机构达成协议，如果证券机构不能完成股票发售的，由证券机构承购的股票发行方式，股票包销又分为全额包销和余额包销。

3. 股票市场价格指数：股票价格指数是为了度量和反映股票市场总体价格水平及其变动趋势而编制的股价统计相对数。通常情况下，将报告期的股票平均价格或股票市值与选定的股票平均价格或股票市值相比，并将两者的比值乘以基期的指数值，即为该报告期的股票价格指数。

4. 可转换债券：可转换债券是能按一定条件转换为其他金融工具的债券。可转换债券一般都是指可转换公司债券，这种债券的持有者可按一定的条件根据自己的意愿将持有的债券转换成股票。

5. 信用风险：信用风险又称违约风险，是指借款人、证券发行人或交易对方因种种原因，不愿或无力履行合同条件而构成违约，致使银行、投资者或交易对方遭受损失的可能性。

6. 投资基金：投资基金也称为互助基金或共同基金，是通过公开发售基金份额募集资本，然后投资于证券的机构。投资基金由基金管理人管理，基金托管人托管，以资产组合方式进行证券投资活动，为基金份额持有人的利益服务。

二、简答题

1. 请简述股票的交易方式。

（1）现货交易，即成交之后允许有一个较短的交割期限，以便大额交易者备款交割。现货交易有以下几个显著的特点：第一，成交和交割基本上同时进行。第二，实物交易，即卖方必须实实在在地向买方转移证券，没有对冲。第三，在交割时，购买者必须支付现款。由于在早期的证券交易中现金被大量使用，现货交易又被称为现金现货交易。第四，交易技术简单，易于操作，便于管理。

（2）期货交易期。期货交易的协议是标准化的合同。在实际交易中，如果期货买方认为到期交割于己不利，可以在交割期前卖出与原交割期限相同的股票期货合同；同样，如果期货卖方认为到期交割对他不利，也可以在交割期前买入与原交割期限相同的股票期货合同。股票的期货交易方式具有以下几方面的特点：第一，成交和交割具有非同步性。期货成交时，无实际的款券让渡，允许在成交后的一定时期之后再进行交割。第二，成交价格和交割期限具有预定性。期货成交签订契约时，已将今后股票买卖价格和交割期固定，以起到转移价格风险和保值的作用。第三，成交后买卖双方盈亏具有不确定性。股票市场行情瞬息万变，而股票交易却按照事先约定的价格进行清算，这必然导致交割时的行市与成交价格不一致，也必将给交易者带来好处或损失。第四，交割以清算方式相互冲抵。第五，股票期货交易的投机性。期货交易方式本身存在时间差和价格差，会给交易者带来息外收益。

（3）信用交易。信用交易又叫保证金交易或垫头交易，也是通常所说的买空卖空，是指当投资者在看好后市但资金又不充足时，以将购入的股票为担保向经纪人借入一定的款项来购买股票，或在看空后市时但没有股票，以一定数额的资金为担保向经纪人融通股票而卖出股票的行为。

2. 请简述债券的基本要素。

（1）债券面值。债券面值是指债券的票面价值，是发行人对债券持有人在债券到期后应偿还的本金数额，也是企业向债券持有人按期支付利息的计算依据。债券的面值与债券实际的发行价格并不一定是一致的，发行价格大于面值称为溢价发行，小于面值称为折价发行，等价发行称为平价发行。

（2）偿还期。债券偿还期是指企业债券上载明的偿还债券本金的期限，即债券发行日至到期日之间的时间间隔。

（3）付息期。债券的付息期是指企业发行债券后利息支付的时间。它可以是到期一次支付，也可以是1年、半年或者3个月支付一次。在考虑货币时间价值和通货膨胀因素的情况下，付息期对债券投资者的实际收益有很大影响。到期一次付息的债券，其利息通常是按单利计算的；而年内分期付息的债券，其利息是按复利计算的。

（4）票面利率。债券的票面利率是指债券利息与债券面值的比率，是发行人承诺在以后一定时期支付给债券持有人报酬的计算标准。

（5）发行人名称。发行人名称指明债券的债务主体，为债权人到期追回本金和利息提供依据。

3. 请简述债券的收益率。

（1）名义收益率。债券名义收益率亦称债券票面收益率。它是投资者按既定的债券票面利率每年所获得的利息收益与债券票面金额的比率。

（2）实际收益率。债券实际收益率指的是投资者每年所获得的债券实际收益与债券购买价格的比率。

它是相对于债券名义收益率而言的，是反映投资人债券实际收益水平的指标。债券实际收益率与名义收益的区别主要如下：名义收益率中的债券收益仅指按票面利率计算的每年利息收益；而实际收益率中的债券收益，既包括了票面利息收入，还包括了债券偿还时的差损差益金额和进行利息再投资所获得的收益，以及对上述收益纳税的扣除。同时，名义收益率是以票面金额作为计算对象的收益率，而实际收益率则是以债券的实际购买价格作为计算对象的收益率。

（3）到期收益率。债券到期收益率是指买入债券后持有至期满得到的收益，包括利息收入和资本损益与买入债券的实际价格之比率。这个收益率是指按复利计算的收益率，它是能使未来现金流入现值等于债券买入价格的贴现率。

4. 请简述投资基金的种类。

（1）根据基金单位是否可增加或赎回，投资基金可分为开放式基金和封闭式基金。开放式基金是指基金设立后，投资者可以随时申购或赎回基金单位，基金规模不固定的投资基金；封闭式基金是指基金规模在发行前已确定，在发行完毕后的规定期限内，基金规模固定不变的投资基金。

（2）根据组织形态的不同，投资基金可分为公司型投资基金和契约型投资基金。公司型投资基金是指具有共同投资目标的投资者组成以营利为目的的股份制投资公司，并将资产投资于特定对象的投资基金；契约型投资基金也称信托型投资基金，是指基金发起人依据其与基金管理人、基金托管人订立的基金契约，发行基金单位而组建的投资基金。

（3）根据投资风险与收益的不同，投资基金可分为成长型投资基金、收入型投资基金和平衡型投资基金。成长型投资基金是指把追求资本的长期成长作为其投资目的的投资基金；收入型基金是指以能为投资者带来高水平的当期收入为目的的投资基金；平衡型基金是既追求长期资本增值，又追求当期收入的基金。

（4）根据投资对象的不同，投资基金可分为股票基金、债券基金、货币市场基金、期货基金、期权基金，指数基金和认股权证基金等。

（5）根据投资货币种类，投资基金可分为美元基金、日元基金和欧元基金等。美元基金是指投资于美元市场的投资基金；日元基金是指投资于日元市场的投资基金；欧元基金是指投资于欧元市场的投资基金。

此外，根据资本来源和运用地域的不同，投资基金可分为国际基金、海外基金、国内基金，国家基金和区域基金等。

三、计算题

1. 某一股市采样的股票为 A、B、C、D 四种，在某一交易日的收盘价分别为 10 元、16 元、24 元和 30 元，计算该市场股价平均数。

股票价格平均数 =（10+16+24+30）/4 = 20

2. 某一次还本付息债券的票面额为 1000 元，票面利率为 10%，必要收益率为 12%，期限为 5 年，如果按单利计息，复利贴现，债券的理论价格应为多少？

该债券的内在价值为：$P = [1000 \times (1 + 5 \times 10\%)] / (1 + 12\%)^5 = 851.14$（元）

四、论述题

试论述债券的投资风险都有哪些？

债券投资是投资者通过购买各种债券进行的对外投资，它是证券投资的一个重要组成部分。一般来说，债券按其发行主体的不同，分为政府债券、金融债券和公司债券。债券投资的风险是指债券预期收益变动的可能性及变动幅度，债券投资的风险是普遍存在的。与债券投资相关的所有风险称为总风险，总风险可分为可分散风险和不可分散风险。

（1）信用风险。信用风险又称违约风险，是指借款人、证券发行人或交易对方因种种原因，不愿或无力履行合同条件而构成违约，致使银行、投资者或交易对方遭受损失的可能性。由于结算方式的不同，场内衍生交易和场外衍生交易各自所涉的信用风险也有所不同。

（2）利率风险。利率风险是指市场利率变动的不确定性给商业银行造成损失的可能性。巴塞尔委员会在 1997 年发布的《利率风险管理原则》中将利率风险定义为：利率变化使商业银行的实际收益与预期收益或实际成本与预期成本发生背离，使其实际收益低于预期收益，或实际成本高于预期成本，从而使商业银行遭受损失的可能性。换言之，是指原本投资于固定利率的金融工具，当市场利率上升时，可能导致其价格下跌的风险。

（3）通胀风险。通胀风险指未来的通货膨胀可能会侵蚀债券的实际收益。

（4）流动性风险。流动性风险是指投资者能够以合理的价格和合理的成交量买入或卖出债券的能力。流动性好的债券市场意味着交易执行迅速、成本较低，而流动性差的市场则可能导致交易滞后和价格波动。

（5）再投资风险。再投资风险是债券持有者在持有期得到的利息收入、到期时得到的本息、出售时得到的资本收益等，用它们来再投资所能实现的报酬可能会低于当初购买该债券的收益率的风险。在利率走低时，债券价格上升，但再投资收益率就会降低，再投资的风险将加大；当利率上升时，债券价格会下降，但是利息的再投资收益会上升。一般而言，期限较长的债券和息票率较高的债券的再投资风险相对较大。

第四章 外汇市场

外汇市场作为全球金融市场的核心组成部分，为各国经济体提供了货币兑换和资金流动的平台。外汇市场的重要性不仅体现在提升国际贸易和跨国投资的便利性上，还体现在对全球宏观经济稳定和货币政策的制定产生了深远影响。本章将首先阐述外汇市场和外汇汇率的相关概念、类型及特征，其次介绍外汇交易的方式和种类，并讲解外汇交易的收益和风险的计量。

🎯 学习目标

1. 学习外汇和汇率的概念。
2. 了解外汇市场的类型和特征。
3. 掌握外汇的标价方法。
4. 掌握外汇交易的种类及计算方式。
5. 学习外汇交易的收益及风险计量。

◎ 引导案例
跨国贸易企业的外汇风险控制

中国的进出口贸易规模在过去几十年中快速增长。根据中国海关总署的数据，2022年，中国的货物贸易总额达到了42.07万亿元人民币，其中出口总额为23.97万亿元人民币，进口总额为18.1万亿元人民币，这使中国成为全球最大的货物出口国和第二大货物进口国。如此庞大的进出口贸易规模必然离不开发达的外汇市场。

在2022年，人民币兑美元汇率经历了两轮急速拉升，从2022年4月19日的6.393到5月12日的6.802，再从2022年8月11日的6.743到2022年10月25日的7.267，人民币汇率在半年之内下降了13%。人民币汇率的大幅下降，对进出口贸易产生了巨大的影响。对于进行跨境贸易的出口商而言，这无疑是有利于收入提高的好消息，因为在以外币定价的出口物品价格不变的时候，回款兑换成的人民币能够有显著的增多。但是对于没有采取措施的进口贸易的公司而言，这会直接增加其成本。

据上市公司公告不完全统计，2023 年的头两个月里，包括比亚迪、赣锋锂业、水羊股份、中国重工等在内的 39 家上市公司都发布了关于开展外汇衍生品套期保值业务的公告，另有一家调整了外汇套保额度。其中，比亚迪、赣锋锂业、中国重工则是仅有的套保额度在百亿元以上的三家公司，整体来看规模超 5 亿元以上的约占一半。此前比亚迪公告表示，公司及控股子公司拟在 2023 年度开展外汇衍生品套期保值交易业务，业务额度高达 45 亿美元，折合人民币约超 300 亿元，远远超过其他上市公司的规模。

对于近年来上市公司积极参与套保的情况，《中国上市公司套期保值评价年度白皮书（2022 年）》指出，2022 年《中华人民共和国期货和衍生品法》的正式颁布实施，宣告我国期货和衍生品市场发展进入了全新的阶段。新法实施后，期货和衍生品市场新品种的上市速度明显加快，对外开放进程也明显加速。2022 年下半年，国内期货和衍生品市场上市了 16 个新的场内品种，其中有 14 个期权新品种、2 个期货新品种。值得注意的是，2019 年以来，场内期权品种已经取代场内期货品种成为新上市的场内避险工具主力军，交易工具的进一步丰富为企业避险策略的灵活性和有效性提供了更好的保障。

面对难以准确预测的汇率波动，根据当时的经济、政策等信息，通过套期保值等工具锁定未来的利润，已是大部分出口企业常用的风险防范措施。

资料来源：新浪财经．上市公司套保热！从生猪到外汇，1130 家公司参与，今年初规模已超 549 亿 [EB/OL]．（2023-03-01）[2023-09-24]．https：//baijiahao.baidu.com/s？id=1759118962962443329&wfr=spider&for=pc.

第一节　外汇市场概述

一、外汇的概念及作用

（一）外汇的概念

外汇（Foreign Exchange）是指外国货币或者能以外国货币表示的、能进行国际收支差额清算的资产，它是全球贸易和金融活动中货币交换的基础。对于外汇的概念，基于外汇的形式的不同而存在广义外汇和狭义外汇两个概念。广义外汇（Broadly Defined Foreign Exchange）指的是所有的国际支付手段和外汇资产，包括货币、存款、票据、债券、股票、衍生品等。广义外汇的范围更广，不仅包括货币的形式，还包括其他外汇资产，如外国证券、债券和其他金融工具。狭义外汇（Narrowly Defined Foreign Exchange）是指国际间用于结算贸易和投资的货币，主要涉及外币现钞、外币存款和外币支付凭证。狭义外汇主要关注的是用于国际贸易和资本流动的货币形式。总体来说，广义外汇是一个更宽泛的概念，包括各种形式的外汇资产和支付工具，而狭义外汇则更专注于国际贸易和投资中用于结算的特定货币形式。

但并不是所有外国货币都能成为外汇，外国货币成为外汇要具备以下三个特征：一是可兑换性，该外国货币必须具备可自由兑换的特性，即持有人可以将一种货币兑换成另一种货币；二是普遍接受性，指的是该外国货币在外汇市场上具有一定的流动性，能在国际贸易和投资中被接受使用；三是可偿性，指的是外币资产是能够保证偿付的。

根据《中华人民共和国外汇管理条例》的规定，外汇包括：①外币现钞（纸币和铸币）；②外币支付凭证或者支付工具；③外币有价证券；④特别提款权；⑤其他外汇资产。

（二）外汇的作用

外汇在国际经济中发挥着多种重要的作用，能够促进一国经济稳定发展，以下是外汇的一些主要作用。

货币兑换和国际支付：外汇作为不同国家之间货币的兑换媒介，使跨境贸易和国际支付得以进行。它使买卖双方能够进行货币的兑换，促进了国际贸易的进行和跨国投资的顺利实施。

国际储备和外汇市场干预：国家持有外汇储备用于维持国际收支平衡、稳定汇率和抵御金融风险。中央银行可以通过干预外汇市场来调整本国货币的汇率，以实现货币政策目标和维护经济稳定。例如在 2011—2015 年，为了缓解在欧债危机中瑞士法郎的升值压力，瑞士国家银行通过向市场提供大量的瑞士法郎并购买外汇（主要是欧元）来增加外汇储备，以抑制法郎升值，这样的干预有助于降低法郎对其他货币的汇率。

国际投资和资金流动：外汇为国际投资提供了必要的货币兑换渠道。它使得投资者能够将资金从一个国家转移到另一个国家，参与跨境投资和资金流动，促进国际间的经济合作和资源配置。

跨境融资和外债发行：外汇市场为企业和政府提供了跨境融资的渠道。企业可以通过发行外币债券来筹集资金，政府可以通过借入外汇资金来满足财政需求，推动经济发展和基础设施建设。例如，在 2016 年，阿根廷政府在经历了多年债务危机之后，为了筹集资金，在国际债券市场发行了 50 亿美元的主权债券。债券共分为 3 期，分别为 5 年期、10 年期和 30 年期。这次债券发行受到了国际投资者的广泛认可和投资，吸引了大量资金流入阿根廷市场。

◎ **补充阅读**

<h3>特殊的外汇储备</h3>

特别提款权（Special Drawing Right，SDR），也称"纸黄金"（Paper Gold），最早发行于 1969 年，是国际货币基金组织根据会员国认缴的份额分配的，可用于偿还国际货币基金组织债务、弥补会员国政府之间国际收支逆差的一种账面资产。其价值目前由美元、欧元、人民币、日元和英镑组成的一篮子储备货币决定。会员国在发生国际收支逆差时，可用它向基金组织指定的其他会员国换取外汇，以偿付国际收支逆差或偿还基金组织的贷款，SDR 还可与黄金、自由兑换货币一样充当国际储备。因为它是国际货币基金组织原有的普通提款权以外的一种补充，所以称为特别提款权。

SDR 作为一篮子货币，其汇率比单一货币更为稳定。以 SDR 为外汇储备的报告货币，有助于降低主要国家汇率经常大幅波动所引发的估值变动频次，更为客观地反映外汇储备的综合价值，也有助于增强 SDR 作为记账单位的作用。

资料来源：国际货币基金组织 . WhatistheSDR？ ［EB/OL］. ［2023 - 09 - 24］. https：// www. imf. org/en/Topics/special - drawing - right.

二、外汇市场的概念及历史背景

（一）外汇市场的概念

外汇市场（Foreign Exchange Market）是全球最大、最活跃的金融市场之一，同时，外汇市场是一个去中心化和全天候开放的市场，不存在一个集中的交易所或者中央结算机构来统一交易，交易活动主要在全球各地的银行、经纪商和电子交易网络之间进行。在外汇市场中，不同国家的货币可以互相兑换，交易的主要目的有两个：①通过交易获得国际贸易和国际投资所需的他国货币；②通过汇率的波动赚取利润。

外汇市场的核心是汇率，即一种货币与另一种货币之间的交换比率，如 EUR/USD 表示欧元兑换美元的汇率。外汇市场提供了各种货币对的交易，如主要货币对（如 EUR/USD、GBP/USD）和次要货币对（如 NZD/CAD、AUD/JPY）。

（二）外汇市场形成的历史背景

外汇市场的诞生最早可以追溯到古代的国际贸易时期，当时的商人和国家之

间已经开始进行货币兑换和汇率交易。而现代外汇市场的形成主要有以下几个历史背景:

1. 布雷顿森林体系

在布雷顿森林体系成立之前,各国之间的货币兑换都基于金本位制度,各国需要保证其发行的货币数量与黄金的数量相等,并且保证货币与黄金之间的正常兑换。在此情况下,各国之间的货币兑换比例则是根据其货币可兑换黄金的量所决定的,所以货币之间的兑换关系较为固定。但是在二战期间,由于参战国的黄金储备都在快速变化,难以继续维持国际货币之间的固定兑换比例,国际货币体系分裂为多个相互竞争的货币集团。

二战后,英美两国出于维护自身利益、稳定汇率、扩大国际贸易和促进世界经济发展等因素的考虑,分别构思和设计了战后国际货币体系。由于当时美国具有发达的经济水平和雄厚的黄金储备实力,美元的国际地位得到了极大幅的加固。因此由美国主导的"怀特计划"在布雷顿森林会议之后成为国际货币体系构建的蓝本。其主要的内容是要求各国固定其货币与美元的兑换比例,并且要求政府采取手段干预,维持这一兑换比例的稳定,而美元通过固定与黄金的兑换比例,来保证其锚定作用。

从以上可以看出,布雷顿森林体系是以美元为中心的体系。各国出于国际贸易的需求必须持有大量美元,这使在海外的美元难以回流到美国,从而使美国产生长期的贸易逆差,难以维持美元的币值稳定,再加之其黄金储备在此期间不断减少,在 1971 年美国单方面宣布停止履行美元兑换黄金的承诺后,布雷顿森林体系就此瓦解。

2. 牙买加体系

在布雷顿森林体系瓦解后,为了维持国际贸易和资本流动的正常进行,国际货币基金组织(International Monetary Fund,IMF)在牙买加会议之后签订达成了"牙买加协议",该协议的主要内容如下:使国际储备体系变得更加多元,各国通过持有不限于美元的外国货币,如日元、英镑等货币去维持国际贸易的正常进行;使汇率制度变得更加多元化,允许成员国自行决定汇率制度;使国际收支调节手段更多元化,IMF 成员国能够通过汇率、利率等各种手段去调节国际收支。

3. 自由化与全球化

在牙买加体系确立之后,20 世纪 80 年代和 90 年代,许多国家开始放松对外汇市场的管制,实施货币自由兑换政策。这加强了跨国公司和投资者之间的国际贸易和投资活动,并推动了外汇市场的增长。随后,世界贸易组织(World Trade Organization,WTO)的成立更是提高了国际多边商贸的自由化,推动了经济全球化的发展。它为会员国提供了一个平等参与全球贸易的平台,并通过规则和争端解决机制维护了贸易的稳定和公平。

三、外汇市场类型和特征

外汇市场可以根据交易方式、交易对象和交易地点等不同的分类依据进行划分。以下是一些常见的外汇市场类型：

（一）现货外汇市场

现货外汇市场（The Spot Market）是最基本和最常见的外汇市场类型。在这种市场上，交易是基于实际货币的买卖。交易者通过购买一种货币以兑换另一种货币，并按照当时的即时汇率进行交割。现货市场的交易是立即执行的，交割通常在交易日后的两个工作日内完成。

现货外汇市场的主要特征如下：即时交割，交易立即执行，通常在"T+2"的时间内完成；较低的交易成本；供求决定价格，市场供求关系直接影响汇率的波动；市场流动性强，外汇现货市场是全球最大和最活跃的金融市场之一，每天的交易量高达数万亿美元。

（二）外汇期货市场

外汇期货市场（Forward Exchange Market）是指通过期货合约进行外汇交易的市场。期货合约是一种约定在未来某个日期以特定汇率买入或卖出一定数量货币的合约。期货市场允许交易者在未来的特定日期按照约定的价格进行交割。

外汇期货市场的主要特征如下：未来交割，交易者在未来约定的日期按照合约规定的价格进行交割；杠杆交易，期货交易允许交易者以较少的资金控制较大数量的货币；高度标准化，期货合约具有标准化规格，交易在交易所进行，并受到监管机构的监管。

（三）外汇期权市场

外汇期权市场（Foreign Exchange Option Market）是指通过期权合约进行外汇交易的市场。期权合约给予期权买方权利，而非义务，以特定汇率在未来某个日期买入或卖出一定数量货币。期权市场允许期权买方在特定日期之前选择是否行使权利。

外汇期权市场的主要特征如下：权利而非义务，期权买方有权选择是否行使合约权利，但没有义务进行交易；灵活性和保护性，期权交易提供对冲和风险管理策略，交易者可以在不确定的市场环境中灵活应对；时间价值，期权的价格除了与货币价格有关外，还受时间、波动率和市场预期等因素的影响。

（四）外汇互换市场

外汇互换市场（Foreign Exchange Swap Market）是外汇市场中的一个重要分支，也被称为外汇掉期市场。外汇互换是指将一种货币与另一种货币在预定日期进行互换的交易。在外汇互换市场中，交易者同意在一个约定的日期以预定的汇率买入或卖出一种货币，并在未来的另一个约定日期再次以相同或不同的汇率互换回原来的货币。

互换市场的主要特征如下：结合现货和远期交易，外汇互换交易是即时货币交割和远期货币交割的结合——交易的初始阶段涉及现货交易，即实际的货币买卖，而在未来涉及远期交割，即交换两个交易日的利息差异；交易灵活性，外汇互换交易具有一定的灵活性，交易双方可以根据自身需求和目标来约定交割日期、交换的货币对、利率条件等。

（五）在岸货币市场与离岸货币市场

根据货币交易是否在其发行国或发行地区所监管的外汇市场中进行交易，可将其分为在岸货币市场与离岸货币市场。

在岸货币市场（Onshore Currency Market）是指特定国家或地区内的本国货币交易市场。这是指在该国内合法进行货币交易和结算的市场。在岸货币市场主要面向本国居民和机构，其交易活动受到本国金融监管机构的监管和规范。

离岸货币市场（Offshore Currency Market）是指在国外地区或国际金融中心开设的市场，用于进行跨境货币交易。离岸货币市场通常以国外的金融中心（如伦敦、纽约、中国香港、新加坡等）为中心，提供离岸货币交易和结算服务。这些市场提供了更大的灵活性和便利性，因为它们通常不受本国货币管制和监管的限制。

离岸货币市场的主要特点是资金可以自由流动、货币交易和结算灵活，而在岸货币市场则受到本国货币政策、监管和法律体系的限制。离岸货币市场通常被用作国际贸易、跨境投资和资金流动的渠道。同时，一些国家也利用离岸货币市场来吸引外资、发展金融业务和推动经济发展。离岸货币市场上常见的金融交易包括离岸银行账户业务、外汇交易、国际债券发行和外汇衍生品交易等。

◎ **补充阅读**

中国香港是世界上最活跃的人民币离岸金融市场之一，作为中国内地与国际金融市场之间的桥梁，自2010年起成为人民币离岸中心。香港作为国际金融中心，享有高度的金融自由度和开放性。这使在香港进行人民币离岸交易更加方便和灵活，吸引了大量投资者和金融机构，能够较好地反映外汇市场对人民币的供需情况。环球银行金融电信协会（Sociefy for Worldwide Inferbank Financial Tele-communications，SWIFT）最新公布的2022年5月人民币追踪报告（RMB

Tracker）显示，香港的离岸人民币结算额占全球的 74.36%，英国、新加坡、美国紧随其后，分别为 6.26%，3.88%，2.73%。人民币跨境贸易结算决定着人民币"国际货币"功能的实现和提升，是其他人民币业务的重要基础。

资料来源：澎湃新闻. 回归 25 周年系列之九丨香港如何强化离岸人民币业务枢纽地位［EB/OL］.（2022-07-06）［2023-09-24］. https：//m. thepaper. cn/baijiahao_ 18894696.

四、外汇市场参与主体

作为世界上最具有流动性的金融市场之一，外汇市场存在着多种参与主体，其在外汇市场中的交易对提高市场效率、维护市场稳定和促进国际贸易和投资起着重要的作用。以下是外汇市场的主要参与主体：

（一）商业银行

商业银行是外汇市场的主要参与者之一。它们通过为客户提供外汇交易和外汇衍生产品来满足其客户的外汇需求，并利用外汇交易来进行资产管理和风险管理，商业银行同时也是为国内居民提供外汇兑换的主要金融机构。

（二）投资银行

投资银行在外汇市场上扮演着重要的角色。它们为大型公司、机构投资者和高净值个人提供专业交易服务、套利策略建议，为企业提供外汇风险管理解决方案，并参与大宗外汇交易。

（三）中央银行

中央银行是国家货币政策的决策者，也是外汇市场的参与者。中央银行通过以各种手段干预外汇市场来调节本国货币的汇率，并通过实施货币政策来维护经济稳定。中央银行通常会根据国内外经济环境、货币政策目标和市场条件等因素来决定是否干预汇率市场以及采取何种方式进行干预。

（四）对冲基金和投资基金

对冲基金和投资基金参与外汇市场进行投机和对冲操作，以获取利润并承担管理投资组合的风险。它们通常以较大的规模和主动的交易策略参与外汇市场。

（五）跨国公司

跨国公司参与外汇市场进行国际贸易和跨境资金管理。它们需要通过外汇交易来兑换货币、对冲汇率风险以及进行国际支付和结算。

（六）个人投资者

个人投资者通过外汇经纪商参与外汇市场进行个人投机和交易操作。他们可以通过在线交易平台进行外汇交易，并利用杠杆来放大交易规模。

（七）国际金融机构

国际金融机构如国际货币基金组织和世界银行集团等也在外汇市场中发挥着重要作用。它们进行外汇交易以管理国际储备和支持发展中经济体的外汇需求。

五、主要的外汇市场

目前全球最主要的外汇市场都分布在发达的国际城市之中，这主要是因为这些城市一般都具有强大的经济实力、高流动性和市场深度，其政治和法律相对更为稳定。这些主要的外汇市场包括：

（一）伦敦外汇市场

伦敦外汇市场是全球最大的外汇市场，占据全球外汇交易量的最大份额。伦敦市场以其高度流动性和多样化的交易产品而闻名，吸引了全球的投资者和交易者。

（二）纽约外汇市场

纽约外汇市场是全球第二大外汇市场，位于美国纽约，也是美国金融中心。该市场在欧洲和美洲时区的交叉时间段内活跃，吸引了来自世界各地的交易者。

（三）东京外汇市场

东京外汇市场是亚洲最大的外汇市场，位于日本东京。该市场主要服务于亚洲地区的交易者，以日元兑换其他主要货币的交易量最大。

（四）香港外汇市场

香港外汇市场是亚洲重要的外汇交易中心，位于中国香港。香港作为国际金融中心之一，吸引了大量的外汇交易和投资活动。它也是国际资本在中国大陆进行贸易投资的重要资金枢纽。

（五）新加坡外汇市场

新加坡外汇市场是亚洲的外汇交易中心之一，位于新加坡。新加坡市场以其良好的监管环境和全球金融机构的集聚而闻名，吸引了来自亚洲和其他地区的交易者。

第二节 外汇汇率和外汇交易

一、外汇汇率及标价方式

汇率（Exchange Rate）是一种衡量两种不同货币之间的相对价值的比率。汇率的表达方式通常是一个国家的货币与另一个国家的货币之间的比率。汇率的计算通常以基准货币作为参照。例如，在兑换美元（USD）和欧元（EUR）的情况下，汇率可以表示为 1 美元兑换多少欧元，或者以欧元为基准，表示为 1 欧元兑换多少美元。根据基准货币的不同，汇率的标价方式分为直接标价法和间接标价法。

1. 直接标价法

直接标价法（Direct Quotation）以外国货币为基准货币，外国货币的价值被设定为 1，然后汇率表示一单位外国货币可以兑换成多少单位本国货币。例如，欧元兑换美元的间接标价法汇率可能是 1 美元兑换 0.85 欧元。

2. 间接标价法

间接标价法（Indirect Quotation）以本国货币为基准货币，本国货币的价值被设定为 1，然后汇率表示一单位本国货币可以兑换成多少单位外国货币。例如，欧元兑美元的直接标价法汇率可能是 1 欧元兑换 1.18 美元。

因此，直接标价法和间接标价法所标价的货币汇率是正好为互为倒数的关系，直接标价法和间接标价法的选择取决于不同国家和地区的惯例和标准。在某些国家，如美国和欧元区，间接标价法更为常见，除此之外的地区大部分都采用直接标价法。表 4-1 为我国人民币汇率的标价方式。

表 4-1 2023 年 7 月 20 日人民币汇率中间价

直接标价法		间接标价法	
货币对	中间价	货币对	中间价
美元/人民币	7.1466	人民币/马来西亚林吉特	0.63018
欧元/人民币	8.0879	人民币/俄罗斯卢布	12.6745
100 日元/人民币	5.1724	人民币/南非兰特	2.4775
港元/人民币	0.91516	人民币/韩元	175.42
澳元/人民币	4.8892	人民币/阿联酋迪拉姆	0.50870
新西兰元/人民币	4.5242	人民币/沙特里亚尔	0.51944
新加坡元/人民币	5.4473	人民币/匈牙利福林	46.7096
瑞士法郎/人民币	8.4110	人民币/波兰兹罗提	0.55010
加元/人民币	5.4865	人民币/丹麦克朗	0.9208

资料来源：中国外汇交易中心（全国银行间同业拆借中心）. 人民币汇率中间价 [EB/OL]. [2023-07-21]. https：//www.chinamoney.com.cn/chinese/bkccpr/.

二、汇率的种类

基于以上描述，可以知道在不同的国家，不同的外汇交易市场都存在着不同的汇率种类，其中主要包括固定汇率和浮动汇率、即期汇率和远期汇率、基准汇率和交叉汇率。

（一）固定汇率和浮动汇率

根据汇率的决定方式，汇率可以分为固定汇率和浮动汇率。在实施了牙买加协议后，各国根据自身经济发展及国际贸易等情况对汇率采取不同的管理制度。

固定汇率（Fixed Exchange Rates）是指国家或货币当局以固定的比例将本国货币与其他货币挂钩。在这种制度下，国家承诺以固定的汇率兑换本国货币与其他国家货币，并通过干预外汇市场使汇率保持在官方限定的范围之内。固定汇率制度可以通过以下几种方式实施：

（1）固定单一汇率：国家将本国货币与单一货币（通常是美元或其他稳定货币）保持固定汇率。

（2）固定区域汇率：多个国家形成一个货币联盟或货币区，共同使用相同的固定汇率。

其优点主要体现在两个方面：提供稳定性和可预测性，方便跨境交易和投资；降低通胀风险，稳定物价水平。而缺点主要如下：需要大量外汇储备来支持固定汇率；可能导致国内外经济不平衡，促使外汇储备枯竭；限制了货币政策的独立性。

浮动汇率（Floating Exchange Rates）是指汇率的高低取决于市场供求关系和外汇市场的力量。在浮动汇率制度下，国家或货币当局不干预汇率的决定，而是让市场力量自由决定兑换比例。浮动汇率可以根据市场需求和外汇交易活动的变化而自由浮动。

其优点主要体现在以下几个方面：自由市场决定汇率，更能反映货币供求关系和经济基本面；增加了灵活性，允许货币根据经济状况进行调整；能够吸收外部冲击，提高经济韧性。缺点主要在于：可能导致汇率波动，增加国际贸易和投资的不确定性；可能带来通货膨胀，导致经济不稳定。

许多国家采取的是介于固定汇率和浮动汇率之间的混合制度，如管理浮动汇率制度，即国家保持一定程度的干预权以避免极端的汇率波动。

◎ 补充阅读

人民币汇率制度

我国实行以市场供求为基础、参考一揽子货币进行调节、有管理的浮动汇率制度。其中包括三个方面的内容：一是以市场供求为基础的汇率浮动，发挥汇率的价格信号作用；二是根据经常项目主要是贸易平衡状况动态调节汇率浮动幅度，发挥"有管理"的优势；三是参考一篮子货币，即从一篮子货币的角度看汇率，不片面地关注人民币与某个单一货币的双边汇率。

资料来源：中国人民银行．"人民币汇率制度"的内容［EB/OL］．（2010-09-15）［2023-09-24］．http：//www.pbc.gov.cn/huobizhengceersi/214481/214545/214769/3871699/index.html.

（二）即期汇率和远期汇率

根据外汇交割日的不同，汇率可分为即期汇率和远期汇率，即期汇率（Spot Exchange Rate）指的是在当前时间点上，用一种货币购买另一种货币的价格。它表示了两种货币之间的即时交换比率。即期汇率通常用于即时货币交易，如在银行或外汇市场上进行的实时货币兑换，其交割一般在两个工作日内办理。远期汇率（Forward Exchange Rate）指的是在未来某个预定日期，用一种货币购买另一种货币的价格。远期汇率是通过远期或者期货外汇合约确定的，它允许买卖双方在未来的特定日期以预定的汇率交换货币。

即期汇率一般以直接标价法或者间接标价法的方式报出，其中包括现汇汇率和现钞汇率，它们分别适用于电子转账和现金兑换的交易。

现汇汇率是指用于电子转账或电子支付方式的汇率，也被称为电汇汇率或电子汇率。它适用于银行之间的跨境电子转账、电子支付或国际贸易中的电子结算。现汇汇率通常较为优惠，接近外汇市场实时汇率。

现钞汇率是指用于现金兑换外汇的汇率，也被称为现金汇率。它适用于在银行、外汇兑换柜台或其他渠道上以现金形式进行的外币兑换。相比于现汇汇率，现钞汇率通常会有一定的差异，存在较高的买入价和卖出价之间的差价，这部分差价通常用于支付现金兑换服务的成本和费用。

现钞和现汇的报价如表4-2所示。

表4-2　中国银行 2023 年 8 月 14 日外汇牌价

货币	现钞买入价	现钞卖出价	现汇买入价	现汇卖出价
美元兑人民币	718.69	727.47	724.59	727.47
欧元兑人民币	766.60	799.35	791.19	796.73
英镑兑人民币	888.43	927.76	916.92	923.67

资料来源：中国银行．中国银行外汇牌价［EB/OL］．［2023-08-14］．https：//www.boc.cn/sourcedb/whpj/?utm_source=amz520.com.

远期汇率报价方式与即期汇率略有差异，因为它涉及预定的未来日期。因此，远期汇率通常以即期汇率基础上的点差（Spread）进行报价。点差是指远期汇率与即期汇率之间的差异。远期汇率的报价会根据预定日期的远近而有所变化，分为升水（该货币远期升值）、贴水（该货币远期贬值）和平价（该货币远期汇率与即期汇率相同）。例如，即期汇率为 USD1＝CNY6.370～6.390，三个月200～300 点，即表示 0.02～0.03，当报价点数是前小后大时，就用小数加小数，大数加大数，表示人民币远期贴水，远期汇率为 USD1＝CNY6.370＋0.02～6.390＋0.03，即 USD1＝CNY6.390～6.420。再例如，即期汇率为 USD1＝CNY6.370～6.390，三个月300～150 点，即表示 0.03～0.015，因为即期汇率前小后大，远期差价前大后小，因此采用减法，才能使差价更大，表示人民币远期升水，远期汇率为 USD1＝CNY6.370－0.03～6.390－0.015，即 USD1＝CNY6.340～6.375。

　　2023 年 8 月 2 日人民币外汇即期报价和远期报价见表4-3。

表4-3　2023 年 8 月 2 日人民币外汇即期报价和远期报价

人民币外汇即期报价			
货币对	USD/CNY	EUR/CNY	100JPY/CNY	HKD/CNY
买/卖报价	7.1765/7.1790	7.8766/7.8783	5.0044/5.0062	0.92074/0.92116

人民币外汇远期报价			
USD/CNY	1 周	6 月	1 年
	-52.45/-52.45	-1355.00/-1354.00	-2436.00/-2436.00

资料来源：中国外汇交易中心（全国银行间同业拆借中心）．人民币外汇即期报价、人民币外汇远掉报价 [EB/OL]．[2023-08-02]．https://www.chinamoney.com.cn/chinese/index.html.

（三）基准汇率和交叉汇率

　　在汇率市场中，许多国家的货币都在进行外汇交易，但是在报价上不可能每一种货币都针对其他所有国家的货币进行报价，一般都是就在外汇储备中所占的比重最大的可自由兑换的关键货币作为主要对象，与本国货币对比，订出汇率，这也被称为基准汇率（Benchmark Exchange Rate）。一般而言，各国都会采用美元作为主要参考对象，定出与美元的兑换比例，而美元一般是以欧元和英镑作为参考对象。例如，人民币和日元的外汇市场报价分别为 1USD＝CNY6.740、1USD＝JPY139.923。两种非基准货币之间的汇率需要通过基准汇率的套算得出，也就是交叉汇率（Cross Exchange Rate）。举个例子来说明交叉汇率的计算：

　　美元兑瑞士法郎的汇率：1USD＝0.879CHF

　　美元兑加元的汇率：1USD＝1.326CAD

　　现在我们需要计算加元兑瑞士法郎的汇率，我们需将美元兑加元的基准汇率倒置，得到 1CAD = 0.754USD。然后，我们将这个倒置的汇率与美元兑瑞士法郎的基准汇率相乘，得到 1CAD = 0.663CHF。这一过程就是通过交叉汇率计算得出加元兑瑞士法郎的汇率。

当两个或者三个外汇市场中的货币存在汇率差异，且市场之间的货币能够相互流通的时候，在排除掉交易费用和税费等因素后，投资者可以通过套汇交易的方式在外汇市场获取利益，直至市场中的汇率差异消失，以下是套汇获利的操作方式：

1. 直接套汇（两角套汇）

例：某日，在伦敦外汇市场上，GBP/USD = 1.6260/70；在纽约外汇市场上，GBP/USD = 1.6280/90；如何进行套汇？

解：经过比较，英镑在伦敦外汇市场价格更低，根据贱买贵卖原则，套汇者在伦敦外汇市场以 GBP/USD = 1.6270 买入英镑卖出美元，同时在纽约外汇市场以 GBP/USD = 1.6280 的汇率卖出英镑买入美元，这样，每 1 英镑赚取（1.6280 - 1.6270）= 0.001 美元的利润（不计套汇成本）。

套汇结果：伦敦外汇市场英镑汇率上升，美元汇率下降；纽约外汇市场美元汇率上升，英镑汇率下降。最终，两个市场汇率趋于一致，套汇停止。

2. 间接套汇（三角套汇）

三角套汇的条件：将三个市场上的汇率以同一标价法表示，并将基本货币的单位都统一为 1，然后将三个汇率连乘。如果乘积为 1，说明没有套汇机会，如果乘积不为 1，存在套汇机会。

例：某日中国香港外汇市场上，GBP1 = HKD12；伦敦外汇市场上 GBP1 = EUR1.6；法兰克福外汇市场上，EUR1 = HKD7。如何判断是否存在三角套汇可能？如何套汇？

先转换成同一标价法，考虑到伦敦、法兰克福外汇市场均采用间接标价法，将中国香港外汇市场的直接标价法转换成间接标价法，即 HKD1 = GBP1/12；三个汇率的基本货币都为 1，连乘得 1.6×7×1/12 = 0.93<1，存在套汇机会。

套汇操作：

因为在伦敦外汇市场上，GBP1 = HKD1.6×7 = HKD11.2，而中国香港外汇市场 GBP1 = HKD12，英镑在伦敦外汇市场比中国香港外汇市场汇率低，因此在伦敦外汇市场用 1.6 欧元买入 1 英镑，然后在中国香港外汇市场用 1 英镑买入 12 港元，最后在法兰克福外汇市场用 12 港元买入 12/7 = 1.7 欧元，净赚 0.1 欧元。

因为在中国香港外汇市场上，GBP1 = HKD12 = EUR1.6，即 EUR1 = HKD12/1.6 = HKD7.5，而法兰克福外汇市场 EUR1 = HKD7，欧元在中国香港外汇市场比法兰克福外汇市场汇率高，因此套汇者在法兰克福外汇市场用 7 港元买入 1 欧元，然后在伦敦外汇市场用 1 欧元买入 1/1.6 = 0.625 英镑，最后在中国香港外汇市场用 0.625 英镑买入 7.5 港元。经套汇，每 7 港元赚取 0.5 港元。

套汇结果：中国香港外汇市场港元汇率上升，英镑汇率下降；伦敦外汇市场英镑汇率上升，欧元汇率下降；法兰克福外汇市场欧元汇率上升，港元汇率下降。最终，三个市场汇率趋于一致，套汇停止。

三、外汇交易

（一）外汇交易概述

外汇交易是指在外汇市场上进行的买卖不同货币的交易活动。外汇交易具有高度流动性、全天候交易、货币对交易、杠杆交易、多样化的参与者等特点，与其他金融交易相比，外汇交易具有自身独特的特点和风险。外汇交易主要包括即期外汇交易、远期外汇交易、掉期外汇交易、外汇互换和外汇期权。

（二）即期外汇交易

即期外汇交易（Spot Exchange Transaction）是指在外汇市场上以即期汇率进行的即时货币兑换交易。在即期交易中，买方向卖方购买一种货币，并用另一种货币支付。交易的货币交割通常在交易执行后的两个工作日内完成。

以下是一个即期外汇交易的计算例子：

◎ **计算案例**

假设当前的即期汇率为美元兑欧元的汇率为 1USD＝0.9EUR。某个投资者打算购买欧元，兑换美元。他想购买 1000 欧元。根据即期汇率，我们可以计算出所需的美元金额：

美元金额＝欧元金额/即期汇率＝1000 欧元/0.9≈1111.11 美元

因此，投资者需要支付约 1111.11 美元，以购买 1000 欧元的即期外汇交易。

（三）远期外汇交易

远期外汇交易（Forward Foreign Exchange Transactions）是指在外汇市场上通过签订远期合约，在未来的特定日期以预定的汇率进行货币交割的交易。远期交易允许投资者锁定未来的汇率，以对冲汇率风险或进行长期计划。

以下是一个远期外汇交易的计算例子：

◎ **计算案例**

假设当前的即期汇率为美元兑欧元的汇率为 1UDS＝0.9EUR，某个投资者希望在三个月后购买 1000 欧元，但是其认为三个月后欧元会升值，因此其在外汇市场中签订了三个月的远期外汇交易合同，交割价格是 1USD = 0.89EUR。根据远期汇率，我们可以计算出三个月后投资者购买 1000 欧元需要的金融是：

美元金额 = 欧元金额/远期汇率 = 1000 欧元/0.89 ≈ 1123.60 美元

与此同时，三个月后的即期汇率为 1USD = 0.83EUR，直接购置欧元需要花费 1204.82 美元，因此该笔远期外汇交易为投资者节省了 81.22 美元。

（四）掉期外汇交易

掉期外汇交易（Foreign Exchange Swap Transaction）是一种结合即期交易和远期交易的衍生品交易形式。它允许投资者在即期交易和远期交易之间进行交叉结合，以满足特定的风险管理需求。外汇交易者在买进或卖出一种期限、一定数额的某种货币的同时，卖出或买进另一种期限、相同数额的同种货币的外汇交易。

例如，某出口企业收到国外进口商支付的出口货款 500 万美元，该企业需将货款结汇成人民币用于国内支出，但同时该企业需进口原材料并将于 3 个月后支付 500 万美元的货款。此时，该企业就可以与银行办理一笔即期对 3 个月远期的人民币与外币掉期业务：即期卖出 500 万美元，取得相应的人民币，3 个月远期以人民币买入 500 万美元。通过上述交易，该企业可以轧平其中的资金缺口，达到规避风险的目的。

（五）外汇期权交易

外汇期权（Foreign Exchange Options）也称为货币期权，是指合约购买方在向出售方支付一定期权费后，所获得的在未来约定日期或一定时间内，按照规定汇率买进或者卖出一定数量外汇资产的选择权。外汇期权交易是一种衍生品交易形式，赋予投资者以一种货币购买或出售另一种货币的权利，而不是义务。外汇期权交易可以提供对汇率波动的保护或投机机会。

在外汇期权交易中，投资者可以购买或售卖两种类型的期权：

购汇权（Call Option）：购汇权给予投资者以特定汇率购买一种货币的权利。如果在期权到期时，汇率高于行权价格，投资者可以行使期权以购买货币。如果汇率低于行权价格，投资者可以选择不行使期权。

售汇权（Put Option）：售汇权给予投资者以特定汇率出售一种货币的权利。如果在期权到期时，汇率低于行权价格，投资者可以行使期权以出售货币。如果汇率高于行权价格，投资者可以选择不行使期权。

外汇期权交易主要涉及以下几个关键要素。期权费用：交易者需要支付给期权交易商的费用。这是在交易时约定的金额，通常以货币形式支付。行权价格：期权交易中约定的固定汇率或价格，也称为行权价格。这是在期权合同中确定的价格，交易者在行权时可以按此价格购买或出售货币。名义本金：指定的货币金额，交易者可以按照行权价格购买或出售的货币数量。市场汇率：实际的汇率，即当前货币对的交易价格。

基于上述要素，以下是外汇期权交易计算示例：

◎ 计算案例

欧元购买期权：

期权费用：10000 美元

行权价格：1.20 美元/欧元

名义本金：1000000 欧元

如果在行权日时市场汇率为 1.15 美元/欧元，你将不会行使期权权利，因为你可以以更低的市场价格购买欧元。在这种情况下，你将损失购买期权的费用（10000 美元）。

如果在行权日时市场汇率为 1.25 美元/欧元，你将会行使期权权利，你可以以 1.20 美元/欧元的价格购买 1000000 欧元。在这种情况下，比起以市场价直接购买，你将获益（1.25-1.20）×1000000＝50000 美元。

第三节　汇率的决定理论

一、长期汇率与短期汇率

根据汇率随着时间变动的幅度，可以将汇率分为长期汇率和短期汇率，两者与长期利率和短期利率并不相同，并不是针对某一时间段的货币进行标价，而是反映货币在外汇市场中的价格长期和短期的变动。

长期汇率（Long Term Exchange Rate）是指在较长时间范围内（通常是数年或更长时间）持续存在的汇率水平。长期汇率受到多种经济因素的影响，如经济基本面、利率差异、贸易平衡、投资流动性等。长期汇率通常能够反映两个经济体之间的相对竞争力和长期经济发展趋势。

短期汇率（Short Term Exchange Rate）是指在较短时间范围内（通常是几天、几周或几个月）发生的汇率波动。短期汇率受到市场供求关系、投资者情绪、政治事件、经济数据等短期因素的影响。短期汇率波动较为频繁，可能受到临时因素的影响，如突发事件、政策变动等。

例如，人民币兑美元长期处于 1USD = 6~7CNY，这就是人民币兑美元的长期汇率，而在此区间内每日、每周和每月的汇率波动所产生新的汇率报价则是短期汇率。

二、长期汇率变动的影响因素

（一）一价定理

一价定理（The Law Of One Price）是货币学派代表人物弗里德曼在 1953 年提出的，可以简单地表示为一件物品在贸易开放并且交易费用为零的时候，在扣除掉运输、销售等费用之后，无论在何地销售，用同种货币来表示的时候，其货物价格都应该相同。

在外汇市场中，汇率是一种表示两种货币之间的相对价值的价格。根据一价定律，理论上，两种货币之间的汇率应该反映两种货币购买力的相对差异。如果两种货币之间的汇率与一价定律不一致，套利机会将出现，投资者可以利用价格差异进行套利交易，从而推动汇率趋于一致。

但是，在现实世界中，存在许多因素导致汇率偏离一价定律，如交易成本、货币政策、市场预期等。此外，由于资本流动性、利率差异和风险偏好等因素的影响，短期内汇率可能出现波动和不稳定。尽管如此，一价定律仍然提供了一个基本的框架，能够解释长期内货币之间汇率的趋势和相对价值的变化。

（二）购买力平价

购买力平价理论（Purchasing Power Parity，PPP）是哥伦比亚大学经济学家戴维·卢奇斯·卡萨斯（David Ricardo）和瑞典经济学家古斯塔夫·卡塞尔（Gustav Cassel）在 20 世纪初提出的。该理论认为在没有交易成本和贸易限制的情况下，货币的汇率应该调整，以使相同篮子的商品在不同国家之间具有相等的购买力，也就是说两国之间的汇率应该通过物价指数来决定。该理论有两大前提：一是对于任何一种可贸易商品，一价定律成立；二是在两国物价指数的编制中，各种可贸易商品所占的权重相等。如下述公式：

$$e = \frac{P_d}{P_a} = \frac{\sum_{i=1}^{n} \alpha^i P_d^i}{\sum_{i=1}^{n} \alpha^i P_a^i} \tag{4.1}$$

其中，P_d、P_a 分别是本国和外国的物价总指数。例如，根据购买力平价，在存在麦当劳的两个国家，他们货币之间的汇率应该等于各自巨无霸汉堡在当地售卖价格之比，美国巨无霸汉堡的零售价格是 5.36 美元，中国巨无霸汉堡的价格是 25 元，那么人民币兑美元的汇率应该是 1USD = 4.664CNY。但是事实并非如此，在最近二十多年，人民币兑美元的汇率长期维持在 1USD＝6~7CNY。

这主要是由于非贸易品的影响，购买力平价理论主要基于商品价格的比较，但并不包括所有商品。例如，某些国家的商品可能更受国内生产和消费的影响，而不受国际市场竞争和供求关系的直接影响，因此其价格可能偏离购买力平价。

（三）相对购买力平价

相对购买力平价理论（Relative Purchasing Power Parity；Relative PPP）是卡塞尔在 1918 年分析第一次世界大战时期的通货膨胀率和汇率变动关系时提出的一个经济学理论。相对购买力平价理论强调，即期与远期之间的通货膨胀率差别必须等同于这个期限内汇率的差别。也就是说他不仅考虑不同国家之间货币相对购买力的比较，还考虑了物价水平的差异和通货膨胀的影响，以确定货币之间的相对价值。相对购买力平价可以用以下公式表示：

$$e_t = \frac{P_d^1/P_d^0}{P_a^1/P_a^0} \cdot e_0 = \frac{PI_{dt}}{PI_{at}} \cdot e_0 \tag{4.2}$$

其中，PI_{dt}、PI_{at} 分别是本国和外国在 t 期的物价指数的变动，e_0 是基期汇率，e_t 是计算期的汇率，P_d^1 和 P_d^0 分别表示本国报告期和基期的价格水平，P_a^1 和 P_a^0 分别表示外国报告期和基期的价格水平。公式表示，两国之间的汇率变动满足两国之间物价的相对变动，当一国物价上升比较快，通货膨胀率较高时，其货币贬值更多。

三、短期汇率变动的影响因素

（一）利率平价

利率平价理论（Interest Rate Parity）基于流动性假设，认为在无套利机会的情况下，利率差异应该被汇率的预期变动所抵消。也就是说，如果两个国家之间的货币的无风险利率之差与预期汇率变动之间的差异存在，投资者可以通过利用这种差异来实现套利交易。具体来说，如果一个国家的货币的无风险利率较高，那么投资者倾向于将资金流入该国的货币中，并购买该国的债券或者在该国存款。这种资金流入将导致该国的货币需求上升，从而使其汇率上升。相反，如果一个国家的货币的无风险利率较低，投资者可能倾向于将资金流出该国的货币，并购买其他国家的债券，从而导致该国货币的供应增加，使其汇率下降。

利率平价理论可以用以下公式表示：

$$e_1 = \frac{e_0\,(1+i_1)}{1+i_2} \tag{4.3}$$

其中，e_1 表示预期汇率（远期汇率），e_0 为即期汇率，i_1 和 i_2 是两个国家的无风险利率。

利率平价理论提供了一种理论框架，能够用于解释无风险利率之差如何影响汇率。然而，在现实世界中，存在许多其他因素和限制，如交易成本、政府干预和资本控制等，并且由于利率和汇率之间会相互影响，因此难以说明即期汇率、利率和远期汇率之间谁是内生谁是外生，这些因素可能导致利率平价理论无法完全为所有汇率变动作出解释。

（二）国际收支说

国际收支说（Balance-of-payments Theory）的早期形式是国际借贷说，在1861年由英国学者葛逊（G. Goschen）提出。其实质是汇率的供求决定论，但并没有指出具体影响外汇供求和国际收支的因素，该理论在一战前较为流行。在实现了浮动汇率制度之后，美国学者阿尔盖（Arthur I. Bloomfield）系统地总结了这一学说。该学说认为，汇率主要是由外汇供给决定的，而外汇供给又由国际收支所决定，当国际收支平衡的时候，外汇供给也会平衡，此时的汇率水平是均衡汇率。而国际收支又会被国民收入 y、物价水平 p、利率水平 r 和未来汇率预期 $\hat{e}$ 所决定。因此，汇率均衡 e 用公式表示为：

$$e=f(y_d,\ y_f,\ p_d,\ p_f,\ r_d,\ r_f,\ \hat{e}) \tag{4.4}$$

该理论的主要内容是当本国国民收入增加时，会导致进口增加，国际收支出现赤字，从而导致外汇市场上的外汇需求大于供给，本币将贬值。相反，当外国国民收入增加时，本国出口会增加，国际收支会出现盈余，外汇市场上的外汇供给大于需求，外币将贬值。此外，当本国物价上升或外国物价下降时，本国出口减少，进口增加，国际收支出现赤字，外汇需求大于供给，本币贬值；反之亦然。另外，本国利率的上升或外国利率的下降，会导致国外资本流入增加，从而导致外汇供给大于需求或本币需求大于供给，本币将升值；反之亦然。最后，如果人们预期未来外汇汇率上涨，就会大量买进外汇，导致外汇升值。

阿尔盖的总结强调了资本流动、贸易、利率、汇率和预期与调整等要素在国际收支说中的重要性。这些原理提供了解释国际经济交流和国际收支的框架，能够帮助我们理解不同经济因素如何相互关联，并影响国际收支状况。

（三）汇兑心理说

汇兑心理说是法国学者阿夫达里昂（A. Af-Talion）于1927年提出的。他认为，人们之所以需要外币，是为了满足某种欲望，如支付、投资、投机等。这种主观欲望是使外国货币具有价值的基础。人们依据自己的主观欲望来判断外币价值的高低。根据边际效用理论，外汇供应增加，单位外币的边际效用就递减，外汇汇率就下降。这种主观判断决定了外汇的供求关系，从而决定了汇率。

然而，在后期发展中，基于经济基本面的理论、理性预期假设和市场效率等理论的提出使得汇兑心理说的重要性有所降低。尽管如此，汇兑心理说仍然具有一定的参考价值，尤其在短期和非理性波动的情况下。市场情绪、投资者情绪和群体心理等因素可能在特定情况下对汇率产生一定的影响。因此，综合考虑多种因素，包括经济基本面、理性预期和市场心理因素，可以更全面地理解和解释汇率的短期波动和变化。

◎ **补充阅读**

2023 年第二季度人民币汇率为什么会下跌呢？

2023 年第二季度，人民币汇率逐渐开始下跌，短短两个月内从 6.817 跌到了年内低位 7.26。但是，汇率在七月份又逐渐开始上涨，这说明人民币在中长期并不具备贬值的基础，本轮下跌的主要原因有以下几点：

第一，近期经济基本面修复速度趋缓是人民币汇率贬值的主要内部原因。经济形势的波动导致市场对于人民币汇率的预期发生变化，同时伴随着各种投机因素，人民币汇率出现起伏。

第二，美元加息和人民币降息引起的中美利差扩大是近期人民币汇率贬值的重要原因之一。境内外人民币和美元投资收益拉大。一方面，境内人民币和美元定期存款息差较大，境内美元存款利率具有较强吸引力，而人民币存款对于储户的吸引力有所减弱。在高额外汇顺差下国内企业和个人结汇意愿偏低。另一方面，海外美国货币市场基金保持高息，主要机构的资产净收益率年化值更高，收益率具备更强的吸引力。

第三，央行并没有强力介入。一方面，人民币汇率制度贬值有利于促进出口、带动外需回暖；另一方面，人民币汇率贬值幅度仍在可控范围内，从市场化的角度来看没有必要强行干预。

资料来源：中国网．人民币汇率波动可控，不具备持续贬值基础［EB/OL］．（2023-06-30）［2023-09-24］．http：//www.china.com.cn/opinion2020/2023-06/30/content_90208193.shtml.

第四节　汇率变动的影响

一、国际收支

（一）贸易收支

汇率变动对国际贸易和贸易收支产生了直接影响。当本国货币贬值时，出口商品在国际市场上变得更具竞争力，可能导致出口增加，贸易顺差扩大；相反，本国货币升值可能导致出口减少，贸易逆差扩大。因此，汇率变动对国际贸易和贸易收支的平衡有重要影响。

（二）劳务收支

除了商品贸易，国际收支还包括劳务贸易和服务贸易，如旅游、运输、金融服务等。汇率变动会影响国际服务贸易的规模和收支状况。当本国货币贬值时，国际旅游和服务的成本对外国游客更具吸引力，但是进口劳务的成本上升。因此，可能促进服务出口和服务收支的增加，减少进口劳务的支出，提高劳务出口的收入，反之亦然。

（三）资本收支

资本收支涉及资本的跨国流动，如外国直接投资、证券投资、债务投资以及对外投资等。汇率变动会影响资本流动的规模和方向。当本国货币升值时，本国投资者可能更愿意投资外资资产，而外国投资者投资国内资产的意愿降低，资本流出增加；相反，本国货币贬值可能增加外国投资者对本国资产的兴趣，降低本国投资者对外国资产的兴趣，资本流入增加。

（四）外债和债务负担

在国家拥有外债的情况下，汇率变动会影响其外债和债务负担。当本国货币贬值时，外债的本币价值相对减少，因此每一单位外债需要偿还的本币会增加，可能增加债务负担；相反，本国货币升值可能增加外债的本币价值，从而减轻债务负担。

二、物价水平

（一）输入成本

汇率变动会直接影响进口商品的成本。当本国货币贬值时，进口商品的价格在本国货币单位下上涨，导致输入成本增加。这可能会导致进口商品的价格上涨，从而导致物价水平上升。

（二）原材料和能源价格

汇率变动会对进口的原材料和能源价格产生影响。当本国货币贬值时，进口的原材料和能源价格上升，可能导致生产成本增加。这可能会进一步传递给最终的产品价格，从而导致物价水平上升。

（三）通胀预期

市场参与者受汇率变动的影响可能产生通胀预期。当本国货币贬值时，市场可能增加对未来物价上涨的预期。这可能会导致市场参与者调整其行为，如提前购买物品或调整价格，进而影响物价水平。

三、就业水平

（一）出口业务与就业

当本国货币贬值时，出口商品的价格相对下降，可以提升出口行业的竞争力，同时，进口劳务成本上升会促使企业将相关就业机会转移回国内，从而增加出口订单和就业机会。相反，本国货币升值可能导致出口行业竞争力下降，进而减少出口订单和就业机会。

（二）旅游和服务业

在本国货币贬值时，国外游客来本国旅游和消费的成本会降低，这将促使外国游客入境旅游的人数上升，促进旅游和服务业的发展，从而提供更多的就业机会。

四、资本流向

（一）短期资本流动

汇率变动对短期资本流动的影响最为显著，如热钱的流动。热钱通常是指投机性的短期资本，寻求利用汇率波动来获取快速收益。当汇率预期发生变化时，投机性资金可能快速流入或流出某个国家，寻求投机的机会，这将导致短期内国际收支账户上产生大量资本流动记录。

（二）长期资本流动

汇率变动对外国投资者的信心和预期产生影响。汇率的波动从某种程度上来看能反映本国的政策环境和稳定性。汇率波动剧烈或不稳定，可能降低外国投资者对本国的投资信心，从而降低长期投资意愿。相反，汇率稳定性和可预测性的提升可能提高外国投资者对本国的信心，吸引长期资本流入。

第五节 外汇交易的收益和风险

一、外汇交易所面临的风险和收益

在外汇市场中所面临的最大风险和收益就是本币与交易货币之间的相对价值随时可能发生改变。此外，即使个人或者公司没有直接参与外汇交易，也可能会受到与之往来的金融机构持有的资产组合中所包含的以外汇计价的资产和负债的影响。也就是说，即使以外汇计价的资产和负债中的收益和成本都通过合同固定，未来的汇率波动仍旧可能会使交易者最后获取到的收益产生极大的不确定性。

例如，2021年10月1日，一家美国跨国企业在欧洲用在当地经营所得的3000万欧元购买一年期定期存单，以获得无风险利率收益。此时欧洲一年期定期存单利率为10%，美国一年期定期存单的利率为5%，欧元兑美元的汇率为1EUR=1.180USD，若此时该企业直接将该笔款项直接转移回美国进行存款，一年后将获得：3000×1.180×1.05=3717万美元。直接在欧洲存款，一年后将获得：3000×1.1=3300万欧元。但是在这一年，欧元兑美元的汇率不断下跌，2022年10月1日当天，欧元兑美元的汇率为1EUR=1.005USD，也就是说，此刻该企业将3300万欧元兑换成美元的话只能获得3316.5万美元，不仅没有享受到利率优势带来的收益，反而还在原有的本金上产生了亏损。

若是在这一年中，欧元兑美元的汇率不断上涨，在2022年10月1日当日上涨至1EUR=1.3USD，那么此时该跨国企业将3300万欧元兑换成美元时能获得：3300×1.3=4290万美元，此时能够享受到欧元升值带来的额外收益。但是，由于外汇波动的不可预测性，在进行外汇交易时大多数非外汇波动投资的交易者相较于寻求外汇波动带来的收益，更偏向于利用外汇风险管理工具去锁定已确定的收益，以防范外汇波动带来的损失。

二、外汇风险的管理方式

本书介绍了外汇交易的主要方式，其中能够用来管理外汇波动风险的工具有远期、期权和掉期等金融衍生工具。以下是运用这些工具管理外汇风险的方式：

（一）远期外汇交易套期保值

假设一家美国公司A为了在西班牙分公司开拓新项目而发行3.6亿欧元的外币债券，期限是三年，年利率是5%，采用每年付息、到期还本的偿还方式。在项目开拓期间公司的经营性现金流预估为负，该债券的本息均需美国总部购汇偿还。当年欧元兑美元的汇率为1EUR=1.25USD。公司A认为在未来的三年内欧元将会持续升值，为了减轻欧元升值带来的债务压力，公司A决定在芝加哥商业交易所（Chicago Mercantile Exchange Holdings Inc.，CME）分别购买一年期、二年期的1800万欧元期货合约和三年期3.78亿欧元的期货合约。合约汇率如表4-4所示。

表4-4　每年欧元期货合约汇率

一年期欧元期货合约汇率	二年期欧元期货合约汇率	三年期欧元期货合约汇率
1EUR=1.28USD	1EUR=1.32USD	1EUR=1.33USD

在此期间，欧元的即期汇率如表4-5所示。

表4-5 每年欧元期货合约汇率

一年后欧元即期汇率	二年后欧元即期汇率	三年后欧元即期汇率
1EUR=1.3USD	1EUR=1.34USD	1EUR=1.36USD

通过这三笔外汇期货交易，公司A在这三年还本付息所需的美元分别为2304万美元、2376万美元和5.0274亿美元。相对于通过即期汇率兑换欧元所需的2340万美元、2412万美元和5.1408亿美元而言，减少了1206万美元的外汇损失。

（二）期权外汇交易套期保值

假设今天是2022年6月30日，当前美元兑瑞士法郎的即期汇率为1USD=0.85CHF，一位商人签下了3个月后交割的原材料进口合同，3个月后需要支付1000万瑞士法郎给供应商，汇率具有波动性，为了防止瑞士法郎在三个月后升值，你希望确保在未来三个月内能够以一个固定的价格购买瑞士法郎，以避免不利的汇率变动。

你决定买入一个欧元购买期权，该期权允许你在未来三个月内以1.20的固定汇率购买欧元。你和期权交易商达成了以下协议：

期权类型：美式期权

期权费用：支付给期权交易商的费用为10000美元

行权日：未来三个月内的任何一天

行权价格：1USD=0.84CHF

名义本金：1000万瑞士法郎

现在让我们考虑几种可能的情况：

情况一：未来三个月内的汇率为1USD=0.89CHF

如果在行权日当天汇率为1USD=0.89CHF，你不会行使期权权利，因为你可以以更低的价格（1USD=0.89CHF）购买瑞士法郎，而不是使用期权约定的1USD=0.84CHF。在这种情况下，你将只损失购买期权的费用（10000美元）。

情况二：未来三个月内的汇率为1USD=0.8CHF

如果在行权日当天汇率为1USD=0.8CHF，你将行使期权权利，以1USD=0.84CHF的价格购买1000万瑞士法郎。这意味着你将以较低的价格购买欧元，而不是市场上的汇率（1USD=0.8CHF）。在这种情况下，你将获得价值差额的收益。

（三）外汇掉期交易套期保值

对于国际贸易或投资活动，掉期外汇交易使企业或个人能够准确规划和预测未来的资金需求。通过确定特定的交割日期和汇率，交易方可以确保能在未来以固定的汇率兑换货币，有助于提前做好资金准备和预算规划。对于跨国公司而言，他们通常在不同国家进行业务活动，需要频繁进行货币兑换。通过外汇掉期交易，跨国公司可以管理和优化他们的现金流。他们可以选择在不同时间点以不同的汇率进行掉期交易，以满足业务需求并降低汇率风险。

假设当前为美元兑欧元即期汇率为 1USD＝0.9EUR，某公司总部在美国的跨国公司收到 100 万欧元的货物款项后，需要将该款项兑换成美元以解决公司流动性问题，但是在 6 个月后，其需要支付 100 万欧元给供应商去购买原材料。

但是为了防止 6 个月后欧元升值给公司造成原材料成本上升的风险，公司决定在进行即期交易，将 100 万欧元兑换成 111.11 万美元的同时，在外汇市场上签订 6 个月后远期汇率为 1USD＝0.88EUR 的远期外汇交易合同。在六个月后，美元兑欧元的即期汇率为 1USD＝0.84EUR，直接购买 100 万欧元需要花费 119.05 万美元，按照远期合同进行欧元交割只需花费 113.63 万美元。该笔掉期外汇交易既解决了公司国内流动性问题，又为公司购汇节省了 5.42 万美元。

◎ 补充阅读

小微企业如何破解汇率风险管理难题？

现实中，许多小微企业呈现出贸易金额小、笔数多、日期分散等特点，对于外汇衍生品的灵活性需求较高。D 企业是小型涉外生产企业，主要生产出口燃气取暖器、烤箱、家用电器等产品，年均出口额约为 2000 万美元，均以美元结算。该企业单笔订单金额较小，订单多，且由于不同产品生产周期不同、进口商付款时限不同等原因，企业的收汇账期较为分散，为 1~6 月不等。该企业有一定的汇率风险管理经验，在核定内部成本汇率的基础上，对订单进行逐笔套保。D 企业发现，如果采用对单笔订单分别签约远期结汇的方式，由于每笔远期结汇价格不同，会计核算较为复杂，对企业的财务管理造成了较大压力。因此，D 企业向合作银行 A 咨询，能否提供一个统一的远期结汇报价，以覆盖未来一段时间不同期限的远期结汇交易。

银行 A 表示：均价远期可以有效满足 D 企业需求。银行根据企业一段时期内（如 6 个月内）的订单情况，按照对应期限（如 1 个月、2 个月、3 个月、6 个月）收汇金额、远期结汇价格等计算出远期加权平均汇率，企业按照统一的加权平均汇率对多笔不同期限、不同金额的收汇进行远期结汇产品签约。D 企业采纳了该方案，认为均价远期产品很好地满足了其便捷核算的需求。

资料来源：国家外汇管理局青海省分局. 企业汇率风险管理：银行助力小微企业破解汇率风险管理难题［EB/OL］.（2024-07-17）［2024-11-23］. http：//www. safe. gov. cn/qing-hai/2024/0717/1647. html.

 本章测试题

一、名词解释

1. 外汇市场
2. 远期外汇交易
3. 套汇交易
4. 外汇期权交易
5. 基准汇率
6. 直接标价法
7. 汇率升水

二、简答题

1. 中央银行在外汇市场上的主要作用是什么？
2. 试分析影响汇率变动的因素有什么？
3. 外汇市场的特点有哪些？
4. 简述一国汇率制度选择需要考虑的主要因素。
5. 试对固定汇率制度和浮动汇率制度的优劣进行比较。

三、计算题

1. 在巴黎外汇市场上，美元的即期汇率为 USD1＝EUR1. 8360~1. 8420，1 个月和 6 个月的远期升（贴）水分别为 47~45、260~265，试计算 1 个月和 6 个月的美元远期汇率。

2. 在同一时间内，纽约外汇市场的电汇汇率为 1 美元＝1. 9075 欧元，法兰克福外汇市场的电汇汇率为 1 美元＝1. 9100 欧元。投资者使用 500 万美元套汇。试说明套汇的操作过程，并计算其汇率的差价收益。

3. 某美国公司从英国进口机器，3 个月后需支付货款 625 万英镑。为防止外汇风险，该公司以欧式期权保值。协议价格 1 英镑＝0. 5500 美元，买入 50 份英镑期货买权，期权费为每英镑 2 美分。如果 3 个月后英镑汇率发生下列变化（见表 4-6）：各种情况的损益如何，该公司应采取什么办法？

表 4-6　3 个月后英镑汇率可能的变化结果

（1）	（2）	（3）
1 英镑 = 0.5300 美元	1 英镑 = 0.5700 美元	1 英镑 = 0.5900 美元

4. 假设某瑞士公司从美国进口一批商品，3 个月后支付货款 200 万美元，为避免美元升值而增加进口成本，该公司买入美元看涨期权，3 个月后到期，执行价格为 USD1 = CHF0.9195，支付权利金 USD1 = CHF0.02。问：3 个月后该公司应如何操作？

四、论述题

1. 外汇远期交易、期权交易和期货交易各有哪些优缺点？
2. 论述外汇市场的结构。

◎ 扩展阅读

外汇干预对汇率水平变动及波动率的影响与应对
——来自全球 53 个经济体的证据

摘要：本文检验了全球 53 个经济体 2000 年 1 月—2020 年 12 月实施的外汇干预措施的有效性，并评估其对汇率水平变动及波动率的影响。结果显示，当外汇干预占 GDP 的比重上升 1% 时，名义和实际汇率水平变动幅度分别为 1.12% 和 0.85%，名义和实际汇率波动率将分别上升 36.31% 和 35.71%。外汇干预在不同方向上的作用效果并不对称：买入方向的外汇干预显著影响汇率水平变动，而卖出干预影响不显著；双向干预均会放大汇率波动率。进一步地，本文探究了常规货币政策、预期管理工具和财政政策等措施的效果。结果显示，调整存款准备金率、调整再贷款金额、实施口头干预能够显著平抑汇率波动，而财政政策的对冲效果不明显。本文结论表明，央行可以使用外汇干预来调整汇率，并在短期内运用口头干预，中长期运用常规货币政策工具来对冲由此引发的汇率波动。

资料来源：易祯，郝天若，朱超. 外汇干预对汇率水平变动及波动率的影响与应对——来自全球 53 个经济体的证据 [J]. 国际金融研究，2023，434（6）：73-85.

外汇市场波动的溢出效应与影响因素研究

摘要： 在人民币汇率双向波动成为常态的背景下，为确保国内金融稳定发展，本文基于 TVP-VAR 模型的方差分解计算时变波动溢出指数，通过构建金融市场间波动溢出网络，深入探讨外汇市场波动对我国其他金融子市场的风险溢出效应。研究结果表明，外汇市场对其他金融子市场存在显著的时变风险溢出效应，在中美贸易摩擦与新冠疫情等极端事件的冲击下，外汇市场的整体风险传染能力显著提升，但外汇市场对其他金融子市场波动的冲击在方向与强度上均表现出不同程度的异质性。进一步地，本文探究了外汇市场风险溢出的影响因素，分析结果表明，外汇市场溢出效应受美国加息政策的影响存在不确定性，但整体看敏感性有所下降；汇率制度改革、贸易开放程度提高会增加外汇市场对其他金融子市场的溢出效应；在危机时期经济政策不确定性上升也会增强外汇市场波动的溢出效果。本文的研究结论有利于防范输入性金融风险，对保障中国金融稳定发展具有参考价值。

资料来源：王金明，肖苏艺．外汇市场波动的溢出效应与影响因素研究［J］．暨南学报（哲学社会科学版），2023，45（6）：94–107．

央行外汇市场调节对汇率预期的影响——基于学习效应的研究

摘要： 央行市场调节对汇率预期管理的有效性依赖于市场存在的学习效应。本文利用 1999—2019 年不同期限人民币汇率预期月度数据，通过"央行前期调节是否成功"和"央行政策措施是否一致"反映市场的学习效应，分析了学习效应在央行外汇市场直接调节对汇率预期管理中的作用。结果表明，当央行前期对即期市场的调节不成功或央行政策措施不一致时，央行当期的调节无法对汇率预期进行有效引导；当央行前期调节成功或者央行政策措施一致时，当期调节对汇率预期影响的有效性明显增强。相对于政策的一致性，央行前期调节成功对当期调节效果的提升作用更明显。本文认为，为提高预期管理的有效性，央行需要重视市场的学习效应，运用多种预期管理措施，并尽可能保证政策的一致性。

资料来源：李艳丽，周值光，曾启．央行外汇市场调节对汇率预期的影响——基于学习效应的研究［J］．国际金融研究，2021，407（3）：68–77．

参考文献：

［1］李政，方梦洁，张梦．中国金融压力跨市场溢出效应研究——基于系统性风险管理的视角［J］．金融论坛，2022，27（8）：7–18．

[2] 刘悦吟，马子柱，陈创练. 资本账户开放、国际资本流动与外汇市场波动 [J]. 金融论坛，2022，27（7）：51-60.

[3] 刘浩杰，林楠. 地缘政治风险、短期资本流动与外汇市场压力 [J]. 亚太经济，2021，229（6）：31-41.

[4] 李艳丽，周值光，曾启. 央行外汇市场调节对汇率预期的影响——基于学习效应的研究 [J]. 国际金融研究，2021，407（3）：68-77.

[5] 戴淑庚. 汇率市场化改革、外汇市场干预和人民币汇率波动之动态关系 [J]. 会计之友，2019，607（7）：2-11.

[6] 赵茜. 资本账户开放、汇率市场化改革与外汇市场风险——基于外汇市场压力视角的理论与实证研究 [J]. 国际金融研究，2018，375（7）：86-96.

[7] 郭飞，罗诗洁. 企业外币债务融资的汇率风险管理研究——基于万科的案例分析 [J]. 会计之友，2023，698（2）：37-43.

[8] 祝佳，杨颜丰，汤子隆，等. 利率政策、汇率波动与在岸人民币市场 [J]. 投资研究，2022，41（11）：97-118.

[9] 郑平，胡晏. 资本管制与人民币汇率动态调整 [J]. 财经科学，2022，407（2）：1-16.

[10] 庞加兰，王倩倩. 汇率波动、金融发展与国际债券币种选择 [J]. 统计与决策，2021，37（23）：131-135.

[11] 张艳红，黄泽民. 日元作为主要国际交易货币的成因及其启示 [J]. 华东师范大学学报（哲学社会科学版），2019，51（4）：143-153+188-189.

[12] 王学龙，石振宇. 汇率波动、金融不稳定与货币政策调控 [J]. 经济与管理，2021，35（5）：63-72.

[13] 易祯，郝天若，朱超. 外汇干预对汇率水平变动及波动率的影响与应对——来自全球 53 个经济体的证据 [J]. 国际金融研究，2023，434（6）：73-85.

[14] 王金明，肖苏艺. 外汇市场波动的溢出效应与影响因素研究 [J]. 暨南学报（哲学社会科学版），2023，45（6）：94-107.

测试题答案

一、名词解释

1. 外汇市场：指经营外币和以外币计价的票据等有价证券买卖的市场。

2. 远期外汇交易：又称为"期汇交易"，是指交易双方在成交后并不立即办理交割，而是事先约定币种、金额、汇率、交割时间等交易条件，到期才进行实际交割的外汇交易。凡是交割日在成交两个营业日以后的外汇交易均属于远期外汇交易。

3. 套汇交易：是套利交易在外汇市场上的表现形式之一，是指套汇者利用不同地点、不同货币在汇率上的差异进行贱买贵卖，从中套取差价利润的一种外汇交易。

4. 外汇期权交易：是指交易双方在规定的期间按商定的条件和一定的汇率，就将来是否购买或出售某种外汇的选择权进行买卖的交易。外汇期权交易是20世纪80年代初、中期的一种金融创新，是外汇风险管理的一种新方法。

5. 基准汇率：是指本币与对外经济交往中最常用的主要货币之间的汇率，各国一般以美元为基本外币来确定基准汇率。

6. 直接标价法：是指以一定单位（1或100或10000个单位）的外国货币作为标准计算应付多少本国货币来表示汇率的方法，因此也被称为应付标价法。在直接标价法下，汇率越高，表示单位外币能换取的本国货币越多，则本国货币价值越低；汇率越低，则本国货币价值越高。

7. 汇率升水：外汇市场上远期汇率高于即期汇率的差额，亦称升水。在直接标价法下，升水表示本币贬值，外币升值。反之，在间接标价法下，升水表示本币升值，外币贬值。

二、简答题

1. 中央银行在外汇市场上的主要作用是什么？

中央银行或外汇管理当局是外汇市场的领导者，通过在外汇批发市场上的外汇交易，影响外汇市场上本外币供求数量，从而达到干预外汇市场的重要目标。

各国中央银行参与外汇市场活动通常有两个目的：一是储备管理，二是汇率管理。一般来说，中央银行或直接拥有，或代理财政经营本国的官方外汇储备。中央银行这时在外汇市场的角色与一般参与者相同。此外，在外汇市场汇率急剧波动时，中央银行为稳定汇率，控制本国货币的供应量，实现货币政策，也经常通过参与市场交易进行干预，在外汇过多时买入或在外汇短缺时抛出。中央银行不是一般的外汇市场参与者，在一定程度上可以说是外汇市场的实际操纵者。不过，中央银行并不直接参加外汇市场上的活动，而是通过经纪人和商业银行进行交易。

2. 试分析影响汇率变动的因素有什么？

（1）国际收支状况对一国汇率的变动会产生直接影响。一国国际收支发生顺差，就会引起外国对该国货币需求的增长与外国货币供应的增加，顺差国的币值就会上浮，汇率增加；相反，逆差国币值下跌，汇率下浮。

（2）一国物价水平。物价水平会影响其商品、劳务在世界市场上的竞争能力，物价上涨一般会导致出口商品的减少和进口商品的增加，进而导致汇率的变动。同时，一国货币对内币值的下降不可避免地影响其对外价值，削弱该国货币在国际市场上的信用地位，从而导致汇价下浮。

（3）国际间利率的差距。利率差距将引起短期资金在国际间的移动。若一国发生资本内流，该国货币汇率会趋于上浮；反之，若一国发生资本外流，该国货币汇率会出现下浮。

（4）货币政策。一国货币政策特别是利率政策，是影响汇率变动的重要因素。降低利率，会引起国内的短期资本外流。相反，提高利率，将促其汇率上浮。

（5）外汇储备。一国外汇储备少，则表明外币需求增加，外币相对增值，一国的汇率将上浮。反之，一国的汇率将下浮。

（6）财政状况。财政状况常常是预测汇率变动的重要指标。如果一国的财政预算出现巨额赤字，这表明政府支出过度，通货膨胀和经常项目收支状况将进一步恶化，汇率将自动下浮；反之，汇率将自动上浮。

3. 外汇市场的特点有哪些？

（1）外汇市场主要是一种无形的市场。外汇市场通常没有固定的交易场所，而是一个由电话、电传、电报、计算机终端以及其他各种通信设施组成的信息网络。目前世界上几个主要国家（如美国、英国、日本等）的外汇市场都是没有固定交易场所的。

（2）外汇市场是一天24小时不间断的交易市场。在全球外汇市场上，几乎每天24小时都在进行外汇交易。由于世界各地存在"时差"，当某一个外汇市场收盘时，另一个外汇市场正好刚刚开盘，而第三个市场却正在进行繁忙的交易。

（3）大多数外汇市场设在各国主要的金融中心。目前，全世界最重要的外汇市场设在伦敦、纽约、东京、法兰克福、苏黎世、中国香港、新加坡等地，这些城市都是世界上重要的金融中心。

（4）外汇市场上交易的货币相对集中。据统计，目前世界各大外汇交易市场所交易的货币集中于美元、英镑、欧元、日元、加拿大元等。主要原因是这些货币可以自由兑换，而且绝大多数国际贸易和投资活动也采用这些货币。

4. 简述一国汇率制度选择需要考虑的主要因素。

一国汇率制度的选择，主要由下列经济因素决定：经济开放程度、经济规模、进出口贸易的商品结构和地域分布、国内金融市场的发达程度及其与国际金融市场的一体程度、相对的通货膨胀率。

这些因素与外汇制度选择的一般关系是：经济开放程度高、经济规模小，或者进出口集中在某几种商品或某一个国家的国家，一般倾向于实行相对固定的汇率制；经济开放程度低、进出口产品多样化或地域分布分散化、同国际金融市场联系密切、资本流出入较为频繁，或国内通货膨胀与其他主要国家不一致的国家，则倾向于实行相对浮动的汇率制度。

5. 试对固定汇率制度和浮动汇率制度的优劣进行比较。

固定汇率制度与浮动汇率制度孰优孰劣是一个长期争论不休的问题，大批著名学者均卷入了这场争论。这一争论可归结为如下三个方面：

（1）实现内外均衡的自动调节效率问题。在固定汇率制下，货币当局会在固定的汇率水平上通过调整外汇储备来消除外汇市场上的供求缺口，并相应地通过变动货币供应量来对经济不平衡进行调节；在浮动汇率制下，政府则完全听任汇率变动来平衡外汇供求，进而调节经济运行。

（2）实现内外均衡的政策利益问题。汇率制度的不同导致了内外均衡的实现过程中对政策工具的运用方式不同。在固定汇率制下，政府必须将货币政策运用于汇率水平的维持；而在浮动汇率制下则无此限制。

（3）对国际贸易、投资等活动的影响。汇率自由浮动使得固定汇率制下政府为维持固定汇率而采取的种种直接管制措施失去必要，浮动汇率制可以推动金融自由化，极大地促进国际金融交往的发展。汇率浮动固然给国际贸易、投资带来了一定的不确定因素，但这些风险可以通过远期交易等方式规避。

三、计算题

1. 在巴黎外汇市场上，美元的即期汇率为 USD1＝EUR1.8360～1.8420，1 个月和 6 个月的远期升（贴）水分别为 47～45，260～265，试计算 1 个月和 6 个月的美元远期汇率。

一个月的远期汇率：

因为一个月的远期差价是 47～45，前大后小，因此用减法。

USD1＝（EUR1.8360－47）～（1.8420－45）＝EUR1.8313～1.8375，属于欧元远期升水。

六个月的远期汇率：

因为一个月的远期差价是 260～265，前小后大，因此用加法。

USD1＝（EUR1.8360＋260）～（1.8420＋265）＝EUR1.8620～1.8665，属于美元远期升水。

2. 在同一时间内，纽约外汇市场的电汇汇率为 1 美元＝1.9075 欧元，法兰克福外汇市场的电汇汇率为 1 美元＝1.9100 欧元。投资者使用 500 万美元套汇。

试说明套汇的操作过程，并计算其汇率的差价收益。

（1）操作过程：套汇者在纽约外汇市场上以1美元=1.9100欧元的汇率买入欧元，卖出美元的同时，在法兰克福外汇市场以1美元=1.9075欧元的汇率卖出欧元，买进美元。

（2）操作结果：汇率差价收益=（1.9100/1.9075）×5000000=6553.08（美元）

3. 某美国公司从英国进口机器，3个月后需支付货款625万英镑。为防止外汇风险，该公司以欧式期权保值。协议价格1英镑=0.5500美元，买入50份英镑期货买权，期权费为每英镑2美分。如果3个月后英镑汇率发生下列变化（见表4-6）：各种情况的损益如何，该公司应采取什么办法？

表4-6　3个月后英镑汇率可能变化的结果

（1）	（2）	（3）
1英镑=0.5300美元	1英镑=0.5700美元	1英镑=0.5900美元

（1）1英镑=0.5300美元，放弃。

损失：6250000×0.02=125000美元的期权费。

（2）1英镑=0.5700美元，执行。

收益：6250000×（0.5700-0.5500）-6250000×0.02=0美元，不赔不赚。

（3）1英镑=0.5900美元，执行。

收益：6250000×（0.5900-0.5500）-6250000×0.02=125000美元，净收益125000美元。

4. 假设某瑞士公司从美国进口一批商品，3个月后支付货款200万美元，为避免美元升值而增加进口成本，该公司买入美元看涨期权，3个月后到期，执行价格为USD1=CHF0.9195，支付权利金USD1=CHF0.02。问：3个月后该公司应如何操作？

分析如下：

（1）3个月后，如果市场即期汇率高于0.9195，则该公司执行看涨期权，执行价格为0.9195，这是其购买美元的最高价格，其净支出成本为：

200×0.9195+200×0.02=187.9（万瑞士法郎）

（2）3个月后，如果市场即期汇率等于0.9195，则该公司执行和不执行期权都一样，按期权合约购买200万美元和在现汇市场购买200万美元，其净支出成本都是：

200×0.9195+200×0.02=187.9（万瑞士法郎）

（3）3个月后，如果市场即期汇率低于 0.9195，则该公司放弃执行看涨期权，直接从现汇市场即期买入 200 万美元，其净支出成本为：

200×3 个月后的即期汇率+200×0.02，该成本小于 187.9 万瑞士法郎。

四、论述题

1. 外汇远期交易、期权交易和期货交易各有哪些优缺点？

外汇远期业务是现在锁定未来某一时间交割金额和汇率的交易。优点是便捷、交易金额相对灵活、能锁定成本或收益；缺点是不具备流动性、承担交易对手不履约的风险、丧失未来汇率上升或下降可能带来的收益（当然也可能是损失）。

外汇期货业务是在期货交易所参与买卖外汇期货产品的交易。优点是流动性好、市场信息透明、无交易对手违约风险、能基本锁定成本或收益；缺点是交易产品制式化、可能不能完全适应自身的需求、丧失未来汇率上升或下降可能带来的收益（当然也可能是损失）。

外汇期权业务是期权买方通过现在支付一定的期权费取得在未来时间以规定的金额和汇率交割的权力，而非义务。优点是便捷、交易金额相对灵活、锁定成本或收益、保持着未来汇率上升或下降可能带来收益的可能性；缺点是不具备流动性、承担交易对手不履约的风险、期初需要支付成本而该成本在到期时未必能被弥补。

2. 论述外汇市场的结构。

银行与顾客间的外汇交易、银行同业间的外汇交易、商业银行与中央银行之间的外汇交易三个层次构成了外汇市场的市场结构。

（1）银行与顾客之间的外汇交易。顾客出于各种各样的动机，需要向外汇银行买卖外汇。银行与顾客的交易，实际上是在外汇的最终供给者与需求者之间起到中介作用，赚取外汇的买卖差价。这种银行与顾客间的外汇交易市场，被称为零售性外汇市场。

（2）银行同业间的外汇交易。商业银行出于平衡、投机、套利、套汇等目的从事同业间外汇交易，占外汇交易总额的 90% 以上。因此，银行同业间外汇市场，也被称为零售性外汇市场。

（3）商业银行与中央银行之间的外汇交易。中央银行干预外汇市场，是在与商业银行进行交易。通过调节外汇市场上的本外币供求量，中央银行可以使市场汇率相对稳定在某一界限上。

除此以外，外汇市场还有价格结构；单向式报价和双向式报价；交易品种结构：即期和远期；交易模式结构：直接询价、间接询价；柜台式交易、计算机集合撮合式交易。

第五章 金融衍生工具

作为金融市场成熟的标志，发达的金融衍生品市场可以在市场经济发展过程中发挥极为重要的作用。从宏观方面来说，发展金融衍生品市场可以显著提升金融市场宽度和深度、优化资源配置效率；从微观方面来说，金融衍生品能够帮助投资者达到规避风险、发现资产价格、实现套期保值的目的。本章将对金融衍生工具中最重要的几种金融工具——金融远期合约、金融期货合约、金融期权合约和金融互换合约展开介绍。

学习目标

1. 了解金融远期、期货、期权和互换的概念及特点。
2. 掌握远期合约和期货合约的定价。
3. 掌握金融期权市场的形成、特点和交易机制。
4. 掌握利率互换和货币互换的设计和安排。

◎ 引导案例
海大集团开展商品期货套期保值业务

海大集团从事饲料、种苗、动保及生猪的生产和销售业务，饲料生产需要采购大量的玉米、小麦、豆粕等原材料，生猪养殖业务也面临着生猪价格的大幅波动。这些原材料和产品的价格波动对公司的成本和利润影响较大。例如，当玉米、豆粕等饲料原材料价格上涨时，会增加饲料的生产成本；生猪价格下跌时，会降低生猪养殖业务的利润。为了规避经营相关原材料、成品及其他相关产品的价格大幅波动给公司经营带来的不利影响，稳定公司的利润水平和经营业绩，海大集团需要通过套期保值来管理价格风险。

公司在期货市场上进行与现货市场相反的操作。例如，当预计未来玉米价格上涨时，公司在期货市场买入玉米期货合约；当预计生猪价格下跌时，公司在期货市场卖出生猪期货合约。通过这种方式，在现货市场价格波动时，期货市场的盈利或亏损可以抵消部分或全部的现货市场损失。2021—2023年，海大集团分别以自有资金最高不超过人民币15亿元、15亿元、25亿元保证金（不含期货标的实物交割款项）投资商品期货。

套期保值操作，在一定程度上降低了原材料价格上涨和产品价格下跌对公司的影响，稳定了公司的采购成本和销售利润。例如，在饲料原材料价格大幅上涨的时期，公司通过期货市场的盈利弥补了现货市场采购成本的增加，保证了饲料业务的利润水平。

资料来源：马爽. 上市猪企参与商品套期保值规模稳步增长［EB/OL］.（2024-03-27）［2024-11-23］. https：//www.163.com/dy/article/IU9G9EUI0514R9NP.html.

第一节　金融衍生工具概述

一、金融衍生工具的定义

金融衍生工具（Financial Derivatives）又称派生金融工具，是指一种根据事先约定的事项进行支付的金融合约或协议，其价值取决或派生于原生金融工具或基础资产的价格及其变动，具有杠杆性、虚拟性、高风险性的特征。正如巴塞尔银行监管委员会的定义，金融衍生工具是"任何价值取决于相关比率或基础资产之价值或某一指数的金融合约"。

二、金融衍生工具的种类及介绍

（一）独立衍生工具

根据我国《企业会计准则第22号——金融工具确认和计量》的规定，根据交易形式即合约类型，金融衍生工具可以分为远期合约、期货合约、期权合约和互换合约四大类，具有下列特征：①其价值随特定利率、金融工具价格、商品价格、汇率、价格指数、费率指数、信用等级、信用指数或其他类似变量的变动而变动；②不要求初始净投资，或与对市场情况变化有类似反应的其他类型合同相比，要求很少的初始净投资；③在未来某一日期结算。

（二）复杂衍生工具

通过对金融衍生工具的创新，可以将两种以上的金融衍生品结合起来组成复杂的金融衍生品，如以期货为标的的期权，其中期货又以某种商品或者金融指数等为标的。知名度最高的复杂衍生工具为累计股票期权，它是投资者与私人银行订立的累积股票期权合约，合约设立"取消价"及"行使价"，合约生效后，当挂钩资产的市价在取消价及行使价之间，投资者可定时以行使价从庄家买入指定数量的资产。当挂钩资产的市价高于取消价时，合约便终止，投资者不能再以折让价买入资产。

金融衍生工具也可以嵌入非衍生工具（即主合同）中，使混合工具的全部或部分现金流量随特定利率、金融工具价格、商品价格、汇率、价格指数、费率指数、信用等级、信用指数或其他类似变量的变动而变动。嵌入式衍生工具与主合同构成混合工具，如可转换公司债券等。

还有相当数量的金融衍生工具是在非金融变量的基础上开发的，如用于管理气温变化风险的天气期货、管理政治风险的政治期货、管理巨灾风险的巨灾衍生产品等。

三、金融衍生工具是一把"双刃剑"

事实上，金融衍生品是一把双刃剑：一方面利用金融衍生工具能够规避由于基础金融工具的价格变化所带来的风险，进行套期保值；另一方面随着金融衍生品的发展和演变，只需要很少的初始成本就可以实现金融衍生品交易，即用较少的资金进行较大规模的投融资操作使其具有极高的杠杆性，这样无疑加大了金融市场的整体风险，使金融危机爆发的可能性增加。2007 年美国次贷危机的发生就是因为杠杆工具的过分使用，牵涉了过多的大型金融机构，资金流的断裂使得大部分公司没有足够的现金来应付挤兑，从而发生信用危机，纷纷破产。

第二节　金融远期市场

一、金融远期合约的定义和特点

（一）金融远期合约的定义

金融远期合约交易（Financial Forward Contract）简称金融远期，是指交易双方达成的在未来某一日期，按照约定价格进行某种金融资产交易的协议。

在远期合约中，双方约定交易的资产称为标的资产，约定的价格称为协议价格。同意以约定的价格卖出标的资产的一方，称为空头；同意以约定价格买入标的资产的一方，称为多头。交易品种、数量和交割日期等交易事项均由交易双方协商确定，由于交易较为灵活，因此，它成为金融机构或大型工商企业作为规避现货交易风险的手段，但是，这种非集中交易方式也带来了较高的交易成本，同时，存在对手可能违约等缺点。

（二）金融远期合约的特点

1. 场外交易

远期合约通常是场外交易，也被称为场外衍生品。它不在交易所进行交易，而是通过私下协商和直接交易的方式完成，其交易地点并不固定，通常是通过现代通信手段进行，交易时间也不受限制，可以 24 小时交易。远期合约允许买方和卖方直接达成协议，打破了在交易所交易对于时间和空间的限制，更具有灵活性和开放性。

2. 非标准化合约

远期合约具有非标准化的特点。与在交易所上市的标准合约不同，通常由金融机构之间或者金融机构与其客户之间通过谈判确定，交易双方在签订合约时，可以根据各自的具体情况和需求协商制定合约具体交易条款，包括价格、数量、交割时间和交割条件等。因此具有更高的灵活性，能够满足交易者特定的交易需求和风险管理策略。

3. 多数采用实物或现金交割

远期合约都由双方达成协议，如果中途取消，必须经过双方同意，因此任何单一方面都不能取消合约。大部分远期合约最后均以实物或现金方式交割，只有很少情况下以平仓来代替实物交割。

4. 流动性差

远期合约签订后，一般由交易双方持有，到期直接成交。若要撤销远期合约，双方只能再签订一份相反的合约，或者双方同意解除合约。每份远期合约差异很大，这给远期合约的流通造成很大的不便。

5. 信用风险大

远期合约不在交易所内进行交易，没有统一的结算机构，加之签订合约时，双方不需交纳保证金。因此，当价格变动对一方有利时，另一方有可能无力或无诚意履行合约，远期合约信用风险较高。此外，远期合约缺乏公开、公正、公平的集中竞价机制，虽然在一定程度上对商品供给与需求起到一定的调整作用，但其价格缺乏权威性，且流动性较差，故其分散风险能力较差。

二、金融远期合约的种类

远期合约种类很多，主要包含远期外汇合约、远期股票合约、远期利率协议等。

（一）远期外汇合约

远期外汇合约（Forward Exchange Contracts）是指双方约定在将来某一时间按约定的远期汇率买卖一定金额的某种外汇的合约。按照远期的开始时期划分，远期外汇合约根据报价方法又分为直接远期外汇合约和远期外汇综合协议，前者直接报出远期汇率，而后者需要通过计算出远期汇率与即期汇率的差额，来报出远期差价。

（二）远期股票合约

远期股票合约（Equity Forwards）是指在将来某一特定日期按特定价格交付一定数量单个股票或一揽子股票的协议。其条款一般包括交易的股票名称、数量，交易的结算日期，在结算日的特定价格，双方违约责任等相关条目。

（三）远期利率协议

1. 基本概念

远期利率协议（Forward Rate Agreements）是指买卖双方同意从未来某一商定的时期开始，在某一特定时期内按协议利率借贷一笔数额确定、以具体货币表示的名义本金的协议。

远期利率协议的买方是名义借款人，其订立远期利率协议的目的主要是为了规避利率上升的风险；远期利率协议的卖方则是名义贷款人，其订立远期利率协议的目的主要是为了规避利率下降的风险。之所以称为"名义"，是因为借贷双方不必交换本金，只是在结算日根据协议利率和参考利率之间的差额以及名义本金额，由交易一方付给另一方结算金。

2. 远期利率计算

远期利率是指现在时刻的将来一定期限的利率，它是由一系列即期利率决定的。

每年计一次复利的情形：

$$(1+r)^{T-t}(1+\hat{r})^{T^*-T} = (1+r^*)^{T^*-t} \tag{5.1}$$

式中，r 为 T 时刻到期的即期利率；r^* 为 T^* 时刻 $(T^*>T)$ 到期的即期利率；r 为所求的 t 时刻的 $T^*>T$ 期间的远期利率。

当即期利率和远期利率所用的利率均为连续复利时，即期利率和远期利率的关系可表示为：

$$\hat{r} = \frac{r^*(T^*-t)-r(T-t)}{T^*-T} \tag{5.2}$$

3. 远期利率协议的作用

（1）改善宏观金融环境。

1）与国际接轨的需要。作为资金价格的一项避险保值工具，远期利率协议在西方发达国家银行间市场早已得到了广泛运用。我国推出远期利率协议，不仅可以丰富衍生金融产品，而且也为将来推出更多金融期货、期权等衍生工具奠定了基础，有利于完善我国金融市场结构和体系，提高在国际金融市场中的竞争力，加快与国际市场接轨，促进我国国际金融中心建设。

2）有助于我国汇率的稳定。远期利率协议可以为投资者提供规避利率风险的有效工具，锁定一段时间内的投资收益和成本，这使得利率暂时波动无法引起资金在国内外的大量流动，间接地为汇率稳定提供了保证。

3）有助于增强央行对宏观经济的调控能力。公开市场操作是我国中央银行最主要的货币政策工具之一，而开展远期利率协议有助于提高公开市场操作的效果，提高中央银行对经济的宏观调控能力。

（2）微观经济主体规避利率风险。远期利率协议是一种高效的投资组合和风险管理衍生金融工具，它的推出有助于强化金融市场上各微观主体加强资产负债管理、规避利率风险活动的意识。远期利率协议的投资组合工具也使机构投资者能够通过组合投资获得理想的风险—收益配比，能够引导债券市场的投资理念趋向成熟。

第三节 金融期货市场

期货市场最早萌芽于欧洲。早在古希腊和古罗马时期，就出现过中央交易场所、大宗易货交易，以及带有期货贸易性质的交易活动。1848 年，82 位芝加哥商人发起组建了芝加哥期货交易所（Chicago board of Trade，CBOT），现代意义上的期货交易自此产生。此后，期货交易以芝加哥为中心在全世界迅速发展起来。

一、金融期货合约的形成和特点

（一）金融期货合约的形成

金融期货合约（Financial Futures Contracts）是指由期货交易所统一制订，规定在将来某一特定时间和地点交割一定数量和质量的金融工具的标准化合约。从某种意义上来说，期货合约是在远期合约的基础上发展起来的一种标准化买卖合约。金融期货就是指以金融工具为标的物的期货合约。

1972 年 5 月，芝加哥商业交易所（Chicago Mercentile Exchange，CME）设立了国际货币市场分部（International Monetary Market，IMM），首次推出包括英镑、加拿大元、西德马克、法国法郎、日元和瑞士法郎等在内的外汇期货合约；1975 年 10 月，芝加哥期货交易所上市国民抵押协会债券期货合约，成为世界上第一个推出利率期货合约的交易所；1982 年，堪萨斯交易所推出第一份股票价格指数期货合约。由此，金融期货三大类别的结构初步形成，此后美国和其他国家的交易所竞相效仿，纷纷推出各自的期货合约，极大地丰富了期货的交易品种，并引发了其他金融期货品种的创新。

（二）金融期货合约的特点

金融期货合约与金融远期合约有许多相似之处，但二者仍有不少差异，金融期货合约主要有以下特点：

1. 场内交易

金融期货是在期货交易所内组织交易，由交易所作履约保证，具有法律效力，违约风险几乎为零，其价格在交易厅以公开竞价的方式形成。

2. 标准化合约

金融期货是标准化合约，期货合约的数量、质量、交货时间和地点等都是标准化的，由期货交易所统一规定，唯一的变量是价格。

3. 保证金交易

买卖双方在交易之前都必须在经纪公司开立专门的保证金账户，并按照合约价格的一定比例（通常为 5% ~ 10%）缴纳交易保证金，交易所根据客户持仓情况和收盘价格进行逐日结算，依据价格变动情况确定客户是否追加保证金，以保证到期时能履行合约。

4. 大多以对冲方式结束交易

在期货市场里绝大多数都是投资者并且期货交割手续繁杂，所以金融期货合约大多采取对冲交易方式结束其期货头寸（即平仓），而无须进行最后的实物交割。

为了深入理解期货合约和远期合约，表 5-1 对二者进行了比较。

表 5-1　期货合约与远期合约的区别

区别	远期合约	期货合约
标准化程度不同	遵循"契约自由"原则，具有很大的灵活性；但流动性较差，二级市场不发达	标准化合约，流动性强

续表

区别	远期合约	期货合约
交易场所不同	没有固定的场所，是一个效率较低的无组织分散市场	在交易所内交易，是一个有组织的、有秩序的、统一的市场，一般不允许场外交易
违约风险不同	合约的履行仅以签约双方的信誉为担保，违约风险很高	合约的履行由交易所或清算公司提供担保，违约风险几乎为零
价格确定方式不同	交易双方直接谈判并私下确定，存在信息不对称问题，定价效率很低	交易所内通过公开竞价确定，信息较为充分、对称，定价效率较高
履约方式不同	绝大多数只能通过交割到期实物来履行	绝大多数通过平仓来了结
合约双方关系不同	必须对对方的信誉和实力等方面作充分的了解	可以对对方完全不了解
结算方式不同	到期才进行交割清算，期间均不进行结算	每天结算，浮动盈利或浮动亏损通过保证金账户体现

资料来源：笔者自制。

（三）金融期货的功能

金融期货的基本功能为套期保值和价格发现。

所谓套期保值，是指投资者在现货市场和期货市场，对同一种类的金融资产同时进行数量相等但方向相反的买卖活动，即买进或卖出金融资产现货的同时，卖出或买进同等数量的该种金融资产期货，使两个市场的盈亏大致抵消，以达到防范价格波动风险目的的一种投资行为。因此，套期保值实际上是在"现"与"期"之间、近期和远期之间建立一种对冲机制，使价格风险降低到最低限度，实现其规避风险的目的。

价格发现，也称价格形成，是指在一个公开、公平、高效、竞争的期货市场上，通过期货交易形成的期货价格，具有真实性、预期性、连续性和权威性的特点，能够比较真实地反映出未来商品价格变动的趋势。

二、金融期货合约的类型

金融期货合约基本上可分为三大类：外汇期货合约、利率期货合约和股价指数期货合约。

（一）外汇期货合约

外汇期货合约（Foreign Exchange Futures Contracts）是指交易双方约定在未来某一时间，依据现在约定的汇率以一种货币交换另一种货币的标准化合约。它是以外汇为标的物的期货合约，主要用来规避汇率风险，是金融期货中最早出现的品种。目前，货币期货交易的主要品种有美元、英镑、欧元、日元、瑞士法郎、加拿大元、澳大利亚元等。

外汇期货合约主要包括以下几个方面的内容：

1. 外汇期货合约的交易单位

每一份外汇期货合约都由交易所规定标准交易单位，如德国马克期货合约的交易单位为每份 125000 马克。

2. 交割月份

国际货币市场所有外汇期货合约的交割月份都是一样的，为每年的 3 月、6 月、9 月和 12 月。交割月的第三个星期三为该月的交割日。

3. 通用代号

在具体操作中，交易和期货佣金商以及期货行情表都用代号来表示外汇期货。八种主要货币的外汇期货的通用代号分别是英镑 BP、加元 CD、荷兰盾 DG、德国马克 DM、日元 JY、墨西哥比索 MP、瑞士法郎 SF、法国法郎 FR。

4. 最小价格波动幅度

国际货币市场对每一种外汇期货报价的最小波动幅度作了规定。在交易场内，经纪人所做的出价或叫价只能是最小波动幅度的倍数。芝加哥交易所集团电子交易平台 CMEGlobex，对场内交易的五种主要外汇期货合约的最小波动价位规定如下：人民币为 0.0005 美元、欧元为 0.00005 美元、日元为 0.0000005 美元、英镑为 0.0001 美元、澳元为 0.0001 美元。

5. 每日涨跌停板额

每日涨跌停板额是一项期货合约在一天之内比前一交易日的结算价格高出或低过的最大波动幅度。

（二）利率期货合约

利率期货合约（Interest Rate Futures），是指交易双方约定在未来某一日期，按约定条件买卖一定数量的某种长短期信用工具的标准化期货合约。利率期货交易的对象有长期国库券、政府住宅抵押证券、中期国债、短期国债等。由于这些标的物都是固定收益证券，其价格与市场利率密切相关，故被称为利率期货。

利率期货合约按照合约标的期限长短，可以分为短期利率期货合约和长期利率期货合约两大类。短期利率合约又称货币市场类利率期货，即凡是以期限不超过一年的货币市场金融工具作为交易标的的，此类利率期货均为短期利率期货，如短期国库债券期货合约、欧洲美元期货合约、商业票据期货合约、CDs 期货合约等。长期利率期货又称资本市场类利率期货，凡是以期限超过 1 年的资本市场金融工具作为交易标的的，此类利率期货均为长期利率期货，如各中期国债期货合约、长期国债期货合约等。

（三）股价指数期货合约

股票价格指数期货（Stock-price-index Futures），简称股指期货，是指以股价指数为标的物的标准化期货合约，双方同意在将来某一特定日期，按约定的价格买卖某种标的指数，到期后通过现金结算差价。

股指期货交易具有 T+0 以及保证金杠杆交易的特点，所以相比于普通股票交易有很大差异，具体来说：

1. 期货合约有到期日，不能无限期持有

股票买入后可以一直持有，正常情况下股票数量不会减少。但股指期货都有固定的到期日，到期就要进行平仓或者交割。因此交易股指期货不能像买卖股票一样，交易后就不管了，必须注意合约到期日，以决定是平仓，还是等待合约到期进行现金结算交割。

2. 股指期货实行现金交割方式

期指市场虽然是建立在股票市场基础之上的衍生市场，但期指交割以现金形式进行，即在交割时只计算盈亏而不转移实物，在期指合约的交割期，投资者完全不必购买或者抛出相应的股票来履行合约义务，这就避免了在交割期股票市场出现"挤市"的现象。

3. 股指期货实行 T+0 交易，而股票实行 T+1 交易

T+0 即当日买进当日卖出，没有交易时间和次数限制，而 T+1 即当日买进、次日卖出。当前期货交易一律实行 T+0 交易，大部分国家的股票交易也是 T+0 的，我国的股票市场由于历史原因而实行 T+1 交易制度。

◎ 补充阅读
"甲醇 1501" 之案

"甲醇 1501" 期货合约事件发生在 2014 年 11 月，成都欣华欣化工材料有限公司负责人姜为，以现货市场最大的甲醇贸易商的身份，控制 42 个期货账户，利用自身资金、持仓方面的优势，在期货市场上连续操作，与此同时囤积现货来企图控制期货市场行情，操纵期货市场的交易价格。

首先，作为现货市场最大的贸易商，欣华欣公司较早就开始在他们认为的底部做多甲醇期货；其次，在这个时候高调对外宣称做多甲醇，一度令 2014 年 11 月，甲醇 1501 期货合约在逆势中走强；最后，欣华欣想通过控制现货货源，令空头在交割时交不出货，使空头在后面主动平仓。

但在实际交易中，2014 年 12 月初姜某操纵合约买卖拉高甲醇 1501 合约价格

8.9%后，受原油持续走弱及资金短缺等因素影响，甲醇 1501 合约价格开始走低，多头的同盟多数已离场，姜某最终耗光自身的流动性资金也未能拉涨市场价格，甚至无力追加保证金，于是姜某只能承受多个账户超过 1 亿元的穿仓亏损。前期投入的资金及借贷资金全部亏光，自己也受到了证监会处罚，被判终身市场禁入。

资料来源：华西新闻．"甲醇 1501"案：一边囤积甲醇现货一边调用 4 亿元巨资操纵期货［EB/OL］．（2016-07-14）［2023-09-24］．http：//news. huaxi100. com/index. php？a = show&catid = 18&id = 795124.

第四节　金融期权市场

一、期权合约的形成和特点

（一）期权合约的形成

期权合约（Option Contract）是指期权买方向期权卖方支付一定期权费后，就获得了能在未来某一特定时间，以某一特定价格向期权卖方买进或卖出一定数量的某种基础资产或商品权力的合约。金融期权合约的交易对象为某种金融工具。

与期货交易相比，期权经历了更为漫长和曲折的发展历程。

早在公元前 3500 年，古罗马人和腓尼基人在商品交易合同中就已经展现出期权思想。十七世纪荷兰的郁金香泡沫事件出现了世界最早的现代期权合约。18世纪至 19 世纪，在工业革命和运输贸易的刺激下，欧洲和美国相继出现了有组织的场外期权交易。真正的金融期权产生于十九世纪中期美国以订单驱动方式进行的股票期权交易活动，并在美国芝加哥逐渐兴盛起来，但这时的股票期权交易属于场外交易，比较分散。

1973 年 4 月 26 日，期权市场发生了历史性的变化，以股票为标的物的期权交易所芝加哥期权交易所正式成立，并推出了标准化的股票认购期权合约。这标志着有组织、标准化的期权交易时代的开始。20 世纪 70 年代中期，美洲交易所、费城股票交易所和太平洋股票交易所等相继引入期权交易，极大地推动了期权交易的发展。1977 年，美国证券交易委员会批准了相关交易所进行股票认沽期权交易，并开始了非股权期权交易的探索。

1982 年，芝加哥期权交易所首次引入美国国库券期权交易，这成为利率期权交易的开端。同年，外汇期权交易首次出现在加拿大蒙特利尔交易所。1984 年，外汇期货期权在芝加哥商品交易所的国际货币市场正式交易。随后，期货期权迅速扩展到欧洲美元存款、90 天短期及长期国库券、国内存款证等债务凭证期货，以及黄金期货和股票指数期货品种，几乎所有的期货都有相应的期权交易。

（二）期权合约的特点

1. 标的的特殊性

期权是一种可以买卖的权力，期权交易以这种特定的权力作为交易标的，是一种权力的有偿使用权。期权的买方在支付期权费后，就获得了期权合约所赋予的权利，可以在约定的时间内向出售方买入或卖出一定数量的某种商品或期货合约。

2. 交易的灵活性

期权的执行与否由购买者决定。如果市场行情变化对购买方有利则执行，如果对购买方不利，则购买方可以放弃权利不执行，其最大损失仅限于已经支付的期权费，这是一般金融工具所不具有的特性。

3. 权利和义务的非对等性

在期权合约规定的时间内，期权买方有以事先确定的价格向期权的卖方买进或卖出某种金融工具的权利，但并没有必须履行该期权合约的义务。当期权的买方选择行使权利时，卖方必须无条件地履行合约规定的义务，而没有选择的权利。

4. 风险与收益的不平衡性

对于期权的购买方来说，其所承担的风险是有限的，因为其可能遭受的最大损失就是购买期权时已经支付的期权费，这种风险是可预知的。然而，由于购买方具有买进或卖出期货合约的决定权，所以获利机会较多，并且在购买看涨期权的情况下，其收益额是无限的，只有在购买看跌期权的情况下，其获利额才受限于基础资产的执行价格。但对于期权的出售方而言，他在期权交易中所面临的风险是很难准确预测的，因此其必须预先缴纳一笔保证金以表明其具有履约能力。具体来说，在出售看涨期权的情况下，其风险可能是无限的，在出售看跌期权情况下，其风险可能是有限的。与其所承担的风险相比，期权出售方的收益额永远是有限的，即期权买方支付的期权费。

二、期权合约与期货合约的比较

（一）期权与期货的区别

1. 权利和义务

期权是单向合约，期权的多头在支付权利金后即取得履行或不履行合约的权利，同时不必承担义务。期货合同是双向合同，交易双方都要承担期货合约到期交割的义务，如果不愿实际交割必须在有效期内冲销。

2. 标准化

期货合约都是标准化的，因为它都是在交易所中交易的，而期权合约的履行则不一定在场内。场外交易的现货期权是非标准化的，在交易所交易的现货期权和所有的期货期权则是标准化的。

3. 盈亏风险

期货交易双方所承担的盈亏风险都是无限的。而期权交易卖方的亏损风险可能是无限的，也可能是有限的，盈利风险是有限的；期权交易买方的亏损风险是有限的，盈利风险可能是无限的，也可能是有限的。

4. 保证金

期货交易的买卖双方都须交纳保证金。期权的买者则无须交纳保证金，因为他的亏损不会超过他已支付的期权费，而在交易所交易的期权卖者也要交纳保证金，这跟期货交易一样。场外交易的期权卖者是否需要交纳保证金取决于当事人的意愿。

5. 买卖匹配

期货合约的买方到期必须买入标的资产，而期权合约的买方在到期日或到期前则有选择买入或卖出标的资产的权利。期货合约的卖方到期必须卖出标的资产，而期权合约的卖方在到期日或到期前则有根据买方意愿相应卖出或买入标的资产的义务。

6. 套期保值

运用期货进行的套期保值，在把不利风险转移出去的同时，也把有利风险转移出去。而运用期权进行套期保值时，只把不利风险转移出去而把有利风险留给自己。

（二）期权与期货的联系

第一，期权交易是在交易所内进行的，以买进或卖出一定数量的标的资产（实物商品、证券或期货合约）的权利作为交易对象的一种交易方式。这种交易方式以期货合约为基础，是期货交易的延伸、发展和高级表现形式。所以，期货交易越发达，期权交易的开展越具有基础。

第二，期货合约和场内期权合约均是场内交易的标准化合约，均可以进行双向操作，均由结算所统一结算。场内期权中又以期货期权与期货的联系最为密切，期货期权交易的是未来买卖一定数量期货合约的权利，因此，期货期权是期权和期货合约的有机结合。

第三，期权交易和期货交易的基本功能都是，当市场价格出现不利于交易者的变动时，为交易者提供最大限度的价格保护，并给予某些交易者利用价格差的变动机会获取风险收入的权利。

三、期权合约的种类

按照不同的分类方法，期权合约可以分成不同的类型。

（一）按照投资者买卖权力划分

1. 看涨期权

看涨期权（Call Option）也称买入期权，是指期权买方支付一定期权费后拥有的在规定时间，以执行价格从期权卖方手中买入一定数量标的资产的权利。当标的资产的市场价格上升到高于期权执行价格时，期权买方就选择执行期权，按执行价格从期权卖方手中购买相关标的资产，然后再按市场价格卖出，以赚取差价。扣除期权费后，剩余的就是期权买方的净利润。相反，当标的资产的市场价格下降到低于期权执行价格时，期权买方就选择放弃执行期权合约，则仅损失期权费。

举个例子来说，假设 2007 年 4 月 11 日微软股票价格为 28.11 美元。甲认为微软股票价格将上升，因此以 0.75 美元的期权费向乙购买一份 2007 年 7 月到期、协议价格为 30 美元的微软股票看涨期权，一份标准的期权交易包含了 100 份相同的期权。那么，甲、乙双方的看涨期权盈亏分布如图 5-1 所示。

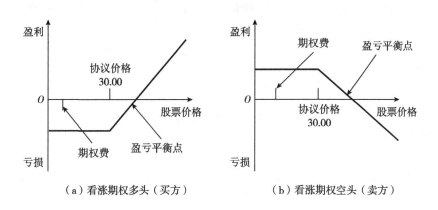

（a）看涨期权多头（买方）　　　　　　（b）看涨期权空头（卖方）

图 5-1　看涨期权盈亏分布

资料来源：笔者自绘。

从图中可以看出，如果不考虑时间因素，期权的价值（即盈亏）取决于标的资产市价与协议价格的差距。对于看涨期权来说，为了表达标的资产市价（S）与协议价格（X）的关系，我们把 $S>X$ 时的看涨期权称为实值期权，把 $S=$

X 的看涨期权称为平价期权，把 $S<X$ 的看涨期权称为虚值期权。

2. 看跌期权

看跌期权（Put Option）又称卖出期权，是指期权买方在支付一定期权费后拥有的在规定时间，以执行价格向期权卖方出售一定数量标的资产的权利。当标的资产的市场价格下降到低于期权执行价格时，期权买方就选择执行期权，按市场价格低价买进，然后再按执行价格向期权卖方售出相关标的资产，以赚取差价。扣除期权费后，剩余的就是期权买方的净利润。相反，当标的资产的市场价格上升到高于期权执行价格时，期权买方就选择放弃执行期权合约，则仅损失期权费。

假设 2007 年 4 月 11 日微软股票价格为 28.11 美元。甲认为微软股票价格将下跌，因此以 2.47 美元的期权费向乙购买一份 2007 年 7 月到期、协议价格为 30 美元的微软股票看跌期权，一份标准的期权交易包含了 100 份相同的期权。那么，甲、乙双方的看跌期权盈亏分布如图 5-2 所示。

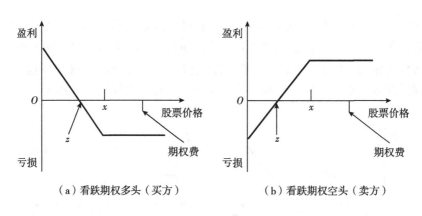

（a）看跌期权多头（买方）   （b）看跌期权空头（卖方）

图 5-2　看跌期权盈亏分布

资料来源：笔者自绘。

如果在期权到期时，微软股票等于或高于 30 美元，则看涨期权就无价值。买方的最大亏损为期权费 247（2.47×100）美元。

如果在期权到期时，微软股票跌至 27.53 美元，买方通过执行期权可赚取 247 美元，扣掉期权费后，刚好实现盈亏平衡。

如果在期权到期前，微软股票跌到 27.53 美元以下，买方就可实现净盈余。股票价格越低，买方的净盈余就越多。例如，当股票价格下跌到 20 元时，买方通过执行期权——也就是用 30 元的价格卖出市价只有 20 美元的股票，可赚取 1000（10×100）美元，扣掉期权费用 247（2.47×100）美元，净盈利 753 美元。

（二）按期权买者执行期权的时限划分

1. 欧式期权

欧式期权（European Option）是指期权买方只能在期权到期日当天行使其选择权利的期权。因此，在欧式期权交易中，合约交割日等于合约到期日。目前我国的外汇期权交易大多都采用欧式期权合同方式。

2. 美式期权

美式期权（American Option）是指期权买方可以在期权到期日之前的任何一个营业日都可以执行的期权。因此，美式期权的合约交割日小于或等于合约到期日。目前，在世界主要的金融期权市场上，美式期权的交易量远大于欧式期权的交易量。由于美式期权赋予买方更多的选择权，而卖方则时刻面临着履约的风险，因此美式期权的期权费相对较高。此外，另有一种修正的美式期权，也称百慕大期权或大西洋期权，是指可以在期权到期日之前的一系列规定日期执行权利的期权。

（三）按照交易地点不同

期权可划分为交易所期权和柜台期权。交易所期权，是一种标准化的期权，是指在证券交易所大厅内以集中交易的方式进行买卖的期权。柜台期权，是指在交易所外进行的期权交易。期权柜台交易中的期权卖方一般是银行，而买方一般是银行的客户。

（四）按照有效期长短划分

期权合约可以分为短期期权合约、中期期权合约和长期期权合约三种。有效期在六个月内的为短期期权，有效期在六个月到一年之间的为中期期权，有效期在一年以上的为长期期权。

（五）按照标的资产不同

金融期权可以划分股票期权、利率期权、外汇期权、股价指数期权以及金融期货期权。不同的标的物造成了不同的期权合约，而期权费视期权种类、期限、标的资产价格的易变程度不同而不同。

◎ 补充阅读

中国内地股市迎来"期权时代"

2015年1月9日，中国证券监督管理委员会宣布，作为股票期权的首个试点品种，上证50ETF期权将于2015年2月9日在上海证券交易所上市交易。这意味着起步24年后，中国内地股市迎来了"期权时代"。

按照计划，上证50ETF期权被确定为首个试点品种，并将于1个月后上线交易。上证50指数是由沪市规模大、流动性好且最具代表性的50只股票组成的样本股，综合反映了上海证券市场优质大盘企业的整体状况。

对于握有庞大资金的保险等机构投资者而言，股票期权所具备的独特"保险"功能尤其值得期待。泰康人寿资产管理有限公司董事总经理任建畅表示，近年来不断出台的新政，大大扩充了保险资金的可投资领域。庞大的资产存量不仅需要提高投资效率、获得良好回报，也需要更好地规避系统性风险。

值得注意的是，在市场静待上证50ETF期权亮相的同时，沪深200和上证50股指期权全市场仿真交易正在中国金融期货交易所平稳进行。这意味着，作为全球最具活力的新兴市场，中国内地股市正试图通过扩容场内衍生品的方式，加快向成熟市场靠拢。

资料来源：陈飞. 国内首只股票期权在上海上市 [J]. 金融博览，2015 (5)：2.

第五节　金融互换市场

一、金融互换合约的形成和特点

（一）金融互换合约的形成

金融互换合约（Financial Swap Contracts），也称掉期交易，是当事人利用各自筹资成本的相对优势，以商定的条件在不同货币或相同货币的不同利率的资产或债务之间进行交换，以规避利率风险、降低融资成本的一种场外金融衍生工具。

20世纪70年代初，由于国际收支恶化，英国实行了外汇管制，并采取了向对外投资进行征税的办法，以惩罚资金外流。一些企业为了逃避外汇管制，采取了平行贷款的对策。平行贷款涉及两个国家的母公司，其各自在国内向对方在境内的子公司提供与本币等值的贷款。以英国与美国企业之间的第一笔平行贷款为标志，金融互换诞生。

金融互换诞生短短30年来，向世界充分展示了其作为崭新交易和保值工具的魅力。20世纪90年代以来，全球互换交易的规模迅猛递增，金融互换的未清偿名义本金额以年均40%以上的速度增长，互换工具根据需求不断创新，成为金融领域中的"万能便利的自动贩卖机"，在世界金融衍生产品市场中占有一席之地。

（二）金融互换的特点

1. 品种多样化

金融互换从产生之日起，其发展创新一刻未停，因此其品种呈多样化发展趋势。最基本的金融互换品种是货币互换和利率互换：前者是指在未来汇率预期的基础上双方同意交换不同货币本金与利息的支付的协议；后者是在未来利率预期的基础上，双方以商定的日期和利率互换同一种货币的利息支付。在此基础上，金融互换新品种不断出现，呈现出多样化的特点。

2. 结构标准化

金融互换发展初期，一些风险因素制约了其进一步发展。1985 年 2 月，众多互换参与者自愿组建成立国际互换交易协会，根据协会会员克里斯托弗·斯托克的理论，协会拟定了标准文本"利率和货币互换协议"，极大地推动了互换交易标准化的进程，为金融互换交易的深入发展创造了良好的条件。

3. 定价复杂化

影响互换价格的因素众多，主要有互换进行时市场总体利率水平、汇率水平、互换本金数量、互换期限、互换伙伴的信用状况、互换合约对冲的可能性等。由于这些因素交互影响，变化速度极快，而且不同市场对收益的计算方法往往不同，因此其定价需使用十分复杂的数学模型，并借助计算机高速处理，以为从事互换业务的投资者提供多种投资方案。

4. 业务表外化

金融互换在时间和融资方面独立于投资主体的各种借款或投资，即具体的借款或投资行为与互换中的利率基础和汇率基础无关，因此互换业务往往不在投资主体的资产负债表中反映，属于表外业务。因此，互换主体可利用金融互换逃避外汇管制、利率管制以及税收限制，不增加负债而获得巨额利润扩充资本，达到提高资本充足率等目的。如果在资产负债表中不对金融互换作适当揭露，金融互换本身也蕴藏着很大的风险。

二、金融互换的类型

金融互换虽然诞生较晚，但在发展过程中却涌现出一大批创新金融互换工具，包括利率互换、货币互换等品种。

（一）利率互换

1. 利率互换的概念

利率互换（Interest Rate Swaps）是指双方同意在未来的一定期限内根据同种货币的同样的名义本金交换现金流，其中一方的现金流根据浮动利率计算出来，而另一方的现金流根据固定利率计算。双方进行利率互换的主要原因是双方在固定利率和浮动利率市场上具有比较优势。利率互换只交换利息差额，因此信用风险很小，是互换交易中发展最早又最为普遍的互换。

2. 利率互换的特征

（1）利率互换作为金融衍生工具，为表外业务，可以逃避利率管制、税收限制等管制壁垒，有利于资本的流动。

（2）金额大，期限长，投机套利较难。绝大部分利率互换交易的期限在3～10年，由于期限较长，因此，投机套利的机会比较少。此外，利率互换一般属于大宗交易，金额较大。

（3）交易成本较低，流动性强。利率互换是典型的场外市场交易（Over the Counter，OTC）工具，不能在交易所上市交易，可以根据客户的具体要求进行设计产品，无保证金要求，交易不受时间、空间以及报价规则的限制。具体交易事项都由交易双方自主商定，交易手续简单，费用低，因此，成本较低，交易相当灵活。

（4）参与者信用较高。互换交易的双方一般信用较高，因为如果信用太低往往找不到合适的互换对手，久而久之，就被互换市场所淘汰。能够顺利参与交易的大都信用等级比较高。

3. 利率互换的交易过程

在金融市场上，常常存在这样一个现象：由于企业自身的信用等级不相同，投资人会对不同的企业给予不同的利率，这种差异在固定利率和浮动利率上都有所体现。类似于国际贸易，在金融市场上也存在着借贷的比较优势，通过计算即可得到两家企业分别在固定利率和浮动利率上具有的借贷比较优势，那么双方就可以节省一笔利率费用，这笔费用会在双方协商后按一定比例分配。利率互换是指交易双方在一笔名义本金数额的基础上相互交换性质不同的利率支付，即同种通货不同利率的利息交换。通过这种互换行为，交易一方可将某种固定利率资产或负债换成浮动利率资产或负债，另一方则取得相反结果。利率互换的主要目的是降低双方的资金成本（即利息），并使各自得到自己需要的利息支付方式（固定或浮动）。下面举一个简单的例子说明：

假设有甲、乙两家公司都想借入5年期的1000万美元借款，甲想借6个月浮动利率借款，乙想借固定利率借款，其信用等级及各自在固定利率市场和浮动利率市场上的借款成本如表5-2所示。

表5-2 市场供给甲、乙两个公司的借款利率

	甲公司	乙公司
信用等级	AAA	BBB

	甲公司	乙公司
固定利率	10%	11.20%
浮动利率	6个月 LIBOR+0.3%	6个月 LIBOR+1%

资料来源：笔者自制。

通过表中的数据可以看出，甲公司由于信用等级高，在浮动利率市场和固定利率市场都有优势，但是，不难发现两公司固定利率之差为1.2%，而浮动利率之差仅为0.7%。因此，可以认为甲公司在固定利率市场具有比较优势，乙在浮动利率上比较有优势。假设甲公司根据资产配置的要求希望支付浮动利率利息而乙公司希望支付固定利率利息，根据双方的比较优势，甲公司借入固定利率贷款，乙公司借入浮动利率贷款，然后再进行互换，总的成本可以下降0.5%（11.2%+LIBOR+0.3%−10%−LIBOR−1%），双方可以按照事先确定的比例分享这部分节省下来的成本。例如，按照利益均分原则每一方就可以节省0.25%。最终，甲公司的融资成本为LIBOR+0.05%（LIBOR+0.3%−0.25%），乙公司的融资成本为10.95%（11.20%−0.25%）。互换的具体操作流程如图5-3所示。

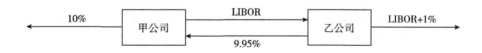

图5-3　甲、乙公司利率互换流程

资料来源：笔者自绘。

（二）货币互换

1. 货币互换的概念

货币互换（Currency Swaps）是指将一种货币的本金和固定利息与另一货币的等价本金和固定利息进行交换。货币互换的主要原因是双方在各自国家的金融市场上具有比较优势。货币互换涉及本金互换，因此当汇率变动很大时，双方就将面临一定的信用风险。当然这种风险仍比单纯的贷款风险小得多。

2. 货币互换的交易价格报价

货币互换报价的一般做法是：在期初本金交换时，使用即期汇率，而在期末交换本金时，则使用远期汇率。远期汇率是根据利率平价理论，计算出两种货币的利差，用升水或贴水表示，再与即期汇率相加减，得出的。目前流行的另一种货币互换报价方式是：本金互换采用即期汇率，而不采用远期汇率。货币互换的利息交换则参考交叉货币利率互换报价。

3. 货币互换的动因

一笔固定利息对浮动利息的利率互换，使借款人得以利用他们在同一货币的固定债券市场和浮动债券市场上的信用价差来降低他们的融资成本。而交叉货币互换则使借款人得以利用他们在不同货币债务市场上的信用价差。这种货币的债务市场可能是固定利率，也可能是浮动利率，或者一方为固定利率，而另一方为浮动利率。

假定英镑和美元的汇率为 1 英镑 = 1.5 美元。A 想借入 5 年 1000 万英的借款，B 想借入 5 年期 1500 万美元的借款。但由于 A 的信用等级高于 B，且两国金融市场对 A、B 两个公司的熟悉状况不同，市场向它们提供的固定利率也不同（见表 5-3）。

表 5-3　市场供给 A、B 两个公司的借款利率

	A 公司	B 公司
信用等级	AAA	BBB
美元	8.00	10.00
英镑	11.60	12.00

资料来源：笔者自制。

从表 5-3 中可以看出，A 的借款利率均比 B 低，即 A 在两个市场上都具有绝对优势，但绝对优势大小不同。A 在美元市场上的绝对优势为 2.0 个百分点，在英镑市场上的绝对优势只有 0.4 个百分点。也就是说，A 在美元借款市场上有比较优势，可以通过互换得到自己想要的资金，并通过分享互换利益（1.6 个百分点）降低筹资成本。

于是，A 以 8% 的利率借入 5 年期 150 万美元借款，B 以 12% 的利率借入 5 年期的 1000 万英镑借款。然后，双方先进行本金的交换，即 A 向 B 支付 1500 万美元，B 向 A 支付 1000 万英镑。假定 A、B 商定双方平分互换利益，则 A、B 两个公司都将使筹资成本降低 0.8 个百分点，即双方最终实际筹资成本分别为：A 支付 10.8% 的英镑利率，B 支付 9.2% 的美元利率。贷款期满后，双方要再次进行借款本金的互换，即 A 向 B 支付 1000 万英镑，B 向 A 支付 1500 万美元。至此，货币互换结束。若不考虑本金问题，上述货币互换的流程如图 5-4 所示。

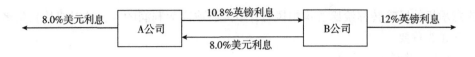

图 5-4 A、B 公司货币互换流程

资料来源：笔者自绘。

4. 货币互换与利率互换的区别

（1）利率互换一般只涉及一种货币，而货币互换涉及不同币种。

（2）利率互换不交换本金，而货币互换一般要交换本金。

（3）在互换利息时，利率互换一般采用差额结算，货币互换却很少采用差额结算。

（4）货币互换可以根据两种固定利率来安排利息交换，利率互换则不行。

（三）股票互换

股票互换（Stock Swap）是指交易双方签订互换协议，规定在一定期限内一方周期性地向另一方支付以一定名义本金为基础的与某种股票指数挂钩的回报，而另一方也周期性地向对方支付基于同等名义本金的固定或浮动利率的回报，或与另一种股票指数挂钩的回报。

股票互换的基本原理是交易的双方通过交换以不同金融资产为基础（至少有一种是股票指数或单一股票）的回报现金流，来实现免除实际交易成本的资产的转化，即交易者在并不持有某种资产的前提下，以另一种资产的收益从互换对手中换得该种资产的回报。这遵循了一般金融互换的原则，即用交易者在一个市场上的金融优势与互换对手在另一个市场上的等价金融优势交换。

（四）信用违约互换

信用违约互换（Credit Default Swap）是国债市场中最常见的信用衍生产品。在信用违约互换交易中，违约互换购买者将定期向违约互换出售者支付一定费用（称为信用违约互换点差），而一旦出现信用类事件（主要指债券主体无法偿付），违约互换购买者将有权利将债券以面值递送给违约互换出售者，从而有效规避信用风险。由于信用违约互换产品定义简单、容易实现标准化、交易简洁，自 20 世纪 90 年代以来，该金融产品在国外发达金融市场得到了迅速发展。

三、金融互换市场的功能

（一）规避利率和汇率风险

金融互换产生的最主要原因是为了满足人们规避风险和保值的需要，它为投资者提供了对冲或套期保值的工具。通过金融互换，投资者可以将难以管理或不愿意承担的风险转移给愿意承担风险并以此获取高额利润的人，这对机构投资者而言尤为重要。

（二）降低筹资成本

通过金融互换，筹资者可以发挥各自的优势，共同降低筹资成本；也可以选择利率低的币种作为筹资对象，然后在外汇市场上兑换成实际需要的币种，再利用货币互换在合适的时间换回需要还款的币种。

（三）拓宽筹资渠道

有了金融互换，筹资者可以在各自熟悉的市场上筹集资金，互换之后各自都可以达到融资目的。此外，金融互换业务还可以冲破特定市场对信用等级的限制。

（四）增加业务收入

金融互换可以直接为中介机构带来盈利，如咨询费、利差费等，能够安排金融互换的金融机构更容易掌握公司信息，从而获得证券发行代理、承销等业务的机会，进而增加收入。

（五）完善价格发现机制

金融互换所形成的价格反映了所有可获得的信息和不同交易者的预期，并揭示了未来的资金价格。

本章测试题

一、名词解释

1. 金融期货合约
2. 外汇期货合约
3. 美式期权
4. 货币互换

二、简答题

1. 简述金融远期和金融期货的区别。
2. 简述金融期权的定义及特点。

三、计算题

甲公司借入固定利率资金的成本是 10%，浮动利率资金的成本是 LIBOR＋0.25%；乙公司借入固定利率资金的成本是 12%，浮动利率资金的成本是 LIBOR＋0.75%。假定甲公司希望借入浮动利率资金，乙公司希望借入固定利率资金（见表5-4）。

表5-4　市场供给甲、乙两个公司的借款利率

	甲公司	乙公司
信用等级	AAA	BBB
固定利率	10%	12%
浮动利率	6个月 LIBOR+0.25%	6个月 LIBOR+0.75%

资料来源：笔者自制。

（1）甲乙两公司间有没有达成利率互换交易的可能性？

（2）如果它们能够达成利率互换，应该如何操作？

（3）甲乙两公司各自承担的利率水平是多少？

（4）为什么不是两笔钱都由绝对优势方甲去借，这样不是成本更低吗？

四、论述题

请结合本章所学谈谈你对金融衍生品的认识。

◎ 扩展阅读

金融衍生品具有股市风险预警功能吗？——基于机器学习模型的实证检验

摘要：股市风险预警是防范化解系统性金融风险的关键举措，金融衍生品与防范化解股市系统性风险密切相关。为考察我国金融衍生品对股市风险的预警功能，本文以沪深300股指期货和上证50ETF期权的价格、交易量和波动率等指标构造解释变量，基于机器学习模型对股市风险进行滚动窗口预测，并比较了不同品种、不同到期期限的衍生品，在周频、月频和季频情形下的预警效果。研究表明，金融衍生品对股市风险具有较好的预警功能，且期权的预警能力优于期货；短期预警功能要优于长期；近月合约的预警效果优于远月合约。本文丰富了股市风险预警的研究，为监管机构丰富期权品种，引导长期资金入市、积极参与套期保值交易，从而提升长期预警能力提供了启示。

资料来源：林辉，马潇涵，李铭. 金融衍生品具有股市风险预警功能吗？——基于机器学习模型的实证检验 [J]. 证券市场导报，2022（10）：47-56.

股指期货交易对股票市场操纵行为的影响

摘要：本文探究了2015年9月中国金融期货交易所对于股指期货交易规则

作出重大调整前后的区别，发现该调整增强了股指期货交易对于股票市场操纵行为的抑制作用，说明该调整具有一定程度的有效性。稳健性分析表明，别除熔断机制的影响、控制内生性问题以及更换被解释变量指标后，实证回归结果依然成立；影响机制分析发现，股指期货交易通过降低信息不对称性和市场波动性，遏制了市场操纵行为的发生；进一步研究发现，沪深300主力合约对于市场操纵行为的影响程度要强于非主力合约，股指期货交易对创业板、中小板和主板的市场操纵影响程度依次降低，中证500、沪深300和上证50对市场操纵的抑制作用依次递减。

资料来源：杜阳，孙广宇. 股指期货交易对股票市场操纵行为的影响［J］. 中央财经大学学报，2021（6）：39-49.

农业保险定价方式创新研究——农产品价格保险期权定价方法探析

摘要：农业作为固国之本，农业保险在我国推出已久。近年来，农业保险在保障农产品价格和降低道德风险方面发挥了显著作用，但核保核赔的复杂化以及交易成本过高限制着农业保险的推广和普及。因此，本文力图通过创新农业保险机制，即对开发"保险+期货"定价方式的探索，并利用期权进行产品定价来解决上述问题。本文首先对农产品价格保险定价方法进行梳理，甄别不同保险定价方法的优缺点，并引入到"保险+期货"产品中。然后，厘清期权定价方法对农产品价格风险的定价机制，构筑期权定价模型，对"保险+期货"进行定价定位。最后提出相关结论和建议，为农产品保险定价方式的创新提供可行的思路与方法，有利于农业保险的推广和应用。

资料来源：宁威. 农业保险定价方式创新研究——农产品价格保险期权定价方法探析［J］. 价格理论与实践，2016（10）：38-41.

参考文献：

［1］林辉，马潇涵，李铭. 金融衍生品具有股市风险预警功能吗？——基于机器学习模型的实证检验［J］. 证券市场导报，2022（10）：47-56.

［2］杜阳，孙广宇. 股指期货交易对股票市场操纵行为的影响［J］. 中央财经大学学报，2021（6）：39-49.

［3］宁威. 农业保险定价方式创新研究——农产品价格保险期权定价方法探析［J］. 价格理论与实践，2016（10）：38-41.

测试题答案

一、名词解释

1. 金融期货合约：是指由期货交易所统一制订，规定在将来某一特定时间和地点交割一定数量和质量的金融工具的标准化合约。从某种意义上来说，期货合约是在远期合约的基础上发展起来的一种标准化买卖合约。金融期货就是指以金融工具为标的物的期货合约。

2. 外汇期货合约：是指交易双方约定在未来某一时间，依据现在约定的汇率以一种货币交换另一种货币的标准化期货交易合约。它是以外汇为标的物的期货合约，主要用来规避汇率风险，是金融期货中最早出现的品种。

3. 美式期权：是指期权买方可以在期权到期日之前的任何一个营业日都可以执行的期权。因此，美式期权的合约交割日小于或等于合约到期日。

4. 货币互换：是指将一种货币的本金和固定利息与另一货币的等价本金和固定利息进行交换。货币互换的主要原因是双方在各自国家的金融市场上具有比较优势。货币互换涉及本金互换，因此当汇率变动很大时，双方就将面临一定的信用风险。

二、简答题

1. 简述金融远期和金融期货的区别。

（1）标准化程度不同。远期遵循"契约自由"原则，具有较大的灵活性；但流动性较差，二级市场不发达；期货是标准化合约，流动性强。

（2）交易场所不同。远期没有固定的场所，是一个效率较低的无组织分散市场，期货在交易所内交易，一般不允许场外交易。期货市场是一个有组织、有秩序、统一的市场。

（3）违约风险不同。远期合约的履行仅以签约双方的信誉为担保，期货合约的履行由交易所或清算公司保障。

（4）价格确定方式不同。远期交易双方直接谈判并私下确定，存在信息不对称问题，定价效率低，期货在交易所内通过公开竞价确定，信息较为充分、对称，定价效率较高。

（5）履约方式不同。远期绝大多数只能通过交割到期实物来履行，期货绝大多数都通过平仓来了结。

（6）合约双方关系不同。远期必须对对方的信誉和实力等方面作充分的了解，期货可以对对方完全不了解。

（7）结算方式不同。远期到期才进行交割清算，期间均不进行结算；期货每天结算，浮动盈利或浮动亏损通过保证金账户体现。

2. 简述金融期权的定义及特点。

期权合约是指期权买方向期权卖方支付一定期权费后，就获得了能在未来某一特定时间，以某一特定价格向期权卖方买进或卖出一定数量的某种基础资产或商品的权利的合约。金融期货合约是指交易对象为某种金融工具的合约。

（1）期权是一种可以买卖的权利，期权交易以这种特定的权利为交易标的，是对权利的一种有偿使用。期权的买方在支付期权费后，就获得了期权合约所赋予的权利，可以在约定的时间内向出售方买入或卖出一定数量某种商品或期货合约。

（2）交易的灵活性。期权的执行与否由购买者决定。如果市场行情变化对购买方有利则执行，如果对购买方不利，则购买方可以放弃权利不执行，其最大损失仅限于已经支付的期权费，这是一般金融工具所不具有的特性。

（3）权利和义务的非对等性。在期权合约规定的时间内，期权买方有以事先确定的价格向期权的卖方买进或卖出某种金融工具的权利，但并没有必须履行该期权合约的义务。当期权的买方选择行使权利时，卖方必须无条件地履行合约规定的义务，而没有选择的权利。

（4）风险与收益的不平衡性。对于期权的购买方来说，其所承担的风险是有限的，因为其可能遭受的最大损失就是购买期权时已经支付的期权费，这种风险是可预知的。由于购买方具有买进或卖出期货合约的决定权，所以获利机会较多，并且在购买看涨期权的情况下，其收益额是无限的，只有在购买看跌期权的情况下，其获利额才受限于基础资产的执行价格。但对于期权的出售方而言，他在期权交易中所面临的风险是很难准确预测的，因此其必须预先缴纳一笔保证金以表明其具有履约能力。具体来说，在出售看涨期权情况下，其风险可能是无限的，在出售看跌期权情况下，其风险可能是有限的。与其所承担的风险相比，期权出售方的收益额永远是有限的，即期权买方支付的期权费。

三、计算题

甲公司借入固定利率资金的成本是10%，浮动利率资金的成本是LIBOR+0.25%；乙公司借入固定利率资金的成本是12%，浮动利率资金的成本是LIBOR+0.75%。假定甲公司希望借入浮动利率资金，乙公司希望借入固定利率资金。

表 5-4　市场供给甲、乙两个公司的借款利率

	甲公司	乙公司
信用等级	AAA	BBB
固定利率	10%	12%
浮动利率	6 个月 LIBOR+0.25%	6 个月 LIBOR+0.75%

资料来源：笔者自制。

（1）甲乙两公司间有没有达成利率互换交易的可能性？

如果甲公司借入固定利率资金，乙公司借入浮动利率资金，则二者借入资金的总成本为：LIBOR+10.75%。如果甲公司借入浮动利率资金，乙公司借入固定利率资金，则二者借入资金的总成本为：LIBOR+12.25%。由此可知，第一种筹资方式组合发挥了各自的优势，能降低筹资总成本，共节约 1.5%，即存在"免费蛋糕"。但这一组合不符合二者的需求，因此，应进行利率互换。

（2）如果它们能够达成利率互换，应该如何操作？

互换过程为：甲公司借入固定利率资金，乙公司借入浮动利率资金，并进行利率互换，甲公司替乙公司支付浮动利率，乙公司替甲公司支付固定利率。

（3）甲乙两公司各自承担的利率水平是多少？

假定二者均分"免费蛋糕"，即各获得 0.75%，则利率互换结果如图 5-5 所示。

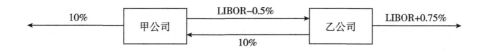

图 5-5　甲、乙两公司利率互换结果

在这一过程中，甲公司需要向固定利率债权人支付 10% 的固定利率，向乙公司支付 LIBOR-0.5% 的浮动利率（直接借入浮动利率资金需要支付 LIBOR+0.25%），因为获得 0.75% 的免费蛋糕，所以需向乙公司支付 LIBOR-0.5%，并从乙公司收到 10% 的固定利率。因此，甲公司所需支付的融资总成本为 LIBOR-0.5%，比他以浮动利率方式直接筹资节约 0.75%。

乙公司需要向浮动利率债权人支付 LIBOR+0.75% 的浮动利率，向甲公司支付 10% 的固定利率，并从甲公司收到 LIBOR-0.5% 的浮动利率。因此，乙公司所需支付的融资总成本为 11.25%，比他以固定利率方式直接筹资节约 0.75%。乙公司应该向甲公司净支付：10%-（LIBOR-0.5%）= 10.5%-LIBOR。

（4）为什么不是两笔钱都由绝对优势方甲去借，这样不是成本更低吗？

如果两笔钱都由甲去借，虽然总成本更低，但是甲需要承担乙可能不还款的信用风险，这样整个风险和收益结构都被改变了。通过利率互换，双方同时借入相同本金，仅交换一系列现金流，能在并不改变双方承担的风险的基础上，节省借款成本，创造收益。

四、论述题

请结合本章所学谈谈你对金融衍生品的认识。

金融衍生产品是指其价值依赖于标的资产价值变动的合约。这种合约可以是标准化的，也可以是非标准化的。标准化合约是指其标的资产的交易价格、交易时间、资产特征、交易方式等都是事先标准化的，因此此类合约大多在交易所上市交易，如期货。非标准化合约是指以上各项由交易的双方自行约定，因此具有很强的灵活性，如远期合约。

金融衍生产品的共同特征是保证金交易，即只要支付一定比例的保证金就可进行全额交易，不需实际上的本金转移，合约的了结一般也采用现金差价结算的方式进行，只有在满期日以实物交割方式履约的合约才需要买方交足贷款。因此，金融衍生产品交易具有杠杆效应。保证金越低，杠杆效应越大，风险也就越大。

金融衍生产品具有以下两个特点：零和博弈和高杠杆性。零和博弈，即合约交易的双方盈亏完全负相关，并且净损益为零，因此称"零和"。高杠杆性是指衍生产品的交易采用保证金制度，即交易所需的最低资金只需满足基础资产价值的某个百分比。保证金可以分为初始保证金和维持保证金。交易在所交易时采取盯市制度，如果交易过程中的保证金比例低于维持保证金比例，那么将收到追加保证金通知，如果投资者没有及时追加保证金，其将被强行平仓。可见，衍生品交易具有高风险高收益的特点。

金融衍生产品具有规避风险、价格发现等作用。它可以对冲资产风险，但是任何事情有好的一面也有坏的一面，风险规避意味着一定有人承担了风险，衍生产品的高杠杆性就是将巨大的风险转移至愿意承担的人手中，这类交易者称为投机者，而规避风险的一方称为套期保值者，另外一类交易者被称为套利者。这三类交易者共同维护了金融衍生产品市场上述功能的发挥。金融衍生品不仅可以满足客户精确定价、灵活避险的需求，还能有效增加市场流动性，降低交易成本，有利于改善资本市场投融资功能，同时还有利于提高金融市场的弹性，从而有效支持实体经济发展。

我国正处于继续深化金融体制改革，健全促进宏观经济稳定、支持实体经济发展的现代金融体系建设过程中，金融衍生品市场的发展有重要意义，有利于推动我国经济创新驱动、转型发展，提高中国经济在全球经济中的地位和综合竞争力。在开放条件下发展金融衍生产品市场并牢牢掌握市场控制权，对于维护我国金融安全有着十分重要的战略意义。

第六章　资产证券化

资产证券化是一种金融技术或方法，通过将具有现金流的资产（如贷款、信用卡债务或房地产租金等）转化为可交易的证券，从而实现资产分散和风险转移。资产证券化的实质是通过结构化安排将低流动性的非标准化资产转变为高流动性的标准化资产。资产证券化在金融市场中发挥着重要作用，能够提高流动性、降低风险、多样化资金来源、促进经济发展和提高资产管理效率。本章将对资产证券化的定义、起源、特点、参与者、运作程序、种类、发展价值，以及局限性进行介绍，让读者对资产证券化，尤其是中国的资产证券化市场有所了解。

◎ 学习目标

1. 理解资产证券化的基本概念和原理，了解资产证券化的起源和特点。
2. 熟悉资产证券化的主要参与者和一般运作流程。
3. 掌握资产证券化不同的分类标准以及不同类型的资产证券化产品。
4. 梳理我国资产证券化的发展历程，了解我国资产证券化市场，分析我国发展资产证券化的价值和局限性。

◎ 引导案例
"融和租赁"发行全国首单"可持续挂钩"资产证券化产品

2023 年 6 月 21 日，中电投融和租赁 2023 年第 2 期碳中和绿色资产支持专项计划（可持续挂钩）在上海证券交易所成功发行设立，"融和租赁"作为原始权益人，国泰君安资管作为计划管理人。该项目是全国首单"可持续挂钩"资产证券化产品，也是首单"碳中和+可持续挂钩"双创新标签资产证券化产品。其发行规模为 17.5 亿元，其中优先 a1 规模为 9.4 亿元，票面利率为 3.0%，优先 a2 规模为 7.2 亿元，票面利率为 3.4%。拟将募集资金的 100% 用于投资碳中和产业领域项目，可持续发展绩效目标为融和租赁在绿色领域融资租赁的累计投放金额。

截至 2023 年 5 月底，"融和租赁"累计支持风电、光伏等清洁能源融资租赁金额已超 3000 亿元，累计装机规模超过 68GW（吉瓦）。依托丰富的光伏风电等绿色资产，融和租赁持续发行绿色债券首单产品，实现"多品种+多层级+全市场"的多维布局，全面覆盖绿色碳中和。

专项计划募集资金将 100% 用于碳中和产业领域项目。中诚信绿金为"中电投融和租赁 2023 年第 2 期碳中和绿色资产支持专项计划（可持续挂钩）"进行"绿色+可持续挂钩"双认证。在绿色方面，授予本专项计划 G-1 等级。在可持续挂钩方面，专项计划符合可持续发展挂钩债券基本原则，挂钩目标遴选合理，结构设计满足可持续发展挂钩债券基本要求。融和租赁将践行环境、社会和公司治理（Environment, Social and Governance, ESG）理念，持续提升 ESG 管理水平，携手产业和金融机构，共同推动"双碳"目标的实现。

资料来源：中国证券报·中证网.深化绿色金融产品和服务创新和租赁在上交所成功发行"碳中和+可持续挂钩"资产支持证券［EB/OL］.（2023-06-21）［2023-09-24］.https：//www.cs.com.cn/qs/202306/t20230621_ 6351602. html.

第一节　资产证券化概述

一、资产证券化的定义和起源

（一）资产证券化的定义

资产证券化（Asset-backed Securities，ABS）是指将那些缺乏流动性，但能够产生可预见现金收入的资产（如住房贷款、学生贷款、信用卡应收款等）出售给特定发行人，创设一种以该资产产生的现金流为支持的金融工具或权利凭证，进而将这些不流动的资产转换成可以在金融市场上出售和流通的证券的一种融资过程或融资方法。资产证券化所"证券化"的不是资产本身，而是资产所产生的现金流，传统的证券发行以企业为基础，而资产证券化则是以特定的资产池为基础发行证券。

广义的资产证券化是指某一资产或资产组合采取证券资产这一价值形态的资产运营方式，包含实体资产证券化、信贷资产证券化、证券资产证券化和现金资产证券化四类。

狭义的资产证券化专指信贷资产证券化。按照被证券化资产种类的不同，信贷资产证券化可分为住房抵押贷款支持的证券化和资产支持的证券化。

资产证券化的核心是将不可流动的资产，转化为可流动的现金流。资产证券化的本质是实现三个"钱"的转化：把"未来的钱"转化为"现在的钱"，把"小钱"转化为"大钱"，把"死钱"转化为"活钱"。

(二) 资产证券化的起源

资产证券化的起源可以追溯到 20 世纪 60 年代末和 70 年代初，主要在美国金融市场上发展起来。美国之所以成为世界上资产证券化最为发达的国家，其中一个重要的原因在于美国拥有庞大、发达的抵押贷款市场，而抵押贷款市场的发展也直接促成了资产证券化的出现。

20 世纪 60 年代末，美国的住房市场繁荣，金融机构提供了大量的抵押贷款给购房者，这导致了资本需求增加，并促使金融机构寻找一种方式来转移和分散贷款风险。20 世纪 70 年代初，一些金融学者和创新者开始探索将抵押贷款打包成证券产品的概念。他们认识到，将贷款汇集起来并分割成不同级别的证券，可以提供更多的投资机会和流动性，同时降低金融机构的风险集中度。1970 年代初，Ginnie Mae（政府支持的住房抵押贷款证券化机构）进行了首批抵押贷款证券化交易，这些交易将符合特定标准的抵押贷款打包成可交易的证券，由投资者购买。

随着时间的推移，资产证券化市场得到了进一步的发展和创新，它在全球范围内扩大，并逐渐扩展到其他类型的债权资产，如汽车贷款、学生贷款、信用卡债务等。然而，2008 年的次贷危机揭示了资产证券化市场中存在的风险和缺陷，暴露了资产证券化过度复杂化和风险管理不善的问题，导致了金融市场的剧烈动荡。这一事件对资产证券化带来了重大的影响，并促使监管机构对该领域进行了更为严格的监管和规范。资产证券化起源于对金融市场流动性和风险管理的需求，以及对金融工具创新的探索。这一概念在之后得到了广泛应用，并对全球金融体系产生了深远影响。

二、资产证券化的特点

资产证券化是金融市场上的一种新型融资方式，资产证券化的含义及特点既不同于传统的以银行为主的间接融资方式，也不同于单纯的依赖发行企业股票或债券的直接融资方式。资产证券化概括起来有以下几个特点：

(一) 资产证券化是结构型融资

资产证券化通过将贷款、债券或其他资产捆绑在一起，再转化为可交易的证券来筹集资金。这种结构性融资可以将不同类型的资产进行组合，形成具有不同风险和收益特征的证券产品，以满足投资者的需求。资产证券化的核心是设计出一种严谨有效的交易结构，如多种资产支撑一种证券或一种资产支撑多种证券或多种资产支撑多种证券，有多个当事人参与。资产证券化有利于提高安全性，吸引投资者，提高发行的成功率。

（二）资产证券化是资产支持型融资

资产证券化是资产支持型融资的一种形式，因为它将特定的资产转化为证券，并通过销售这些证券来筹集资金。在资产证券化中，发行人将特定的资产转化为证券，这些证券以资产为担保，投资者购买这些证券后，其投资本质上与这些资产相关联。因此，资产本身成为支持和保障融资的依据。资产证券化重点考虑的是基础资产所产生的现金流收入，与原始权益人的整体信用及其他资产负债没有多大关系，甚至无关，这与公司债券、银行贷款等传统融资方式存在较大的不同。

（三）资产证券化是一种表外处理

资产证券化通过将特定资产转移至特别目的机构（Special Purpose Vehicle，SPV）或类似的结构中而实现表外处理。在这种情况下，原发行人通常将资产转移给 SPV，并从其资产负债表中删除这些资产，这使原发行人可以在财务报表上减少资产和负债的规模。此外，通过资产证券化，原发行人通常会与 SPV 签订协议，将资产的现金流和风险转移到 SPV，这意味着原发行人对这些转移的资产和相关负债承担较少的风险和责任。主要目的是通过表外处理的方式隔离和转移风险，减少原发行人的负债和风险敞口，并提高财务指标和信用评级。

（四）融资成本低

资产证券化可以降低融资成本。第一，在资产证券化过程中，通常会有专门的机构或公司进行资产管理和服务，这些专业化的管理和服务可以提高资产的效率和价值，从而降低融资成本。第二，在资产证券化过程中，经过评级机构评估认可的高质量资产可以获得更高的信用评级。较高的信用评级意味着更低的违约风险，能够减少借款人的信用风险溢价，降低融资成本。第三，通过资产证券化，发行人可以将这些证券推向更广泛的投资者群体，这样扩大了融资的来源，增加了市场需求和竞争，可能降低融资成本。第四，在某些情况下，资产证券化可能带来税务优势，如减少资本利得税或利息支出的税负，能够进一步降低融资成本。

（五）破产隔离和信用增级

1. 破产隔离

资产证券化破产隔离是指在进行资产证券化过程中采取的一种措施，旨在将被证券化的资产与原始资产持有者（通常是发起机构或特定实体）的债务和风险分隔开来。这种隔离机制为投资者提供了一定程度的保护，使他们能够更加安全地投资并分散风险。这种隔离通过特殊目的机构实现，通过破产隔离，资产证券化可以实现以下效果：

（1）风险隔离。将特定资产转移至 SPV 后，这些资产被隔离并与原始发行人的其他资产和负债分开。这意味着即使原始发行人面临破产风险，资产证券化的资产也不会被纳入破产程序中，以此保护投资者的权益。

（2）独立管理。SPV 作为独立的法律实体，拥有自己的管理和运营结构。通常有专业的资产管理公司或托管机构负责管理资金流入和流出、资产管理以及还款等事务，这种独立管理有助于确保资产证券化的资产得到专业化的管理与监督。

（3）资产保护。资产证券化的资产通常被转移给 SPV，并作为担保用于支持发行的证券。这意味着资产证券化的投资者在支付出售价款后，有优先权获得来自特定资产的现金流和收益，而这些资产不会被用于偿还其他债务或承担原始发行人的风险。

2. 信用增级

资产证券化中的信用增级是指通过一系列措施来提高资产证券化产品的信用质量和安全性，这些措施旨在吸引更多的投资者，并提供更高级别的信用保护。资产证券化的信用增级可以通过内部和外部手段来实现，不同的信用增级措施可以结合使用，具体取决于交易的特定情况和风险需求。

第二节　资产证券化运作程序

一、资产证券化的主要参与者

资产证券化的参与者是指在资产证券化交易过程中扮演不同角色的实体或机构。在资产证券化交易中，各个参与者之间存在着联系，他们共同合作以完成交易的各个环节（见图 6-1）。

（一）原始债权人

在资产证券化交易中，原始债权人（Original Creditor）是指最初拥有债权的实体或机构。他们是资产证券化过程中的资产原始持有人，持有需要进行证券化的资产，并将这些资产转化为资产支持证券或其他形式的证券化产品。因此，原始债权人又被称为资产证券化的发起人。

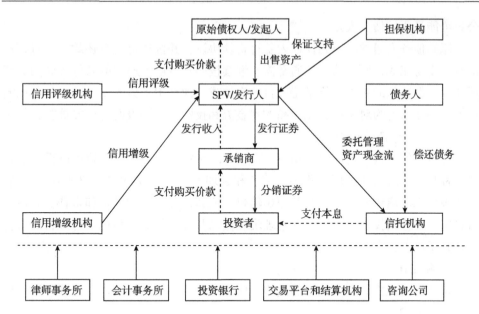

图 6-1　资产证券化主要参与者的关系

注：实线表示当事人行为关系，虚线表示现金流。

资料来源：笔者自绘。

原始债权人可以是银行、金融机构、企业等具有债权的实体。例如，在房地产抵押贷款证券化交易中，原始债权人可能是发放住房贷款的银行；在汽车贷款证券化交易中，原始债权人可能是汽车金融公司。

原始债权人通过将债权进行转让或出售的方式参与资产证券化交易。通过证券化，原始债权人可以将其持有的债权转化为可交易的证券，以便获得流动性并使资金回笼。在资产证券化交易完成后，原始债权人通常不再持有传统的债权，而是持有资产支持证券或其他证券化产品。这样，原始债权人可以通过出售或持有这些证券来获取投资回报，并将其资金用于新的贷款或投资机会。

（二）原始债务人

在资产证券化交易中，原始债务人（Original Debtor）是指最初欠款并需要偿还贷款的实体或机构。他们是资产证券化过程中的借款人，负责偿还债务。在资产证券化交易中，他们的债务被转化为证券化产品，并由特殊目的实体或其他实体进行服务和管理。

原始债务人可以是个人、企业、房地产开发商等需要获得融资并签署贷款协议的实体。例如，在房地产抵押贷款证券化交易中，购买住房的个人或房地产开发商可能是原始债务人；在汽车贷款证券化交易中，购买汽车的个人或汽车买卖公司可能是原始债务人。

原始债务人通常与原始债权人签订贷款协议，并按约定进行还款。一旦资产证券化交易完成，原始债务人通常需要继续按照贷款协议规定的条件和时间表偿还债务，但还款的对象可能是特殊目的实体或其他承担了债务服务的实体。原始债务人的还款行为对于证券化产品的现金流和投资者的回报而言至关重要。

（三）特殊目的机构

特殊目的机构（Special Purpose Vehicle，SPV）是在资产证券化过程中创建的一种独立法人实体，用于购买、持有和管理资产，并发行相应的证券化产品。SPV 被用来隔离相应的资产与其原始债权人或其他参与者的风险和责任。它扮演着将资产转移到投资者手中，并管理现金流以及分发收益的角色。特殊目的机构通常具备以下特点：

1. 独立性

特殊目的机构是一个独立的法律实体，与原始债权人和投资者分开，以确保交易的隔离和优化。

2. 资产拥有权

特殊目的机构购买原始债权人的资产，并成为资产的拥有者。这使得原始债权人可以从债务中解脱，并将风险和回报分散给投资者。

3. 债务服务

特殊目的机构负责管理和服务所持有的资产。它接收来自借款人的还款，并根据所发行的证券化产品的要求进行现金流管理和分配。

（四）投资者

在资产证券化中，投资者（Investors）是指购买资产支持证券或其他资产证券化产品的个人或机构。这些投资者通过购买证券化产品来参与资产证券化交易，并从中获得投资回报。投资者可以包括以下类型：

1. 机构投资者

包括银行、保险公司、养老基金、投资基金等专业机构，它们通常具有较大的投资规模和专业的投资团队，以寻求风险分散和回报最大化。

2. 个人投资者

包括个人投资者、私人股东、高净值人士等，他们可能通过直接购买证券化产品或通过投资基金等间接方式参与资产证券化交易。

3. 国内外投资者

资产证券化市场吸引了来自不同国家和地区的投资者，跨境投资者可以通过购买跨境发行的证券化产品参与资产证券化交易。

（五）专门服务人

资产证券化的专门服务人（Specialized Service Personnel）是指在资产证券化交易中提供专业服务的人员，他们在整个交易过程中承担特定的职责。以下是他们可能担当的具体角色和职责：

1. 律师

律师在资产证券化交易中提供法律咨询和支持。他们参与合同起草、尽职调查、法律文件准备和审查等工作，并确保交易符合适用法规和法律要求。

2. 会计师

会计师负责进行财务核算和报告，确保交易的财务信息准确和合规。他们参与资产评估、现金流分析、账务处理和相关报表编制等工作。

3. 投资银行

投资银行扮演着积极的角色，协助发行人和信托机构进行资产证券化交易。他们提供结构化融资建议、市场营销、证券定价和销售等专业服务。

4. 交易平台和结算机构

交易平台和结算机构提供资产证券化交易的基础设施和技术支持。他们处理交易的结算与清算，确保证券交割和资金流动的顺利进行。

5. 咨询公司

咨询公司提供对资产证券化交易的战略、运营和风险管理等方面的咨询服务。他们协助发行人和信托机构制定交易策略、评估市场机会和风险控制方法。

这些专门服务人在资产证券化交易中承担不同的职责，从法律、财务、市场营销和技术支持等多个领域提供专业知识和支持。他们的参与有助于确保交易的合规性、可行性和成功实施。

（六）信托机构

信托机构（Trust Institution）在资产证券化交易中充当信托人的角色，作为第三方拥有和管理被转让给信托的资产。信托机构主要负责管理和组织资产池，并将其转化为实体可交易证券。具体来说，资产证券化信托机构承担以下职责：

1. 资产收购与管理

信托机构负责从发行人处购买符合特定标准的资产，并负责管理被证券化的资产，确保其按照约定的规则进行运作。这包括收集与管理资产相关的现金流、监督债务偿还和资产处置等。

2. 证券发行与分配

信托机构负责将资产池转化为可交易的证券，并向投资者发行这些证券。他们处理证券发行的手续和文件准备工作，并确保符合相关法规和证券发行要求。

3. 投资者服务与报告

信托机构管理发行的证券，并提供投资者服务。他们处理投资者付款、分配利息和本金支付等事务，并向投资者提供有关证券和资产池的信息披露和报告。

（七）担保机构

担保机构（Guarantee Institution）是指在资产证券化交易中承担风险担保和保护投资者利益的机构。担保机构的主要作用是提供额外的信用支持，以增加证券化产品的安全性和吸引力。以下是担保机构在资产证券化中的具体职责和功能：

1. 提供担保

担保机构为资产证券化产品提供额外的信用支持，通过承担一部分违约风险来提高证券的信用质量、流动性和市场接受度。他们通常会提供担保函、担保保险或其他形式的担保，以减少投资者对证券的信用风险感知。

2. 改善评级

通过提供担保，担保机构可以降低证券的信用风险，从而改善其信用评级。担保机构通常专注于提供对低评级证券的担保支持，通过为这些较高风险的证券提供额外的信用增强，以提高证券的市场吸引力并扩大投资者基础。

3. 监督资产质量

担保机构可能会对资产池中的债务进行更严格的筛选和监督，以确保符合特定的标准和质量要求。他们可能会要求发行人采取特定的风险管理措施，以确保资产的质量和还款能力。

（八）信用评级机构

资产证券化的信用评级机构（Credit Rating Agency）是指专门评估和分级资产证券化产品信用风险的机构。这些评级机构为投资者提供特定资产证券化产品的信用质量评级，帮助投资者了解产品的风险水平，并作出相应的投资决策。其主要职责包括：

1. 评估信用风险

信用评价机构通过使用专门的评估方法和模型分析资产池中的资产质量、违约概率和损失水平等因素，来对证券的信用质量进行定量和定性的评估。

2. 发布信用评级

基于对资产池的评估，信用评价机构会为资产证券化产品发布相应的信用评级，旨在帮助投资者了解和比较不同证券之间的风险水平。这些评级通常采用字母、数字或符号形式，用于表示证券的信用质量和违约风险水平。

3. 提供独立意见

信用评价机构应该提供客观、中立和独立的评级意见，确保评级结果的公正性和可靠性，不受发行人或其他利益相关方的干扰。信用评级机构还要定期监测已评级证券的信用质量，并在必要时对评级进行更新。

（九）承销商

资产证券化的证券承销商（Underwriter）是指在资产证券化过程中担任发行和销售证券产品的金融机构或公司，通常是投资银行或证券公司。承销商负责组织和管理整个证券发行过程，并将这些证券销售给投资者，目标是帮助发行人成功将资产证券化产品引入市场。其具体职责包括：

1. 产品结构设计

证券承销商与发行人合作，参与资产证券化产品的结构设计。通过提供专业建议，帮助设计出符合各方利益的产品结构。

2. 定价和营销

承销商根据市场条件和投资者需求，确定证券的发行价格，并制定相应的营销策略。他们与潜在投资者展开沟通，推广证券的优势和回报潜力，以吸引投资者参与认购或购买证券。

3. 承销和销售

证券承销商负责组织证券的承销和销售。他们与机构投资者、基金经理和个人投资者建立联系，将证券化产品推向市场并进行销售，具体包括发行公开招股书、与投资者进行谈判和签署销售合同等。

4. 交易执行和结算

证券承销商参与交易的执行阶段，协助交易的结算和交割过程，确保交易的顺利完成。

二、资产证券化的一般运作流程

资产证券化是将特定的资产转化为可以进行交易的证券的过程，以下是资产证券化的一般运作流程（见图 6-2）：

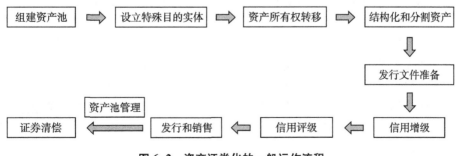

图 6-2　资产证券化的一般运作流程

资料来源：笔者自绘。

（一）资产筛选和建立资产池

1. 选择资产类型

确定要证券化的资产类型，如房地产抵押贷款、汽车贷款或其他收入生成的资产。

2. 资产尽职调查

对潜在资产进行全面的尽职调查，评估其质量和可信度。这包括审核文件、核实信息、预测未来现金流、评估风险和资产质量以及调查法律和合规问题。

3. 建立资产池

根据资产标准和尽职调查结果，选择符合要求的资产，汇集到一个资产池中，以供证券化交易使用。资产池（Asset Pool）是指用于发行资产证券化产品的一系列债务或资产的集合，资产池中的债务或资产被打包在一起，并作为基础支持资产用于发行资产证券化产品。

（二）设立特殊目的机构

成立一个特殊目的机构（SPV）来持有和管理要证券化的资产。SPV 通常是一个独立法律实体，用于隔离资产并承担相关风险。

（三）资产所有权转移

资产证券化的证券化资产所有权转移通常涉及以下流程：

1. 完成转让手续

原始债权人或资产持有人与 SPV 达成资产转让协议，约定将资产所有权转移给 SPV。协议中会规定转让条件、价格和交割日期等细节。根据资产转让协议的规定，完成相关手续以实现资产所有权的转移，这可能包括签署相关文件、进行资产登记或注册等。

2. 资金支付

作为对资产的购买价款，SPV 向原始债权人或资产持有人支付相应的资金。支付可以一次性完成，也可以分期进行，具体取决于协议的约定。

3. 执行权益代理协议

SPV 与服务商（如信托公司）签订执行权益代理协议，该协议规定服务商代表 SPV 履行资产所有权、收取现金流和管理资产的职责。

通过执行上述步骤，证券化资产的所有权从原始债权人或资产持有人转移到特殊目的实体。SPV 成为新的资产所有人，并负责管理和运营这些证券化资产。这样的所有权转移允许 SPV 发行与资产相关的证券，并将投资者对这些证券的权益与资产价值联系起来。

（四）结构化和分割资产

根据投资者的需求和风险偏好，将资产池中的资产进行结构化和分割处理，创建不同等级或类别的证券产品。

（五）发行文件准备

随后，发行人会准备相关的发行文件，如招股说明书或发行备忘录，其中包括与证券化产品有关的详细信息，如资产池构成、结构、风险因素、法律条款等。

（六）信用增级

信用增级措施的实施通常在发行文件准备就绪之后进行，编制发行文件是为了给信用增级方提供详尽的信息，以便他们评估并提供相应的信用增级措施。这些措施旨在提高证券化产品的信用质量，并为投资者提供更多的信用保护。资产证券化信用增级可以分为内部和外部两种形式。

1. 内部信用增级

内部信用增级（Internal Credit Enhancement）是指在资产证券化结构中采取措施来提高证券化产品的信用质量。这些措施通常由发行人或特定的利益相关方实施，以降低投资者面临的风险。一些常见的内部信用增级方法包括：

（1）担保物。发行人将具有价值的资产作为担保，以提供额外的安全保障。

（2）级别结构。将证券化产品划分为不同优先级的证券层级，使高优先级持有人享有优先权和较低的风险。

（3）超额资产。确保资产池的价值超过证券化产品的发行金额，为投资者提供一定程度的信用保护。

（4）第一顺位保留。设立第一顺位保留基金，用于吸收初期的损失，从而提高其他证券持有人的信用保护水平。

2. 外部信用增级

外部信用增级（External Credit Enhancement）是指通过引入外部机构或工具来提高证券化产品的信用质量。这些外部机构通常专门提供信用增级服务，并与发行人或投资者签订相关协议。一些常见的外部信用增级方法包括：

（1）保险。购买保险来对冲潜在的信用损失，保险公司在发生违约时向投资者提供赔偿。

（2）信用担保人。引入信用担保人或保证机构，为证券化产品提供额外的信用支持和保护。

（3）信用衍生品。使用信用违约掉期等衍生工具，通过转移信用风险来增强证券化产品的信用质量。

内部和外部信用增级方法可以单独应用或结合使用，以提高证券化产品的信用评级和吸引力。具体采取哪种方法将取决于发行人需求、市场条件和投资者偏好。

（七）信用评级

评级机构的信用评级结果可以进一步验证和确认增级措施的效果，并为投资者提供关于产品信用风险的评估参考。资产证券化信用评级（Credit Rating）是对资产证券化产品进行信用质量评估的过程。评级机构通常会根据一系列标准和方法，对证券化产品进行评级，并发布评级结果供投资者参考。资产证券化信用评级通常包括以下步骤：

1. 评级机构选择

选择一家或多家信用评级机构来对证券化产品进行评级。国际上常见的评级机构包括标准普尔、穆迪、惠誉等，国内市场中主要的评级机构有中诚信国际、联合资信、新世纪等。

2. 提供信息给评级机构

发行人向评级机构提供相关的资料和文件，包括资产池成分、财务信息、借款人信息等。评级机构可能会就相关问题向发行人提出疑问，发行人需及时回应并提供所需信息。

3. 评级调研与分析

（1）资产池分析。评级机构对资产池的质量、风险、现金流等进行详细分析，评估还款能力和违约风险。

（2）模型建立。评级机构会使用内部模型和方法对资产池进行定量分析，以辅助评级结果的确定。

（3）风险评估。评级机构会考虑宏观经济环境、行业特点和政策因素等，综合评估资产池的整体风险。

4. 评级决策与报告发布

（1）评级机构的内部评级委员会根据分析结果和评级政策，决定最终的信用评级等级。

（2）评级机构将评级结果、评级意见和风险评估内容整理成评级报告，向投资者公开发布。

（八）发行和销售

1. 议价和定价

与承销商、投资银行或经纪人进行谈判，以确定发行规模、发行价格和发行时机等。

2. 市场推广

通过与投资者和机构进行沟通，展示证券化产品的潜力和吸引力，以增加认购量和吸引投资者参与，这可能涉及路演、发行公告、营销等。

3. 发行和销售

一旦获得足够的认购量，发行人将根据发行文件的约定，向投资者销售证券化产品，并完成交割手续，投资者接收证券并支付相应款项。

4. 向发起人支付资产购买价款

SPV 从证券承销商处获得证券发行收入后，以事先约定的价格向发起人支付购买证券化资产的价款，同时还要优先支付各专业中介机构的相关费用。

（九）资产池管理

资产证券化的资产池管理是确保资产池良好运营和资金流动的过程。包括负责收取、记录由基础资产产生的全部收入，用于对投资者的还本付息，监控资产池的表现和收益，以及采取必要的措施来保护投资者的利益。

（十）证券清偿

资产证券化的证券清偿（Securities Settlement）是指在证券化产品发行后，确保按照约定的还款安排和还款顺序对借款人的还款进行收集和分配，以保障证券持有人的权益。具体的证券清偿过程如下：

1. 收集债务人的还款

根据原始债务合同和还款安排，证券化发行人或支付代理机构与借款人进行沟通和监督，确保借款人按时支付应付款项。

2. 管理还款流程

证券化发行人或支付代理机构负责管理还款流程。他们会收集借款人的还款，并处理相关的账务和记录。

3. 还款分配

根据发行文件中约定的还款结构，收到的还款金额将按照事先确定的优先级和顺序进行分配。不同类别或等级的证券持有人将按照约定的比例共享还款款项。

4. 追索违约款项

如果借款人未能按时偿还债务，证券化发行人或支付代理机构可能需要采取法律措施来追索逾期还款或违约款项，包括与借款人进行协商、采取追讨措施或寻求法律程序来保护证券持有人的权益。

5. 证券产品到期或偿还

根据发行文件中的约定，证券化产品可能在特定日期到期或需要全额偿还。在此之前，需要确保债务人按照还款计划和约定履行还款义务，并将资金分配给相应的证券持有人。

整个证券清偿过程需要严格遵循发行文件的规定，并确保透明度和合规性。支付代理机构通常起着关键的角色，负责管理和监督还款流程，以保障证券持有人的利益。

第三节　资产证券化的种类

　　资产证券化可以根据多个分类标准进行划分，以下是一些常见的资产证券化分类标准和不同类型的资产证券化产品（见图 6-3）：

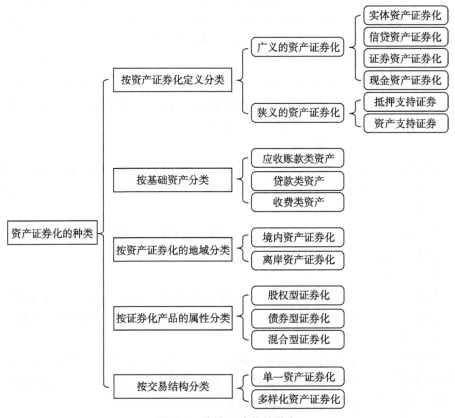

图 6-3　资产证券化的种类

资料来源：笔者自绘。

一、按资产证券化的定义分类

（一）广义的资产证券化
1. 实体资产证券化
实体资产证券化（Entity Asset Securitization）是指将实物资产转化为可交易

的证券产品。这些实体资产包括房地产、设备、机械、租赁权益、收入权益及其他具有实际价值的资产。通过实体资产证券化，能够将实体资产转化为流动性更好、风险分散程度更高的投资工具，同时为投资者提供更多选择和灵活性。

2. 信贷资产证券化

信贷资产证券化（Credit Asset Securitization）就是将流动性较差的信贷资产（如贷款、债券或应收账款等）转化为可交易的证券来分散风险和提高流动性的过程。

3. 证券资产证券化

证券资产证券化（Securities Asset Securitization）是指以证券或证券组合为基础资产，将证券类资产转化为可交易的证券产品的过程。这些证券类资产可以包括股票、债券、衍生品等金融工具，通过证券资产证券化，发行人将这些证券类资产进行拆分和组合，并发行相应的证券产品供投资者购买。

4. 现金资产证券化

现金资产证券化（Cash Asset Securitization）是指现金资产向证券资产的转换，即投资者将现金资产投资于证券，获得证券的未来现金流，实现预期的经济收益的过程。因此，现金资产证券化同时又可以理解为现金资产购买已发行证券的投资行为。

（二）狭义的资产证券化

1. 抵押支持证券

（1）定义和种类。抵押支持证券（Mortgage-backed Securitization，MBS）是指由抵押贷款（如各种住房抵押贷款等）所支持的证券。银行或其他金融机构将抵押贷款捆绑在一起，并将其转化为可交易的证券。投资者购买这些证券后，将分享抵押贷款还款所产生的现金流收入。抵押支持证券可以分为抵押过手证券、抵押担保债券和可剥离抵押支持证券。

（2）提前偿付风险。抵押支持证券的提前偿付风险（Prepayment Risk）是指当借款人提前偿还抵押贷款时，投资者可能面临的风险。在抵押支持证券中，借款人每月支付贷款的本金和利息。但是，有些借款人可能会选择提前偿还整个贷款余额，通常是因为他们卖掉了房屋或重新融资了抵押贷款。在这种情况下，投资者将提前收到未来预期的现金流，而不是按照原定计划收取。提前偿付对于持有抵押支持证券的投资者来说可能带来一些挑战和风险，包括：

1）重新投资风险：如果投资者预期获得长期的现金流，并计划将该资金用于其他投资，提前偿付可能迫使他们需要寻找新的投资机会，以避免资金空置。

2）偿付时间差异：提前偿付可能导致投资者的持有期缩短，从而影响其收益率和预期回报。

3）资产负债匹配问题：持有抵押支持证券的金融机构可能面临资产和负债匹配的问题，特别是如果它们发行了长期债务来融资这些证券。

2. 资产支持证券

（1）定义。资产支持证券（Asset-backed Securitization，ABS）是指由一组资产（如汽车贷款、信用卡债务或消费者债务）所支持的证券。这些资产被转化为可交易的证券，投资者通过购买这些证券来分享与这些资产相关的现金流收益。ABS通常是多样化的，包含了各种类型的资产，以分散风险。

（2）种类。根据现金流的特性，资产支持证券可以分为规则现金流结构和无规则现金流结构。

1）规则的现金流结构（Regular Cash Flow Structure）表现为标的抵押物的还本付息具有摊销时间表，这类证券的抵押资产主要是抵押贷款，如汽车贷款、民政股本贷款、农业机械贷款等。

2）无规则现金流结构（Irregular Cash Flow Structure）中没有摊销时间表，这类证券的抵押池为那些循环贷款，如信用卡应还款和贸易应收款等。

抵押支持证券和资产支持证券的区别见表6-1。

表6-1 抵押支持证券（MBS）和资产支持证券（ABS）的区别

资产类型	MBS是以抵押贷款为基础资产的证券化产品，即主要由房屋抵押贷款组成；而ABS可以包括多种类型的资产，如车贷、信用卡债务、学生贷款等
风险大小	MBS的风险主要源于房地产市场的波动性以及抵押贷款借款人的违约风险，风险更加集中；而ABS通常具有更多样化的资产类型，可以减少特定领域的风险集中
风险来源	MBS的风险主要来自房地产市场，如住房价格波动和违约风险；ABS的风险则与特定资产类型相关，如经济衰退导致的失业率上升可能增加信用卡债务违约的风险
发行机构	MBS通常由金融机构发行，如银行或房屋贷款公司；ABS的发行机构更加多样化，包括金融机构、信托公司、特殊目的实体（SPV）、租赁公司等各种机构
结构特点	MBS通常采用不同类别的贷款池，根据抵押贷款的特征和风险进行划分；ABS通常采用分层结构，以便在偿付优先顺序和风险分配方面进行安排
监管要求	由于2008年次贷危机的教训，MBS市场普遍面临更严格的监管，因为它们与房地产市场紧密相关；ABS市场监管要求相对较低，可能存在一定程度的市场自律

资料来源：笔者自制。

二、按基础资产分类

我国资产证券化的基础资产主要有三大类：应收账款类资产、贷款类资产和收费类资产（见表6-2）。

表 6-2 资产证券化的基础资产类型

基础资产类型	基础资产
应收账款类资产	包括企业或个人因销售商品或提供劳务而形成的尚未收回的应收账款。这些账款可以来自商业信用销售、其他经营性应收账款等，如信用卡应收款、贸易融资、设备租赁费、应收账款回购款等
贷款类资产	包括金融机构通过发放贷款形成的资产。这些贷款可以涵盖各类贷款资产，如住房抵押贷款、汽车消费贷款、商业不动产抵押贷款、银行中长期贷款等
收费类资产	包括由政府部门或服务企业提供的具有收费权益的资产，如公路收费权、桥梁收费权、水务收费权、基础设施收费权、门票收费权等，这些资产产生收益的方式是用户付费使用相关设施或享受特定服务

资料来源：笔者自制。

根据证券化的基础资产不同，可以将资产证券化分为不动产证券化、应收账款证券化、信贷资产证券化、未来收益证券化（如高速公路收费）、债券组合证券化等类别。

三、按资产证券化的地域分类

（一）境内资产证券化

境内资产证券化（Onshore Asset Securitization）是指将境内的资产（如债务、贷款、租赁收益等）转化为可交易的证券，通过发行证券将这些资产进行融资，这种证券化过程在境内市场进行。

（二）离岸资产证券化

离岸资产证券化（Offshore Asset Securitization）是指将海外的资产进行证券化，即将海外的债务或其他金融资产转化为证券的形式，然后在境外市场进行发行和交易。这种证券化通常利用离岸金融中心（如开曼群岛、伦敦、纽约等）的相关法律和金融体系进行操作，以吸引全球投资者参与。离岸资产证券化可以帮助企业或机构在国际资本市场上筹集资金，扩大融资渠道。

四、按证券化产品的属性分类

（一）股权型证券化

股权型证券化（Equity Securitization）可以为企业提供融资渠道，同时也能为投资者提供多样化的投资选择。股权型证券化是指将企业的股权或股份转化为可交易的证券，通过发行股权证券来实现融资。投资者购买这些股权证券后，就成为企业的股东，享有相应的股权收益和决策权。

（二）债权型证券化

债权型证券化（Debt Securitization）是指将企业或其他实体所拥有的债权资产（如贷款、债券等）转化为可交易的证券，通过发行债务证券来实现融资。投资者购买这些债务证券后，就成为债权人，享有相应的利息和本金偿还权。

（三）混合型证券化

混合型证券化（Hybrid Securitization）是指将企业或其他实体的资产组合进行整合，并将其转化为可交易的证券。这种证券化形式将股权和债权等不同类型的资产混合在一起，通过发行混合型证券来实现融资。投资者在购买这些混合型证券后，既可以享受股权收益，也可以享受债权利息和本金偿还权。

五、按交易结构分类

（一）单一资产证券化

单一资产证券化（Single Asset Securitization）是指将单个的资产转化为可交易的证券，以便投资者通过购买和持有这些证券来分享该资产所带来的收益或现金流。

（二）多样化资产证券化

多样化资产证券化（Diversified Asset Securitization）是指将多种类型的资产组合在一起，形成一个资产池，并将该资产池转化为可交易的证券，这样做的目的是通过分散风险和提高投资回报来吸引更广泛的投资者。

第四节 我国的资产证券化市场

一、我国资产证券化发展历程

我国资产证券化的实践最早可追溯到1992年，但资产证券化发展道路一波三折。我国资产证券化大致可以分为五个阶段：早期探索阶段、初步尝试阶段、危机停滞阶段、重新启动阶段和备案制后的高速发展阶段（见图6-4）。

图6-4 我国资产证券化发展历程

资料来源：笔者自绘。

（一）早期探索阶段（1992—2004 年）

我国在 1992 年就开始了资产证券化的尝试，其资产证券化道路源于 1992 年海南省三亚地产的投资证券。

1997 年 7 月，中国人民银行（以下简称央行）颁布了《特种金融债券托管回购办法》，这在某种程度上使不良资产支持债券的发行成为可能，此后出现了由资产管理公司主导的几笔大额不良资产证券化。

2000 年 9—10 月，中国人民银行批准中国建设银行、中国工商银行为住房贷款证券化试点单位，这标志着资产证券化被政府认可。

2004 年 12 月，央行公布实施《全国银行间市场债券交易流通审核规则》，为资产证券化产品流通扫清障碍。

（二）初步尝试阶段（2005—2008 年）

2005 年 3 月，国家开发银行和中国建设银行获准为试点单位，将分别进行信贷资产证券化和住房抵押贷款证券化的试点，这标志着我国本土证券化的试点正式开始。

2005 年 4 月，央行、银监会颁布实施了《信贷资产证券化试点工作管理办法》，资产证券化在我国正式拉开序幕。

2005 年 9 月，证监会推出了我国首只企业资产证券化产品——中国联通 CD-MA 网络租赁费收益计划，此后，资产证券化试点有条不紊地展开。

2006 年 5 月，中国证监会发布了《关于证券投资基金投资资产支持证券有关事项的通知》，准许基金投资符合中国人民银行、银监会相关规定的信贷资产支持证券，以及证监会批准的企业资产支持证券类品种。

2007 年 4 月，国务院批准同意扩大信贷资产证券化试点工作，要求在试点过程中始终加强制度建设和风险防范。

2005—2008 年，试点业务的开展可谓是红红火火，截至 2008 年 11 月，我国总共发行各类资产支持证券 667.83 亿元。

（三）危机停滞阶段（2008 年底—2011 年）

2008 年至 2011 年，由于美国次贷危机爆发，我国监管机构出于宏观审慎和把控风险的考虑，暂停了资产证券化的试点。在停滞阶段，仅有 8 只信贷资产证券化在此期间发行。

在此期间，虽然我国资产证券化的发展暂时停滞，却带来了更多思考和准备的时间，为下一步的发展打下了坚实的基础。

（四）重新启动阶段（2012 年—2014 年初）

2011 年 9 月，证监会重启对企业资产证券化的审批。

2012 年 5 月，人民银行、银监会和财政部联合发布了《关于进一步扩大信贷资产证券化试点有关事项的通知》，这正式标志着我国资产证券化的重启。

2013 年 3 月，证监会发布了《证券公司资产证券化业务管理规定》，证券公司资产证券化业务由试点业务开始转为常规业务。

（五）高速发展阶段（2014 年末至今）

2014 年 11 月，银监会下发《关于信贷资产证券化备案登记工作流程的通知》，标志着信贷资产证券化业务由审批制转为备案制。

2015 年 1 月，中国银监会批复 27 家股份制银行及城商银行的信贷资产证券化业务资格，标志着信贷资产证券备案制的实质性启动。

2015 年，资产证券化在政策支持下，终于迎来了大爆发，各类资产证券化业务规模超过了 5000 亿，是过去 9 年的总和。

2014 年至 2020 年，资产证券化存量总规模的复合增长率为 56.56%。2022 年，我国资产证券化市场共发行各类资产证券化产品 1.97 万亿元，年末存量规模接近 5.24 万亿元。

经过"萌芽""休眠"两个阶段再到如今的全速发展阶段，资产证券化的大幕已经正式揭开。中国在不断摸索和尝试中找到了适合自身的特色发展之路。

二、我国银行间资产证券化市场

在银行间市场发行、流通的资产证券化产品，是商业银行（或资产管理公司）以所持有的信贷资产为基础资产，委托信托公司发行的。

◎ 案例

我国银行间资产证券化市场经典案例

国家开发银行于 2005 年发起了第一期开元信贷支持证券。国家开发银行作为发起机构以部分信贷资产为信托财产委托给受托人，设立了一个专项信托。该证券化产品发行后，在银行间市场上向投资者进行公开销售，并以信托财产所产生的现金为限支付本期证券的本息及其他收益。

同年，由中国建设银行作为发起机构的国内首单个人住房抵押贷款证券化产品——"建元 2005-1 个人住房抵押贷款支持证券"正式进入全国银行间债券市场。建设银行推出的个人住房抵押贷款支持证券是一种将个人住房抵押贷款作为基础资产的信贷资产证券化产品，其还本付息来源是资产池内贷款产生的现金流、贷款抵押房产、其他附属权益以及证券分层和各项储备账户的信用增级安排等。

国家开发银行发行的开元信贷资产支持证券（以下简称开元证券）和中国建设银行发行的建元个人住房抵押贷款支持证券（以下简称建元证券）在银行间债券市场的公开发行，标志着资产证券化业务正式进入中国大陆。

资料来源：中国经济网. 我国首批资产支持证券正式起航［EB/OL］.（2005-12-16）
［2023-09-24］. http：//www. ce. cn/securities/bond/yaowen/200512/16/t20051216_5535800. shtml.

通过资产证券化，银行可以将其贷款组合转化为可交易的证券，在市场上出售给其他投资者。这样一来，银行能够将风险分散到更广泛的投资者群体中，减少自身持有的风险敞口。银行通过将信贷资产证券化并出售给投资者，来获得现金流，并将其用于新的贷款发放或其他经营活动，这种资本释放和流动性提升有助于增强银行的资本充足性和经营能力。通过信贷资产证券化，银行可以获得来自市场的资金，而不仅依赖于存款等传统资金来源。这样可以拓宽银行的融资渠道，降低融资成本，并提高对各种资金需求的适应能力。

三、我国交易所资产证券化市场

在沪深证券交易所交易的资产证券化产品，是创新试点类券商依据 2004 年 2 月 1 日起施行的《证券公司客户资产管理业务试行办法》发行的。

◎ **案例**

我国交易所资产证券化市场经典案例

2005 年，以中国联通 CDMA 网络租赁费收益权为底层资产的"中国联通 CDMA 网络租赁费收益计划"在上海证券交易所成功发行。该收益计划由中国国际金融有限公司担任簿记管理人、计划设立人及计划管理人，向部分机构投资者定向发行，筹集资金 32 亿元。

2006 年，澜电收益在深圳证券交易所成功发行。该项目以云南华能澜沧江水电有限公司拥有的专项计划成立之次日起 5 年内特定期间（共 38 个月）漫湾发电厂水电销售收入中合计金额为 24 亿元的现金收益为基础资产，发行 2000 万份受益凭证。

2016 年，由中银国际证券有限公司作为承销机构、深圳能源集团股份有限公司作为项目担保人、深能南京能源投资有限公司作为原始权益人的深能南京电力光伏上网收益权 ABS 项目正式落地，该产品已在深圳证券交易所正式挂牌交易，此次专项计划募集资金总额超过 10 亿元。

联通资产证券化方案，是中国证监会批准的首个专项资产管理计划，它的成功募集、设立和交易被许多业内人士视为国内证券化项目的一个里程碑；澜电收益是国内首个水电收益资产证券化产品，水电是国家大力扶持的可再生能源，经营成本低，电费收入持续稳定，是非常适合采取证券资产化融资的资产，澜电收益的成功发行表明中国资产证券化试点步伐明显加快；深能南京电力光伏上网收益权 ABS 专项是中国首单落地的光伏电站收益权 ABS 项目，对中国光伏市场投资发展具有积极作用和重要影响。

资料来源：①中国经济网．"联通收益计划 05"明起上证所交易［EB/OL］．（2005-12-27）［2023-09-24］．http://www.ce.cn/securities/stock/gsyj/gsgsdt/200512/27/t20051227_5650674.shtml.

②证券日报．招商证券资产证券化项目获批［EB/OL］．（2006-04-27）［2023-09-24］．http://finance.sina.com.cn/stock/y/20060427/11232535544.shtml.

③世纪新能源网．国内首单光伏发电 ABS 资产证券化产品 18 日在深交所挂牌［EB/OL］．（2016-03-18）［2023-09-24］．https://www.ne21.com/news/show-73990.html.

交易所资产证券化市场为各种资产提供了一个标准化、透明、流动性强的交易平台，也为投资者提供了一个集中交易的平台，提高了市场的流动性和可见度。交易所资产证券化市场有助于推动市场标准化和规模化发展，它提供了一个统一的市场框架，促使发行人和投资者遵循共同的交易规则和标准。这有助于提高市场效率，降低交易成本，并使市场更具吸引力和竞争力，推动金融市场的发展和创新。交易所资产证券化市场还为企业提供了一个重要的融资渠道，通过将资产转化为可交易的证券，企业可以筹集资金用于扩大业务、投资项目或进行并购等，这进一步推动了经济增长和创造就业机会能力的提升。

四、我国资产证券化市场发展现状

近年来，中国的资产证券化市场规模逐渐扩大，并且，中国的资产证券化市场涌现出了更加多样化的资产类型。中国政府也一直支持资产证券化市场的发展，通过出台相关政策和措施促进市场健康发展。同时，中国资产证券化市场不断进行创新，推出各种新型证券化产品，以满足不同投资者和行业的需求。资产证券化市场在加快盘活存量资产、支持绿色经济转型、助力中小企业科技创新、发挥知识产权价值等方面日益发挥重要作用。

2020 年，受新冠疫情影响，我国资产证券化市场发行先抑后扬，整体延续增长态势。2020 年，我国共发行标准化资产证券化产品 28749.27 亿元，同比增长 22.65%；年末市场存量为 51862.60 亿元，同比增长 23.60%。市场运行保持平稳，发行利率震荡变动，但在政策推动下，资产证券化市场创新继续推进。多单疫情防控资产支持证券发行，在支持疫情防控工作、帮助企业复工复产、加快盘活存量资产、提升金融服务实体经济质效方面发挥了积极作用。

2021 年，我国资产证券化市场规模持续增长，即使受新冠疫情影响，我国资产证券化市场整体存量规模仍以两位数增长，业务创新不断推出，信托公司也将在资产证券化业务领域保持快速发展态势。全年共发行资产证券化产品30999.32亿元，同比增长8%；年末市场存量为59280.95亿元，同比增长14%。市场运行平稳，发行利率震荡下行，流动性同比提升。

2023年上半年，国内资产证券化产品的发行单数较2022年上半年略有增加，但金额有所下降。根据中国资产证券化分析网的统计，2023年上半年资产证券化市场共发行资产证券化产品797单，同比增加0.25%，发行总规模为8449.18亿元，同比下降11.50%。

◎ 补充阅读

保险ABS发行由注册制改为登记制

2021年9月28日，中国银行保险监督管理委员会（以下简称银保监会）发布《关于资产支持计划和保险私募基金登记有关事项的通知》（以下简称《通知》），将保险资产管理机构的资产支持计划和保险私募基金由注册制改为登记制。《通知》共7条，旨在通过明确登记环节、缩短登记时间以及压实机构主体责任等方式，进一步规范产品发行，并提高产品发行效率。"总体来看，推进资产支持计划和保险私募基金登记制改革是大势所趋。一是从产品角度看，资管新规后，随着同类产品监管规则日趋统一，资产管理行业竞争日益激烈，产品发行效率成为决定机构竞争力的重要因素。二是从投资者角度看，保险资金投资两类产品规模占比均接近九成，将产品由注册改为登记，将极大提高保险资金的配置效率。三是从风险承担角度看，将产品由注册改为登记，有利于压实保险资产管理机构的主体责任，有效厘清管理人、委托人、受益人、登记机构等各方的权利义务"，保监会有关部门负责人在接受采访时表示。

从2012年部分保险资产管理公司开展资产支持计划试点业务，到2015年《资产支持计划业务管理暂行办法》出台上层制度建设文件，再到2019年《中国银保监会办公厅关于资产支持计划注册有关事项的通知》明确资产支持计划从审批制走向注册制，到2021年《资产支持计划产品发行前登记管理规则》将注册制改为登记制，监管规则的不断"松绑"使保险ABS在近年间快速上量，逐渐形成一个虽然小众、但不容忽视的市场。

资料来源：①中债研发中心.2021年资产证券化发展报告［EB/OL］.（2022-04-13）［2023-09-24］.https：//doc.mbalib.com/view/90234d23224beb5ba541e631080a1c50.html.

②朱俊、王洁.漫谈保险ABS系列［EB/OL］.（2023-02-16）［2023-09-24］.https：//www.hankunlaw.com/portal/article/index/cid/8/id/12914.html.

2022 年，在国际环境复杂严峻与国内疫情持续多点散发等多方面因素的交织影响下，我国资产证券化产品的发行单数与金额均较 2021 年有所下降。全年共发行资产证券化产品 19744.87 亿元，同比下降 36%；年末市场存量为52944.78 亿元，同比下降 11%。市场运行平稳，发行利率震荡下行，流动性同比下降。

总体来看，当前我国资产证券化市场发展态势良好，各方面均有望不断迈向新的高度，但同时也面临着各种压力与挑战。目前，国内资产证券化市场仍然处于起步阶段，相较于国际发展水平，尚有发展差距。并且，国内市场投资者对资产证券化的理解还不够深入，对于产品的质量和风险控制也存在一定程度的不确定性。需要政府、监管机构和市场主体共同努力，才能够让我国资产证券化市场得到更加健康、稳定的发展。

（一）租赁资产支持证券发展稳步向前

面对日益激烈的行业竞争，传统的融资方式已无法满足业务高速增长的需求，开展租赁资产证券化已经成为租赁公司重要的融资方式之一。整体而言，我国租赁资产支持证券呈现出稳健、多元的发展态势。2022 年我国发行资产证券化产品1.97 万亿元，租赁资产支持证券发行规模领跑；2023 年上半年，企业 ABS 发行总额为 5297 亿元，其中发行规模最大的是融资租赁债权，共计 1286 亿元。

2023 年 6 月，受高校毕业生入市带动，重点城市住宅平均租金环比涨幅略有扩大。中央层面鼓励住房租赁领域融资创新，以满足企业多样化融资需求。中国银行间市场交易商协会发文鼓励和支持企业在租赁住房等领域开展证券化融资创新，重点支持租赁住房等领域通过发行类 REITs（不动产投资信托基金）有效盘活存量资产。

租赁资产支持证券专项计划的原始权益生在实体企业，长在租赁公司，租赁资产证券化最直接、最切实、最有力地体现了资本市场对实体企业的支持，租赁资产证券化在很大程度上破解了实体企业"融资难、融资贵"的问题。

◎ 案例

国金租赁首期租赁资产证券化项目

由上海国金租赁有限公司作为原始权益人发起的"国金—国金租赁一期资产支持专项计划"资产支持证券日前在上海证券交易所成功挂牌，挂牌仪式于2016 年 11 月 24 日在上海证券交易所举行。

"国金—国金租赁一期资产支持专项计划"资产支持证券是国金租赁首期租

赁资产证券化项目，总发行规模为 26.51 亿元，专项计划由优先 A 级（AAA）和优先 B 级（AA+）及次级证券构成，期限为五年，由国金证券担任计划管理人。本期专项计划因其优质的基础资产和完善的增信措施，获得广大金融机构的积极关注和争相认购，超额认购 5 倍以上。较低的发行价和超高的认购倍率充分反映了资本市场对国金租赁良好的社会信用基础和优良的经营品质的认可。

上海国金租赁相关负责人表示，本期资产计划在交易结构上比较复杂，核心特点是将存量资产与增量资产叠加打包入池，既满足了存量资产加速变现的要求，同时也有力地保障了增量项目的开拓力度，极大地提升了公司财务管理的能力和效率，满足了企业结构化融资需求。

资料来源：中国证券网. 存量资产与增量资产叠加打包入池国金租赁资产证券化再入佳境 [EB/OL]. （2016－11－24）［2023－09－24］. https：//news. cnstock. com/news，qy－201611－3960367. htm.

（二）绿色资产支持证券发展欣欣向荣

绿色资产支持证券（以下简称绿色 ABS）是一种以环保和可持续发展项目为基础资产的证券化产品，它将符合绿色标准的资产打包成证券并向投资者发行。绿色资产支持证券的基础资产包括可再生能源项目、能效改进项目、清洁交通项目、绿色建筑项目等符合环境友好和可持续发展原则的资产。

随着环境问题的日益突出，社会对绿色发展和环境保护的认知逐渐加深，中国政府高度重视环境保护和可持续发展，致力于建设绿色金融体系，推动资金流向环境友好型产业，绿色金融也成为资产证券化市场的一个创新方向。2021 年，"双碳"目标的提出极大提升了对减排项目的需求，增加了绿色债券的发行和投资机会，进一步促进了中国绿色债券市场的发展。截至 2021 年 7 月末，境内市场共计发行碳中和资产支持证券 20 单，发行规模达 299.61 亿元，占绿色资产支持证券总发行规模的比重达 6 成，基础资产广泛来源于清洁能源、清洁交通等领域。

绿色资产支持证券可以引导资金流向环保和可持续发展项目，推动低碳经济、清洁能源、节能减排等领域的发展。绿色资产支持证券的发行可以增加绿色项目的融资来源，提供长期稳定的资金支持，这有助于解决环保项目融资难题，推动更多绿色项目的实施和落地，推动经济高质量发展和生态文明建设目标的实现。

◎ 补充阅读

我国绿色资产支持证券发展现状

近几年来，绿色资产证券化产品发行从"质"和"量"两个维度实现了大幅度的跨越提升，在产品发行规模、基础资产丰富度等方面均有重大进展。

产品发行规模提速增长。2016—2022 年，绿色资产证券化产品发行数量与规模大体呈波动上涨趋势，近两年涨幅显著。2022 年，我国境内绿色资产证券化产品发行单数为 124 单，发行规模约为 2142.55 亿元，发行规模同比增加 71.88%。截至 2022 年底，我国境内绿色资产证券化产品存量规模约为 3000 亿元。

基础资产日益丰富。2022 年绿色资产支持证券基础资产类型以补贴款债权为主（除未分类的 ABN 外），发行规模为 474.83 亿元；其次为个人汽车贷款，发行规模为 237.40 亿元。此外，绿色资产支持证券基础资产类型还包括应收账款、基础设施收费、租赁资产、供应链债权、商业房地产抵押贷款、类 REITs 不动产投资信托等 15 种类型，较往年种类增多，这表明有越来越多行业开展绿色融资，进行绿色低碳转型。

资料来源：中央财经大学绿色金融国际研究院.2022 年中国绿色债券年报［EB/OL］.（2023-02-13）［2023-09-24］.https：//iigf.cufe.edu.cn/info/1012/6390.htm.

（三）基础设施公募 REITs 蓬勃发展

基础设施公募 REITs（不动产投资信托基金）是一种将基础设施资产证券化的投资产品，特指以基础设施项目为主要投资对象的不动产投资信托基金。基础设施公募 REITs 使得投资者能够在没有直接持有实物资产的情况下，从基础设施项目的价值增长和运营收益中受益。基础设施项目主要包括仓储物流，收费公路、机场港口等交通设施，水电气热等市政设施，污染治理、信息网络、产业园区等其他基础设施。

发展基础设施公募 REITs 有助于减轻政府财政压力，推动基础设施建设的可持续发展；有助于使长期的基础设施资产流动起来，实现资源的高效配置和利用；有助于促进基础设施建设和更新，提升基础设施水平，推动城市化进程，增强经济发展的韧性和竞争力，带来更广泛的经济和社会效益。

2021 年，我国金融监管机构和各级政府出台一系列相关政策文件，对基础设施公募 REITs 释放强劲提振信号。自 2021 年 6 月 21 日首批 9 只基础设施公募 REITs 上市以来，我国 REITs 市场快速发展，呈现量质齐升的发展态势。截至 2023 年 6 月 30 日，已上市 REITs 增至 27 只，募集资金近千亿元，重点用于支持科技创新、绿色低碳和民生发展等基础设施补短板领域。

2023 年 3 月 24 日，证监会发布了《关于进一步推进基础设施领域不动产投资信托基金（REITs）常态化发行相关工作的通知》，进一步推进 REITs 常态化发行工作。此举贯彻了党的二十大和中央经济工作会议精神，按照国务院工作部署，根据《国务院办公厅关于进一步盘活存量资产扩大有效投资的意见》要求，进一步健全 REITs 市场功能，推进 REITs 常态化发行，完善基础制度和监管安排。REITs 由试点迈向常态化发行新阶段，基础制度日臻完善、资产类型持续丰富、发行规模不断攀升，初步探索出一条既遵循成熟市场规律，又适应中国国情的 REITs 发展之路。

长期来看，REITs 政策支持预期明朗，市场空间广阔，未来发展前景可期。但也要注意，当前我国 REITs 尚处于发展初级阶段，要走好中国特色 REITs 市场发展之路，还需在多方面下功夫。

◎ 案例

两单新能源公募 REITs 同时发售

2023 年 3 月 2 日，公募 REITs 市场又迎来新成员。中信建投国家电投新能源 REIT 和中航京能光伏 REIT 上市，这标志着我国 REITs 市场迎来全国首批新能源 REITs。

中信建投国家电投新能源 REIT 发起人为国家电投，基金管理人为中信建投基金，财务顾问及计划管理人为中信建投证券。该项目底层资产为位于"海上风电第一城"江苏省盐城市的滨海北 H1、滨海北 H2 海上风电和配套运维驿站项目，合计装机规模达 500 兆瓦。

中航京能光伏 REIT 的发起人为京能国际，京能国际能源发展（北京）有限公司及联合光伏（常州）投资集团有限公司为原始权益人，中航基金为基金管理人，中航证券为计划管理人，招商证券为财务顾问。基础设施资产为陕西榆林的 300 兆瓦光伏发电项目和湖北随州 100 兆瓦光伏发电项目。

新能源基础设施的建设需要大量资金和技术支持，公募 REITs 为我国新能源基础设施项目的投融资提供了新的渠道和模式，有助于盘活存量新能源基础设施资产、改善能源电力企业财务结构、推动新能源基础设施行业快速发展。

资料来源：中央财经大学绿色金融国际研究院. 基础设施公募 REITs 支持清洁能源发展浅析［EB/OL］.（2023-03-31）［2023-09-24］. http://iigf.cufe.edu.cn/info/1012/6641.htm.

（四）知识产权 ABS 创新持续推进

知识产权 ABS 是指以知识产权为资产支持的证券化产品，知识产权包括专利、商标、版权等无形资产，这些资产具有一定的价值和收益潜力。知识产权 ABS 将这些知识产权捆绑成证券化产品，通过发行证券向投资者筹集资金，并以未来的知识产权收益为偿付来源。中国是世界上知识产权数量最庞大的国家之一，拥有众多的专利、商标和版权等知识产权，这为发行知识产权 ABS 提供了充足的资产基础和投资机会。中国也正在从传统的制造业导向转变为创新驱动型经济，政府大力支持科技创新和知识产权保护，积极促进高新技术产业的发展，为知识产权 ABS 的市场需求提供了有利条件。

2020 年以来，我国知识产权证券化进入高速发展期，在多重政策利好的加持下，2021 年知识产权证券化产品出现了爆发式增长。数量之外，亮点突出，出现了多个区域首单、行业首单、资产类型首单等。截至 2022 年，知识产权证券化产品累计发行 90 多只、发行规模达 184 亿元。其中，深圳是全国首个发行知识产权 ABS 规模破百亿的城市，2022 年，深圳市发行了规模为 40.5 亿元的 18 单知识产权证券化产品，居全国首位。虽然当下知识产权证券化在资产证券化业务中的占比还不高，但市场正在逐步接纳这种新型的融资方式。越来越多的企业和资本开始意识到，知识产权作为企业的核心资产，其金融属性值得被进一步挖掘利用。从发展的形势来看，相较于欧美国家，中国的知识产权证券化业务仍处于起步阶段，整体的发展前景非常广阔。

让"知产"变"资产"，发展知识产权 ABS 有助于提升知识产权市场的活力和效率，为知识产权所有者提供资本变现机会。促进技术转移、合作以及科技创新和经济发展，并为企业、投资者和社会创造更多的机会与益处。

◎ 案例

西部地区首单知识产权 ABS 成功发行

近年来国务院陆续出台相关文件，提出要完善债权、股权等融资服务机制、开展知识产权证券化融资试点，为科技型中小企业提供覆盖全生命周期的投融资服务。为贯彻落实国家政策，作为国内经济"第四极"，国内第三家金融法院所在地，成渝经济区也在积极探索知识产权与金融融合发展的新模式。

四川证监局、深交所、省市各部门联合推动的"兴业圆融—成都中小担 1 期知识产权资产支持专项计划"于 2023 年 4 月 21 日成功发行。作为西部地区首单知识产权 ABS，该项目底层资产为基于知识产权价值的信托贷款，涉及 49 项专利资产，包括发明专利、实用新型、商标专用权等。该项目的成功发行，为省内10 余家国家级专精特新企业、高新技术企业提供了 1 亿元的融资支持。

在此过程中，四川证监局、四川省知识产权促进中心、成都市地方金融监督管理局、成都市市场监督管理局以及成都知识产权交易中心积极帮助金融市场参与机构搭建沟通桥梁、共同加快探索发行知识产权证券化产品，切实助力金融服务创新和降低中小企业融资成本。成都中小担和兴业证券结合自身业务优势及对知识产权 ABS 业务的深入理解，深度挖掘项目亮点，为本期产品的成功发行提供了有力支撑。

资料来源：成都日报．知识产权证券化！西部地区首单知识产权 ABS 在蓉发行［EB/OL］．(2023-04-21)［2023-09-24］．http：//v5share.cdrb.com.cn/h5/detail/normal/5248145862591488.

第五节　资产证券化的价值与局限性

一、从美国次贷危机看资产证券化的利弊

次贷危机是 2008 年全球金融危机的核心事件之一，与资产证券化有密切关联。以下是针对次贷危机背景下的资产证券化的利弊的讨论：

分散风险和扩大资本规模是证券化对抵押贷款市场发展的最大贡献。通过证券化，抵押贷款的风险不再集中在贷款发放部门，而是分散到了愿意通过承担风险获得更高收益的各种投资者手中。资产证券化也推动了抵押贷款行业的竞争，有利于市场效率的提高。在证券化的推动下，银行存款作为贷款资金来源的重要性不断下降，市场上逐渐出现了独立的抵押金融公司，与此同时，一些专业化的次级贷款机构也开始通过合并来提高竞争力和实现规模经济。次级抵押贷款市场的发展使更多的美国家庭，特别是少数族裔和低收入家庭成为房屋拥有者，住房拥有率从 1995 年的 65% 上升到了 2006 年的 69%，拥有房屋也帮助许多家庭开始建立财富。

美国次贷危机的爆发表明，证券化在提供风险分散功能的同时，也会通过激励机制的扭曲产生一系列潜在的风险。首先，证券化降低了贷款人对借款人进行甄别的积极性，可能导致贷款标准的下降。其次，由于证券化加剧了信息不对称，抵押贷款提供链条上的各种专业服务提供者很容易出现严重的道德风险问题。再次，证券化使不同层次的信贷市场更紧密地相互依存，但当不确定性出现时，风险也更容易波及优质市场。当市场环境开始逆转时，首先遭受损失的投资者会从一个市场转到另一个市场，通过"动态对冲"来防止未来的损失，从而加剧各层次市场价格的波动。最后，证券化只是提高了银行或储蓄贷款机构把风险转移出报表的能力，并没有消除这些风险再回来的可能性。

2007 年初爆发的次贷危机并不说明资产证券化本身存在内在的缺陷，但认识其弊端及可能产生的风险，对今后中国更有效地推进资产证券化而言是十分有必要的。

◎ 补充阅读

次贷危机与证券化

从表面上来看，次贷危机确实和资产证券化有一定关系。因为那些大量发放不符合优质抵押贷款条件房贷的贷款机构，通过把这些贷款证券化，把贷款发生拖欠、抵押品不足抵押造成的损失转嫁给广大投资者，使一些与美国次贷市场相关的基金、银行陷入困境或破产，并进一步引发西方信贷市场一定程度的紧缩。

但是，资产证券化和其他的金融工具一样，都只是一种工具，都存在如何运用的问题，也就是说，正确地运用，运用得好，它可以发挥上述作用；错误地使用，用得不好，它也可能带来问题，造成风险。资产证券化是一种比较复杂的结构性融资工具，风险和收益不像贷款那样一目了然，因此，容易使人片面地看待它：不出问题，就认为它只会带来好处；出了问题，就认为都是它惹的祸。事实上，就资产证券化本身而言，它是中性的，关键看怎么运用它。次贷危机的出现，并不是资产证券化的必然结果，而是一些贷款机构错误地使用了资产证券化这一金融工具。

那么，资产证券化是如何被一些贷款机构错误使用的呢？首先，是贷款机构在进行证券化时，没有如实地披露信息。而信用评级机构对证券化基础资产池的信用评级，也不是真正根据借款人的违约可能性，而是凭着对房价上涨的盲目估计，高估资产池的信用等级，把次贷证券化产品的信用等级评得与正常贷款证券化产品一样，严重误导投资人。其次，是美国金融监管部门对证券化的监管流于形式，这是一些贷款机构能够错误利用证券化工具的一个重要原因。

上面的分析告诉我们，美国房贷危机的出现并不是资产证券化的必然产物，而是在监管缺失情况下贷款机构错误甚至恶意利用证券化这一金融工具的结果。造成次贷危机的根源是次贷内在的高信用风险，即使这些次贷不证券化，它也会在一定条件下显现并带来严重损失，只是那时危机的表现形式将是贷款机构巨额的不良资产。证券化使次贷规模的迅速扩张变为可能，而且让更多的投资者共同为次贷承担损失。次贷危机的始作俑者仍然是次贷的放款机构。

资料来源：沈炳熙. 次贷危机与证券化［J］. 中国货币市场，2007，73（11）：12-17.

二、我国发展资产证券化的价值及局限性

（一）资产证券化在我国实施的价值

1. 对发起人的价值

（1）资金筹集。资产证券化允许发起人将其资产转化为可交易的证券，通

过出售这些证券来筹集资金，这为发起人提供了一种替代传统贷款融资的方式。通过资产证券化，发起人可以快速获得资金，并满足其经营和扩张的资金需求。

（2）风险转移。资产证券化使发起人能够将原始资产的风险转移给投资者。一旦资产被转移给特殊目的实体（SPV），发起人不再承担与这些资产相关的信用风险和市场风险，这有助于降低发起人的财务风险。

（3）资本管理。通过资产证券化，发起人可以将资产转移给 SPV 管理，这样做可以减轻发起人的资产管理负担。通过转移资产和相关风险，发起人可以减少其负债表上的资产和负债，从而改善财务状况和资本回报。

2. 对投资者的价值

（1）投资选择多样性。资产证券化为投资者提供了更广泛的投资选择。通过购买资产支持证券，投资者可以参与各种类型的资产类别，这使投资者能够根据自身风险偏好和收益期望选择适合的证券产品。

（2）风险分散。资产证券化允许投资者通过购买不同级别和类别的资产支持证券来分散风险，不同级别的证券承担着不同程度的风险和回报。投资者可以根据自己的风险承受能力和投资目标，选择适合自己的证券级别，实现风险的有效分散。

（3）收益机会和流动性。通过购买资产支持证券，投资者可以获得与资产池相关的现金流收入，资产证券化提供了一种获取稳定现金流和潜在增值机会的方式。对于一些固定收益型资产支持证券，投资者能够获得长期稳定的现金流和收益。

3. 对金融市场的价值

（1）促进市场发展和创新。通过将各种资产转化为可交易的证券产品，资产证券化为金融市场带来了更多的投资选择和机会。这推动了金融市场的发展和创新，为投资者提供了更广泛的投资渠道，并丰富了市场的产品和工具。

（2）提高资源配置效率。资产证券化可以有效地将资金从低效或嵌入性较高的资产中释放出来，重新配置到更有价值和高效的投资项目上。这有助于优化资源配置，提高经济的效率和生产力。

（3）促进金融体系稳定。资产证券化可以提升金融体系的稳定性和弹性。通过将风险分散到不同的投资者和市场参与者之间，资产证券化减少了金融机构和经济的系统性风险，并提高了整个金融体系的韧性。

（二）资产证券化在我国实施的局限性

快速发展的资产证券化产品在我国宏观、中观和微观领域都发挥了一定的积极作用。但同时也要看到，我国资产证券化市场处于发展的初级阶段，仍面临较多的问题和挑战。

1. 评级问题

（1）评级成本。资产证券化产品的评级通常需要借助专业的评级机构进行评估和打分，这些评级机构会收取一定的评级费用，以覆盖评级过程中的成本和风险。对于发行人来说，评级费用可能是一项显著的成本，特别是在进行大规模或复杂的资产证券化交易时。

（2）评级机构垄断。少数几家主要的评级机构在资产证券化市场中具有较高的垄断地位，这种垄断可能导致缺乏竞争和创新，评级费用高昂并且缺乏多样性选择。此外，依赖少数几家评级机构可能增加系统性风险，因为它们的评级影响着投资者的决策和市场的整体稳定性。

2. 风险问题

（1）潜在道德风险。资产证券化可能导致潜在的道德风险，即借款人或其他参与者可能会利用交易结构来规避责任或违背道义。例如，原始贷款人可能会在将贷款转让给特殊目的实体时放宽贷款标准，从而增加了贷款违约的风险。

（2）信用风险。当资产证券化产品中的底层资产质量下降（如借款人违约、债务违约或担保不足等）时，投资者面临的信用风险会增加。如果投资者无法按预期收到利息或收回本金，可能会遭受损失。

（3）法律和监管风险。资产证券化存在着法律和监管的不确定性和风险。监管政策和规定的变化可能会对资产证券化市场和产品产生重大影响，而法律纠纷或争议可能会对相关交易和合同产生负面影响。

（4）信息不对称风险。在资产证券化交易中，不同参与者拥有不同的信息，这可能导致信息的不对称性。当某些参与者具有更多或更准确的信息时，其他投资者可能无法全面了解相关风险，从而导致错误的投资决策和损失。

3. 会计、税收和法律问题

（1）会计问题。

1）会计披露的不完整性：在某些情况下，资产证券化可能掩盖了企业的真实债务水平。通过将资产转移至特殊目的实体或其他结构中，企业可以从负债表中剥离资产，并将其变为资产支持证券发行。这导致企业的财务状况和风险暴露不再反映在其负债表上，降低了债务风险的透明度。

2）会计处理的复杂性：资产证券化通常涉及复杂的结构和交易安排，这使会计处理变得更加困难，包括资产的识别、分类和计量等。同时，复杂的结构也增加了审计的难度。

3）资产估值的挑战性：资产证券化中的底层资产通常是非流动的或特定类型的资产，如抵押贷款、债务池或租赁合同。确定这些资产的公允价值可能具有挑战性，尤其是在市场流动性不足或缺乏可比交易的情况下，这可能导致资产的估值存在主观性和不确定性。

（2）税收问题。

1）税务处理成本：资产证券化涉及多个参与方和多个层次的交易，存在多重征税的潜在风险。例如，既要对资产证券化产品发行人征税，又要对为资产证券化产品提供服务的机构征税。同时，只要是在不同地区的两个商业银行之间开展资产证券化业务，就会出现重复纳税现象。

2）税务要求复杂：资产证券化涉及多个参与方和交易层面，涉及不同的税务管辖区域和税务规定。这使处理涉税事项变得复杂，需要专业的税务顾问来确保合规性和最大化税收效益。

3）税收逃避风险：某些资产证券化结构可能被滥用以规避税收义务，税收机构需要对此类结构进行监管，并采取措施以防止滥用。

（3）法律问题。

1）法律体系不完备：现有市场经济法律体系的不完备主要体现在现有法律法规与资产证券化的现实需求的不相适应上。从法律角度来看，我国尚无配套的法律法规来构筑破产隔离制度和实现资产证券化的规范，种种的不规范最终导致风险集中于投资者身上。

2）法律文本欠缺：由于欠缺法律文本，现实中关于信息披露标准的要求难以统一，资产担保矛盾纠纷较多，担保机构的统筹运作缺位。并且，现有的法律文本可能无法涵盖所有可能出现的情况，从而留下监管漏洞。

3）法律滞后性：资产证券化领域的创新和变革迅猛，而法律调整的过程相对较慢。因此，现有的法律文本可能无法及时适应市场发展的需求，导致法律滞后于实际操作。

本章测试题

一、名词解释

1. 资产证券化
2. 抵押支持证券
3. 破产隔离
4. 信用增强
5. 提前偿付风险

二、简答题

1. 请简述资产证券化的特点。
2. 请简述抵押贷款支持证券（MBS）和资产支持证券（ABS）之间的区别。
3. 请简要解释一下特殊目的实体（SPV）在资产证券化中的作用。

三、论述题

1. 论述资产证券化的主要参与者和运作流程。
2. 论述发展资产证券化的意义和存在的问题。

◎ 扩展阅读

资产证券化对商业银行盈利的影响——异质性视角下的研究

摘要： 本文以中国银行业为研究样本，考察资产证券化对银行盈利的影响。研究发现：资产证券化显著促进银行盈利增长，并且该效应对于非上市银行与规模较小银行更为显著；对于资产流动性结构更为合理、风险承担水平更低、资本充足状况及经营绩效更好的中小银行而言，资产证券化对盈利能力的正向效应更强；同时基于时间变化趋势的检验显示，在发行首笔资产支持证券之后，资产证券化对银行盈利增长的促进作用逐步增强。

资料来源：王晓，李佳.资产证券化对商业银行盈利的影响——异质性视角下的研究[J].金融论坛，2021，26（3）：48-59.

资产证券化与银行个体风险——基于微观与宏观的联动视角

摘要： 本文选取 2012—2019 年我国 30 家上市银行的季度数据，实证考察资产证券化对银行个体风险的影响及传导机制。研究发现，资产证券化显著降低了银行稳定性，增加了银行个体风险；在资产证券化过程中，道德风险与银行间产品互持的联合效应将由"系统性风险联动机制"间接影响到个体银行；但杠杆率提升与银行间负债关系对银行风险的联合负面效应却不显著。进一步研究发现，资产证券化对银行风险的传导机制，在不同银行主体间存在异质性。上述结论在考虑内生性问题及进行多项检验后仍是稳健的。

资料来源：安丛梅.资产证券化与银行个体风险——基于微观与宏观的联动视角[J].上海金融，2023（2）：27-41.

资产证券化盘活存量资产：基于微观企业视角

摘要： 为转变发展方式，通过"盘活存量"促进实体经济高质量发展，中国重启了暂停多年的资产证券化发行。资产证券化的结构设计天然具有降低杠杆率的作用，但其盘活存量的作用并未得到检验。本文首次整理了企业资产证券化数据，研究资产证券化盘活存量的作用。经验研究结果发现：企业资产证券化能提升经营效益，降低信用风险，这种作用是通过资产负债表和信用修复机制实现的，表明资产证券化在一定程度上产生了盘活存量的作用。研究结论在进行样本匹配、分组检验、替换被解释变量等稳健性检验后保持不变。本文首次提供了中国实体企业进行资产证券化的经验证据，为金融服务实体经济高质量发展提供了政策依据。

资料来源：朱小能，苏皓，郝一珺. 资产证券化盘活存量资产：基于微观企业视角 [J].世界经济，2022，45（10）：160-184.

参考文献：

[1] 王晓，李佳. 资产证券化对商业银行盈利的影响——异质性视角下的研究 [J]. 金融论坛，2021，26（3）：48-59.

[2] 安丛梅. 资产证券化与银行个体风险——基于微观与宏观的联动视角 [J]. 上海金融，2023（2）：27-41.

[3] 朱小能，苏皓，郝一珺. 资产证券化盘活存量资产：基于微观企业视角 [J]. 世界经济，2022，45（10）：160-184.

[4] 沈炳熙. 次贷危机与证券化 [J]. 中国货币市场，2007，73（11）：12-17.

测试题答案

一、名词解释

1. 资产证券化：将那些缺乏流动性，但能够产生可预见现金收入的资产（如住房贷款、学生贷款、信用卡应收款等）出售给特定发行人，创设一种以该资产产生的现金流为支持的金融工具或权利凭证，进而将这些不流动的资产转换成可以在金融市场上出售和流通的证券的一种融资过程或融资方法。

2. 抵押支持证券：将多个抵押贷款合并成一个证券化的投资产品进行发行和交易，是由抵押贷款为基础资产支持的证券。

3. 破产隔离：资产证券化的破产隔离是指在资产证券化交易结构中，将发行人的破产风险与资产池的资产分隔开来，以保护投资者利益。基于破产隔离，即使发行人破产或遭受财务困境，资产池中的资产仍然受到保护，并不会被用于偿还发行人的债务。

4. 信用增强：资产证券化的信用增强是指在资产证券化过程中采取措施以提高证券产品的信用质量和吸引力。这通常通过引入额外的保护层或信用增强工具来实现，这些措施旨在减少投资者面临的违约风险，从而提高证券产品的安全性。

5. 提前偿付风险：资产证券化提前偿付风险是指在资产证券化过程中，资产支持证券（ABS）或抵押支持证券（MBS）的借款人提前偿还其贷款的风险。在这种情况下，投资者可能会面临较早回收投资本金的风险，从而影响其预期的收益。

二、简答题

1. 请简述资产证券化的特点。

（1）结构型融资：资产证券化是一种结构化的融资方式，通过将资产转化为可交易的证券，以筹集资金并满足投资者需求。

（2）资产支持型融资：资产证券化依赖于具有价值的资产，并通过将这些资产转化为证券来进行融资。投资者购买这些证券后，所获得的回报来源于支持的资产。

（3）表外处理：资产证券化允许原始持有人将资产从其负债表中移除，实现表外处理，这可以改善原始持有人的财务状况和风险管理。

（4）融资成本低：通过资产证券化，原始持有人可以通过出售证券来融资，并且由于市场竞争和投资者需求，可能以较低的成本获得融资。

（5）破产隔离：资产证券化使资产从原始持有人的财务状况中分离出来，形成了一个特殊目的实体，这在某种程度上将资产与原始持有人的破产风险相隔离。

（6）信用增级：通过将不同级别和优先级的证券发行给投资者，资产证券化提供了一种信用增级机制。高级证券通常具有较高的信用评级，而次级证券则承担更高的风险，它们分别吸引不同风险偏好的投资者。

2. 请简述抵押贷款支持证券（MBS）和资产支持证券（ABS）之间的区别。

（1）资产类型：MBS 是由抵押贷款组成的证券，这些抵押贷款通常与房地产相关，包括住宅抵押贷款或商业抵押贷款。而 ABS 可以由各种不同类型的资产组成，如汽车贷款、信用卡债务、学生贷款、商业贷款等。

（2）风险来源：MBS 的风险主要来自房地产市场，如住房价格波动和违约风险。ABS 的风险则与特定资产类型相关，如经济衰退导致的失业率上升可能增加信用卡债务违约的风险。

（3）风险大小：MBS 的风险主要源于房地产市场的波动以及抵押贷款借款人的违约风险，风险更加集中；尽管 ABS 也存在风险，但相比之下，ABS 通常具有更多样化的资产类型，这种多样性可以帮助减少特定领域的风险集中。

（4）监管要求：由于 2008 年次贷危机的教训，MBS 市场普遍面临更严格的监管，因为它们与房地产市场紧密相关。ABS 的监管程度相对较低，可能存在一定程度的市场自律。

（5）发行机构：MBS 通常由金融机构发行，如银行或房屋贷款公司。相比之下，ABS 的发行机构更加多样化。除了金融机构外，ABS 可以由信托公司、特殊目的实体（SPV）、租赁公司等各种机构发行。

3. 请简要解释一下特殊目的实体（SPV）在资产证券化中的作用。

特殊目的实体（SPV）在资产证券化中的作用是将原始资产从发起人的资产负债表中剥离，并将其转移到独立的法律实体名下。通过这种方式，SPV 实现了以下几个关键功能：

（1）隔离风险：SPV 将原始资产与发起人的其他风险隔离开来，以保护投资者免受发起人的潜在风险影响。即使发起人面临经营困难或破产，SPV 中持有的资产也不会受到影响。

（2）筹集资金：SPV 通过发行证券来筹集资金，这些证券代表着与 SPV 持有的资产相关的权益。投资者购买这些证券，为 SPV 提供所需的资金。

（3）资产转移：SPV 作为独立法律实体，接收并持有原始资产，这些资产可以是抵押贷款、商业贷款、汽车贷款等。将资产转移到 SPV 名下有助于整合和管理多个资产，并为投资者创造投资机会。

（4）管理现金流：SPV 管理所持有资产的现金流，它收集来自原始资产的支付和收益，并根据设定的结构和安排分配给投资者，使投资者能够间接参与并分享资产现金流收益。

总之，特殊目的实体在资产证券化中通过隔离风险、筹集资金、管理现金流等作用，促进了资产证券化交易的顺利进行。

三、论述题

1. 论述资产证券化的主要参与者和运作流程。

（1）一般而言，资产证券化的主要参与者包括原始债务人、原始债权人、特别目的机构（SPV）、投资者以及专门服务人、信托机构、信用评级机构、担保机构和承销商等。

（2）①资产筛选和建立资产池：选择要证券化的资产，并将其组成一个资产池。②设立特殊目的实体：成立一个特殊目的实体（SPV）来持有和管理要证券化的资产。③证券化资产所有权转移：证券化资产的所有权从原始债权人或资产持有人转移到特殊目的实体，SPV 成为新的资产所有人，负责管理和运营这些证券化资产。④结构化和分割资产：根据投资者的需求和风险偏好，将资产池中的资产进行结构化处理和分割，创建不同等级或类别的证券产品。⑤发行文件准备：随后，发行人会准备相关的发行文件，如招股说明书或发行备忘录，其中包含与证券化产品有关的详细信息。⑥信用增级和评级：对资产证券化产品进行评级，以确定证券的信用风险和吸引力。有时还会进行信用增级，通过引入担保或其他信用增强机制来提高证券的信用评级。⑦发行和销售：确定发行规模、发行价格和发行时机等，发行的证券化产品通常会通过公开市场销售，这些产品可以在证券交易所上市交易，也可以通过私募方式销售给合格的投资者。⑧资产池管理：确保资产池的良好运营和资金流动，包括负责收取、记录由基础资产产生的全部收入，用于对投资者的还本付息。⑨证券清偿：在证券化产品发行后，确保按照约定的还款安排和还款顺序对借款人的还款进行收集和分配，以保障证券持有人的权益。

2. 论述发展资产证券化的意义和存在的问题。

（1）资产证券化具有以下优势：①资金流动性增强：资产证券化可以将原始的非流动性资产转化为可交易的证券，提高了资产的流动性。②风险分散：资产证券化实现了风险的分散，通过将多个相似风险特征的资产组合成证券化产品，降低了特定资产和单一违约风险，并提供了多样化的投资机会和流动性，使投资者能够更好地管理风险并寻求不同回报水平的投资选择。③资本市场发展：资产证券化扩大了资本市场的规模和深度，它为投资者提供了更多的投资选择，并吸引了更多的参与者进入市场。这推动了资本市场的发展，提高了市场效率和资源配置效率。④增加融资渠道：资产证券化为资产所有者提供了一种额外的融资渠道。通过将资产转化为证券销售给投资者，资产所有者可以筹集到更多的资金用于业务扩张、债务偿还或其他投资项目。

（2）然而，资产证券化也存在一些局限：①复杂性和不透明度：资产证券化的结构通常非常复杂，涉及多个参与方、各种权益级别和不同风险特征。这使投资者难以全面理解和评估证券化产品的风险和回报特征，增加了市场的不透明度。②信用风险和担保问题：投资者面临着底层资产违约风险的可能性。如果底层资产质量不佳或未能充分披露风险信息，投资者可能会承担损失。此外，对于抵押贷款证券化产品，抵押品的价值下跌或担保机构违约也会对投资者造成影响。③法律与法规风险：资产证券化涉及复杂的法律和监管框架，不合理的法律约定、监管漏洞或变化都可能会导致风险和争议的出现。④评级成本高：对于发行人来说，评级费用可能是一项显著的成本，特别是在进行大规模或复杂的资产证券化交易时。并且少数几家主要的评级机构在资产证券化市场中具有较高的垄断地位，这种垄断可能导致评级费用高昂并且缺乏多样性选择。⑤会计问题：资产证券化常涉及复杂的结构和交易安排，这些复杂的结构使会计处理变得更加困难，同时也增加了审计的难度。⑥税收问题：资产证券化在税收方面可能存在税务安排复杂、税收处理成本高、滥用资产证券化结构以规避税收义务等问题。

第七章　金融市场定价

金融市场具有定价功能，价格机制在金融市场中起着至关重要的作用，可以有效促进资源配置和金融市场发展。同时，金融产品的交易价格和交易者的实际收益密切相关，因此金融市场的价格备受关注。本章将对金融市场几种重要的价格指标——资金价格（利率）、债券价格、股票价格等进行介绍。

学习目标

1. 掌握利率的种类及计算。
2. 熟悉债券定价基本原理及债券价值属性。
3. 理解并能运用普通股价值分析模型。

引导案例

"负价格"？

中国银行于 2018 年 1 月开办"原油宝"产品，为境内个人客户提供挂钩境外原油期货的交易服务。其中，美国原油品种挂钩芝加哥商品交易所（CME）的西得克萨斯中间基原油（West Texas Intermediate，WTI）期货首行合约。2020 年以来，国际原油价格剧烈波动，美国时间 2020 年 4 月 20 日，WTI 原油 5 月期货合约 CME 官方结算价收报 -37.63 美元/桶，历史上首次收于负值。原油期货出现负价前所未有，是全球公共卫生事件期间全球原油市场剧烈动荡下的极端表现。按照美国时间 4 月 20 日 CME 官方结算价以负值结算，多头客户产生了大幅亏损。WTI 原油期货出现"负价格"的原因包括但不限于：原油在需求端受全球公共卫生事件影响出现大幅萎缩、原油贸易摩擦促使原油供给不降反增、原油的自然属性致使处置成本过高、芝加哥商品交易所临时修改规则为负价格铺平道路。

近年来，国际经济普遍出现负增长，原因在于全球公共卫生事件引起的经济停滞，叠加贸易摩擦等一系列逆全球化行为的影响。在负增长出现以前，"负利率"已成为一个热词。目前施行负利率政策的经济体，其主要目的在于应对低通胀、低增长、货币升值压力等。负利率主要分为三个层面：第一层是政策层面，即政策利率为负；第二层是银行层面，即存贷款利率为负；第三层是市场层面，即债券收益率为负。2020 年 11 月，我国财政部顺利发行 40 亿欧元主权债券，其中，5 年期 7.5 亿欧元，发行收益率为 -0.152%，首次实现负利率发行。

资料来源：①中国银行 . 中国银行关于原油宝业务情况的说明［EB/OL］.（2020-04-22）［2023-09-24］. https：//www. bankofchina. com/fimarkets/bi2/202004/t20200422_17781867. html？keywords = %E5%8E%9F%E6%B2%B9%E5%AE%9D.

②同花顺财经 . 负利率"病毒"正在全球蔓延［EB/OL］.（2020-03-14）［2023-09-24］. https：//baijiahao. baidu. com/s？id = 1661129261312496086&wfr = spider&for = pc.

③新华社 . 财政部发行 40 亿欧元主权债首次实现负利率发行［EB/OL］.（2020-11-20）［2023-09-24］. https：//baijiahao. baidu. com/s？id = 1683843374131093761&wfr = spider&for = pc.

第一节　金融市场定价概述

习近平总书记指出，市场决定资源配置是市场经济的一般规律，市场经济本质上就是市场决定资源配置的经济。党的二十大报告强调，构建全国统一大市场，深化要素市场化改革，建设高标准市场体系。要素市场是现代化经济体系的核心环节，完善要素市场化配置是建设统一开放、竞争有序的市场体系的内在要求，是坚持和完善社会主义基本经济制度、加快完善社会主义市场经济体制的重要内容。

建设高标准市场体系，根本途径是推进要素市场化配置改革，使价格机制真正引导要素配置，提升要素配置效率。所谓要素市场化配置，是指在市场经济条件下，根据市场规则、市场价格、市场竞争等来进行要素配置，以期实现效益最大化。所谓要素配置扭曲，是指市场在没有外部干预的情况下，由于市场垄断、市场分割、信息不对称等市场自身的不完善性，要素偏离最优配置状态，造成生产效率低下，引发全要素生产率损失，进而诱发经济结构失衡，制约经济发展质量提升。健全要素市场化配置体制机制，最重要的是加快要素价格市场化改革，健全要素市场化运行机制，推动要素配置依据市场规则、市场价格、市场竞争实现效益最大化和效率最优化。因为，价格机制是市场机制的核心。2020 年，中共中央、国务院印发《关于构建更加完善的要素市场化配置体制机制的意见》，明确指出，推动政府定价机制由制定具体价格水平向制定定价规则转变，也就是政府从"定价格"向

"定规则"转变，充分体现了最大限度发挥市场决定价格作用的改革方向。

◎ **补充阅读**

资本要素市场化配置及要素价格市场化改革

2020 年，中共中央、国务院印发了《关于构建更加完善的要素市场化配置体制机制的意见》，提出"四、推进资本要素市场化配置"，具体包括以下内容：

（一）完善股票市场基础制度。制定出台完善股票市场基础制度的意见。坚持市场化、法治化改革方向，改革完善股票市场发行、交易、退市等制度。鼓励和引导上市公司现金分红。完善投资者保护制度，推动完善具有中国特色的证券民事诉讼制度。完善主板、科创板、中小企业板、创业板和全国中小企业股份转让系统（新三板）市场建设。

（二）加快发展债券市场。稳步扩大债券市场规模，丰富债券市场品种，推进债券市场互联互通。统一公司信用类债券信息披露标准，完善债券违约处置机制。探索对公司信用类债券实行发行注册管理制。加强债券市场评级机构统一准入管理，规范信用评级行业发展。

（三）增加有效金融服务供给。健全多层次资本市场体系。构建多层次、广覆盖、有差异、大中小分工合理的银行机构体系，优化金融资源配置，放宽金融服务业市场准入限制，推动信用信息深度开发利用，增加服务小微企业和民营企业的金融服务供给。建立县域银行业金融机构服务"三农"的激励约束机制。推进绿色金融创新。完善金融机构市场化法治化退出机制。

（四）主动有序扩大金融业对外开放。稳步推进人民币国际化和人民币资本项目可兑换。逐步推进证券、基金行业对内对外双向开放，有序推进期货市场对外开放。逐步放宽外资金融机构准入条件，推进境内金融机构参与国际金融市场交易。

同时，《关于构建更加完善的要素市场化配置体制机制的意见》中提出"七、加快要素价格市场化改革"，第一条就是"完善主要由市场决定要素价格机制"。其中，有关资本要素的内容是："稳妥推进存贷款基准利率与市场利率并轨，提高债券市场定价效率，健全反映市场供求关系的国债收益率曲线，更好发挥国债收益率曲线定价基准作用。增强人民币汇率弹性，保持人民币汇率在合理均衡水平上的基本稳定"。

资料来源：中华人民共和国中央人民政府 . 中共中央　国务院关于构建更加完善的要素市场化配置体制机制的意见 [EB/OL] . （2020-04-09）[2023-09-24] . https://www.gov.cn/zhengce/2020-04/09/content_ 5500622. htm.

金融市场即资本要素的交易市场。金融市场价格机制是指在供求关系作用下，金融市场的参与者通过自愿交易来确定金融产品的价格及利率水平的一种体制规定。金融市场的价格形成机制是由市场供求和其他因素共同影响的，市场供求是决定金融工具价格的最主要因素，而其他因素如经济环境、政策变化、市场预期等也会对金融工具的价格产生重要影响。价格机制在金融市场中起到至关重要的作用，可以有效促进资源的配置和金融市场发展。

由上述内容可以看出，进行资本要素交易的金融市场，其价格机制主要涉及几个重要指标：利率、汇率、债券价格、股票价格等。由于在本书"第四章 外汇市场"中已介绍过"第三节 汇率的决定理论"，故以下将从利率、债券价格和股票价格三方面展开。

第二节 资金价格——利率

利率是资金的价格。均衡利率由市场供求关系决定，是企业、居民和金融机构等市场主体的储蓄行为、投资行为、融资行为在金融市场中共同作用的结果（主要通过银行存贷款、债券市场、股票市场、保险市场等进行投融资活动，并将金融资源配置到实体经济和各类资产上）。市场在配置资源过程中发挥决定性作用，配置过程是由市场交易形成的价格来导向的。在这个过程中，利率作为资金的价格决定资金流向，从而决定金融资源配置的流向。本节将介绍利率的定义、种类、计算，以及我国的利率市场化改革。

一、利率的定义

利率（Interest Rate）是指货币所有者（债权人）因贷出货币或货币资本（资金）而从借款人（债务人）处获得的报酬，是一定时期内利息额与借贷资金额（本金）的比率。

利率是资金的价格，作为反映资金稀缺程度的信号，利率与劳动力工资、土地地租一样，是重要的生产要素价格。利率是金融活动和金融体系运行中的重要变量，影响着股票、债券等主要金融产品的价格，决定了储蓄存款、定期存款、各类债券以及货币市场产品的收益率水平。同时，利率对宏观经济均衡和资源配置有重要导向意义，利率的高低直接影响老百姓的储蓄和消费、企业的投融资决策、进出口和国际收支，进而对整个经济活动产生广泛影响。因此，利率是宏观经济中的重要变量。

二、利率的种类

按照不同的划分方式，利率可分为不同的种类。以下介绍四种基本的利率分类。

（一）名义利率与实际利率

按照是否包含通货膨胀因素，利率可分为名义利率和实际利率。

名义利率（Nominal Interest Rate）是指未调整通货膨胀因素的利率。我们日常观察到的，如活期储蓄利率、1年期贷款利率等，都属于名义利率。

实际利率（Real Interest Rate）是指名义利率扣除了通货膨胀因素后的真实利率。若粗略计算，名义利率扣除通货膨胀率可视为实际利率，即：名义利率＝通货膨胀率+实际利率。若精确计算，则为：1+名义利率＝（1+通货膨胀率）×（1+实际利率）。

实际利率对经济起实质性影响，但通常在经济调控中，能够操作的只是名义利率。划分名义利率与实际利率的意义在于，它为分析通货膨胀下的利率变动及其影响提供了理论依据与工具，便于利率杠杆的操作。

（二）固定利率与浮动利率

按照借贷期内利率是否调整，利率可分为固定利率和浮动利率。

固定利率（Fixed Interest Rate）是指按照借贷协议，在一定时期内相对稳定不变、不受社会平均利润率和资金供求变化所影响的一种利息率。它是借贷双方为了便于计算成本与收益，而通常不进行调整的利率。

浮动利率（Floating Interest Rate）是指以选定的某种市场基准利率为基础利率、在贷款期限内约定的时间周期内，在基础利率上加上某个百分点计算而得出的，随选定的基础利率的变动而浮动的利率。可以作为基础利率的有央行基准利率、LPR（贷款市场报价利率）、国库券利率、市场同业拆借利率和其他金融利率等。

◎ **补充阅读**

上海银行间同业拆放利率（Shibor）

上海银行间同业拆放利率（Shanghai Interbank Offered Rate，Shibor），以位于上海的全国银行间同业拆借中心为技术平台计算、发布并命名，是由信用等级较高的银行组成报价团自主报出的人民币同业拆出利率计算确定的算术平均利率，是单利、无担保、批发性利率。目前，对社会公布的Shibor品种包括隔夜、1周、2周、1个月、3个月、6个月、9个月及1年。

Shibor 报价银行团现由 18 家商业银行组成。报价银行是公开市场一级交易商或外汇市场做市商，在中国货币市场上人民币交易相对活跃、信息披露比较充分的银行。中国人民银行成立 Shibor 工作小组，依据《上海银行间同业拆放利率（Shibor）实施准则》确定和调整报价银行团成员、监督和管理 Shibor 运行、规范报价行与指定发布人行为。

全国银行间同业拆借中心授权 Shibor 的报价计算和信息发布。每个交易日根据各报价行的报价，剔除最高、最低各 4 家报价，对其余报价进行算术平均计算后，得出每一期限品种的 Shibor，并于 11：00 对外发布。

以下为 2023 年 7 月 25 日的各期限品种 Shibor 历史走势（见图 7-1）。

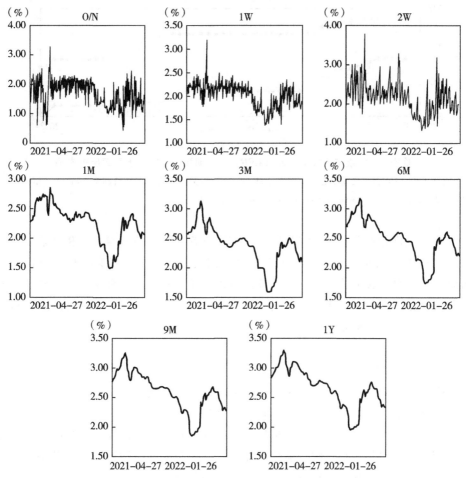

图 7-1　2023 年 7 月 25 日各期限品种 Shibor 历史走势

资料来源：上海银行间同业拆放利率. 各期限品种 Shibor 历史走势［EB/OL］.［2023-07-25］. https：//www. shibor. org/shibor/shibortrend/.

◎ 补充阅读

贷款市场报价利率（LPR）

贷款市场报价利率（Loan Prime Rate，LPR）由各报价行按公开市场操作利率（主要指中期借贷便利利率）加点形成的方式报价，由全国银行间同业拆借中心计算得出，为银行贷款提供定价参考。目前，LPR 包括 1 年期和 5 年期以上两个品种，2019—2023 年 LPR 1 年期和 5 年期以上利率的历史走势如图 7-2 所示。

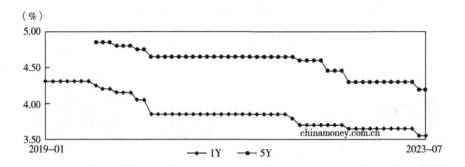

图 7-2 贷款市场报价利率（LPR）1 年期和 5 年期以上利率历史走势

资料来源：中国外汇交易中心（全国银行间同业拆借中心）. 贷款市场报价利率（LPR）［EB/OL］．［2023-07-25］. https：//www.chinamoney.com.cn/chinese/lllpr/.

LPR 报价行目前包括 18 家银行，每月 20 日（遇节假日顺延）9 时前，各报价行以 0.05 个百分点为步长，向全国银行间同业拆借中心提交报价，全国银行间同业拆借中心在去掉最高和最低报价后进行算术平均，并向 0.05% 的整数倍就近取整计算得出 LPR，于当日 9 时 15 分公布，公众可在全国银行间同业拆借中心和中国人民银行网站查询。

（三）基准利率与市场利率

按照所处地位不同，利率可分为基准利率和市场利率。

基准利率（Benchmark Interest Rate）是指金融市场上具有普遍参照作用的利率，其他利率水平或金融资产价格均可根据这一基准利率来确定。基准利率是在整个利率体系中起核心作用，能稳定控制，并能制约其他利率的基本利率。以同业拆借利率为基准利率的有英国的伦敦同业拆放利率（Libor）、美国的美国联邦基准利率（FFR）、日本的东京同业拆借利率（Tibor）、欧盟的欧元银行同业拆借利率（Euribor）等；以回购利率为基准利率的国家有德国（1W 和 2W 回购利率）、法国（1W 回购利率）、西班牙（10D 回购利率）。中国以中国人民银行对国家专业银行和其他金融机构规定的存贷款利率为基准利率。具体而言，一般普通民众把银行一年定期存款利率作为市场基准利率指标，银行则是把隔夜拆借利率作为市场基准利率。

市场利率（Market Interest Rate）是指由资金市场资金供求关系决定的利率。利率作为资金的价格，其高低自然受到资金供求关系的影响，供过于求，利率则下跌，供不应求，利率则上涨。

20 世纪 90 年代中期以来，中国人民银行推进利率市场化改革，至 2015 年已经放开了对存贷款利率的管制，但仍存在存贷款基准利率和市场利率并存的"利率双轨"问题，需要通过深化利率市场化改革来破解利率传导中存在的体制机制障碍。

◎ 补充阅读

我国的市场化利率体系

经过近 30 年来利率市场化改革的持续推进，目前我国已基本形成市场化的利率形成和传导机制，以及较为完整的市场化利率体系（见图 7-3）。主要通过货币政策工具调节银行体系流动性、释放政策利率调控信号，在利率走廊的辅助下，引导市场基准利率以政策利率为中枢运行，并通过银行体系传导至贷款利率，形成市场化的利率形成和传导机制，调节资金供求和资源配置，实现货币政策目标。

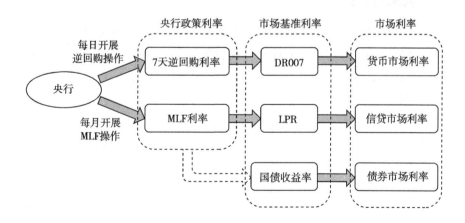

图 7-3　我国利率体系和调控框架

资料来源：易纲. 中国的利率体系与利率市场化改革 [J]. 金融研究, 2021, 495（9）：1-11.

（四）即期利率与远期利率

按照计息日起点不同，利率可分为即期利率和远期利率。

即期利率（Spot Interest Rate）是指在现在时点上确定的利率，它表示从现在开始到未来某一时点为止的一个时期内的利率。

远期利率（Forward Interest Rate）是指隐含在给定的即期利率中，从未来的某一时点到另一时点的利率水平。远期利率的计算见本书第五章第二节。

如图7-4所示，r 为 $[0, T]$ 时期内的利率，r^* 为 $[0, T^*]$ 时期内的利率，$\hat{r}$ 为 $[T, T^*]$ 时期内的利率。r 和 r^* 为即期利率，即从现在（0）开始到未来某一时点（T 和 T^*）为止的一个时期内的利率；$\hat{r}$ 为远期利率，即从未来的某一时点（T）到另一时点（T^*）的利率水平。$\hat{r}$ 可根据如下公式计算而得：

$$(1+r)^T (1+\hat{r})^{T^*-T} = (1+r^*)^{T^*} \tag{7.1}$$

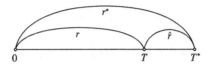

图7-4　即期利率和远期利率示意

资料来源：笔者自绘。

三、利率的计算

货币是有时间价值的，当前持有一定数量的货币，比未来获得等量的货币具有更高的价值。为了理解利率的计算，我们介绍最基础的几个概念——终值、现值和到期收益率。

（一）终值和现值

1. 终值

终值（Future Value，FV）又称为未来价值，是指一定量的货币，在一定的利率条件下，增长至未来某一时点所具有的价值，也就是货币的本息和。终值的计算可以按照单利和复利两种方式。

单利（Simple Interest）是指只计算本金所带来的利息，而不考虑利息再产生的利息的计息方式。

复利（Compound Interest）是指将每期产生的利息转作下期的本金，与原来的本金一起再计算利息的计息方式，即通常所说的"利滚利"。

单利和复利的计算方式分别如公式（7.2）和公式（7.3）所示：

$$FV = PV \times (1 + i \times n) \tag{7.2}$$
$$FV = PV \times (1 + i)^n \tag{7.3}$$

其中，FV 为终值，PV 为现值，i 为利率，n 为年限。

◎ 补充阅读

资金翻番的"72 法则"

在日常生活中，当我们在进行不同时期的理财规划时，面对不同的投资工具，如何能够快速计算出财富积累的时间与收益率的关系呢？"72 法则"可以帮助我们快速进行估算。

"72 法则"是指一笔投资，在不拿回利息、利滚利的条件下，本金增值一倍所需的时间大致为 72 除以该投资年均回报率的商数，即：翻番时间 = 72/利率。

例如，你有一笔 10 万元的初始资金，希望给 12 年后上大学的女儿用作大学教育基金，同时考虑各种因素，估算出女儿的大学教育基金到时候一共需要 20 万元，那么为了顺利实现这个目标，你应该选择长期年均收益率在 6%（72/12）左右的投资工具。

如果需要多次翻番，以 10% 的年利率为例，使资金翻番大约需要 7.2 年，如果 PV = 1000，那么 7.2 后你将拥有 2000 元；再经过 7.2 年，即 14.4 年后，你将拥有 4000 元；再经过 7.2 年，即 21.6 年后，你将拥有 8000 元，依此类推。

◎ 计算案例

银行存款以单利还是复利计息？

我国的商业银行活期存款，一年计算四次利息，一般每季末月的 20 日为结息日，21 日为实际付息日。利息会作为下一个计息周期的本金，即采用复利计算方式，以季度为频率，一年复利四次。

当前我国银行的定期存款，一个周期内到期的利息是用单利法计算的，其计算公式：利息 = 本金×利率×存款期限。例如，三年期定期存款利率是 2.75%，小李存 10000 元，存款期限是三年，那么三年后小李可以获得的利息 = 10000 元×2.75%×3 年 = 825 元。若是在这三年内小李提前取出存款金额，提前取出部分按照银行当天挂牌活期利率计算利息。

2. 现值

现值（Present Value，PV）是指未来的一笔资金折合到现在的价值。现值的计算为公式（7.3）的逆运算，即：

$$PV = \frac{FV}{(1+i)^n} \qquad (7.4)$$

由终值倒求现值的过程，称为贴现或折现（Discount），所使用的利率被称为贴现率（Discount Rate）。当贴现率越高，即分母越大时，现值将越小。当折现率为 2%~12% 时，未来 20 年后 1000 元的现值如图 7-5 所示，从图中可以看出这一规律。

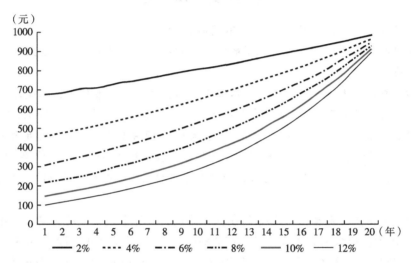

图 7-5　折现率为 2%~12% 时未来 20 年后 1000 元的现值

资料来源：笔者自绘。

（二）到期收益率

所谓到期收益是指将债券持有到偿还期所获得的收益，包括到期的全部利息及本金。到期收益率（Yield to Maturity，YTM）又称最终收益率，是指投资购买债券的内部收益率，即可以使投资购买债券获得的未来现金流量的现值等于债券当前市价的贴现率。它相当于投资者按照当前市场价格购买并且一直持有到满期，在投资率保持不变时可以获得的年平均收益率。其一般公式为：

$$PV = \frac{C_1}{1+y} + \frac{C_2}{(1+y)^2} + \frac{C_3}{(1+y)^3} + \cdots + \frac{C_T}{(1+y)^T} + \frac{A}{(1+y)^T} \qquad (7.5)$$

当投资于息票债券时，$C_1 = C_2 = C_3 = \cdots = C_T$，$A$ 为息票债券的票面额；当投资于零息债券时，$C_1 = C_2 = C_3 = \cdots = C_T = 0$；当以等额本息方式归还房屋抵押贷款时，$C_1 = C_2 = C_3 = \cdots = C_T$ 为每期归还的现金流，同时 $A = 0$。通过上述公式，即可求出到期收益率 y。

◎ **案例**

富滇—格莱珉扶贫贷款项目

富滇—格莱珉扶贫贷款项目（以下简称项目）由富滇银行与格莱珉中国共同合作，通过复制"一个标准的格莱珉模式支行"，在云南省大理市太邑乡建立项目点，为项目及周边区域的建档立卡贫困户和其他低收入农村居民提供小额贷款和培训支持，帮助建档立卡贫困户特别是贫困妇女，建立自己的小生意，使她们以及她们的家庭摆脱贫困，过上更好的生活。

项目简介称：项目为农户提供 1000 元到 20000 元免抵押免担保贷款，期限为一年（50 周），年化利率约为 10%（按余额递减法计算），如贷款 10000 元每年还 500 元利息，还款方式为按周等额还本付息。

对于并不精通金融的农户而言，可能会有一个疑惑：借 10000 元还 500 元利息，利率不是 500/10000 = 5% 吗？为什么项目要称自己的年化利率约为 10%？

对此，我们需要进行到期收益率的计算。每周等额还本付息，即每周需归还（10000+500）/50 = 210 元。公式（7.5）中，分子上 $C_1 = C_2 = C_3 = \cdots = C_{50} = 210$，$A = 0$，分母上的期限分别为 1/50、2/50、3/50…50/50，令 $PV = 10000$，即可以求出到期收益率 $y = 10.12\%$。这一结果和项目自己所宣称的 10% 是较为接近的。

最后，我们来回答上述疑问，为什么不能用 500/10000 = 5% 的方式来计算？因为这并不是整借整还的贷款，只有整借整还才可以直接用利息除以本金来计算利率。上述例子中每周需分期还款，手里的本金一直在减少，因此用现金流贴现的方式进行计算才是准确的。

资料来源：笔者对"富滇—格莱珉"扶贫贷款项目的实地走访调研和计算。

四、我国的利率市场化改革

利率市场化是经济金融领域最核心的改革之一。改革开放以来我国一直在稳步推进利率市场化，建立健全由市场供求决定的利率形成机制。

（一）利率市场化的含义

利率市场化（Interest Rate Liberalization）是指金融机构在货币市场经营融资的利率水平由市场供求来决定。它包括利率决定、利率传导、利率结构和利率管理的市场化。实际上，它就是将利率的决策权交给金融机构，由金融机构自己根据资金状况和对金融市场动向的判断来自主调节利率水平，最终形成以中央银行基准利率为基础，以货币市场利率为中介，由市场供求决定金融机构存贷款利率

金融市场与金融机构

的市场利率体系和利率形成机制。

（二）我国利率市场化改革的动因

利率市场化改革的核心在于让市场主体自主定价。一直以来，我国银行利率受权力管制的模式备受社会各界诟病，一方面容易导致银行产业利润超高，使金融行业远离真正的市场化；另一方面容易导致中小企业贷款难、融资难问题的出现，不利于国民经济的健康发展。因此，进行利率市场化改革是大势所趋，这也是我国政府不断推动利率市场化改革的最主要原因。

（三）我国利率市场化改革的原则

改革开放以来，我国逐渐明确了市场在利率形成中的决定性作用。党的十四届三中全会提出了利率市场化改革的基本设想。党的十六大报告明确提出要"稳步推进利率市场化改革，优化金融资源配置"。我国利率市场化改革沿着"先外币，后本币；先贷款，后存款；先大额、长期，后小额、短期"原则稳步推进，成效显著。先放开货币市场和债券市场利率，再逐步推进存贷款利率市场化，绝大部分利率的显性管制都已被解除；在逐步放开利率管制的同时，持续培育金融市场基准利率体系，同时不断完善利率调控机制。

（四）我国利率市场化改革的过程

贷款利率的市场化历经多个阶段。2004年1月，中国人民银行在此前已两次扩大金融机构贷款利率浮动范围的基础上，再次扩大贷款利率浮动范围。商业银行、城市信用社贷款利率浮动范围扩大至贷款基准利率的0.9~1.7倍，农村信用社贷款利率浮动范围扩大到基准利率的0.9~2倍。2004年10月，经国务院批准，中国人民银行决定放开金融机构（不含城乡信用社）的贷款利率上限，但对贷款利率下限仍按照基准利率的0.9倍进行管理。2012年6月，中国人民银行将各金融机构的贷款利率下限调整为贷款基准利率的0.8倍；7月，再次将贷款利率下限调整为基准利率的0.7倍。2013年7月20日，中国人民银行决定全面放开金融机构贷款利率管制，由金融机构根据商业原则自主确定贷款利率水平，从此中国金融机构的贷款利率完全市场化。

在存款利率方面，2012年6月，中国人民银行允许金融机构将存款利率的上限提高到基准利率的1.1倍，2014年11月调整为基准利率的1.2倍。2015年上半年，中国人民银行对存款利率浮动区间再次进行调整，先后将浮动上限调整为基准利率的1.3倍和1.5倍，并于2015年10月23日宣布不再设置存款利率浮动上限。至此，中国金融机构的存款利率也已放开，尽管定价机制还需进一步完善，但中国利率市场化改革可谓基本完成。

（五）利率市场化改革可能带来的风险

伴随着改革的进程，利率市场化的风险必须引起正视。一份来自世界银行的调查发现，在 44 个实行利率市场化的国家中，有近一半的国家在利率市场化进程中发生过金融危机。利率市场化和金融市场自由化，扩大了银行的投资渠道和领域，为了追逐高利润或者抢占市场，银行的冒险性和投机性增强，纷纷将资金投向高风险资产。因此，在深化利率市场化改革的同时，一定要防控改革过程中的种种风险。银行要加强自身内控制度建设，存贷款基准利率的参考和指引作用需要继续发挥或加强，银行监管部门仍然要发挥一定的监管作用，以防止过多非理性定价行为的发生。

第三节　债券价格

2023 年 6 月 9 日，为规范银行间债券市场估值业务，加强债券市场建设，中国人民银行发布《银行间债券市场债券估值业务管理办法（征求意见稿）》并公开征求意见。金融估值是金融市场运行的关键环节，是对市场价格发现机制的有效补充。公允、专业、透明的估值，将有利于促进金融市场信息传递、产品理性定价和风险识别计量。本节将采用最基础的价值分析方法——收入资本化法来分析债券价值，介绍债券定价的五个原理，并探讨债券的价值属性及久期。

一、收入资本化法的运用

收入资本化法认为，任何资产的内在价值取决于该资产预期的未来现金流的现值。进而根据资产的内在价值与市场价格是否一致，可以判断该资产是否被低估或者高估。

直接债券（Level-coupon Bond）又称定息债券、固定利息债券，按照票面金额计算利息，票面上可附有作为定期支付利息凭证的息票，也可不附息票。这是最普遍的债券形式。一年付息一次的直接债券的内在价值计算公式如下：

$$V=\frac{c}{1+y}+\frac{c}{(1+y)^2}+\frac{c}{(1+y)^3}+\cdots+\frac{c}{(1+y)^T}+\frac{A}{(1+y)^T} \tag{7.6}$$

其中，V 代表内在价值，c 是债券每期支付的利息，A 为债券的票面额，y 为预期收益率，T 为债券到期时间。

若每半年付息一次，则计算公式如下：

$$V=\frac{c}{1+y/2}+\frac{c}{(1+y/2)^2}+\frac{c}{(1+y/2)^3}+\cdots+\frac{c}{(1+y/2)^{2T}}+\frac{A}{(1+y/2)^{2T}} \tag{7.7}$$

中长期国债通常是附有息票的附息国债，在债券期满之前，按照票面利率每半年（或每年、每季度）付息一次，最后一笔利息在期满之日与本金一起偿付。而短期国债通常采用贴现方式发行，到期按照面值进行兑付。

贴现债券（Pure Discount Bond）又称零息票债券（Zero-coupon Bond），是一种以低于面值的贴现方式发行，不支付利息，到期按债券面值偿还的债券。其内在价值计算公式即公式（7.6）中 $c=0$ 的情形。

统一公债（Consols），又称为永续债券（Perpetual Bond），是一种没有到期日、永远进行固定利息支付、不偿还本金的债券。优先股由于股息率相对固定，也没有到期日，所以实际上也是一种永续债券。其内在价值计算公式即公式（7.6）中 $A=0$、$T=\infty$ 的情形。进一步对等比数列进行无限次求和，可化简为如下公式：

$$V=\frac{c}{1+y}+\frac{c}{(1+y)^2}+\frac{c}{(1+y)^3}+\cdots=\frac{c}{y} \qquad (7.8)$$

二、债券定价的五个原理

马尔基尔（Malkiel，1962）最早系统地提出了债券定价的 5 个原理。

原理一：债券的价格与债券的收益率成反比例关系。换句话说，当债券价格上升时，债券的收益率下降；反之，当债券价格下降时，债券的收益率上升。从公式（7.6）中我们可以观察出 y 和 V 成反比。

原理二：当市场预期收益率变动时，债券的到期时间与债券价格的波动幅度成正比关系。换言之，到期时间越长，价格波动幅度越大；反之，到期时间越短，价格波动幅度越小。从公式（7.6）中，我们可以观测出 T 越大，y 的变动对 V 产生的影响越大。也可从图 7-5 中观测出这一影响。

原理三：随着债券到期时间的临近，债券价格的波动幅度减小，并且是以递增的速度减小；反之，到期时间增长，债券价格波动幅度增大，并且是以递减的速度增大。为了理解这一定理，我们以下面的案例进行展示。

◎ 计算案例
债券价格、收益率与期限

假定存在四种期限分别是 1 年、10 年、20 年、30 年的债券，它们的息票率都是 6%，面值均为 100 元，其他属性完全一致。这四种债券的内在价值随预期收益率上升或下降而发生的变化如表 7-1 所示。

表 7-1　内在价值（价格）、预期收益率与期限的关系　　　单位：元

预期收益率（%）	1 年期	10 年期	20 年期	30 年期
4	102	116	127	135
5	101	108	112	115
6	100	100	100	100
7	99	93	89	88
8	98	86	80	77

首先，我们对比不同的预期收益率，可以观察到，当预期收益率等于债券息票率（6%）时，债券价格等于其面值（100 元），称为平价发行，投资者资金的时间价值通过利息收入得到补偿；当预期收益率低于债券息票率（6%）时，债券价格高于其面值（100 元），称为溢价发行，利息支付超过了资金的时间价值，投资者将从债券价格的贬值中遭受资本损失，抵消了较高的利息收入，投资者仍然获得相当于预期收益率的收益率；当预期收益率高于债券息票率（6%）时，债券价格低于其面值（100 元），称为折价发行，利息支付不足以补偿资金的时间价值，投资者还需从债券价格的升值中获得资本收益。

其次，就期限而言，到期时间增长，债券价格波动幅度增大。例如，预期收益率从 6% 上升到 8% 时，1 年、10 年、20 年、30 年的债券内在价值分别下降了 2 元、14 元、20 元、23 元。但此时增加的速度是递减的，上述四个数据的差值分别为 12 元、6 元、3 元，体现出由单位期限变动引起的边际价格变动递减，由此可以验证原理三。

原理四：对于期限既定的债券，由收益率下降导致的债券价格上升的幅度大于同等幅度的收益率上升导致的债券价格下降的幅度。换言之，对于同等幅度的收益率变动（如 1 个百分点），收益率下降（如收益率从 7% 下降到 6%）给投资者带来的利润，大于收益率上升（如收益率从 7% 上升到 8%）给投资者带来的损失。读者可以自行通过数值计算来验证这一定理。

原理五：对于给定的收益率变动幅度，债券的息票率与债券价格的波动幅度成反比关系。换言之，息票率越高，债券价格的波动幅度越小。原理五不适用于一年期的债券和以统一公债为代表的无限期债券。这一原理可在学习完本节债券的久期之后再进行思考。①

---

① 在到期时间相同的条件下，息票率越高，久期越短，债券价格的波动幅度越小。

三、债券价值属性

不同的债券普遍存在着一些影响债券价值的基本属性，包括到期时间（期限）、债券的息票率、税收待遇、市场的流通性、违约风险、可赎回条款、可转换性、可延期性等。

（一）到期时间

若债券的内在到期收益率不变，则随着债券到期日的临近，债券的市场价格将逐渐趋向于债券的票面金额（见图 7-6）。

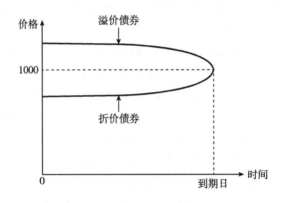

图 7-6　债券价格随时间的变动

资料来源：笔者自绘。

（二）息票率

息票率决定了未来现金流的大小。在其他属性不变的条件下，债券的息票率越低，债券价格随预期收益率波动的幅度越大。

零息票债券的价格变动有其特殊性（见图 7-7）。在到期日，债券价格等于面值，到期日之前，由于资金的时间价值，债券价格低于面值，并且随着到期日的临近而趋近于面值。如果利率恒定，则价格以等于利率值的速度上升。

（三）税收待遇

不同种类的债券可能享受不同的税收待遇。同种债券在不同的国家也可能享受不同的税收待遇。债券税收待遇的关键，在于债券的利息收入是否需要纳税。税收待遇是影响债券的市场价格和收益率的一个重要因素，当存在税收时，我们需要计算的是税后收益率。

根据《中华人民共和国个人所得税法》第四条第（二）项的规定：国债和国家发行的金融债券利息，免征个人所得税。

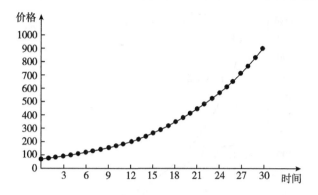

图 7-7　零息票债券的价格变动

资料来源：笔者自绘。

此外，取得公司债券利息收入的个人需要缴纳 20% 的个人所得税。个人投资者无论是在一级发行市场还是在二级市场购买企业债券，持有到期后取得的利息收入均应缴纳 20% 的个人所得税，税款由兑付利息的机构负责代扣代缴。

（四）市场的流通性

流通性或流动性是指债券投资者将手中的债券变现的能力。通常用债券的买卖差价的大小反映债券的流动性大小。买卖差价较小的债券流动性比较高；反之，流动性较低。在其他条件不变的情况下，债券的流动性与债券的名义到期收益率之间呈反比例关系，与债券的内在价值呈正比例关系。

（五）违约风险

债券的违约风险是指债券发行人未按契约规定支付债券本金和利息，给债券投资者带来损失的可能性。债券评级是反映债券违约风险的重要指标，债券评级对于债务融资的利率有着直接影响。一般来说，违约风险越大，债券评级较低，只能以较高利率发行债券；反之，违约风险较小，债券评级较高，能够以较低的利率发行债券。

（六）可赎回条款

可赎回条款，即在一定时间内发行人有权赎回债券。初始赎回价格通常设定为债券面值加上年利息，并且随着到期时间的减少而下降，逐渐趋近于面值。赎回价格的存在制约了债券市场价格的上升空间，增加了投资者的交易成本，降低了该类债券的内在价值，也降低了投资者的投资收益率。为弥补被赎回的风险，这种债券发行时通常有较高的息票率和较高的承诺到期收益率。

可赎回条款对债券价格的影响如图 7-8 所示。

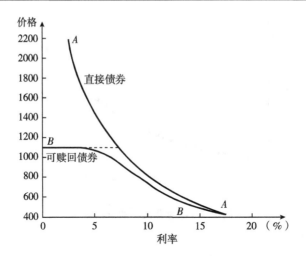

图7-8 可赎回条款对债券价格的影响

资料来源：笔者自绘。

（七）可转换性

可转换债券是指债券持有人可按照发行时约定的价格将债券转换成公司的普通股票的债券。如果债券持有人不想转换，则可以继续持有债券，直到偿还期满时收取本金和利息，或者在流通市场中出售变现。可转换债券息票率和承诺的到期收益率通常较低。但是，如果从转换中获利，则持有者的实际收益率会大于承诺收益率。

（八）可延期性

可延期债券给予持有者（而不是发行者）一种终止或继续拥有债券的权利。如果市场利率低于息票率，投资者将继续拥有债券；反之，如果市场利率上升，超过了息票率，投资者将放弃这种债券，收回资金，投资于其他收益率更高的资产。这一规定有利于投资者，所以可延期债券的息票率和承诺的到期收益率较低。

上述8个债券属性和债券收益率的关系可概括为如表7-2所示。

表7-2 债券属性和债券收益率的关系

债券属性	与债券收益率的关系
期限	当预期收益率（市场利率）调整时，期限越长，债券的价格波动幅度越大；但是，当期限延长时，单位期限的债券价格的波动幅度递减
息票率	当预期收益率（市场利率）调整时，息票率越低，债券的价格波动幅度越大
税收待遇	享受税收优惠待遇的债券的收益率比较低，无税收优惠待遇的债券的收益率比较高

续表

债券属性	与债券收益率的关系
流动性	流动性高的债券的收益率比较低，流动性低的债券的收益率比较高
违约风险	违约风险高的债券的收益率比较高，违约风险低的债券的收益率比较低
可赎回条款	当债券被赎回时，投资收益率降低。所以，作为补偿，易被赎回的债券的名义收益率比较高，不易被赎回的债券的名义收益率比较低
可转换性	可转换债券的收益率比较低，不可转换债券的收益率比较高
可延期性	可延期债券的收益率比较低，不可延期的债券收益率比较高

四、债券的久期

谈债券必谈久期，之所以如此重要，是因为债券价格和利率息息相关，而表征债券价格对利率敏感性的指标就是久期。

（一）久期的概念与计算

久期（Duration）的概念最早是马考勒（Macaulay）在 1938 年提出来的，所以又称马考勒久期——使用加权平均数的形式计算债券的平均到期时间。其计算公式为：

$$D = \frac{\sum_{t=1}^{T} \frac{c_t}{(1+y)^t} \times t}{P} = \sum_{t=1}^{T} \left[\frac{c_t/(1+y)^t}{P} \times t \right] = \sum_{t=1}^{T} \left[\frac{PV(c_t)}{P} \times t \right] \qquad (7.9)$$

其中，D 是马考勒久期，P 是债券当前的市场价格，c_t 是债券未来第 t 次支付的现金流（利息或本金），T 是债券在存续期内支付现金流的次数，t 是第 t 次现金流支付的时间，y 是债券的到期收益率，$PV(c_t)$ 代表债券第 t 期现金流用债券到期收益率贴现的现值。

◎ **计算案例**

债券久期的计算

某债券当前市场价格为 950.25 元，到期收益率为 10%，息票率为 8%，面值 1000 元，3 年后到期，每年支付一次利息，到期一次性偿还本金。计算其久期。

未来现金流支付时间：t	未来现金流：c	现值系数：$1/(1+y)^t$	未来现金流的现值：$c_t/(1+y)^t$	现值乘以支付时间：$c_t/(1+y)^t \times t$
1	80	0.9091	72.73	72.73

未来现金流支付时间：t	未来现金流：c	现值系数：$1/(1+y)^t$	未来现金流的现值：$c_t/(1+y)^t$	现值乘以支付时间：$c_t/(1+y)^t \times t$
2	80	0.8264	66.12	132.23
3	1080	0.7513	811.40	2434.21
合计			950.25	2639.17

$$D=\frac{72.73}{950.25}\times1+\frac{66.12}{950.25}\times2+\frac{811.40}{950.25}\times3=2.78\ （年）$$

由上述例子可以看出，马考勒久期实际上是时间的加权平均，其单位是年，权重是各期现金流的现值占债券价格的比重。决定久期大小的三个因素为各期现金流、到期收益率及到期时间。

（二）马考勒久期定理

定理一：只有贴现债券的马考勒久期等于它们的到期时间。

定理二：直接债券的马考勒久期小于或等于它们的到期时间。只有仅剩最后一期就要期满的直接债券的马考勒久期等于它们的到期时间，并等于1。

定理三：统一公债的马考勒久期等于$\left[1+\frac{1}{y}\right]$，其中$y$是计算现值所采用的贴现率。

定理四：在到期时间相同的条件下，息票率越高，久期越短。

定理五：在息票率不变的条件下，到期时间越长，久期一般也越长。

定理六：在其他条件不变的情况下，债券的到期收益率越低，久期越长。

（三）马考勒久期与债券价格的关系

对于给定的收益率变动幅度，马考勒久期越长，债券价格的波动幅度越大。假设连续复利，则债券价格P和连续复利到期收益率y的关系为：

$$\frac{\Delta P}{P}\approx -D\times\frac{\Delta y}{1+y} \tag{7.10}$$

◎ 计算案例

债券久期与债券价格波动

一种9年债券的到期收益率为10%，久期为7.194年。如果市场到期收益率变动了50个基点，其价格会变动多大比例？

$\Delta P/P=-D\times\Delta y/(1+y)=-7.194\times0.005/1.10=-3.27\%$

当收益率采用一年计一次复利的形式时，人们常用修正的久期（Modified Duration，用 D^* 表示）来代替马考勒久期。其计算公式如下：

$$D^* = \frac{D}{1+y} \tag{7.11}$$

此时，修正久期与债券价格的关系为：

$$\frac{\Delta P}{P} \approx -D^* \Delta y \tag{7.12}$$

在债券分析中，久期已经超越了时间的概念，投资者更多地把它用来衡量债券价格变动对利率变化的敏感度，并且对其进行了一定的修正，以使其能精确地量化利率变动给债券价格造成的影响。修正久期越长，债券价格对收益率的变动就越敏感，收益率上升所引起的债券价格下降幅度就越大，而收益率下降所引起的债券价格上升幅度也越大。可见，同等要素条件下，修正久期短的债券比修正久期长的债券，抗利率上升风险能力强，但抗利率下降风险能力较弱。

◎ 补充阅读

2023 年 7 月 26 日债券市场指数整体平稳

2023 年 7 月 26 日债券市场指数整体平稳，其中不包含利息再投资的中债综合指数（净价）为 104.3685，下跌 0.0025%，而包含利息再投资的中债综合指数（财富）为 231.6679，上涨 0.0063%，平均市值法到期收益率为 3.1638%，平均市值法久期为 5.02。

资料来源：上海证券报·中国证券网.7 月 26 日债券市场指数整体平稳 [EB/OL]. （2023-07-28）[2023-09-24]. https：//finance.eastmoney.com/a/202307282794972727.html.

第四节　股票价格

股票价格是股票市场中的基础指标之一，对投资者、企业和经济体系都具有重要意义。股票估值可以帮助投资者判断股票价格是否被高估或低估，从而做出合理的投资决策。以下将从股息贴现模型、市盈率模型、自由现金流分析法等方面，对普通股的价值进行分析。

一、股息贴现模型

股息贴现模型,即把前面所述的收入资本化法,运用于普通股价值分析的模型。收入资本化法认为任何资产的内在价值取决于持有资产可能带来的未来现金流收入的现值,因此普通股的内在价值取决于持有该股票未来可能带来的所有股息和红利的贴现值。其基本的函数形式如下所示:

$$V = \frac{D_1}{1+y} + \frac{D_2}{(1+y)^2} + \frac{D_3}{(1+y)^3} + \cdots = \sum_{t=1}^{\infty} \frac{D_t}{(1+y)^t} \qquad (7.13)$$

其中,V 代表普通股的内在价值,D_t 是普通股第 t 期预计支付的股息和红利,y 是贴现率,又称资本化率(The Capitalization Rate)。

为了能够预估 D_t 的变化情况,设置每期股息增长率:

$$g_t = \frac{D_t - D_{t-1}}{D_{t-1}} \qquad (7.14)$$

根据股息增长率的不同假定,股息贴现模型可分为零增长模型、不变增长模型、多元增长模型、三阶段股息贴现模型等。以下仅介绍基础的零增长和不变增长模型。

(一)零增长模型

模型假设:股息不变,即 $g_t = 0$,$D_1 = D_2 = D_3 = \cdots = D_0$。当 y 大于零时,$1/(1+y)$ 小于 1,可以得出:

$$V = \sum_{t=1}^{\infty} \frac{D_t}{(1+y)^t} = D_0 \left[\sum_{t=1}^{\infty} \frac{1}{(1+y)^t} \right] = \frac{D_0}{y} \qquad (7.15)$$

(二)不变增长模型

模型假设:股息的增长速度是一个常数,即 $g_t = g$;模型中的贴现率大于股息增长率,即 $y > g$。此时:

$$
\begin{aligned}
V &= \frac{D_1}{1+y} + \frac{D_2}{(1+y)^2} + \frac{D_3}{(1+y)^3} + \cdots \\
&= \frac{D_0(1+g)}{1+y} + \frac{D_0(1+g)^2}{(1+y)^2} + \frac{(1+g)^3}{(1+y)^3} + \cdots \\
&= D_0 \left[\frac{1+g}{1+y} + \left(\frac{1+g}{1+y}\right)^2 + \left(\frac{1+g}{1+y}\right)^3 + \cdots \right] \\
&= \frac{D_0(1+g)}{y-g} = \frac{D_1}{y-g}
\end{aligned}
\qquad (7.16)
$$

其中的 D_0、D_1 分别是初期和第一期支付的股息。

◎ 计算案例

股息贴现模型之不变增长模型的计算

某公司股票初期的股息为 1.0 元每股，经预测该公司股票未来的股息增长率将永久性地保持在 5% 的水平，假设贴现率为 10%，那么该公司股票的内在价值应为多少？如果该公司股票当前的市场价格等于 20 元，是否应该买入该公司股票？

(1) $V = \dfrac{D_0(1+g)}{y-g} = \dfrac{1.0 \times (1+0.05)}{0.1-0.05} = 21$（元）

(2) 市场价格低于内在价值，应该买入。

二、市盈率增长模型

市盈率（Price Earnings Ratio，P/E）也称"本益比""股价收益比率""市价盈利比率"，是指股票价格除以每股收益（Earning Per Share，EPS）的比率。

根据股息增长率的不同假定，市盈率增长模型可分为零增长模型、不变增长模型、多元增长模型等。以下同样仅介绍基础的零增长和不变增长模型，因为零增长模型为特例，故先介绍不变增长模型。

（一）不变增长模型

模型假设：股息的增长速度是一个常数，即 $g_t = g$。

每期的股息等于当期的每股收益（E）乘派息比率（b），即：$D = E \times b$。当市场达到均衡时，股票价格应该等于其内在价值，则有：

$$P = V = \frac{D_1}{y-g} = \frac{E_1 \times b_1}{y-g} \tag{7.17}$$

$$\frac{P}{E} = \frac{b}{y-g} \tag{7.18}$$

公式（7.18）即为不变增长的市盈率模型的一般表达式。市盈率（P/E）取决于三个因素：派息比率（b）、贴现率（y）以及股息增长率（g）。接下来将分析这三个因素的影响因素。

1. 股息增长率

为简单起见，做出三个假定：①派息比率固定不变，恒等于 b；②股东权益收益率（Return on Equity，ROE）固定不变，等于一个常数；③没有外部融资。

将公式（7.19）和式（7.20）代入式（7.14），可得到式（7.21）。其中，BV 为股票的账面价值。

$$ROE_0 = \frac{E_0}{BV_{-1}} \tag{7.19}$$

$$BV_0 - BV_{-1} = E_0 - D_0 = E_0(1-b) \tag{7.20}$$

$$g = \frac{D_1 - D_0}{D_0} = \frac{bE_1 - bE_0}{bE_0} = \frac{ROE(BV_0 - BV_{-1})}{ROE(BV_{-1})} = \frac{BV_0 - BV_{-1}}{BV_{-1}} = \frac{E_0(1-b)}{BV_{-1}} = ROE(1-b)$$
$$\tag{7.21}$$

由此可见，股息增长率与 ROE 成正比，与派息比率成反比。

2. 贴现率

贴现率 y 可由证券市场线决定：

$$y_i = r_f + (r_m - r_f)\beta_i \tag{7.22}$$

其中，y_i 为投资第 i 种证券的期望收益率，即贴现率；r_f 为无风险资产的收益率；r_m 为市场组合的期望收益率；β_i 是第 i 种证券的贝塔系数，反映系统性风险。

由此可见，贴现率取决于：无风险资产的收益率、市场组合的期望收益率、证券的贝塔系数。

3. 派息比率

派息比率（b）是指股息占盈利的百分比，计算方法为每股股息（D）除以每股盈利（E）。派息比率反映了公司愿意把利润的多少作为现金红利发给股东，一般由公司根据实际情况决定。但是这个值也不是越高越好，公司需要保留部分利润用于企业发展。

◎ 计算案例

市盈率增长模型之不变增长模型的计算

已知股票 A 和 B 的相关信息如下表所示。请计算两只股票的派息比率、股息增长率、内在价值，你将投资于哪只股票？

	股东权益收益率（%）	预期每股盈利（元）	预期每股股息（元）	当前股票价格（元）	资本化率（%）
股票 A	14	2.00	1.00	27.00	10
股票 B	12	1.65	1.00	25.00	10

（1）$b_a = D_1/E_1 = 1.00/2.00 = 50\%$；$b_b = D_1/E_1 = 1.00/1.65 = 60.6\%$

（2）$g_a = (1-b_a)ROE = (1-50\%) \times 14\% = 7\%$；$g_b = (1-b_b)ROE = (1-60.6\%) \times 12\% = 4.73\%$

（3） $V_a = D_1/(y-g) = 1.00/(10\%-7\%) = 33.3$ ； $V_b = D_1/(y-g) = 1.00/(10\%-4.73\%) = 18.98$

（4） $P_a < V_a$ ， $P_b > V_b$ ，所以应投资于股票 A。

（二）零增长模型

模型假设：股息增长率为 0，即 $g_t = 0$ ，此时由公式（7.21），ROE 通常不为 0，因此 $1-b = 0$ ， $b = 1$ 。此时：

$$\frac{P}{E} = \frac{b}{y-g} = \frac{1}{y} \tag{7.23}$$

零增长模型是不变增长模型股息增长率等于零时的一种特例。零增长市盈率模型中决定市盈率的因素仅贴现率一项，并且市盈率与贴现率成反比关系。

（三）市盈率模型的优缺点

相较于股息贴现模型，市盈率增长模型具有如下优缺点。

优点：对于那些在某段时间内没有支付股息的股票，只要股票每股收益大于零，就可以使用市盈率模型，而股息贴现模型却不能使用；虽然市盈率模型同样需要对有关变量进行预测，但是所涉及的变量预测比股息贴现模型要简单。

缺点：市盈率模型的理论基础较为薄弱，而股息贴现模型的逻辑性较为严密。

◎ **补充阅读**

动态市盈率

截至 2023 年 6 月底，上证指数对应的动态市盈率为 11 倍，上证 50 对应的动态市盈率是 9.6 倍，恒生指数对应的动态市盈率为 9 倍，而标普 500 指数对应的动态市盈率为 22.7 倍，纳斯达克指数对应的动态市盈率为 28 倍，日经 225 指数对应的动态市盈率为 18.5 倍，Stoxx 欧洲 600 指数对应的动态市盈率为 13 倍。如此来看，A 股、港股均位于全球股市的估值洼地。

资料来源：券商中国. 牛市味道？A 股终于爆发，何时满仓抄底？股市的愚蠢程度决定着你的收益率……［EB/OL］．（2023-07-30）［2023-09-24］．https：//baijiahao. baidu. com/s? id = 1772805757171150308&wfr = spider&for = pc.

三、自由现金流分析法

股息贴现模型和市盈率模型都有一个前提假设，即公司没有外部融资，内部保留盈余是公司唯一的融资渠道。当引入外部融资时，我们就需要运用自由现金流分析法进行分析。

自由现金流分析法的总体思路是：首先对公司的总体价值进行评估，然后扣除各项非股票要求权，从而得到总的股票价值。而公司的总体价值，等于完全股票融资条件下公司净现金流的现值加上因公司使用债务融资而带来的税收节省的净现值。

假定：公司今年的税前经营性现金流为 PF，预计年增长率为 g；公司每年把税前经营性现金流的一部分用于再投资，该比例为 K；税率为 T；今年的折旧为 M，年增长率为 g；资本化率为 y；公司当前债务余额为 B。

可以求出：公司今年的应税所得 $Y=PF-M$，税后盈余 $N=(PF-M)(1-T)$，税后经营性现金流 $AF=N+M=PF(1-T)+M\times T$，追加投资额 $RI=PF\times K$，自由现金流 $FF=AF-RI=PF(1-T-K)+M\times T$。

进而，该公司的总体价值为：

$$Q=\frac{FF}{y-g}=\frac{PF(1-T-K)+M\times T}{y-g} \tag{7.24}$$

公司的股权价值为：

$$V=Q-B=\frac{PF(1-T-K)+M\times T}{y-g}-B \tag{7.25}$$

最后再除以公司普通股的股票数量，就可求出公司普通股的每股价格。

◎ 补充阅读

为什么自由现金流是最重要的股票估值指标之一？

巴菲特说："上市公司的内在价值就是该企业在其未来生涯中所能产生的现金流量的折现值。"自由现金流估值法的计算基础包含了三个方面：企业目前的自由现金流（FF）、企业未来的增长率（g）、计算估值时的折现率（y）。

巴菲特曾多次强调，自由现金流是构成企业估值判断的重要依据。自由现金流量，就是企业产生的、在满足了再投资需要之后剩余的现金流量，这部分现金流量是在不影响公司持续发展的前提下可供分配给企业资本供应者的最大现金额。简单地说，自由现金流量是指企业经营活动产生的现金流量扣除资本性支出的差额。

自由现金流是比较真实的，跨越了利润表、资产负债表、现金流量表，包含资产、折旧、利润、现金等因素，且反映了企业的可持续性、价值创造能力，这个指标虽然不完美，但是它可能是财务分析里最好的一个指标。对于企业的股东来说，只有企业赚取的是"自由现金流"，对于股东才有意义，才相当于是股东的"投资回报"。

本章测试题

一、名词解释

1. 基准利率
2. 远期利率
3. 永续债券
4. 马考勒久期
5. 市盈率
6. 收入资本化法

二、简答题

1. 简述我国利率市场化改革的原则。
2. 比较债券的可赎回、可转换和可延期属性的区别。
3. 股息贴现模型是否适用于持有期 t 为有限的股票价值分析？为什么？

三、计算题

1. 已知名义利率5%，通货膨胀率2%，求粗略计算和精确计算的实际利率。

2. 一个公司发行两种20年期的债券，面值为1000元，都可按1050元的价格提前赎回。第一种债券息票率为4%，售价为580元。第二种债券以平价售出，息票率为8%。

（1）平价债券的到期收益率是多少？

（2）如果预期利率在两年后将大幅下跌，投资者应选择哪种债券，为什么？

3. 已知无风险资产收益率为8%，市场组合收益率为15%，某股票的贝塔系数为1.2，派息比率为40%，最近每股盈利10元，每年付一次的股息刚刚支付。预期该股票的股东权益收益率为20%。

（1）求该股票的内在价值。

（2）假如当前的股价为100元每股，预期一年内股价与其价值相符，求持有该股票1年的回报率。

四、论述题

1. 什么是利率市场化？论述我国利率市场化改革的必要性。
2. 如何看待"负利率"对经济金融所产生的影响？

◎ 扩展阅读

中国自然利率之谜与债券市场定价——基于宏观金融模型视角

摘要：关于发达国家的研究普遍存在使用标准金融模型估计的自然利率与使用宏观方法估计的自然利率不相符的"自然利率之谜"现象。本文分别使用金融模型和宏观半结构模型估计中国的自然利率，发现同样存在"自然利率之谜"现象。我们通过构建一致性的宏观金融模型，采用宏观经济变量和收益率曲线信息共同估计自然利率来解决这一问题。此外，寻找债券收益率的影响因子是债券定价研究的重要方面，宏观与金融模型的结合是债券定价研究的重要趋势。宏观金融理论表明，趋势通货膨胀和自然利率是收益率曲线的基本决定因素，在宏观金融框架下，我们进一步研究了自然利率对债券收益率的影响。研究结果表明，①宏观金融模型能很好地解决中国"自然利率之谜"问题，宏观金融模型估计得到的自然利率略低于宏观半结构模型的结果。②自然利率对债券收益率有显著影响，模型中增加自然利率信息能够提高对不同期限国债收益率的拟合优度。本文对进一步加强自然利率影响因素研究，运用一致性宏观金融模型得到的自然利率信息优化货币政策效果提供了参考。

资料来源：王博，陈开璞. 中国自然利率之谜与债券市场定价——基于宏观金融模型视角 ［J］. 金融研究，2022，504（6）：36-54.

交易限制与股票市场定价效率
——基于创业板涨跌幅限制放宽的准自然实验研究

摘要：本文基于 2020 年 8 月 24 日创业板涨跌幅限制由 10% 扩大到 20% 这一政策变化建立准自然实验，从市场层面与公司事件层面探讨交易限制放宽的外生冲击下市场定价效率的变化。研究发现，涨跌幅限制放宽政策实施后，股票价格能更灵敏地反映公开市场信息，更多地包含公司层面特质信息，整体市场定价效率显著提升。进一步研究表明，涨跌幅限制放宽有效缓解了交易干扰问题，避免了过度交易行为延后，缓解了波动性外溢与价格发现延迟。异质性分析表明，无论是市场层面定价效率改善，还是事件层面波动性外溢、价格发现推迟与交易干扰问题的缓解，均在低信息透明度公司中更为显著。本文研究发现为验证涨跌幅限制会抑制股票市场定价效率的理论提供了直接经验证据，同时为推广完善市场化交易制度提供了有益启示。

资料来源：顾明，曾力，陈海强，等．交易限制与股票市场定价效率——基于创业板涨跌幅限制放宽的准自然实验研究［J］．金融研究，2022，509（11）：189-206.

中国金融市场的定价效率研究——基于资产价格异质性波动的视角

摘要： 资产定价是金融体系通过价格信号调节资源配置的重要方式，因此金融市场定价效率是中国当前发展直接融资的关键。金融市场定价效率无法直接观测，大量研究使用资产价格的异质性波动来进行衡量。本文基于非对称信息下的资产定价模型，将传统的异质性波动指标进行改进后应用于中国，并探索解决该方法在债券领域应用薄弱的问题。研究发现当前中国金融市场整体的定价效率不高，且债券市场受刚性兑付等因素的影响定价效率相对更低，建议以"建制度、不干预、零容忍、促开放"为思路提高金融市场定价效率。

资料来源：陈稹，李泉．中国金融市场的定价效率研究——基于资产价格异质性波动的视角［J］．宏观经济研究，2023，290（1）：4-13+41.

参考文献：

［1］陈稹，李泉．中国金融市场的定价效率研究——基于资产价格异质性波动的视角［J］．宏观经济研究，2023，290（1）：4-13+41.

［2］顾明，曾力，陈海强，等．交易限制与股票市场定价效率——基于创业板涨跌幅限制放宽的准自然实验研究［J］．金融研究，2022，509（11）：189-206.

［3］彭建刚，王舒军，关天宇．利率市场化导致商业银行利差缩窄吗？——来自中国银行业的经验证据［J］．金融研究，2016（7）：48-63.

［4］唐建伟，黄晖，刘健．负利率产生的原因、影响和中国的趋势［EB/OL］.（2020-11-26）［2023-09-24］.https：//www.china-cba.net/Index/showw/catid/95/id/38013.

［5］王博，陈开璞．中国自然利率之谜与债券市场定价——基于宏观金融模型视角［J］．金融研究，2022，504（6）：36-54.

［6］宣扬，靳庆鲁，李晓雪．利率市场化、信贷资源配置与民营企业增长期权价值——基于贷款利率上、下限放开的准自然实验证据［J］．金融研究，2022（5）：76-94.

[7] 易纲. 中国的利率体系与利率市场化改革 [J]. 金融研究, 2021, 495 (9): 1-11.

[8] 周正柱. 深化要素市场化配置改革 [N]. 文汇报, 2023-05-21 (6).

[9] MALKIEL B G. Expectations, bond prices, and the term structure of interest rates [J]. Quarterly Journal of Economics, 1962 (76): 197-218.

测试题答案

一、名词解释

1. 基准利率：金融市场上具有普遍参照作用的利率，其他利率水平或金融资产价格均可根据这一基准利率来确定。

2. 远期利率：隐含在给定的即期利率中，从未来的某一时点到另一时点的利率水平。

3. 永续债券：一种没有到期日、永远进行固定利息支付、不偿还本金的债券。

4. 马考勒久期：使用加权平均数的形式计算债券的平均到期时间。

5. 市盈率：股票价格除以每股收益的比率。

6. 收入资本化法：任何资产的内在价值取决于该资产预期的未来现金流的现值。

二、简答题

1. 简述我国利率市场化改革的原则。

先外币，后本币；先贷款，后存款；先大额、长期，后小额、短期。

2. 比较债券的可赎回、可转换和可延期属性的区别。

可赎回债券即在一定时间内发行人有权赎回的债券。可转换债券是债券持有人可按照发行时约定的价格将债券转换成公司的普通股票。可延期债券给予持有者一种终止或继续拥有债券的权利。

3. 股息贴现模型是否适用于持有期 t 为有限的股票价值分析？为什么？

适用。当 t 期卖出股票时，卖出价格等于之后所有股息的贴现值，将其代入公式计算，依然满足股息贴现模型的一般形式。

三、计算题

1. 已知名义利率 5%，通货膨胀率 2%，求粗略计算和精确计算的实际利率。

粗略计算的实际利率＝名义利率－通货膨胀率＝5%－2%＝3%。

精确计算的实际利率＝（1＋名义利率）/（1＋通货膨胀率）－1＝1.05/1.02－1＝2.94%。

2. 一个公司发行两种 20 年期的债券，面值为 1000 元，都可按 1050 元的价格提前赎回。第一种债券息票率为 4%，售价为 580 元。第二种债券以平价售出，息票率为 8%。

（1）平价债券的到期收益率是多少？

平价债券的到期收益率＝息票率＝8%。

（2）如果预期利率在两年后将大幅下跌，投资者应选择哪种债券，为什么？

选择折价债券，因为利率下跌，债券价格上升，折价债券被赎回的可能性较小，平价债券容易触及赎回价格，从而被公司赎回。

3. 已知无风险资产收益率为 8%，市场组合收益率为 15%，某股票的贝塔系数为 1.2，派息比率为 40%，最近每股盈利 10 元，每年付一次的股息刚刚支付。预期该股票的股东权益收益率为 20%。

（1）求该股票的内在价值。

$y=r_f+(r_m-r_f)\beta=8\%+(15\%-8\%)\times1.2=16.4\%$

$g=(1-b)ROE=(1-40\%)\times20\%=12\%$

$V=D_1/(y-g)=10\times40\%(1+12\%)/(16.4\%-12\%)=101.82$ 元

（2）假如当前的股价为 100 元每股，预期一年内股价与其价值相符，求持有该股票 1 年的回报率。

$P_1=V_1=V(1+g)=101.82\times(1+12\%)=114.04$ 元

$y=(P_1-P_0+D_1)/P_0=[114.04-100+4(1+12\%)]/100=18.52\%$

四、论述题

1. 什么是利率市场化？论述我国利率市场化改革的必要性。

利率市场化是指金融机构在货币市场经营融资的利率水平由市场供求决定。它包括利率决定、利率传导、利率结构和利率管理的市场化。实际上，它就是将利率的决策权交给金融机构，由金融机构自己根据资金状况和对金融市场动向的判断来自主调节利率水平，最终形成以中央银行基准利率为基础，以货币市场利率为中介，由市场供求决定金融机构存贷款利率的市场利率体系和利率形成机制。

必要性：①市场利率作为重要的价格信号，不仅能够反映市场资金供求状况，还能够通过价格杠杆的作用合理引导资金的流动，实现资金的最优配置。②市场化的利率能够为货币当局制定宏观管理政策提供依据。在市场化的利率形成机制下，通过货币政策能够有效地影响利率水平，实现对宏观经济的调控。③利率作为金融资产定价的基础，需要一个合理的利率水平。而管制利率会扭曲金融产品定价，导致资金错配和实物资源错配，还可能带来很大的系统性风险。

2. 如何看待"负利率"对经济金融所产生的影响？

（1）负利率的政策效果并不理想。日本和欧元区在负利率实施后一年半左右通胀开始上行，但欧洲未能维持住2%，而日本远低于2%。负利率也未能使资金顺利流入实体经济，资金反而继续滞留在银行内部。欧洲央行的超额准备金由2014年6月的883亿欧元左右，增至2016年3月的4436亿欧元。而且，负利率的实施使市场加重了经济悲观预期和通胀紧缩预期，需求进一步收缩，经济景气度回升也只是昙花一现。

（2）负利率导致货币政策空间显著缩小。负利率意味着央行常规性货币政策失效，因为降息的积极效果不复存在（至少效果不大）。价格型货币政策基本失效，QE等数量型货币政策工具成为必然选择。面对外部冲击，欧元区和日本央行已无法通过降息来稳定经济，不得不大幅扩大QE。

（3）负利率导致金融市场定价锚不复存在。利率是所有资产定价的锚，实施负利率后，金融市场的定价锚可能不复存在，这意味着所有资产都得重新定价。而且，市场参与者的行为趋于短期化，投资者的心态更趋投机性，这刺激了金融市场的波动。

（4）负利率容易导致资金脱实向虚。负利率环境下，市场主体进行储蓄的意愿会大大减弱，资金流入股市等虚拟经济领域的概率将明显提高，这不利于资金流向实体经济。负利率政策侵蚀银行利润，银行不得不将成本转嫁给客户，商业银行很有可能提高向居民和企业客户征缴的手续费，这也不利于实体经济发展。

（5）负利率压缩金融机构的盈利空间。负利率必然导致货币市场利率和债券市场利率等市场利率显著下行，银行、保险和养老基金等追求稳定收益的金融机构的盈利空间受到明显压缩，市场竞争力下降，很难长期生存下去。

第八章 金融市场监管

党的二十大报告提出，要加强和完善现代金融监管，强化金融稳定保障体系，依法将各类金融活动全部纳入监管，守住不发生系统性风险底线。近年来，随着我国金融监管体制改革的深化，本章的内容变得日益重要起来。本章首先阐述了金融监管的相关理论，其次分析了我国金融市场监管体制的变迁和我国现阶段的金融监管体系，最后阐释了金融市场监管与金融市场创新之间的关系。

学习目标

1. 掌握金融市场监管的相关基础内容。
2. 了解我国金融市场监管发展历程与现状。
3. 理解金融市场监管与金融市场创新的关系。

◎ 引导案例
中国金融期货交易所 2015 年 9 月 2 日再出股指期货四条新政

2010 年 4 月 16 日，沪深 300 股指期货合约上市交易，国内股指期货正式推出。从中国的实践来看，推出股指期货，对于改善中国股票市场运行机制、完善产品工具体系和促进资本市场改革发展发挥了积极作用。2015 年 6 月股市暴跌，一些市场意见认为，股指期货助长股市暴跌，是导致股灾的罪魁祸首，甚至"暂停股指期货交易"的声音不绝于耳；另一些市场意见则认为，股指期货已经被"妖魔化"，沦为"替罪羊"。

面对巨大的舆论压力，2015 年 9 月 2 日，中国金融期货交易所（以下简称中金所）公布了一系列股指期货严格管控措施，这是继 8 月 25 日、8 月 28 日接连出招抑制股指期货过度投机后中金所的再度出手。中金所宣布再出四项措施抑制股指期货过度投机，其中包括：单个产品、单日开仓交易量超过 10 手的构成"日内开仓交易量较大"的异常交易行为；非套期保值持仓交易保证金标准提高至40%，套期保值持仓交易保证金标准提高至20%；日内平今仓的手续费提高至万分之二十三；加强股指期货市场长期未交易账户管理。

尽管中金所此前已三番两次出招，但这则消息，还是让整个市场为之震惊。市场人士纷纷表示"股指期货已经没有交易价值""股指期货功能基本消失"，诸多文章以"纪念股指期货"为话题进行回顾。专业人士普遍认为，正是近期专家、学者、股民对期指持续不断的舆论轰炸，逼出了监管层的"自残"行为。

然而，股指期货在海外市场已成功运行多年，中国股指期货推出之后，功能逐步发挥，它并不是做空中国股市的工具，而是逐渐成长中的股市稳定器之一。我们应当继续支持股指期货的健康发展，支持中国的金融衍生品市场在资本市场演进过程中自我调节、自我改进，为中国实体经济打造出风险管理的成熟体系，而不仅仅是停留在情绪化的、缺乏理论和实践支持的指责。

资料来源：①新华社. 中金所进一步加大市场管控严格限制市场过度投机［EB/OL］.（2015-09-03）［2023-09-24］. https：//www. gov. cn/xinwen/2015-09/03/content_2924453. htm.

②人民政协网. 巴曙松：股指期货，该责难还是该大力发展？［EB/OL］.（2015-09-01）［2023-09-24］. https：//www. rmzxb. com. cn/c/2015-09-01/566986. shtml.

第一节　金融市场监管概述

一、金融监管的定义、目标和原则

（一）金融监管的定义

金融监管（Financial Regulation）是金融监督和金融管理的总称，有狭义和广义之分。狭义的金融监管仅指一个国家（地区）的中央银行或金融监督管理当局依据国家法律法规的授权，对金融业实施的监督管理。广义的金融监管除包括一国（地区）中央银行或金融监管当局对金融体系的监管以外（当局监管），还包括各金融机构的内部控制（内部自管）、同业自律性组织的监管（同业互管）、社会中介组织的监管（社会共管）等，目前各国的金融监管体系通常在广义的范畴下架构。

（二）金融监管的目标和原则

1. 金融监管的目标

金融监管的目标包括：防范和化解金融风险，维护金融体系的稳定与安全；保护公平竞争，提高金融效率，保证中国金融业的稳健运行和货币政策的有效实施。

2. 金融监管的原则

（1）依法原则。依法原则又称合法性原则，是指金融监管必须以法律、法规为依据。监管的主体、监管的职责权限、监管措施等均由金融监管法和相关行政法律、法规规定，监管活动均应依法进行。

（2）公开、公正原则。监管活动应最大限度地提高透明度。同时，监管当局应公正执法、平等对待所有金融市场参与者，做到实体公正和程序公正。

（3）效率原则。效率原则是指金融监管应当提高金融体系的整体效率，不得压制金融创新与金融竞争。

（4）独立性原则。银行业监督管理机构及从事监督管理工作的人员依法履行监督管理职责，受法律保护，地方政府、各级政府部门、社会团体和个人不得干涉。

（5）协调性原则。监管主体之间职责分明、分工合理、相互配合。这样可以节约监管成本，提高监管效率。

（三）金融监管的理论依据

1. 社会利益论

该理论的基本观点是市场存在缺陷，纯粹的自由市场会导致自然垄断和社会福利的损失，还会因外部效应和信息不对称性产生不公平问题。所以，为了维护社会公众利益，国家有必要对金融业进行监管。

2. 金融风险论

这一理论的主要观点是，金融业是一个特殊的高风险行业，这种特殊性决定了国家特别需要对该行业进行监管。

3. 投资者利益保护论

这种理论认为，为了有效保护投资者的利益，需要进行金融监管。由于在金融活动中存在信息不完全或信息不对称的情况，会导致交易的不公平，国家需要通过金融监管对信息优势方（主要是金融机构）的行为加以规范和约束。

4. 管制供求论

管制供求论将金融监管本身看成存在供给和需求的特殊商品。在管制的需求方面，金融监管是那些想要获得利益的人所需要的。在管制的供给方面，政府官员提供管制是为了得到对自身政绩更广泛的认可。

二、金融市场监管的概念、目标及原则

（一）金融市场监管的定义

金融市场监管（Financial Market Regulation）是指国家或政府金融管理当局和有关自律性组织机构，对金融市场的各类参与者及它们的融资、交易活动所作

的各种规定以及对市场运行的组织、协调和监督措施及方法。

对金融市场进行监管的必要性体现在以下几个方面：

第一，金融是现代经济的核心，金融体系是全社会货币运行及信用活动的中心，其对经济运行和发展起着至关重要的作用，具有特殊的公共性和全局性。

第二，金融业是存在诸多风险的特殊行业，关系到千家万户和国民经济的方方面面。

第三，良好的金融秩序是保证金融安全的重要前提，公平竞争是保持金融秩序和金融效率的重要条件。

（二）金融市场监管的目标

金融市场监管的目标是为了实现公平与效率的统一。公平主要体现在规则的制定和实施上，效率主要体现在金融产品的价格能敏锐反映信息变化，成为资源配置的信号。从宏观经济角度来看，金融市场监管是为了保证金融市场机制的实现，进而保证整个国民经济秩序的正常运转，以高效、发达的金融市场推动经济的稳定发展。从金融市场本身来看，金融市场监管的目标可以概括为以下四个方面：

第一，促进全社会金融资源的配置与政府的政策目标相一致，从而提高整个社会金融资源的配置效率。

第二，消除因金融市场和金融产品本身的原因而给某些市场参与者带来的金融信息的收集和处理能力上的不对称性，以避免因这种信息的不对称性而造成的交易的不公平性。

第三，克服或者消除超出个别金融机构承受能力的、涉及整个经济或者金融领域的系统性风险。

第四，促进整个金融业的公平竞争。

（三）金融市场监管的原则

1. 全面性原则

全面性原则是指所有金融市场均需要受到监管。金融市场是含多个"子市场"的市场系统。无论是货币市场、资本市场、外汇市场还是新兴的金融衍生市场，各种市场之间有着千丝万缕的联系。在金融市场一体化、金融创新不断涌现的今天，各金融子市场之间、各国金融市场之间的界限已变得越来越模糊。在金融市场一体化、国际化的背景下，单单对某一金融子市场或某一国（地区）金融市场实行监管已变得毫无意义，任一子市场或某一国（地区）金融市场上的风波都有可能扩散到其他子市场或其他国家和地区的金融市场上，从而引发全面的金融危机。1997年7月以来，以泰铢贬值为导火索的亚洲金融危机便是例证。因此，金融市场监管必须贯彻全面性原则。

2. 效率性原则

效率性原则包含以下三方面的含义：

第一，对金融市场的监管必须是有效的。在金融市场活动日益一体化、复杂化，金融市场风险日益集中的情况下，仅依赖于机构自律是远远不够的。为了保证监管的有效性，必须制定相关法规，建立金融市场的权威监管机构，改进监管方法，使官方的强制性监管与机构的自我约束有机结合起来。

第二，对金融市场的监管必须保持金融市场的竞争性，提高金融市场的效率。金融市场的核心功能在于通过金融工具交易活动引导资源的合理配置，而这一功能的发挥依赖于金融市场的效率。监管当局制定的监管规则在保证金融市场正常运作的同时，还应使之更有效率、更富创新精神。

第三，对金融市场的监管必须尽可能降低监管成本。对金融市场的监管是一种以政府为供给者、被监管的机构和消费者为需求者的公共产品。这种公共产品的价格，也就是监管成本最终由被监管机构和消费者承担。降低监管成本旨在降低公共产品的生产和消费成本，提高监管效率。

3. 公开、公平、公正原则

公开、公平、公正原则是市场经济的基本原则，也是金融市场运行的基本原则，同时还是金融市场监管当局的重要原则。金融市场监管中的公开是指有关制度、信息、程度和行为不加隐瞒地向社会公众公布，公开原则是为了满足投资者的投资需要以及社会公众对相关主体及其行为的监督需要。公平是为了保障自愿投资、自由交易、平等竞争和风险自担的秩序，是指金融市场参与者在地位、权益、责任等方面处于平等状态。公正是指能够严格按照法律法规的规定，公平正直地处理金融市场中发生的有关事件，以保障金融市场的健康运行。

（四）金融市场监管的主要内容

金融市场监管的目标和原则决定了金融市场监管的内容。因国家经济金融体制不同，金融市场监管的具体内容各有差异，但总的来说，主要是指对金融市场构成要素的监管。

1. 对金融市场主体的监管

这是指对金融市场交易者的监管，主要是对企业、家庭、商业银行及其他金融机构在金融市场的一切行为的规范和监督，政府部门自身通常不在监管之列。

2. 对金融市场客体的监管

这是指对货币头寸、票据、股票、债券、外汇和黄金等交易工具的发行与流通进行监管，如实施证券发行审核制度、证券交易所和证券主管部门有关证券上市的规则、证券上市暂停和中止的规定。

3. 对金融市场媒体的监管

这是指对金融机构以及从事金融市场业务的律师事务所、会计师事务所以及资产评估机构、投资咨询机构、证券信用评级机构等的监管，主要是划分不同媒体之间的交易方式和交易范围，规范经营行为，使之在特定的领域内充分发挥作用。

4. 对金融市场价格的监管

这是指对金融市场上资金价格（利率）以及金融工具价格的监管。例如，加强存款利率监管，发挥存款利率市场化调整机制的重要作用，着力稳定银行负债成本；对金融工具价格波动进行监测，并采取有关制度如涨跌停板等避免金融市场过于频繁的大幅波动等。

第二节 金融监管体制与政策

一、金融监管体制的定义

金融监管体制（Financial Supervision System）是指金融监管的权力制度安排和监管组织体系。监管的权力制度安排是指行使政府监管权力的相关机构之间的权力分配。监管组织体系主要由金融当局宏观监管体系、金融机构内部监管体系、金融业行业自律体系和社会监督防范体系四个层次组成。前二者在金融监管中起主导作用，后二者起重要补充作用，四个体系相互作用、相互协作。

二、金融监管体制的模式

（一）混业监管模式

混业监管又称统一监管，是指对于不同的金融机构和金融业务，无论是审慎监管还是业务监管，都由一个机构负责，这个机构通常是各国的中央银行或另设的独立监管机构。其优势主要体现在三个方面：一是成本优势，统一监管能节约人力和技术投入，大大降低信息成本，改善信息质量，获得规模效益；二是改善监管环境，统一监管可避免由于监管者的监管水平和监管强度的不同，使不同的金融机构或业务面临不同的监管制度约束，也可避免被监管者对多种机构重复监管及不一致性无所适从；三是适应性强，统一监管能迅速适应新的金融业务，既可避免监管真空，降低金融创新形成的新的系统性风险，又可避免多重监管，降低不适宜的制度安排对创新形成的阻碍。其缺点在于：缺乏竞争性，容易导致官僚主义。

（二）分业监管模式

将金融机构和金融市场按照银行、证券、保险划分为三个领域，在每一个领域内，分别设置一个专业的监管机构负责包括审慎监管和业务监管在内的全面监管。其优点在于：一是具有监管专业化优势，每个专业监管机构负责各自的监管领域，职责明确，分工细致，有利于达到监管目标，提高监管效率；二是具有监管竞争优势，尽管监管对象不同，但不同监管机构之间存在竞争压力。其缺点在于：一是各监管机构之间协调性差，容易出现监管真空，若设置多重目标或不透明目标则难以使被监管对象理解和服从，易出现多头管理和相互扯皮现象；二是从整体上来看，分业监管机构庞大，监管成本较高，规模不经济。

（三）不完全统一监管

不完全统一监管是介于完全统一监管和完全分业监管之间的一种监管模式，也可以说是一种从分业监管到混业监管的过渡模式。其具体有两种监管模式：一是牵头监管模式，几个主要监管机构为建立及时磋商协调机制，相互交换信息，以防止监管机构之间的扯皮推诿，特指定一个监管机构为牵头监管机构，负责不同监管机构之间的协调工作。这种监管模式既可以发挥分业监管的专业化优势与竞争优势，提高监管效率，又可以通过监管机构定期的磋商协调、信息交换以及密切配合，将多重监管的不利影响降到最低。其问题是，由谁来控制整个金融体系的风险以及牵头监管者并不能做到控制整个体系风险。二是"双峰"监管模式，依据金融监管目标设置两头监管机构，一类机构专门对金融机构和金融市场进行审慎监管，以控制金融业的系统风险，另一类机构专门对金融机构进行合规性管理和保护消费者利益的管理。

三、金融监管政策框架：宏观审慎和微观审慎

审慎监管是对金融机构防范和控制风险的能力和状况的监督和管理。宏观审慎监管和微观审慎监管是审慎监管的两大支柱，共同构成金融监管框架。宏观审慎监管旨在提高整个金融系统的稳定性，以防范系统性风险。微观审慎监管旨在提高个体金融机构的稳定性，以保护投资者权益。

宏观审慎监管与微观审慎监管的区别主要显现在监管目标以及由此采取的监管措施上（见表8-1）。宏观审慎监管的目标是防范系统性风险，维护金融体系的整体稳定，防止经济增长受影响；而微观审慎监管的目的在于控制个体金融机构或行业的风险，保护投资者利益。在监管内容上，宏观审慎监管侧重于对金融机构的整体行为以及金融机构之间相互影响力的监管，同时关注宏观经济的不稳定因素；而微观审慎监管侧重于对金融机构的个体行为和风险偏好的监管。从具

体监管对象来看，宏观审慎监管更关注具有系统重要性的金融机构（如银行和金融集团）的行为，金融市场整体趋势及其与宏观经济的相互影响；而微观审慎监管则更关注具体金融机构的合规与风险暴露情况，避免使投资者和储户等个体遭受不应有的损失。

表 8-1　宏观审慎和微观审慎的区别

	宏观审慎监管	微观审慎监管
目的不同	维护金融体系的整体稳定，防止经济增长受影响	控制个体金融机构或行业的风险，保护投资者利益
内容不同	对金融机构的整体行为以及金融机构之间相互影响力的监管，同时关注宏观经济的不稳定因素	对金融机构的个体行为和风险偏好的监管
对象不同	更关注具有系统重要性的金融机构的行为，金融市场整体趋势及其与宏观经济的相互影响	更关注具体金融机构的合规与风险暴露情况，避免使投资者和储户等个体遭受不应有的损失

资料来源：笔者自制。

良好的宏观与微观审慎监管可以相互促进，增强彼此的监管效果。例如，对于银行的信用风险敞口监管，微观审慎监管措施会关注该银行信贷资产的集中度和相关放贷政策，而宏观审慎监管措施则会关注银行业整体的信贷规模及其与有关资产价格的关系，并据以判断银行体系是否正在积累信用风险。

但由于宏观审慎与微观审慎监管的目标不完全一致，因此宏观与微观审慎监管手段也会大相径庭，如宏观审慎监管会因为强调整体的稳定性而忽略对个体利益的保护，而微观审慎监管则相反，首先关注的是个体风险控制。

◎ 补充阅读
央行发布宏观审慎政策指引

为完善宏观审慎政策治理机制，提高防范化解系统性金融风险的能力，中国人民银行 2021 年 12 月 31 日发布了《宏观审慎政策指引（试行）》（以下简称《指引》）。

《指引》明确了建立健全中国宏观审慎政策框架的要素；界定了宏观审慎政策相关概念，包括宏观审慎政策框架、系统性金融风险、宏观审慎管理工作机制等；阐述了宏观审慎政策框架的主要内容，包括宏观审慎政策目标、系统性金融风险评估、宏观审慎政策工具、传导机制和治理机制等；提出了实施好宏观审慎政策所需的支持保障和政策协调要求。

中国人民银行有关负责人表示，宏观审慎政策具备"宏观、逆周期、防传染"的视角，在防范化解系统性金融风险方面发挥着关键作用。发布《指引》是建立健全中国宏观审慎政策框架的重要举措，有助于构建运行顺畅的宏观审慎治理机制，推动形成统筹协调的系统性金融风险防范化解体系，促进金融体系健康发展。

资料来源：人民网. 央行发布宏观审慎政策指引［EB/OL］.（2022-01-03）［2023-09-24］. http：//finance. people. com. cn/n1/2022/0103/c1004-32322854. html.

第三节　我国金融监管发展历程与现状

一、我国金融监管体制与机构的变迁

（一）过渡阶段：单一监管机构时期（1978—1992 年）

我国自 1978 年底开始实行改革开放政策，逐步确立社会主义市场经济体制。这大大促进了中国金融业的发展，并对金融市场体制和机制提出了更高的要求。当时最突出的变化是政府相继恢复或新设了几大专业银行，以及保险、信托、证券等行业的金融机构，并为规范其经营行为出台了一些行政性规章制度。这一阶段，随着专业性金融机构从中国人民银行中独立出来，对于它们经营行为的规范也由内部管理变为外部监管。中国人民银行被正式确立为中央银行，并且成为相对独立、全面、统一的监管机构，中国的金融监管体制和机制正式确立。但是这种监管仍然主要依赖于行政性规章和直接指令式管理。这种监管体系中各主体的地位和权力依托于行政体系，而不是由明确的法律授权形成的。

（二）发展阶段：分业监管的确立（1992—2003 年）

1992 年召开的中国共产党第十四次全国代表大会明确提出，中国经济体制改革的目标是建立社会主义市场经济体制，这为中国的金融体制改革奠定了基础，也催生了证监会、保监会及银监会等专业监管机构。《中华人民共和国证券法》（以下简称《证券法》）、《中华人民共和国保险法》（以下简称《保险法》）、《中华人民共和国银行法》（以下简称《银行法》）等基本法律相继诞生，分业监管体制也逐步确立。在这一阶段，由证监会、保监会、银监会构成的

分业监管体系逐步形成。中国人民银行在完全分离出日常、具体的金融监管权后，主要承担货币政策，也担负支付清算、外汇管理、征信和反洗钱等基本制度和金融基础设施建设，对维持金融市场秩序和市场稳定起主导作用。金融监管步入法治化阶段，基本金融法律体系得以确立和完善。在中华人民共和国成立初期，中国的金融监管机构只有中国人民银行。此时期的重点是保证货币稳定和金融秩序。在这个阶段，监管机构的职能和角色相对简单明确，监管力度和范围较小。

（三）完善阶段：机构监管的完善（2004—2017 年）

2004 年以来，中国金融分业监管体制得到进一步巩固与完善，监管协调与国际合作也有了新的发展。在全球金融危机之后，加强宏观审慎监管的尝试和其他改革探索也在逐步推进。这一阶段的中国金融监管改革与发展，与迎接金融全球化、金融创新、综合化经营以及金融危机的挑战密切相关。在此阶段，"一行三会"分业监管体制在以下几方面得到进一步的发展和完善：一是法律体系进一步完善，对《证券法》、《中华人民共和国公司法》（以下简称《公司法》）等多部法律进行了修订；二是加强监管执法力度和丰富监管内容，对现场检查、行政许可、行政处罚、行政复议等行为进行了规范，并加强了对金融创新和部分跨金融领域经营的监管；三是金融监管机构之间加强了协调配合，监管机构之间建立起联席会议制度；四是审慎性监管和功能型监管已被提到监管当局的监管改革议事日程上。

（四）变革阶段：功能监管的尝试（2018 年至今）

为有效防范系统性金融风险，进一步加强金融监管协调，2017 年召开的第五次全国金融工作会议提出成立"国务院金融稳定发展委员会"，作为维护国家金融安全的常设执行机构，统筹协调金融监管政策与其他相关政策的配合。同时，按照国务院机构改革方案的要求，将银监会与保监会进行合并，这是统筹协调银行和保险领域监管的最有效和最直接的方法，也在一定程度上适应了金融业发展的新需要。除此之外，保留证监会的相对独立性也有进一步鼓励和支持直接融资市场发展之意。在新的"一行两会"框架下，中国人民银行的"货币政策和宏观审慎政策双支柱调控框架"更加清晰，更多地担负起宏观审慎管理、对金融控股公司和系统重要性机构、金融基础设施建设、基础法律法规体系及全口径统计分析等工作。各地相继成立的地方金融监管局也将承担起对"7+4"类机构以及一些新兴金融业态的监管工作。2018 年 3 月，十三届全国人大一次会议表决通过了关于国务院机构改革方案的决定，设立中国银行保险监督管理委员会。2018 年 4 月 8 日上午，中国银行保险监督管理委员会（以下简称银保监会）正式挂牌，中国银行业监督管理委员会和中国保险监督管理委员会成为历史。其中，银保监会主要职责如下：依照法律法规统一监督管理银行业和保险业，维护银行业和保险业合法、稳健运行，防范和化解金融风险，保护金融消费者合法权益，维护金融稳定。2023 年 3 月，中共中央、国务院印发了《党和国家机构改革方案》，决定在中国银行保险监督管理委员会基础上组建国家金融监督管理总局；建立以中央金融管理部门地方派出机构为主的地方金融监管体制，统筹优化中央金融管理部门地方派出机构设置和力量配备；地方政府设立的金融监管机构专司监管职责，不再加挂金融工作局、金融办公室等牌子（见图 8-1）。

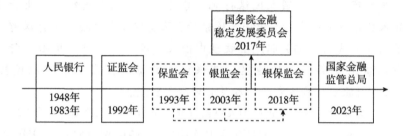

图 8-1 我国金融监管机构的变迁

资料来源：笔者自绘。

二、我国金融监管体系新格局

2023 年 5 月 18 日，国家金融监督管理总局在北京金融街 15 号正式揭牌。这意味着，运行了五年的银保监会正式退出历史舞台。中国金融监管体系从"一行两会"迈入"一行一局一会"新格局，具体金融监管机构如下：

（一）一行：中国人民银行

中国人民银行是中国的中央银行，执行中央银行业务，主要负责制定和执行货币政策，是一国金融体系的核心，是负责金融管理和金融调节的特殊金融机构，是政府的金融管理机构。

中国人民银行的主要职责如下：发布与履行和其职责有关的命令和规章；依法制定和执行货币政策；发行人民币，管理人民币流通；监督管理银行间同业拆借市场和银行间债券市场；实施外汇管理，监督管理银行间外汇市场；监督管理黄金市场；管理、经营国家外汇储备、黄金储备；经理国库；维护支付、清算系统的正常运行；指导、部署金融业反洗钱工作，负责反洗钱的资金监测；负责金融业的统计、调查、分析和预测；作为国家的中央银行，从事有关国际金融活动；国务院规定的其他职责。

◎ 补充阅读

统筹推进中国人民银行分支机构改革

2023 年 3 月 7 日，国务院机构改革方案出炉。根据国务院关于提请审议国务院机构改革方案的议案，统筹推进中国人民银行分支机构改革。撤销中国人民银行大区分行及分行营业管理部、总行直属营业管理部和省会城市中心支行，在31 个省（自治区、直辖市）设立省级分行，在深圳、大连、宁波、青岛、厦门设立计划单列市分行。中国人民银行北京分行保留中国人民银行营业管理部牌子，中国人民银行上海分行与中国人民银行上海总部合署办公。不再保留中国人民银行县（市）支行，相关职能上收至中国人民银行地（市）中心支行。对边境或外贸结售汇业务量大的地区，可根据工作需要，采取中国人民银行地（市）中心支行派出机构方式履行相关管理服务职能。

资料来源：新华社．统筹推进中国人民银行分支机构改革［EB/OL］．（2023-03-07）［2023-09-24］．https：//news.cctv.cn/2023/03/07/ARTIYJBGRAZeGCWDhpKYTAt4230307.shtml.

（二）一局：国家金融监督管理总局

国家金融监督管理总局，是在中国银行保险监督管理委员会基础上组建的国务院直属机构。2023 年 3 月，中共中央、国务院印发了《党和国家机构改革方案》，决定在中国银行保险监督管理委员会基础上组建国家金融监督管理总局。

国家金融监督管理总局在中国银行保险监督管理委员会基础上组建，中国人民银行对金融控股公司等金融集团的日常监管职责、有关金融消费者保护职责，中国证券监督管理委员会的投资者保护职责被划入国家金融监督管理总局的职责范围。作为国务院直属机构，国家金融监督管理总局统一负责除证券业之外的金融业监管，强化机构监管、行为监管、功能监管、穿透式监管、持续监管，统筹负责金融消费者权益保护，加强风险管理和防范处置，依法查处违法违规行为。

◎ 补充阅读

国家金融监督管理总局正式挂牌

2023 年 5 月 18 日，国家金融监督管理总局正式挂牌，我国金融监管机构改革迈出重要一步。2023 年 3 月，中共中央、国务院印发了《党和国家机构改革方案》，国家金融监督管理总局在中国银保监会基础上组建，统一负责除证券业之外的金融业监管，不再保留中国银保监会。随着金融监管机构改革的不断推进，"一行一局一会"新格局正在加快形成。

根据改革方案，国家金融监督管理总局的职责是"统一负责除证券业之外的金融业监管"，在具体监管职责上，方案提出"强化机构监管、行为监管、功能监管、穿透式监管、持续监管"的要求。中国人民银行有关金融消费者保护职责，以及中国证监会的投资者保护职责划入国家金融监督管理总局的职责范围，由其统筹负责金融消费者权益保护。这些年来，让金融监管者头疼的一个大问题就是：一些新出现的金融行为很难按照原有的部门分工进行有效监管，原来相对清晰的银行、保险、证券的行业分割出现了一些模糊地带。金融监管存在盲区，还经常出现"铁路警察各管一段"的现象，风险随之滋生。此轮改革把所有的合法金融行为和非法金融行为都纳入监管，让未来新出现的金融机构和金融业务都难逃监管，形成全覆盖、全流程、全行为的金融监管体系。"这样一来，即便今后新出现金融机构和金融形式，也都在监管框架之内。"上海金融与发展实验室主任曾刚表示，通过机构设置调整和职责优化，落实党的二十大提出的"依法将各类金融活动全部纳入监管"相关部署，最终消除监管盲区，实现监管全覆盖。组建国家金融监督管理总局，不是对原有监管架构的修修补补，而是着眼全局、整体推进，体现了系统性、整体性、重构性的变革，有望推动监管标准统一、监管效率提升。

资料来源：新华社. 国家金融监督管理总局正式挂牌［EB/OL］.（2023-05-18）［2023-09-24］. https: //www. gov. cn/yaowen/liebiao/202305/content_ 6874659. htm.

（三）一会：中国证券监督管理委员会

中国证监会为国务院直属正部级事业单位，依照法律、法规和国务院授权，统一监督管理全国证券期货市场，维护证券期货市场秩序，保障其合法运行。

中国证监会的主要职责：建立统一的证券期货监管体系，按规定对证券期货监管机构实行垂直管理；加强对证券期货业的监管，提高信息披露质量；加强对证券期货市场金融风险的防范和化解工作；负责组织拟订有关证券市场的法律、法规草案，研究制定有关证券市场的方针、政策和规章；制定证券市场发展规划和年度计划；指导、协调、监督和检查各地区、各有关部门与证券市场有关的事项；对期货市场试点工作进行指导、规划和协调；统一监管证券业。

◎ **补充阅读**

中国证监会明确下半年资本市场监管着力点

2023年7月26日，证监会召开2023年系统年中工作座谈会，明确了下半年资本市场监管工作重点。证监会表示，将科学合理保持首次公开募股（Initial Public Offering，IPO）、再融资常态化，统筹好一、二级市场的动态平衡。健全资本市场风险预防预警处置问责制度体系。支持民营企业通过资本市场实现高质量发展，提升平台企业常态化监管水平，推动平台企业规范健康持续发展。围绕进一步提升服务国家重大战略质效，证监会表示，将着力健全支持优质科技型企业的制度机制，坚守科创板、创业板定位，进一步提升服务的精准性。推动公司债和企业债协同发展，做优做强科创债，抓紧推动消费基础设施等新类型公募REITs项目落地。同时进一步提升期货市场功能。围绕进一步深化资本市场改革开放，证监会表示，将推动注册制改革走深走实，扎实推进投资端改革和监管转型。高质量建设北交所，一体强化新三板市场培育功能，打造服务创新型中小企业主阵地。统筹开放和安全，做好境外上市备案管理工作，推出更多"绿灯"案例。在进一步加大资本市场防假打假力度方面，证监会表示，将探索运用更多现代科技手段，提升问题线索发现能力。强化会计师事务所、律师事务所等中介机构把关责任，加大对第三方配合造假惩治力度。加强跨部委协作，增强打击系统性、有组织造假的合力，从严从快从重查处典型违法案件。此外，证监会还表示，将全面落实私募投资基金监督管理条例，完善配套规则和机制，对创投基金实施差异化监管安排。坚持把"大投保"理念贯穿资本市场工作全流程各方面，依法保护投资者合法权益。同时，坚持股债联动，继续保持房企资本市场融资渠道稳定。继续有序推动金交所、"伪金交所"风险防范化解，加大对非法证券活动的打击力度。

资料来源：新华社．中国证监会明确下半年资本市场监管着力点［EB/OL］．（2023-07-26）［2023-09-24］．https://www.gov.cn/lianbo/bumen/202307/content_ 6894370.htm．

第四节　金融市场监管与金融市场创新

一、金融市场创新概念

从广义而言，金融市场创新（Financial Market Innovation）是指通过对金融交易方法进行技术改进、更新或创设，从而形成新的市场架构的金融创新。

从狭义而言，金融市场创新主要包括两个方面：一是相对于传统国际金融市场而言的欧洲货币市场；二是相对于基础市场而言的衍生市场。

二、金融市场创新与金融市场监管关系

金融市场创新与金融市场监管作为一个矛盾关系中的两个方面，两者相互影响、相互作用、相互促进。

（一）金融市场监管刺激了金融市场创新的产生

随着经济的发展和金融环境的变化，许多对金融机构业务活动的限制规定已经过时，成为金融机构开展正常业务的障碍，甚至成为影响金融体系稳定的因素。金融机构为了绕开金融管制而求得自身的自由和发展，千方百计创造了很多新的金融工具。例如可转让支付命令账户（NOW）、超级可转让支付命令账户（SuperNOW）、货币市场存款账户（MMDA）、可转让存款单（CDS）、自动转账账户（ATS）等。资产证券化的产生也是为了适应逃避金融管制的需要。所以，从一定程度上来讲，金融监管对金融创新具有一定的诱发作用。

（二）金融市场监管制约了金融市场创新的发展

金融监管是金融创新的诱发因素之一，但是金融监管又规定了金融创新的基本范围、速度，在一定程度上限制着金融创新。

1. 金融市场监管规定了金融市场创新的基本范围

例如，在实行分业经营、分业管理的体制下，银行只能在资产业务、负债业务、部分表外业务上进行创新，无论如何监管当局都不会允许银行的创新涉足保险、证券投资、信托等业务。而在混业经营体制下，各金融机构根据自己的条件可以在更广阔的范围内进行创新。

2. 金融市场监管决定了金融市场创新的速度

对金融创新的风险及后果的认知不同，对金融创新的态度也就不同，因而金融监管当局的行为决定了允许金融创新的速度快慢。

3. 金融市场监管影响了金融市场创新的环境

规范恰当的金融监管是金融创新的基本条件之一，这种监管鼓励创新、保护创新，使金融创新具有动力和活力。

（三）金融市场创新促使金融市场监管不断变革

金融创新给金融业带来了革命性的变革，使整个金融业的面貌为之一新，同时也给传统的金融业提出了不少难题，对金融体系和货币政策提出了严峻的挑战。

1. 金融市场创新影响了传统货币政策调控作用的发挥

传统货币政策的制定与执行要求货币流动性与投资性有明确的划分界限，但最近几年大量涌现同时具有结算和增值功能的新型金融商品，使中央银行失去了观测本国金融流量结构的稳定基础，传统货币政策工具的效果也受到了影响。

2. 金融市场创新使金融机构所面临的风险加大

金融机构通过各种金融创新工具和业务把所有风险和部分风险转移给愿意承担的一方，但是从全球或全国的角度来看，金融创新仅仅是转移和分散了某种风险，并不意味着减少风险。相反，金融机构在利益机制驱动下可能会在更广阔的范围内和更大的数量上承担风险。

3. 金融市场创新迫使金融监管不断变革

金融市场创新加剧了金融活动的不确定性，增大了金融风险，加大了金融监管的难度。然而，正是金融创新的出现，使金融监管活动不断寻求更为有效的体制和运行方式，从而推动了金融监管体系的不断变革。

金融创新和金融监管是在相互促进、相互制约的过程中共同发展的。金融监管使金融活动主体不断进行金融创新活动，而金融创新又迫使金融监管在方式和内容上不断发展。这种循环关系表现为"监管—创新—再监管"，最终促进了金融活动的不断深化发展。

◎ 补充阅读

资产证券化的监管历程

资产证券化作为金融创新的产物，对于推动存量金融资产的证券化，推动实体经济发展，维护金融体系稳定起着关键的作用。但与此同时，资产证券化应对系统性风险的能力较差，对于底层资产的质量依赖性很强，这可能会对金融体系引起负面的连锁反应。

关于资产证券化的监管，我国主要经历了以下几个阶段：

第一，1992—2008 年为资产证券化的萌芽和试点发展阶段，这一阶段对资产证券化的监管较为宽松。资产证券化发行数量和规模快速增长，人民银行、银监会等十部委分别在 2005 年 3 月、2007 年 9 月组成信贷资产证券化试点工作协调小组，监管当局出台各种政策支持资产证券化的发展：2005 年央行、银监会颁布实施了《信贷资产证券化试点工作管理办法》，2006 年证监会发布了《关于证券投资基金投资资产支持证券有关事项的通知》，2007 年国务院批准同意扩大信贷资产证券化试点工作。

第二，2009—2011 年为资产证券化停滞阶段。美国次贷危机爆发后，我国资产证券化业务面临较大的舆论压力，出于宏观审慎和控制风险的考虑，银监会、证监会叫停信贷资产证券化产品发行，暂停项目审批。这一时期我国的资产证券化业务陷入全面停滞阶段。在停滞阶段，仅有 8 只信贷资产证券化在此期间发行。

第三，2012 年至今，随着监管政策的放松，资产证券化得到重启和高速发展。2012 年，经国务院同意，央行、银监会和财政部发文重启资产证券化试点。吸取美国次贷危机的教训，试点的重启也伴随着一些风险防范措施，如风险自留和资本计提，最初仅允许正常的金融资产进行证券化。2013 年 8 月，国务院常务会议决定在严格控制风险的基础上，扩大信贷资产证券化试点规模，风险较大的资产不纳入试点范围，不搞再证券化，确保不发生系统性区域性金融风险。之后，资产证券化在中国加速发展。证券化产品的基础资产类型大幅扩展，如信用卡、金融租赁资产和商业地产的租金等，非金融企业也能发行证券化产品，政府与社会资本合作（Public-Private-Partnership, PPP）项目的证券化产品也已落地。特别地，原先被看作风险较大的银行不良资产，也被允许证券化。随着监管当局政策的放松，中国资产证券化重整旗鼓，被视为盘活存量资产、加速资金周转以及调整中国经济结构的重要金融创新工具。

在不同发展阶段，金融创新不但呈现出"双面性"，还有"可变性"，因此，在中国资产证券化未来的发展中，既要鼓励金融创新，优化传统金融机构经营模式、改善其流动性和提高资产负债管理能力，更要重视加强风险管理和监管，提前识别并化解可能产生的系统性影响，以实现金融稳定。

资料来源：光明日报.《资产证券化简史》：读懂资产证券化的过去、现在与未来［EB/OL］.（2021－10－27）［2023－09－24］. https：//baijiahao. baidu. com/s？id＝1714763149911227068&wfr＝spider&for＝pc.

 本章测试题

一、名词解释

1. 金融监管
2. 金融市场监管
3. 金融市场创新
4. 审慎监管

二、简答题

1. 简述金融市场监管的目标和基本原则。
2. 简述我国目前的金融监管体系格局。

三、论述题

结合金融创新和金融监管的原理，试述如何更好地建设金融市场监管体系？

◎ 扩展阅读

中国金融监管的新动向与重要意义

摘要：新一轮的党和国家机构改革充分体现出加强党中央对金融工作的集中统一领导、重视金融消费者权益保护、理顺中央和地方金融监管权责、对金融业务和业态实现全覆盖等现代金融监管理念，逐步构建中国式"三层+双峰"的立体式监管框架，实现从机构监管向功能监管和行为监管过渡。中国金融监管的最新调整有助于进一步鼓励金融创新、提升我国金融实力及在全球金融市场中的竞争力、维护我国的金融利益、防范系统性金融风险以及加强党对金融工作的领导。

资料来源：尹振涛. 中国金融监管的新动向与重要意义 [J]. 人民论坛，2023（8）：64-67.

金融科技、监管沙盒与体制创新：不完全契约视角

摘要：本文从不完全契约下剩余权利配置的视角出发，对金融监管的理论机制进行了阐释。金融监管可以看作监管者与被监管者之间的隐性契约。由于监管规则无法覆盖全部相关情境和存在未来修改的可能，这种隐性契约具有不完全性，因此隐含着相应的剩余权利空间。金融科技的颠覆性创新性质导致上述剩余权利空间急剧扩大，并且难以基于监管者的传统经验来加以处理。通过监管双方之间动态的谈判过程，监管沙盒可以避免创新者在资源投入和信息披露上的激励扭曲，从而诱导出对于社会福利更优的金融创新。基于这一视角，中国金融改革的渐进性质决定了其中的监管剩余权利空间会持续存在，而监管沙盒的精神实质可以为上述剩余权利空间的配置提供重要的借鉴。

资料来源：胡滨. 金融科技、监管沙盒与体制创新：不完全契约视角 [J]. 经济研究，2022，57（6）：137-153.

我国金融市场流动性监管法律制度的创新与演进
——从"守住不发生系统性风险底线"说起

摘要：从防范系统性风险角度，对 2008 年国际金融危机反思的直接成果就是建立国际统一流动性监管标准，将流动性监管置于与资本监管同样重要的地位。回顾微观审慎监管向宏观审慎监管与微观审慎监管并重转变中我国流动性监管法律制度的演进过程，有利于发现问题、更好前行。我国流动性监管法律制度

的从无到有，是一个后发国家制度模仿与创新的过程，更是维护金融安全、守住不发生系统性风险底线的坚持与努力。我国现行流动性监管制度体系，主要以较低层次规章和规范性文件为载体，存在政策依据过多、法律依据不足、不能适应当下金融市场深度融合等问题。为此，从进一步改革现行监管体制、使其更好适应我国金融市场深度融合、综合经营改革需求的角度，制定、修订相关金融法律，规定流动性监管统一规则与指标。

资料来源：刘丹冰，许青伟．我国金融市场流动性监管法律制度的创新与演进——从"守住不发生系统性风险底线"说起［J］．西北大学学报（哲学社会科学版），2021，51（4）：103–116.

参考文献：

［1］胡滨．金融科技、监管沙盒与体制创新：不完全契约视角［J］．经济研究，2022，57（6）：137–153.

［2］刘丹冰，许青伟．我国金融市场流动性监管法律制度的创新与演进——从"守住不发生系统性风险底线"说起［J］．西北大学学报（哲学社会科学版），2021，51（4）：103–116.

［3］刘鹏，郭戈英．走向适应性监管：理解中国金融监管机构改革的治理逻辑［J］．学海，2023（3）：42–50.

［4］尹振涛．中国金融监管的新动向与重要意义［J］．人民论坛，2023（8）：64–67.

［5］张强．新中国金融监管的历史变迁——党的奋斗成就和历史经验［J］．税务与经济，2022（2）：3–4.

测试题答案

一、名词解释

1. 金融监管：狭义的金融监管是指一个国家（地区）的中央银行或金融监督管理当局依据国家法律法规的授权，对金融业实施的监督管理；广义的金融监管除包括一国（地区）中央银行或金融监管当局对金融体系的监管以外（当局监管），还包括各金融机构的内部控制（内部自管）、同业自律性组织的监管（同业互管）、社会中介组织的监管（社会共管）等。

2. 金融市场监管：指国家或政府金融管理当局和有关自律性组织机构，对金融市场的各类参与者及它们的融资、交易活动所作的各种规定以及对市场运行的组织、协调和监督措施及方法。

3. 金融市场创新：指通过对金融交易方法进行技术改进、更新或创设，从而形成新的市场架构的金融创新。

4. 审慎监管：对金融机构防范和控制风险的能力和状况的监督和管理。宏观审慎监管和微观审慎监管是审慎监管的两大支柱，共同构成金融监管框架。宏观审慎监管旨在提高整个金融系统稳定性，以防范系统性风险；微观审慎监管旨在提高个体金融机构稳定性，以保护投资者权益。

二、简答题

1. 简述金融市场监管的目标和基本原则。

（1）金融市场监管的目标：①促进全社会金融资源的配置与政府的政策目标相一致，从而提高整个社会金融资源的配置效率；②消除因金融市场和金融产品本身的原因而给某些市场参与者带来的金融信息的收集和处理能力上的不对称性，以避免因这种信息的不对称性而造成的交易的不公平性；③克服或者消除超出个别金融机构承受能力的、涉及整个经济或者金融的系统性风险；④促进整个金融业的公平竞争。

（2）金融市场监管的原则：①全面性原则；②效率性原则；③公开、公平、公正原则。

2. 简述我国目前的金融监管体系格局。

我国目前的金融监管体系是"一行一局一会"。具体机构：

（1）一行：中国人民银行。中国人民银行是中国的中央银行，执行中央银行业务，主要负责制定和执行货币政策，是一国金融体系的核心，是负责金融管理和金融调节的特殊金融机构，是政府的金融管理机构。

（2）一局：国家金融监督管理总局。国家金融监督管理总局，是在中国银行保险监督管理委员会基础上组建的国务院直属机构。2023 年 3 月，中共中央、国务院印发了《党和国家机构改革方案》，决定在中国银行保险监督管理委员会基础上组建国家金融监督管理总局。

（3）一会：中国证券监督管理委员会。中国证监会为国务院直属正部级事业单位，依照法律、法规和国务院授权，统一监督管理全国证券期货市场，维护证券期货市场秩序，保障其合法运行。

三、论述题

结合金融创新和金融监管的原理，试述如何更好地建设金融市场监管体系？

金融市场创新与金融市场监管作为一个矛盾关系中的两个方面，两者相互影响、相互作用、相互促进。

（1）金融市场监管刺激了金融市场创新的产生。随着经济的发展和金融环境的变化，许多对金融机构业务活动的限制规定已经过时，成为金融机构开展正常业务的障碍，甚至成为影响金融体系稳定的因素。金融机构为了绕开金融管制而求得自身的自由和发展，千方百计地创造了很多新的金融工具。

（2）金融市场监管制约了金融市场创新的发展。金融市场监管规定了金融市场创新的基本范围、速度及环境。

（3）金融市场创新促使金融市场监管不断调整。金融市场创新影响了传统货币政策调控作用的发挥。金融市场创新使金融机构所面临的风险加大。金融市场创新加大了金融市场监管的难度，迫使金融监管不断调整。

建议：①金融监管理念发生变化，要求注重宏观审慎和微观审慎相结合。②加强金融创新，要正确处理金融监管和金融创新的关系。③建立健全社会信用体系，降低金融风险。

第二篇　金融机构

第九章　商业银行

在我国最大的金融中介机构是商业银行，它的发展状况直接影响着我国经济发展的稳定与健康。本章主要解析商业银行的具体含义，阐述商业银行的职能、主要业务、经营和风险管理的相关知识。

学习目标

1. 了解商业银行的产生与发展。
2. 掌握商业银行的职能。
3. 熟悉商业银行的主要业务。
4. 理解商业银行的经营管理理论。

引导案例
中国银行业七十年发展足迹回顾及未来趋势研判

经过 70 多年的改革与发展，中国银行业取得了长足发展，完成了足够载入世界金融改革与发展史册的伟大成就，堪称"中国奇迹"。中国银行业尽管发展曲折，但是总体持续向好的趋势始终未变，这得益于中国共产党的正确领导和银行人的不懈追求。截至 2019 年第一季度，中国银行业总资产超过 270 万亿元，跃居世界第一位。无论是资产充足率、资产规模和质量、盈利水平等体现发展状况的硬性指标，还是管理能力、企业文化、经营理念等企业软实力，中国银行业都实现了历史性的跨越。

金融是现代经济的核心，在以银行为主体的中国金融体系下，银行业的改革和发展关系到金融体系乃至整个经济体系改革与发展的成功与否。当前中国经济已由高速增长进入高质量发展阶段，正处于优化经济结构、转换增长动力的攻关期，经济结构的改革深化需要银行业高效跟进并提供支持。随着经济全球化趋势加快，各国金融市场间的联系更加紧密。金融创新日新月异，综合经营趋势愈发明显。随着国内外经济金融的深度融合、经济发展方式的变革转变，我国银行业将沿着金融供给侧结构性改革、开放银行打造、银行业对外开放的"一改革两开放"趋势纵深发展。一是深入推进金融供给侧结构性改革，金融制度是经济社会发展中的基础性制度，当前的中国经济已由高速增长进入高质量发展阶段，正处于优化经济结构、转换增长动力的攻关期。供给侧结构性改革是经济体制改革的重要抓手，旨在调整经济结构，实现要素最优配置，提升经济增长质量。作为整体经济供给侧结构性改革的有机组成部分，金融供给侧结构性改革将是中国金融改革和发展的新方向。商业银行作为金融业的主体成分，其结构性改革的成功与否直接影响到金融供给侧结构改革的效果。二是打造"平台+生态"的开放银行。未来银行服务入口将从"场所驱动"逐渐过渡到"场景驱动"，现代商业银行的服务模式多是流程式服务，在具有开放化、平台化、生态化的数字经济时代，打造"平台+生态"的开放银行将是商业银行的转型方向。三是继续扩大银行业对外开放。为了更好地发挥对外开放对中国经济增长的正效应，引导外资银行扩大在华业务范围，中国应当加强与外资银行的监管沟通，努力创造公平的市场环境和有序的政策环境。

资料来源：信瑶瑶. 新中国 70 年银行制度建设：思想演进与理论创新［J］. 财经研究，2019，45（12）：73-85+123.

第一节　商业银行概述

一、商业银行的定义

存款性金融机构（Deposit Financial Institution）是指通过吸收各种存款而获得可利用资金，并将之贷给需要资金的各经济主体及投资于证券等以获取收益的金融机构，是金融市场套期保值及套利的主要部门，主要形式包括商业银行、储蓄机构和信用合作社，其中商业银行凭借众多的营业机构与巨大的社会影响力，具有资金来源广、业务范围大等特点，整体优势和作用明显大于其他任何的金融机构。1995 年 5 月 10 日，党的第八届全国人大常委会第十三次会议通过的《中华人民共和国商业银行法》规定，商业银行是指依照《中华人民共和国商业银行法》和《中华人民共和国公司法》设立的吸收公众存款，发放贷款，办理结算等业务的企业法人。

在西方市场经济国家中，商业银行主要可以按照三种形式划分。按照资本所有权，可以将商业银行划分为私人商业银行、股份制商业银行以及国有商业银行三种；按照业务覆盖地域，可将商业银行分为地方性商业银行、区域性商业银行、全国性商业银行和国际性商业银行；按经营模式，可将商业银行分为职能分工型商业银行及全能型商业银行。

二、商业银行的产生与发展

现代商业银行的最初形式是资本主义商业银行，它是资本主义生产方式的产物，资本主义商业银行的产生，基本上通过两种途径。一个途径是旧的高利贷性质的银行逐渐适应新的经济条件，演变为资本主义银行。在西欧，由金匠业演化而来的旧式银行，主要是通过这一途径缓慢地转化为资本主义银行。另一个途径就是新兴的资产阶级按照资本主义原则组织股份制银行，这一途径是主要的。这一建立资本主义银行的历史过程，在最早建立资本主义制度的英国表现得尤其明显。1694年，在政府的帮助下，英国建立了历史上第一家资本主义股份制商业银行——英格兰银行。它的出现，宣告了高利贷性质的银行业在社会信用领域垄断地位的结束，标志着资本主义现代银行制度的形成以及商业银行的产生。从这个意义上说，英格兰银行是现代商业银行的鼻祖。继英格兰银行之后，欧洲各资本主义国家都相继成立了商业银行。从此，现代商业银行体系开始在世界范围内普及。

从世界各国商业银行的发展历史来看，由早期的资本主义商业银行发展到今天的现代商业银行，经历了一个较长的过程。由于商业银行的产生条件不同，其业务经营范围和特点也存在一定程度的区别。

（一）英国式融通短期商业资金的道路

这一模式又被称为分离型银行（Segregated Bank）道路，也被称为分业经营，最早在英国形成。为了保证银行经营的安全，银行不愿意提供长期贷款，这种对银行借贷资本的供求状况决定了英国商业银行形成以提供短期商业性贷款为主的业务传统。

（二）德国式综合银行道路

这一模式又被称为全能型银行（Universal Bank）道路，也被称为混业经营。这种道路以德国为代表，主张商业银行可以兼营证券业务。综合式的商业银行除了提供短期商业性贷款以外，还提供长期贷款，甚至可以直接投资股票和债券，为公司包销证券，参与企业的决策和发展，并为企业提供必要的财务支持和咨询投资银行服务。对于实行这种综合性银行制度的国家来说，其优点在于：

第一，可以增强银行与客户之间的联系。综合银行能向客户提供最广泛的金融服务，免去了客户在多家金融机构间辗转的程序，可以节省许多时间与精力。

第二，可以帮助客户选择最佳的投资机会。银行能比较全面地了解客户的财务状况，可以及时为客户提供各种信用服务。

第三，可以使银行和整个金融制度趋于稳定。综合银行全面开展金融业务可以使业务多样化，使业务风险分散化。

第四，可以进一步促进储蓄。综合银行通过其广大的分支机构网络向广大客户提供各种形式的储蓄机会。特别是提供了大量买卖各种证券的服务。

20世纪30年代大萧条危机之前，银行业经营活动很少被政府限制，大部分商业银行能够综合经营多种业务，属于全能型银行，即所谓的混业经营。但大危机之后，生产倒退，大量企业破产，股市暴跌，银行大量倒闭，美国整个国家的金融体系陷于崩溃，酿成史上最大的一次金融危机。不少西方经济学家将大萧条的原因归咎于银行业的混业经营，商业银行使用个人储金去支持甚至加入证券投机，为证券市场的动荡推波助澜，在证券市场崩溃的情况下，又缺乏现金应付客户的提存，从而面临倒闭的命运。1933年美国通过的《格拉斯-斯蒂格尔法》确立了商业银行与投资银行业务明确分开的原则，商业银行可以进行投资代理、经营指定的政府债券，但不能同时经营证券投资等长期性投资业务。20世纪70年代以来，金融自由化浪潮和金融创新层出不穷，大大加剧了金融业的竞争局面，随着其他金融机构对银行业利润的不断侵蚀，银行业不得不从事更为广泛的业务活动。而一向坚持分业经营的美、日等国也在20世纪90年代纷纷解除禁令，允许商业银行向混业经营方向发展。随着我国加入WTO，我国银行业也逐渐从分业经营走向了混业经营。

◎ 补充阅读

大萧条与《格拉斯-斯蒂格尔法》

1929年10月末，从股票市场价格狂泄开始，美国经济进入了20世纪30年代的大危机，大批企业破产，银行倒闭，工业生产持续3年下降。1932年，全国工业生产指数比危机前的1929年下降了47.3%，工业生产下降了55.6%，其中钢铁生产下降了近80%，汽车业下降95%，破产的企业达13万家。国民生产总值从1929年的1038亿美元下降至1933年的558亿美元，同期国民收入从874亿美元下降至396亿美元，降幅达54.7%。1933年全国失业人数达1280万人，占当时美国劳动总人口的24.8%。工业建筑投资在危机的头三年中从9.49亿美元降为0.74亿美元。由于公众已对银行失去了信任，挤兑风潮吹遍全国。1932年，由于付不出现金而倒闭的银行已超过1400家。进入1933年后，情况变得更糟。从2月中旬开始，密歇根、路易斯安那、马里兰、纽约、宾夕法尼亚、新泽西、马萨诸塞、伊利诺伊等州相继宣布银行"休假"或关闭，印第安纳、阿肯色、俄亥俄等州立法限制资金的抽逃，还有一些州则允许银行在不接受破产管理的情况下自行调整银行的负债。1933 年 3 月 4 日，除哥伦比亚特区外，全国有 23 个州停止了银行的支付或仅允许银行在特殊的管理下进行营业。事实上，1933 年夏，美国的货币危机发展到了最高潮，按照道-琼斯指数，1929 年 9 月—1933 年 1 月，30 种工业股票价格从平均每股 364.9 美元跌到 62.7 美元，下降了 82.8%；20 种公用事业股票从平均每股 141.9 美元跌到 28 美元，下降了 80.3%；20 种铁路股票价格从平均每股 180 美元跌到 28.1 美元，下降了 84.4%。就整体而言，从证券市场大崩溃前夕的 1929 年 9 月到危机末期的 1933 年 7 月，美国股票市场股价总共消失了 740 亿美元，即损失了 5/6。同时，接受美国大量贷款的债务国——德国几家最大银行的破产，又直接促成了 1933 年初美国货币银行危机的全面爆发。1929—1933 年，美国破产的银行达 10500 家，占全国银行总数的 49%。由于大量黄金外流以及债务人纷纷向各银行提取存款，1933 年 3 月，国库黄金储备急剧减少，整个银行信贷体系处于瘫痪状态。此外，危机期间，资本输出一落千丈，最后几乎完全停止。1930 年，国外投资新发行 10.1 亿美元，1932 年减少为 2600 万美元，1933 年只有 10 万美元。整个国家的金融信贷体系已陷于崩溃。

美国银行制度的发展一直是趋向集中和政府管制这一方向的。1863 年国民银行制度的建立和 1913 年联邦储备系统的建立就是这一发展过程中的两个里程碑。尽管如此，30 年代的经济大危机还是暴露了当时银行制度的软弱和混乱，并以致命的打击使整个银行系统陷于瘫痪。因此，进一步使银行业集中，加强银行业与联邦政府的合作，加强政府对货币、银行和信贷的控制已是势在必行。《紧急银行法》虽然授予总统以处理信贷和货币问题的更大权力，但它不过是一项应急措施。要想保证银行体系的正常运转，就必须对现行银行制度进行改革，而 1933 年 6 月通过的《格拉斯-斯蒂格尔法》就是这一改革的具体体现。

《格拉斯-斯蒂尔法》又称《1933 年银行法》，其主要内容如下：

《格拉斯-斯蒂格尔法》确立了将商业银行和投资银行业务明确分开的原则。根据这一原则，所有证券代理发行、证券包售、证券分销、证券经纪人业务都属于投资银行的业务范围，由投资银行专门经营。任何以吸收存款为主要资金来源的商业银行，可以进行投资代理、经营指定的政府债券、用自有资金有限制地买卖股票债券以外，但不能同时经营证券投资等长期性投资业务。同时，经营证券投资业务的投资银行也不能经营吸收存款等商业银行业务。从商业银行的角度来讲，禁止其经营的投资银行业务主要包括：

（1）任何商业银行不得进行代理证券发行、证券包售、证券分售、证券经纪等属于投资银行的经营活动。同时，投资银行也不得在经营证券投资活动的同时开展支票存款、存单存款等商业银行活动；

（2）任何商业银行的职员不得同时在投资银行任职。禁止商业银行和投资银行之间成立连锁董事会；

（3）任何商业银行不能设立从事证券投资的子公司；商业银行可以经营的证券投资活动主要是联邦政府公债、国库券和部分州政府公债以及在一定范围内的股票买卖，具体规定如下：①商业银行可以对美国政府和其他联邦政府机构发行的债券进行投资和买卖。经过批准也可以投资于一些州市政府债券。②在不超过银行自有资本和盈余总额15%的数量范围内，商业银行可以用自有资金进行股票、债券投资并进行买卖。但是商业银行持有、买卖的证券，必须属于证券评级标准中的较高等级，即 AAA 级、AA 级、A 级和 BBB 级。换言之，商业银行只能在一定比例限制内用一部分自有资金从事质量可靠的证券投资和交易，而不能动用它的存款负债去从事投资。③商业银行可以通过信托业务，作为客户的代理，帮助客户进行证券投资和证券交易。

资料来源：马俊起. 美国三十年代的经济危机与《格拉斯-斯蒂格尔法》[J]. 当代经济科学-陕西财经学院学报，1997（2）：86-91.

三、我国商业银行的发展与现状

中国的银行业市场结构随着计划经济向市场经济的转轨而不断变化。1979年以前，在计划经济环境下，中国人民银行是国内唯一的银行，基本上承揽了全部金融业务，是典型的完全垄断市场；从 1979—1984 年，中国银行、中国农业银行、中国工商银行、中国建设银行 4 家专业银行，打破了中国人民银行一统天下的局面，但当时 4 家银行存在较为严格的专业分工，业务条块分割，服务对象范围相对固定，互不交叉，每家银行都对自身业务范围拥有绝对的垄断地位，不存在竞争对手，如中国农业银行对农村业务的占有量达95%。因此，这一阶段的银行业市场结构仍旧是高度垄断的；从 1986 年到现在，随着中国人民银行中央银行地位的确立，国有专业银行的商业化改革以及众多商业银行的成立，加上外资银行的大量进入，中国银行业市场结构发生了重大变化，新的市场组织体系正在形成。

到目前为止，我国的商业银行大体可以分为五类，即国有大型商业银行、股份制商业银行、农村商业银行、城市商业银行及外资银行。根据 2021 年中国银行保险监督管理委员会（现已重组更名为"国家金融监督管理总局"）发布的银行业金融机构法人名单，截至 2021 年 6 月 30 日，全国共有 4608 家银行业金融机构，其中股份制商业银行有 12 家、国有大型商业银行有 6 家、村镇银行有 1642 家、农村商业银行有 1569 家、农村信用社有 609 家、企业集团财务公司有 257 家、城市商业银行有 130 家、金融租赁公司有 71 家、信托公司有 68 家、农村资金互助社有 41 家、外资法人银行有 41 家、农村合作银行有 26 家、汽车金融公司有 25 家、消费金融公司有 29 家。

根据英国《银行家》杂志公布的"2022 年全球银行 1000 强"榜单，共有 140 家中资银行上榜。其中，中国工商银行、中国建设银行、中国农业银行和中国银行位居榜单前 4 名。再加上交通银行位列第 10 名，中资银行首次占据排名前十名的一半名额。这反映我国银行业整体体量在扩大、实力在进步，特别是在全球竞争日趋激烈的背景下，我国银行业整体竞争力在稳步提升。

◎ 补充阅读
5G 时代对商业银行发展影响

新一代数字技术的变革，为我国经济发展带来了新的思路和方向。将 5G 技术与数字金融领域进行深度融合，利用大数据及计算机等先进信息采集技术为我国商业银行探索新的发展方向，为实现数字化变革带来灵感。5G 时代为商业银行带来新的机遇和挑战，也为商业银行的发展提供转型思路。商业银行转型具体措施有变更人才管理模式、成立转型团队对企业员工进行深度转型培训、利用精密的大数据分析规避信贷风险、利用反洗钱系统加强对电信诈骗的风险管控等。

2022 年 8 月 10 日，由国家发展和改革委员会、中华人民共和国科学技术部、中华人民共和国工业和信息化部、黑龙江人民政府共同主办的 2022 年世界 5G 大会在黑龙江省哈尔滨市国际会展中心召开。会议邀请了在科技领域、通信领域颇有建树的几百位国内外专家学者，以及中国移动、中国联通、浪潮、华为等一百余家企业，展示了一年以来在通信、大数据以及云端等方向上的研究成果。此次会议不仅推进了我国信息技术的重大发展，催生了新一代数字技术的变革，也为我国的经济发展带来了新的思路和方向，更是将 5G 技术与数字金融领域进行深度融合，利用大数据及计算机等先进的信息采集技术为我国商业银行的发展方向带来新的灵感，从而推进了我国数字化变革。

随着科技信息迅猛发展，各式互联网公司高速崛起，尤其是在即将进入 5G 时代的 2022 年，传统银行业面临着巨大挑战。商业银行要维持并增加现有的市场保有率，必须跳出"舒适圈"，跟随社会发展趋势，积极迎接科技带来的变革。商业银行在转型过程中，首先要端正态度，对于支付方式等金融手段的变化，不能消极躲避，而应把握机遇，分析互联网公司的运营手段，去芜存菁，找到适合自己的新型经营道路。其次，智能技术及大数据只是辅助我们提升效益、防控风险的一种手段，所以在办业务或是分析数据的过程中并不能完全依赖于计算机，在结束流程前有必要对系统分析结果进行人工复评。最后，商业银行打造的科技金融平台应以实用性为核心。在竞争如此激烈的情况下，只有站在客户的角度，切实考虑客户的实际需求，才能研发出受大众欢迎的金融产品，从而抢占金融行业市场。

资料来源：马良. 5G 时代对商业银行发展方向影响研究 [J]. 经济研究导刊，2022 (35)：60-63.

四、商业银行的特点与性质

（一）商业银行是企业

商业银行具有企业的一般特征。例如，商业银行必须具备业务经营所需的自有资本，并达到管理部门所规定的最低资本要求；必须照章纳税；自主经营、自担风险、自负盈亏、自我约束；以获取利润为经营目的和发展动力。

（二）商业银行是特殊的金融企业

商业银行的经营对象不是普通商品，而是货币、资金，商业银行业务活动的范围不是生产流通领域，而是货币信用领域，商业银行不是直接从事商品生产和流通的企业，而是为从事商品生产和流通的企业提供金融服务的企业。商业银行一方面经办活期存款和非现金结算业务，并在此基础上组织存款货币流通；另一方面在发放贷款时，通常不需要或不完全需要支付现金，往往只把贷款金额记入借款人的活期存款账户，从而通过贷款又创造出存款货币。因此，商业银行又有存款货币银行之称，这是商业银行最主要的特征。

（三）商业银行是特殊的银行

商业银行作为特殊银行，首先在经营性质和经营目标上，与中央银行和政策性金融机构不同。商业银行以营利为目的，在经营过程中讲求营利性、安全性和流动性原则，不受政府行政干预。其次商业银行与各类专业银行和非银行金融机构也有所不同。

（四）商业银行具有法律性质

商业银行由国家特许成立，发放银行经营许可证的部门是国务院银行业监督管理机构。特许审批过程主要是：先由申请人提出申请，然后由中国金融监管总局予以审查。

第二节 商业银行的主要职能与经营原则

商业银行的主要职能是满足社会对货币和资金的需求，促进经济发展，而经营原则是为了保障商业银行的稳健经营和可持续发展。只有在这些经营原则的指导下，商业银行才能更好地发挥其职能，实现长期稳定的发展。

一、商业银行的职能

商业银行的职能是由它的性质决定的，因为商业银行是具有特殊性质的金融企业，所以商业银行的经营范围十分广泛，尤其是随着各国金融管制的放松，商业银行所提供的服务项目进一步扩大。具体来说，商业银行主要具有以下四方面的职能。

（一）信用中介

商业银行信用中介职能是商业银行最基本、最能反映其经营活动特征的职能。这一职能的实质，是通过银行的负债业务，把社会上的各种闲散资金集中到银行里来，再通过资产业务，把它投向社会经济的各部门、各行业，从而增加国民经济的生产能力。

（二）支付中介

商业银行的支付中介职能即商业银行在吸收存款的基础上，通过向客户提供支付工具，实现存款在账户上的转移，从而清算客户间的债权债务，同时也为客户兑付现款。这使商业银行成为工商企业单位、团体和个人的货币保管者、出纳和支付代理人。在此基础上，又逐步发展了代客保管贵金属、珠宝、有价证券及其他代理收费业务等。

（三）信用创造

商业银行能够吸收各种存款，并用其所吸收的各种存款发放贷款，在支票流通和转账结算的基础上，贷款又能转化为存款，在存款不提取现金或不完全提现的基础上，增加商业银行的资金来源，最后在整个银行体系内部，形成数倍于原始存款的派生存款，这就是商业银行的信用创造职能。信用创造职能是现代商业银行最本质的特征。商业银行的支付中介职能在古代出现货币经营业时就已具备，而信用中介职能也已被早期银行业所拥有，唯有信用创造职能才是商业银行部分准备金制度和转账结算制度有机结合的产物，是现代银行区别于原始银行的最根本的标志。

（四）金融服务

随着经济的发展，工商企业的业务经营环境日益复杂化，银行间的业务竞争也日益剧烈。银行作为联结国民经济各环节的"纽带"，信息比较灵通，特别是电子计算机及网络技术在银行业务中的普遍应用，使商业银行具备了为客户提供多种金融服务的条件。在传统的为企业代理货币收付、代理支付各种费用业务的基础上，发展出为企业经营决策提供咨询服务、理财服务、融资服务以及发放工资等业务，为消费者个人提供转账、信贷、信托与经纪人业务等。一方面，现代经济社会的发展向商业银行提出了提供多种金融服务的要求；另一方面，在激烈的业务竞争压力下，各商业银行也不断地开拓服务领域，借以建立与客户的广泛联系。通过金融服务业务的发展，进一步扩大资产业务，并把资产负债业务与金融服务业务结合起来开拓新的业务领域，已逐步成为商业银行的发展趋势。

（五）调节经济

调节经济职能是指商业银行通过其信用中介活动，调剂社会各部门的资金短缺，同时在中央银行货币政策和国家其他宏观经济政策的指引下，实现在经济结构、消费比例投资、产业结构等方面的调整。此外，商业银行通过其在国际市场上的融资活动，还可以调节本国的国际收支状况。

二、商业银行的经营原则

世界上大多数国家的银行都普遍认为，商业银行的经营管理必须遵循安全性、流动性、营利性三原则。

（一）安全性原则

安全性原则是指商业银行应当尽量避免各种不确定因素对其资产、负债、利润、信誉等方面的不利影响，保证银行的稳健经营与发展。安全性原则要求商业银行在经营过程中必须保持足够的清偿能力，能随时满足客户的提现需求，并且有能力承担重大风险和损失。与一般企业相比，商业银行面临的风险更大，更复杂。同时，商业银行与各行各业、千家万户均有直接联系，各行各业以及市场各种因素的变化都会给商业银行的业务经营带来影响。因此，增强安全性对于商业银行的生存与发展具有重要意义。

（二）流动性原则

流动性原则是指商业银行应具有随时应付客户提取存款要求与满足必要的贷款支付要求的能力。商业银行的流动性体现在资产的流动性与负债的流动性两个方面。资产的流动性是指银行的资产在不发生价值损失的条件下变现的能力。衡量银行资产流动性的标准有两个：一是资产变现的成本，某项资产变现的成本越低，则该项资产的流动性越强；二是资产变现的速度，某项资产的变现速度越快，则该项资产的流动性就越强。负债的流动性是指银行以适当的价格取得可用资金的能力。衡量银行负债流动性的标准也有两个：一是取得可用资金的价格，也就是取得可用资金的价格越低，则该项负债的流动性越强；二是取得可用资金的时效，也就是取得可用资金越及时，则该项负债流动性就越强。

（三）营利性原则

营利性是指银行运用资金获取利润的能力。营利性原则要求商业银行尽可能地追求较高的利润，以增强商业银行的竞争能力，满足商业银行生存发展的需要。首先，商业银行的企业性质决定了它必须以追求盈利为基本经营目标。其次，银行业的激烈竞争决定了商业银行必须重视自身的盈利情况。最后，商业银行的盈利是提高其风险承担能力的必要条件。一旦商业银行经营发生亏损，首先要用积累起来的收益来弥补。因此，商业银行盈利水平的提高有助于增强其承担风险的能力，避免大量资本损失引起的商业银行破产倒闭风险。

（四）安全性、流动性、营利性三原则的矛盾与协调

营利性、流动性、安全性相互矛盾。从盈利的角度来看，商业银行的资产可以分为盈利资产和非盈利资产，资金用于盈利资产的比重越高，商业银行收到的利息越多，利润规模也就越大。从流动性的角度来看，非盈利资产（如现金资产）的存量越高，商业银行系统应对现金化的能力越强，商业银行的流动性就越强。从安全性角度来看，一般收益率高的资产总是风险大。为了减少风险，确保资金的安全，商业银行不得不将资金投资于收益率较低的资产。商业银行经营的首要目标在于利润。商业银行在实现这一目标的过程中，必须受到流动性和安全性的制约。无视这两者，单纯追求盈利能力，商业银行的经营必然陷入混乱。因此，现代商业银行在追求盈利目标的同时，既要考虑安全性，也要考虑流动性。这种矛盾关系要求商业银行的管理者必须在"三性"原则之间进行统一调整，从实际出发，统一调整，找到最佳平衡点。通过对各种风险因素的综合衡量获得的收益才是商业银行的实际盈利。对银行的健康发展来说，安全性、流动性和营利性都是必须遵循的原则，三者是统一的。营利性是商业银行经营的最终目标，只有达到理想的利润水平，银行才能提高抵御风险和履行支付责任的能力。同时，在保证安全性和流动性的前提下，银行可以保持正常利润。但是，在商业银行的具体业务中，三者经常发生冲突。一般来说，资产的流动性和安全性越高，盈利能力越低。例如，现金资金的安全性和流动性很好，但盈利能力下降；如果盈利能力好，流动性和安全性就会下降；长期证券的盈利能力很好，但流动性和安全性较差。因此，在保持安全和流动性的同时，最大限度地提高利润是银行管理的最大目标。

三、商业银行的挑战与前景

随着金融市场的不断开放和金融科技的快速发展，商业银行面临着越来越多的挑战。同业竞争加剧、科技创新冲击以及监管政策调整等因素都对其传统业务模式和盈利能力带来了压力。然而，商业银行在金融体系中的地位依然重要，其经营状况和发展前景对整个经济的运行来说至关重要。

（一）商业银行的挑战

1. 同业竞争加剧

商业银行面临着日益激烈的同业竞争。随着金融市场的逐步开放，越来越多的金融机构进入银行业，导致市场份额的争夺更加激烈。为了在竞争中获得优势，商业银行需要不断提升自身实力，优化业务结构，提高服务水平。

2. 科技创新冲击

互联网金融和金融科技的发展给商业银行带来了巨大的冲击。科技创新使非银行金融机构能够提供更便捷、灵活的金融服务，而传统商业银行则需要应对来自科技金融的竞争。在这个背景下，商业银行需要积极探索金融科技创新，加快数字化转型，以适应市场的变化。

3. 监管政策调整

金融监管政策的不断调整也对商业银行的经营带来了一定的挑战。全球范围内的金融监管政策越来越严格，对风险防控和合规经营的要求也越来越高。商业银行需要密切关注监管政策的变化，加强内部控制，以符合监管要求并降低潜在的风险。

（二）商业银行的发展前景

1. 金融市场和机构的发展趋势

随着金融市场的不断发展和金融体系的日益完善，商业银行有着广阔的发展空间。一方面，国家对金融市场的开放将为商业银行提供更多的机遇；另一方面，随着金融科技的进步，商业银行可以借助科技手段提升服务质量，实现业务的转型升级。

2. 商业银行自身的改革和创新

面对挑战，商业银行需要不断进行改革和创新以适应市场的变化。首先，商业银行应加强内部管理，完善内部控制机制，提高风险防控能力。其次，应加大科技创新投入，加快数字化转型，提升金融服务效率和用户体验感。通过应用金融科技，推出更多具有创新性和差异化的金融产品和服务，以满足客户的多元化需求。同时，商业银行应积极探索综合化经营模式，拓展业务领域，实现多元化收入来源。这不仅可以降低对传统业务的依赖，还可以提高整体抗风险能力。

3. 监管政策的适应与应对

在面对监管政策的调整时，商业银行应积极适应并遵守相关规定。在严格遵守监管政策的基础上，商业银行应加强与监管机构的沟通与合作，以获得更多的指导和支持。此外，商业银行应关注国际监管趋势，以便及时调整海外业务布局，防范跨境风险。

4. 服务社会、服务实体经济

商业银行作为重要的金融机构，应积极履行社会责任，服务实体经济。通过加大对小微企业、科技创新、绿色发展等领域的支持力度，推动经济高质量发展。同时，商业银行应践行普惠金融理念，为更多群体提供便捷、安全的金融服务，推动社会公平与进步。

总之，面对挑战与机遇并存的金融市场环境，商业银行需采取积极措施应对挑战并挖掘发展潜力。通过紧密关注市场趋势、加强内部管理、推动科技创新和服务实体经济等多方面的努力，商业银行将迎来更加广阔的发展前景。然而，未来的道路并非一帆风顺。商业银行需继续深化改革创新，不断提升服务水平，以更好地适应市场变化和满足客户需求，实现可持续发展目标。

第三节　商业银行的主要业务与经营管理

按照资产负债表的科目进行划分，商业银行的主要业务主要可以分为四大类，分别是负债业务、资产业务、中间业务和表外业务。

一、商业银行的负债业务

（一）概念

商业银行的负债业务（Liability Business）主要是指商业银行组织资金来源的业务，它是商业银行经营的基础。商业银行的负债业务有广义和狭义之分。狭义的负债业务是指商业银行对他人的债务或欠款。商业银行以借贷方式向他人获取资金之后，虽然可以自由支配，但仅取得了资金的使用权，并未取得其所有权，从而构成了负债行为。广义的负债业务除了商业银行对他人的负债之外，还包括商业银行的自有资本。自有资本是商业银行最原始的资金来源，而狭义的负债则是商业银行最主要的资金来源，它包括存款和其他负债，其中，存款又是商业银行扩充营运资金的最主要手段。

从《中国统计年鉴2022》中可以看到，2019—2021年我国其他存款性公司总负债分别为 289.27 万亿元、319.00 万亿元及 343.04 万亿元，其中存款分别为 172.97 万亿元、191.16 万亿元及 206.14 万亿元，占总负债比例分别为 59.79%、59.92% 及 60.09%；实收资本分别为 6.46 万亿元、7.33 万亿元及 8.12 万亿元，占总负债比例分别为 2.23%、2.30% 及 2.37%。我国其他存款性公司的资金来源如图 9-1 所示。

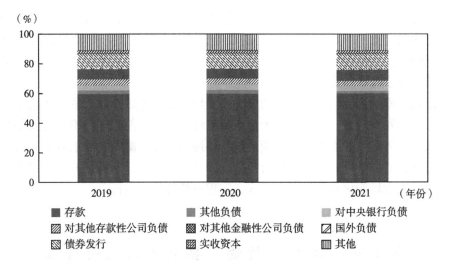

图 9-1　2019—2021 年我国其他存款性公司资金来源

资料来源：《中国统计年鉴 2022》，国家统计局网站。

（二）主要类型

1. 存款

存款业务（Deposit）是银行接受客户存入的货币款项，存款人可随时或按约定时间支取款项的一种信用业务，是银行最传统的业务，也是银行最主要的资金来源。

商业银行的存款通常依照一定的原则或标准进行分类。例如，按存款人的性质分为个人存款、公司存款和机构存款，按存款提取方式分为活期存款与定期存款，按存储时间长短分为短期存款和长期存款，按有无担保品分为担保存款和无担保存款。下面我们主要介绍一下三种基本的存款类型，即活期存款、定期存款和储蓄存款。

（1）活期存款（Demand Deposit，Sight Deposit）。活期存款是无需任何事先通知，存款户可随时存取和转让的银行存款，这种存款主要是用于交易和支付的款项。活期存款占一国货币供应的最大部分，虽然活期存款支取灵活，流动性很强，但只要经济环境及用户习惯未发生较大改变，活期存款总会为商业银行形成一部分数量稳定且可观的存款沉淀，是商业银行的重要资金来源。活期存款不仅有货币支付手段和流通手段的职能，同时还具有较强的派生能力，一直是商业银行的重要经营对象和重要负债，组织活期存款也一直是商业银行的主要业务优势。尽管随着金融管制的放松，其他非银行金融机构也开始经营各种具有活期存款性质的创新性存款工具，但由于人们的传统习惯以及商业银行完善的业务经营，商业银行仍然是活期存款的主要经营者。

（2）定期存款（Time Deposit）。定期存款亦称"定期存单"，是指银行与存款人双方在存款时事先约定期限、利率，到期后支取本息的存款。如果存款人选择在到期前向银行提取资金，需要向银行支付一定的费用或者不能按照之前约定获得相应利息。目前各家商业银行都根据自身的业务特点在传统定期存款的基础上设计出了许多定期存款种类，其中最重要的应属可转让定期存单（Negotiable Certificate of Deposit，CD），它是 20 世纪 60 年代首先在美国形成的一种金融创新工具。可转让定期存单的出现是商业银行针对其在市场上相对份额下降所做出的竞争性反应，或者更简单地说，可转让定期存单是逃避最高利率限制与存款准备金规定的一种手段。这种定期存单有固定的面额、固定的到期日、固定的利率，在到期日之前银行不予偿付，但其持有者可以在二级市场上随时转让出售以获得现金。

（3）储蓄存款（Savings Deposits）。储蓄存款是指居民个人将属于其所有的人民币或者外币存入储蓄机构，储蓄机构开具存折或者存单作为凭证，个人凭存折或存单可以支取存款的本金和利息，储蓄机构依照规定支付存款本金和利息的活动。储蓄存款是社会公众将当期暂时不用的收入存入银行而形成的存款。储蓄存款的存户一般限于个人。传统的储蓄存款不能开支票进行支付，可以获得利息。这种存款通常由银行给存款人发一张存折，作为存款和提取存款的凭证。储蓄存款的存折不具有流通性，不能转让和贴现。储蓄存款又可以分为活期和定期两类。活期储蓄存款的存取没有一定的期限，只凭存折便可以提现，存折一般不能转让流通，储户不能透支款项。定期储蓄存款类似于定期存款，必须先约定期限，利率较高，是个人投资获利的重要对象，但其不具备流动性，因为存折不能转让流通和贴现。如果要提前支取定期储蓄存款，储户需要先通知银行。储蓄存款可以稳定运用，因此其利率较高，储蓄存款的储户通常限于个人和非营利组织，近年来也逐渐允许某些工商企业开立储蓄账户。

2. 其他负债业务

（1）同业拆借（Inter-bank Borrowing）。同业拆款、同业拆放、资金拆借，又称同业拆放市场，是金融机构之间进行短期、临时性头寸调剂的市场。是指具有法人资格的金融机构及经法人授权的金融分支机构之间进行短期资金融通的行为，一些国家特指吸收公众存款的金融机构之间的短期资金融通，目的在于调剂头寸和临时性资金余缺。金融机构在日常经营中，由于存放款变化、汇兑收支增减等原因，在一个营业日终了时，往往出现资金收支不平衡的情况，一些金融机构收大于支，另一些金融机构支大于收，资金不足者要向资金多余者融入资金以平衡收支，于是产生了金融机构之间进行短期资金相互拆借的需求。资金多余者向资金不足者贷出款项，称为资金拆出；资金不足者向资金多余者借入款项，称为资金拆入。一个金融机构的资金拆入大于资金拆出叫净拆入；反之，叫净拆出。

（2）向中央银行借款。商业银行解决货币资金不足的另一途径就是向中央银行借款。这种借款主要通过再贴现和再贷款获得。再贴现（Rediscount）是指中央银行通过买进在中国人民银行开立账户的银行业金融机构持有的已贴现但尚未到期的商业票据，向在中国人民银行开立账户的银行业金融机构提供融资支持的行为。信用贷款是指人民银行根据金融机构资金头寸情况，以其信用为保证发放的贷款。信用贷款是一种带有较强计划性的数量型货币政策工具，具有行政性和被动性。

（3）向国际金融市场借款。国际资金借贷市场一般由短期资金借款市场、中期资金存款市场和长期债券市场三大部分组成。商业银行经常光顾的是前两种市场，主要以固定利率的定期存单、欧洲美元存单、浮动利率的欧洲美元存单、本票等形式融通资金，同时也通过发行债券的方式从国际金融市场筹措资金。

（4）转抵押（Collateral Transfer）是西方商业银行融通资金的一种方式。转抵押贷款的程序与工商企业向商业银行申请抵押贷款的程序基本相同，所不同的是，商业银行向同业举借转抵押贷款所有的抵押品，大多是工商企业向其举借抵押贷款时提交的抵押品，如动产和不动产。转抵押的手续较复杂，技术性也较强。

（5）占用资金（Occupy Funds）。占用资金是指商业银行在办理中间业务及同业往来过程中临时占用的他人资金，也是商业银行重要的资金来源。随着银行管理水平和服务效率的提高，特别是电子计算机运用于资金清算调拨，银行占用客户或同业资金的周期不断缩短，占用机会也相对减少。但由于商业银行业务种类不断增加，银行同业往来更加密切，因而占用资金仍然是商业银行资金来源的重要途径。

二、商业银行的资产业务

商业银行的资产业务（Assets Business）是指银行将自己通过负债业务所聚

集的货币资金加以运用的业务。这是商业银行取得收益的主要途径。一家银行只有在从资金运用中取得的收入大于吸收资金的成本时才可能获得盈利，其间差额越大，盈利就越大。可见，银行盈利状况如何，经营是否成功，在很大程度上取决于资金的运用。

从商业银行的资产负债表上来看，其资产主要有现金资产、贷款、贴现和投资四大类，下面我们分别予以介绍。

（一）现金资产

现金资产是商业银行资产中最具流动性的部分，虽然不能直接产生效益，却是银行日常经营所必需的。现金资产包括库存现金、存放中央银行款项、同业存款和托收未达款。

1. 库存现金（Cash in Hand）

库存现金也指"库存现金"会计科目，该科目反映和监督企业库存现金的收入、支出和结存情况。其借方登记企业库存现金的增加，贷方登记企业库存现金的减少。期末借方余额，反映期末企业实际持有的库存现金的金额。为了全面、连续地反映和监督库存现金的收支和结存情况，企业应当设置库存现金总账和日记账，分别进行库存现金的总分类核算和明细分类核算。

2. 存放中央银行款项（Due from Central Bank）

存放中央银行款项是指各金融企业在中央银行开户而存入的用于支付清算、调拨款项、提取及缴存现金、结算往来资金以及按吸收存款的一定比例缴存于中央银行的款项和其他需要缴存的款项。

3. 同业存款（Interbank Deposits）

同业存放，也称同业存款，全称是同业及其金融机构存入款项，是指某银行存入其他银行的款项，是存款的一种。就个别银行而言，各有同业存款，以便利用周转；就整个银行系统而言，同业存款彼此相互抵消。计算全体银行存款时，同业存款总额应为零。银行业一般设置"同业存放款项"科目核算银行之间日常结算往来款项，同业存入本银行的各种款项等。设置"联行存放款项"科目，核算银行日常签发、受理联行划拨款项及联行存入本行的各种往来款项，即联行往来。

4. 托收未达款（Collection Outstanding）

在途资金，也称托收未达款，是指在银行通过对方银行向外地付款单位或个人收取的票据。在途资金在收妥之前，是一笔占用资金，又由于通常在途时间较短，收妥后即成为存放同业存款，所以将其视同现金资产。在途资金是指消费者在办理基金、账户贵金属等业务时，资金已扣除但份额未到账或份额已扣减但是资金未到账的情况。消费者无需对此做任何操作，耐心等待份额或资金到账即可。在途资金，其实就是还未到账的已扣除资金，即交易尚未完成，交易完成后，资金就会到达收款方的账户中。

（二）贷款

贷款是商业银行的主要资产业务，是商业银行运用资金、取得利润的主要途径，也是其维持同客户之间良好关系的途径。按照不同的划分标准，贷款业务至少可以分成如下几类：

1. 根据贷款用途分类

（1）工商贷款（Commercial and Industrial Loans）。工商贷款是发放给工商企业的贷款。商业银行放出的款项一般以这类贷款居多，其偿还期有长有短，视企业的需要而定。凡经工商行政管理机关（或主管机关）核准登记的企（事）业法人、个人合伙、个体工商户或具有中华人民共和国国籍的具有完全民事行为能力的自然人，均可申请建立信贷关系和申请贷款。

（2）不动产贷款（Real Estate Loans）。不动产贷款是商业银行以不动产为对象提供的贷款。它要求以不动产为抵押担保。有直接不动产贷款、间接不动产贷款和其他不动产贷款三种。不动产贷款期限往往较长，从十几年到二三十年不等。借款人除基本利息费用外，还需要支付作押不动产的检查、估价以及不动产所有权的调查、登记费用等。银行发放不动产贷款，采取稳健审慎的方针，其贷款额与作押不动产价值的比率往往比法定的比率低。

（3）消费者贷款（Consumer Loans）。消费贷款亦称"消费者贷款"，是指对消费者个人贷放的、用于购买耐用消费品或支付各种费用的贷款。

2. 根据偿还期限分类

商业银行的贷款按期限分类可分为活期贷款、定期贷款和透支三类。

（1）活期贷款（Demand Loan）。活期贷款也称通知贷款，是贷款银行在发放贷款时不确定偿还期限，并可以根据自己资金调配的情况随时通知客户收回贷款的一种贷款方式。对于银行来讲，活期贷款流动性好，银行可视银根松紧随意发放或收回，是银行营运资金的良好途径之一。

（2）定期贷款（Term Loan）。定期贷款是贷款给公司的，通常是对他们的长期投资或者固定资产进行融资，如工厂、机器设备、房屋等，期限一般超过一年。定期贷款又可具体划分为短期贷款、中期贷款及长期贷款，其中短期贷款是指期限在一年以内（含一年）的各项贷款，中期贷款是指期限在一年（不含一年）以上五年（含五年）以内的各项贷款，长期贷款是指期限在五年（不含五年）以上的各项贷款。

（3）透支（Overdraw）。透支是银行允许其存款户在事先约定的限额内，超过存款余额支用款项的一种放款形式。

3. 根据贷款保障程度分类

（1）抵押贷款（Mortgage Loans）。抵押贷款又称"抵押放款"，是指某些国家银行采用的一种贷款方式。要求借款方提供一定的抵押品作为贷款的担保，以保证贷款的到期偿还。抵押品一般为易于保存、不易损耗、容易变卖的物品，如有价证券、票据、股票、房地产等。贷款期满后，如果借款方不按期偿还贷款，银行有权将抵押品拍卖，用拍卖所得款偿还贷款。拍卖款清偿贷款的余额归还借款人。如果拍卖款不足以清偿贷款，由借款人继续清偿。

（2）信用贷款（Credit Loans）。信用贷款是指以借款人的信誉发放的贷款，借款人不需要提供担保。其特征就是债务人无需提供抵押品或第三方担保，仅凭自己的信誉就能取得贷款，并以借款人信用程度作为还款保证。由于信用贷款风险较大，一般要对借款方的经济效益、经营管理水平、发展前景等情况进行详细的考察，以降低风险。

4. 根据贷款偿还方式分类

（1）一次性还清贷款（Pay Off the Loan in One Lump Sum）。一次性还清贷款是指借款人在贷款到期时一次性还清贷款本息的贷款。

（2）分期偿还贷款（Loan Amortization）。分期偿还贷款是指银行同意借款人在一定时期分期偿还的贷款。银行发放这种贷款，必须对借款人的财务状况和还款能力进行调查，同时，在贷款合同中必须确定分期偿还的时间、每期偿还的金额及利息的计算方式等内容。

（三）贴现

贴现（Discount）是一个商业术语，是指持票人将付款人开具并经承兑人承兑的未到期的商业承兑汇票或银行承兑汇票，向银行等金融机构提出申请将票据变现，银行等金融机构按票面金额扣去自贴现日至汇票到期日的利息，将剩余金额支付给持票人（收款人）的业务。具体计算公式如下：

$$贴现付款额 = 票面金额 \times \left(1 - 年贴现率 \times \frac{未到期天数}{360 天}\right) \tag{9.1}$$

例如：银行以年贴现率 10% 为客户的一张面额为 20000 元，90 天以后到期的票据办理贴现，应付给顾客的款项为：

贴现付款额 = 20000 × （1-10%×90/360）= 19500 （元）

（四）投资

商业银行的投资主要是证券投资。商业银行买卖有价证券的活动是一项重要的资产业务，是银行收入的主要来源之一。商业银行从事证券投资，一方面是为了获得收益，另一方面是为了增加银行资产的流动性。银行证券投资的对象主要包括政府债券、企业债券和股票三种类型。

三、商业银行的中间业务

中间业务（Middleman Business）是指商业银行代理客户办理收款、付款和其他委托事项而收取手续费的业务。是银行不需动用自己的资金，依托业务、技术、机构、信誉和人才等优势，以中间人的身份代理客户承办收付和其他委托事项，提供各种金融服务并据以收取手续费的业务。银行经营中间业务无须占用自己的资金，是在银行的资产负债信用业务的基础上产生的，并可以促使银行信用业务的发展和扩大。中间业务占银行收入比重逐年加大。

商业银行中间业务广义上讲"是指不构成商业银行表内资产、表内负债，形成银行非利息收入的业务"（2001年7月4日人民银行颁布《商业银行中间业务暂行规定》）。它包括两大类：不形成或有资产、或有负债的中间业务（即一般意义上的金融服务类业务）和形成或有资产、或有负债的中间业务（即一般意义上的表外业务）。中间业务一般不运用或不直接运用商业银行自有资金，具有风险小、收入稳定的特点。

我国的中间业务等同于广义上的表外业务，它可以分为两大类，即金融服务类业务和表外业务。其中金融服务类业务是指商业银行以代理人的身份为客户办理的各种业务，目的是获取手续费收入。主要包括支付结算类业务、银行卡业务、代理类中间业务、基金托管类业务和咨询顾问类业务。下面介绍几种常见的传统中间业务：

汇兑业务（Remittance Business）是指付款单位委托银行将款项汇往外地收款单位或个人的一种结算方式。汇兑分为信汇、电汇和票汇三种。

代理业务（Agency Business）是指代理人接受客户委托，以被代理人的名义，代为办理其指定的经济事务的业务。

银行卡（Bank Card）是由银行发行的、供客户办理存取款和转账支付的新型服务工具的总称。

四、商业银行的表外业务

表外业务（Off-Balance Sheet Activities，OBS）是指商业银行所从事的，按照通行的会计准则不列入资产负债表内，不影响其资产负债总额，但能影响银行当期损益，改变银行资产报酬率的经营活动。它有狭义和广义之分。狭义的表外业务是指那些虽未列入资产负债表，但同表内的资产业务或负债业务关系密切的业务。广义的表外业务除包括上述狭义的表外业务外，还包括结算、代理、咨询等业务。表外项目也被称为"或有负债"和"或有资产"项目，或者叫"或有资产和负债"。表外业务主要具有以下特点：

第一，灵活性大。商业银行的表外业务多种多样，受到的限制比较少。银行从事表外业务，既可以以期货、期权等方式在交易所内进行，也可以通过互换、远期交易等方式进行场外交易。

第二，以小博大，盈亏数额巨大。银行表外业务是高收益、高风险的杠杆性金融业务，这类业务用于交易的本金少，而一旦盈利或亏损则数额巨大。

第三，交易高度集中。金融法规对表外业务不要求或要求较少的资本，对其限制也较少，而表外业务又能大幅度提高银行的利润，所以单笔业务金额和业务总量都很大。

第四，透明度低。表外业务除了一部分以附注的形式标注在资产负债表上外，大多数不反映在资产负债表上，许多业务的规模和质量不能在财务报表上得到真实的反应。

下面介绍几种主要的表外业务：

1. 担保业务（Guarantee Business）

担保业务是指商业银行应客户的申请，承诺当申请人不能履约时由银行承担申请人全部义务的行为。担保业务以银行信誉为前提，表现形式多种多样，通常的担保业务是以开具保函的方式进行的。担保业务不占用银行的资金，但保函一经开出即形成开立保函银行的或有负债。担保业务是一种风险较大的表外业务。

2. 贷款承诺（Loan Commitment）

贷款承诺是商业银行传统的表外业务，是保证在借款人需要时向其提供资金贷款的承诺，分为开口信用、备用承诺、循环信用以及票据保险。开口信用是银行与借款人达成的非正式协议，银行准备在一定时期内以规定的利率扩大信用额，但该协议不具有法律效力，银行可以履约，也可以拒绝履约。备用承诺更具有约束力。开口信用和备用承诺的承诺期一般不超过一年。循环信用属于中期贷款承诺，是银行向客户保证资金的借还和在一个展期后再借还，其时间跨度为3～5年。若此期间借款人财务状况恶化，银行将承担较大风险。票据保险业务也是一种中期贷款协议，在这种协议中，银行同意当借款人无法出售其票据时由银行购进。这种承诺，同样承担较大风险。银行在为借款人承诺时，要依风险大小收取相应的承诺费。

五、商业银行经营管理理论

现代商业银行业务经营活动，受一定经营理论的指导，而其理论又将随着商业银行经营管理实践的不断发展，逐渐形成比较系统、全面的经营理论体系。不同历史时期，由于经营条件的变化，现代商业银行的经营理论，经历了资产管理理论→负债管理理论→资产负债管理理论的演进过程。

（一）资产管理理论

在商业银行发展的初期阶段，由于当时资金来源渠道比较固定、狭窄，主要是吸收进来的活期存款；与此同时，工商企业的资金需求比较单一，一般是短期的临时性贷款，且金融市场不发达，银行变现能力较低。商业银行经营管理的重点，主要放在资产管理方面，通过资产结构的合理安排，实现其经营总方针的要求。由此而形成资产管理理论，主要有商业性贷款理论及转移理论等。

1. 商业性贷款理论

该理论认为，为了保持资金的高度流动性，银行只能发放短期的商业性贷款。这种贷款以真实的商业票据为贷款抵押，票据到期后会形成资金自动偿还。因此，这种理论又被称为真实票据说。根据该理论，银行的主要资金来源是流动性最高的活期存款，这种来源是外生的，商业银行本身无法控制。通过发放短期商业性贷款，银行既可以保证资金流动性的需求，又能够降低贷款风险，提高资产质量。

2. 转移理论

该理论认为，银行流动性强弱取决于其资产的迅速变现能力。因此，保持资产流动性的最好方法是持有可转换资产，这类资产具有信誉好、期限短、流动性强的特点，从而保障了银行在需要流动性时能够迅速转化为现金。在实践中，银行通常会选择持有短期证券、票据等可转换资产，以备不时之需。这些资产可以随时出售或抵押以获得流动性，能够满足客户的取款需求和其他紧急资金需求。这种理论在 20 世纪 20 年代随着金融市场的发展和短期证券市场的兴起而逐渐得到广泛应用。这些可转换资产的存在为银行提供了更多的资金运作空间，同时也降低了银行的流动性风险。

（二）负债管理理论

20 世纪 60 年代以后，由于经济处于繁荣阶段，生产流通不断扩大，通货膨胀率提高。与此同时，向银行贷款的需求也逐渐扩大。为了防止银行间的利率竞争，各项法规出台，使银行无法通过利率的竞争来吸收资金。然而，追求高额利润的内在动力和竞争的外在压力，使商业银行感到应从负债方面考虑扩大资金来源，既满足客户的资金需要，又增加银行盈利，这是负债管理理论形成的主要原因。此外，在通货膨胀条件下，负债经营有利可图，这也向银行负债业务提出了新的要求。负债管理理论主要有存款理论及购买理论等。

1. 存款理论

存款理论的最主要特征在于银行负债经营的稳健性，它曾是商业银行负债的主要正统理论。存款理论认为：存款是银行最重要的资金来源，是银行资产经营活动的基础；存款是被动的、从属的、受存款人的意志左右；为了实现银行经营的稳定性和安全性，资金运用必须限制在存款稳定的沉淀额度之内。存款理论的逻辑结论就是：强调按客户的意愿组织存款，遵循安全性原则管理存款，根据存款的总量和结构来安排贷款，参考贷款收益来支付存款利息，不主张盲目发展存贷业务，不赞成盲目冒险的获利经营。

2. 购买理论

购买理论的最主要特征在于主动性，银行应以积极的姿态，主动地负债，主动地购买外界资金。它是在存款理论之后出现的一种负债理论。购买理论对存款理论作了很大的否定，认为银行对负债并非消极被动，无能为力，而完全可以主动出击；银行购买外界资金的目的是保持流动性，银行在负债方面有广泛的购买对象，如一般公众、同业金融机构、中央银行、财政机构等。还有众多的购买手段可以运用，最主要的手段是直接或间接提高资金价格，如高利息、隐蔽补贴、免费服务等高于一般利息的价格。一般在通货膨胀条件下，存在着实际的低利率或负利率，或实物资产投资不景气现象。而此时金融资产投资较为繁荣，购买行为较为可行。

（三）资产负债管理理论

资产管理理论过于偏重安全性与流动性，在一定条件下以牺牲盈利为代价，虽然随后在解决营利性上有所突破，但始终没有实质性进展，负债管理理论能够较好地解决流动性和营利性之间的矛盾，实现它们两者之间的均衡，但在很大程度上依赖外部条件，往往风险较大。

20 世纪 70 年代末 80 年代初，西方各国都通过了一系列法规，银行吸收资金的限制逐步缩小，业务范围愈来愈大。一方面这促成了银行业之间吸收存款的竞争，另一方面同业竞争引起了存款利率上升、资金成本提高，这从追逐高额盈利方面对银行安排资产结构带来了困难。只有通过资产结构和负债结构的共同调整、资产负债两方面的统一协调，才能实现银行经营总方针的要求。

资产负债管理理论以资产负债表各科目之间的"对称原则"为基础，来缓解流动性、营利性和安全性之间的矛盾，达到三性的协调平衡。所谓对称原则，主要是指资产与负债科目之间期限和利率要对称，以期限对称和利率对称的要求来不断调整其资产结构和负债结构，以实现经营风险最小化和收益最大化。其基本原则主要有：

1. 规模对称原则

这是指资产规模与负债规模相互对称，统一平衡，这里的对称不是一种简单的对等，而是建立在合理经济增长基础上的动态平衡。

2. 结构对称原则

又称偿还期对称原则。银行资金的分配应该依据资金来源的流通速度来决定，即银行资产和负债的偿还期应该保持一定程度的对称关系，其相应的计算方法是平均流动率法，也就是说，用资产的平均到期日和负债的平均到期日相比，得出平均流动率。如果平均流动率大于1，则说明资产运用过度；相反，如果平均流动率小于1，则说明资产运用不足。

3. 目标互补原则

这一原则认为三性的均衡不是绝对的，可以相互补充。例如，在一定的经济条件和经营环境中，流动性和安全性的降低，可通过营利性的提高来补偿。所以在实际工作中，不能固守某一目标，单纯根据某一个目标来决定资产分配。而应该将安全性，流动性和营利性综合起来考虑以全面保证银行目标的实现，达到总效用的最大化。

4. 资产分散化原则

银行资产运用要注意在种类和客户两个方面适当分散，避免风险，减少坏账损失。

◎ 补充阅读

商业银行跨境金融业务的数字化转型

随着全球数字经济的加速发展和全球贸易迈入数字化发展阶段，跨境金融服务数字化转型的需求越来越迫切。然而，全球贸易摩擦、金融环境收紧和政策不确定性等问题使经济全球化变得曲折，也使世界经济进入新旧动能转换期。在这个背景下，中国的商业银行加快推动跨境金融领域的数字化转型具有重要意义。以下内容探讨了跨境金融数字化转型的动力和挑战以及商业银行如何应对这些挑战，以实现跨境金融业务的数字化转型。

一、跨境金融数字化转型的动力

跨境金融数字化转型的动力主要来自客户的需求和市场的竞争。随着科技的进步和人们生活方式的变化，客户对跨境金融业务的需求也不断增长。数字化转型可以帮助银行提高效率、降低成本、提升服务水平，从而更好地满足客户需求。同时，数字化转型也可以帮助银行更好地应对市场竞争，抓住数字化机遇，提升自身的竞争力。

二、跨境金融数字化转型的挑战

1. 跨境支付与国内支付数字化发展存在差距

传统跨境支付存在到账时间长、透明度不足、费用高等问题，相比国内支付的便捷性存在较大差距。尽管部分大型商业银行通过接入SWIFT组织的全球支付创新（Global Payments Innovation，GPI）服务，一定程度上缓解了上述问题，但相比境内支付的便捷性仍存在不足。

2. 跨境单证业务处理效率待提升

传统单证结算业务办理周期长、处理效率较低。纸质单据本身存在伪造、变造和篡改风险，银行办理融资时对于同一笔单据是否存在多家银行重复融资问题审核难度较大。

3. 全球现金管理及相关外汇交易服务难度大

银行需要提供符合跨国公司成员当地监管要求、当地数字化技术水平、当地语言的跨境金融服务，这需要银行具备科技支持能力和全球化服务能力，满足客户对信息及时性、准确性、资金往来便利性和风险控制的四大需求。对于跨国企业全球现金管理及外汇交易等服务，银行需要提供跨区域、跨市场、跨语言的集中报价和交易机制，满足跨国企业全球化外汇资金划转、资金汇兑、风险控制等更高要求。

4. 全球化企业的跨境投融资服务数字化程度低

跨境投融资业务流程复杂，数字化程度较低，难以在营销、调查、审查、审批、协议签订等全流程各环节实现完全线上和无纸化操作。对全球化企业提供高端投融资综合信息服务难度大，需银行整合全球各地股市、债市、基金、理财和存款等各类信息资源，并配套行内外相关系统的技术支持，对银行专业能力要求很高。

三、商业银行跨境金融数字化转型的策略

面对跨境金融数字化转型的挑战，商业银行需要采取一系列策略来应对。首先，银行需要加强科技投入，提升科技实力，开发出更加高效、便捷的数字化产品和服务。其次，银行需要加强与客户的沟通和合作，了解客户需求，不断提升客户体验和服务水平。此外，银行还需要加强风险管理，保障数字化转型的安全性和稳定性。最后，银行需要加强与其他金融机构的合作和协调，共同推动跨境金融领域的数字化发展。

总之，在全球数字经济加速发展和全球经济一体化的大背景下，商业银行必须加快推动跨境金融领域的数字化转型。通过加强科技投入、提升服务水平、加强风险管理和其他金融机构的合作协调等措施，商业银行可以成功应对跨境金融数字化转型的挑战，实现跨境金融业务的数字化转型。这将有助于推动中国建设更高水平的开放经济新格局和推动世界经济新旧动能转换期的发展。

资料来源：中国银行业协会. 商业银行跨境金融数字化转型研究［EB/OL］.（2023-02-06）［2024-11-25］. https：//www. china-cba. net/Index/show/catid/77/id/41846. html.

第四节 商业银行的风险管理与巴塞尔协议

现阶段商业银行面临着新挑战、新风险，需要进一步提升识别、处理风险的能力水平，不断完善商业银行内部的风险管理制度，高度整合银行内部的各项数据信息，增强商业银行内部风控部门工作人员群体的综合素养，以智能化管理为前提，对商业银行内部的风控体系进行创新，进而达成增强风险管理水平和能力的目标。

一、商业银行的风险管理

商业银行风险管理是商业银行为减少经营管理活动中可能遭受的风险进行的管理活动。其目标是寻求最小风险下的最大盈利。其内容主要包括风险识别、风险分析与评价、风险控制和风险决策四个方面。这四个部分，也依次是风险管理的四个阶段。风险识别是在商业银行周围纷繁复杂的宏、微观风险环境和内部经营环境中识别出可能给商业银行带来意外损失或额外收益的风险因素。风险分析与评价是预计风险因素发生的概率、可能给银行造成的损失或收益的大小，进而确定银行的受险程度。风险控制是在风险发生之前或已经发生时采取一定的方法和手段，以减少风险损失、增加风险收益的经济活动，包括风险回避、风险抑制、风险分散、风险转移、风险的保险与补偿。风险决策是在综合考虑风险和盈利的前提下，银行经营者根据其风险偏好，选择风险承担的决策过程。风险管理是现代商业银行资产负债管理不可缺少的部分。在风险管理过程中，我们应注意以下监管的核心指标。

依据《商业银行风险监管核心指标（试行）》，商业银行风险监管核心指标分为三个层次，即风险水平、风险迁徙和风险抵补。

（一）风险水平

风险水平类指标包括流动性风险指标、信用风险指标、市场风险指标和操作风险指标，以时点数据为基础，属于静态指标。

1. 流动性风险指标

流动性风险指标衡量商业银行流动性状况及其波动性，包括流动性比例、核心负债比例和流动性缺口率，按照本币和外币分别计算。流动性比例为流动性资产余额与流动性负债余额之比，衡量商业银行流动性的总体水平，不应低于25%。核心负债比例为核心负债与负债总额之比，不应低于60%。流动性缺口率为 90 天内表内外流动性缺口与 90 天内到期表内外流动性资产之比，不应低于 -10%。

2. 信用风险指标

信用风险指标包括不良资产率、单一集团客户授信集中度、全部关联度三类指标。不良资产率为不良资产与资产总额之比，不应高于 4%。该项指标为一级指标，包括不良贷款率一个二级指标；不良贷款率为不良贷款与贷款总额之比，不应高于 5%。单一集团客户授信集中度为最大一家集团客户授信总额与资本净额之比，不应高于 15%。该项指标为一级指标，包括单一客户贷款集中度一个二级指标；单一客户贷款集中度为最大一家客户贷款总额与资本净额之比，不应高于 10%。全部关联度为全部关联授信与资本净额之比，不应高于 50%。

3. 市场风险指标

市场风险指标衡量商业银行因汇率和利率变化而面临的风险，包括累计外汇敞口头寸比例和利率风险敏感度。累计外汇敞口头寸比例为累计外汇敞口头寸与资本净额之比，不应高于 20%。具备条件的商业银行可同时采用其他方法（如在险价值法和基本点现值法）计量外汇风险。利率风险敏感度为利率上升 200 个基点对银行净值的影响与资本净额之比，指标值将在相关政策出台后根据风险监管实际需要另行制定。

4. 操作风险指标

操作风险指标衡量由于内部程序不完善、操作人员差错或舞弊以及外部事件所造成的风险，表示为操作风险损失率，即操作造成的损失与前三期净利息收入加上非利息收入平均值之比。

（二）风险迁徙

风险迁徙类指标衡量商业银行风险变化的程度，表示为资产质量从前期到本期变化的比率，属于动态指标。风险迁徙类指标包括正常贷款迁徙率和不良贷款迁徙率。

1. 正常贷款迁徙率

正常贷款迁徙率为正常贷款中变为不良贷款的金额与正常贷款之比，正常贷款包括正常类和关注类贷款。该项指标为一级指标，包括正常类贷款迁徙率和关注类贷款迁徙率两个二级指标。正常类贷款迁徙率为正常类贷款中变为后四类贷款的金额与正常类贷款之比，关注类贷款迁徙率为关注类贷款中变为不良贷款的金额与关注类贷款之比。

2. 不良贷款迁徙率

不良贷款迁徙率包括次级类贷款迁徙率和可疑类贷款迁徙率。次级类贷款迁徙率为次级类贷款中变为可疑类贷款和损失类贷款的金额与次级类贷款之比，可疑类贷款迁徙率为可疑类贷款中变为损失类贷款的金额与可疑类贷款之比。

（三）风险抵补

风险抵补类指标衡量商业银行抵补风险损失的能力，包括盈利能力、准备金充足程度和资本充足程度三个方面。

1. 盈利能力

盈利能力指标包括成本收入比、资产利润率和资本利润率。成本收入比为营业费用加折旧与营业收入之比，不应高于 45%；资产利润率为税后净利润与平均资产总额之比，不应低于 0.6%；资本利润率为税后净利润与平均净资产之比，不应低于 11%。

2. 准备金充足程度

准备金充足程度指标包括资产损失准备充足率和贷款损失准备充足率。资产损失准备充足率是一级指标，为信用风险资产实际计提准备与应提准备之比，不应低于100%；贷款损失准备充足率为贷款实际计提准备与应提准备之比，不应低于100%，属二级指标。

3. 资本充足程度

资本充足程度指标包括核心资本充足率和资本充足率。核心资本充足率为核心资本与风险加权资产之比，不应低于 4%；资本充足率为核心资本加附属资本与风险加权资产之比，不应低于 8%。

二、商业银行风险管理的标准

全球风险管理标准的确立，主要归功于巴塞尔委员会的成立及其发布的一些具有深远影响的文献。巴塞尔委员会由来自各个国家的银行监管当局组成，是国际清算银行的四个常务委员会之一。由巴塞尔委员会公布的准则规定的资本要求被称为以风险为基础的资本要求。

1988 年颁布的《统一资本衡量和资本标准的国际协议》（以下简称《巴塞尔资本协议》），其目的是通过规定银行资本充足率，减少各国规定的资本数量差异，加强对银行资本及风险资产的监管，消除银行间的不公平竞争，该协议主要有四方面的内容：一是资本的组成，将银行资本分为核心资本及附属资本两级。二是风险加权，根据资产的风险程度为资产负债表内的资产及资产负债表外的项目确定相应的风险权重，计算加权风险资产总额。三是确定目标标准比率，总资本与加权风险资产之比为 8%（其中核心资本部分至少为 4%）。银行资本充足率=总资本/加权风险资产。四是确定了风险管理的过渡期实施安排。

2006 年巴塞尔委员会建立了更具风险敏感性的《新资本协议》（即《巴塞尔协议Ⅱ》），其将风险扩大到了信用风险、市场风险、操作风险和利率风险，并提出了三大支柱的概念。

第一大支柱：最低资本要求。最低资本充足率要求仍然是新资本协议的重点。该部分涉及与信用风险、市场风险以及操作风险有关的最低总资本要求的计算问题。最低资本要求由三个基本要素构成：受规章限制的资本的定义、风险加权资产及资本对风险加权资产的最小比率。其中有关资本的定义和8%的最低资本比率，没有发生变化。但对风险加权资产的计算问题，新协议在原来只考虑信用风险的基础上，进一步考虑了市场风险和操作风险。总的风险加权资产等于由信用风险计算出来的风险加权资产，再加上根据市场风险和操作风险计算出来的风险加权资产。

第二大支柱：监管部门的监督检查。监管部门的监督检查，是为了确保各银行建立起合理有效的内部评估程序，用于判断其面临的风险状况，并以此为基础对其资本是否充足做出评估。监管当局要对银行的风险管理和化解状况、不同风险间相互关系的处理情况、所处市场的性质、收益的有效性和可靠性等因素进行监督检查，以全面判断该银行的资本是否充足。在实施监管的过程中，应当遵循如下四项原则：第一，银行应当具备与其风险相适应的评估总量资本的一整套程序，以及维持资本水平的战略。第二，监管当局应当检查和评价银行内部资本充足率的评估情况及其战略，以及银行监测和确保满足监管资本比率的能力；若对最终结果不满意，监管当局应采取适当的监管措施。第三，监管当局应希望银行的资本高于最低资本监管标准比率，并应有能力要求银行持有高于最低标准的资本。第四，监管当局应争取及早干预，从而避免银行的资本低于抵御风险所需的最低水平；如果得不到保护或恢复则需迅速采取补救措施。

第三大支柱：市场约束。市场约束的核心是信息披露。市场约束的有效性，直接取决于信息披露制度的健全程度。只有建立健全的银行业信息披露制度，各市场参与者才可能估计银行的风险管理状况和清偿能力。新协议指出，市场纪律具有强化资本监管、提高金融体系安全性和稳定性的潜在作用，并在应用范围、资本构成、风险披露的评估和管理过程以及资本充足率四个方面提出了定性和定量的信息披露要求。对于一般银行，要求每半年进行一次信息披露；而对那些在金融市场上活跃的大型银行，要求它们每季度进行一次信息披露；对于市场风险，在每次重大事件发生之后都要进行相关的信息披露。新协议由三大支柱组成：一是最低资本要求，二是监管当局对资本充足率的监督检查，三是信息披露。

2010年9月12日，由27个国家银行业监管部门和中央银行高级代表组成的巴塞尔银行监管委员会宣布，各方代表就《巴塞尔协议Ⅲ》的内容达成一致。作为全球银行业的资本新规，《巴塞尔协议Ⅲ》将以全球流动性标准仪器成为金融危机后的重要金融改革举措，其成果将提交给今年11月二十国集团首尔峰会举行最后表决。根据这项协议，商业银行必须上调资本金比率，以加强抵御金融风险的能力。巴塞尔银行监管委员会管理层会议通过了加强银行体系资本要求的改革方案，即《巴塞尔协议Ⅲ》，核心内容在于提高全球银行业的最低资本监管标准。

三、巴塞尔协议对我国银行风险管理的启示

（一）完善内部风险评级体系

除了提出商业银行的风险管理要与资本要求紧密联系外，内部评级法在风险管理与资本监管中的重要作用也在《巴塞尔协议Ⅲ》中被着重强调。鉴于协议中明确表明使用内部评级法可有效提高银行对风险的敏感度，我国商业银行需要通过持续创新来完善内部风险评级体系，进而增强银行体系运营的平稳性。当前，商业银行对于内部风险评级体系的完善可以从数据整合和管理创新两方面入手：一是可利用大数据进行银行体系内外信息的全覆盖，以及构建机器学习模型，提高财务数据和风险测量的准确性；二是可以建立模型管理平台，借助数字化的管理工具和制度，对风险模型的完整生命周期进行规范管理，从而提高模型研发效率，保证风险监管效果最大化。

（二）加强全面风险管理

和旧协议相比，《巴塞尔协议Ⅲ》对商业银行完善治理结构、提高对资本的监管效率和风险管理水平的影响更为深远，也对我国现有的商业银行风险管理体系提出了更为严格的标准和要求。许多发达国家的商业银行都是遵守相关法律程序组建而成的，具有股份制的性质和优良的治理结构，从而具备较高的风险控制能力。我国商业银行应以此为契机，主动借鉴协议和发达国家商业银行风险管理的经验，将新协议中有关风险管理的内容本土化并加以改进，制定与我国实际国情和法律法规相符合的管理条例，同时提高对数据的处理能力，优化人员和资源配置，更好地为银行的内部管理和控制服务，增强对实体经济的推动力。此外，在健全和完善内部评级体系的基础上，商业银行还需要结合风险计量技术，提升我国银行内部管理覆盖的全面性和准确性，进而提高整体风险管理水平。

（三）优化信息披露制度

《巴塞尔协议Ⅲ》突出强调了商业银行对内部信息披露的重要性，要求在充分加强市场约束力的同时保证银行所披露管理信息的真实性，准确核算有关银行风险的数据信息。我国商业银行信息披露制度的推行应结合改进和调整工作，将规范化的披露标准置于重要地位，增强银行间披露信息的可比较性和一致性，严格执行信息披露责任机制，在涉及重大案件时要加大对主要责任人的惩罚力度，明确对其刑事责任和行政责任的追究，增加制度上的威慑力。针对我国商业银行普遍存在的概括性信息披露、难以制订出有效化解风险的方案的问题，商业银行

需要加强对信息披露的管理，适当地增加非财务信息的披露，从多角度、多层次、多方位对现有和潜在风险进行披露，从而有利于实行科学可行的风险监管防范措施，高效推行风险预防工作，也能够适当地提升商业银行在社会上的信誉，保证其运营的稳健性和发展的可持续性。

◎ **补充阅读**

TLAC 为全球系统重要性银行提出更高的监管要求

2008 年金融危机表明，大型金融机构的无序破产将危及全球金融系统稳定性，并给整个经济造成严重的溢出影响。为有效解决大型金融机构"大而不倒"的问题，金融稳定理事会于 2011 年发布《金融机构有效处置机制的关键要素》，要求金融机构在进入处置程序时将全部或部分无担保和无保险的负债予以减记或转股，以将损失内部化，实现自我救助，这要求金融机构在进入处置程序前就积累了充足的"损失吸收能力"，即 TLAC。2014 年 11 月，金融稳定理事会首先确定了全球系统重要性银行（G-SIBs）总损失吸收能力的基本框架。2015 年 11 月，二十国集团就 TLAC 的具体标准达成一致，并出台《关于处置中的全球系统重要性银行损失吸收和资本结构调整能力原则：总损失吸收能力（TLAC）清单》，正式原则和条款清单最早于 2019 年 1 月 1 日前实施。

TLAC 与 Basel III 的对比：

在监管要求上，因损失吸收阶段不同，TLAC 标准更高，但工具范围更广。G-SIBs 在损失逐步扩大过程中，先后面临三个阶段：正常经营下损失吸收、经触发进入处置程序、破产清算。Basel III 监管资本主要在正常经营阶段吸收损失，而 TLAC 工具主要在处置程序中吸收损失。受定位影响，TLAC 监管标准更高，如最低总损失吸收能力（16%、18%）远高于 Basel III 中 8% 的监管要求，杠杆率（6%、6.75%）高于 Basel III 中 3.5%~4.25% 的监管要求。但 TLAC 工具范围更广，除现有资本补充工具外，还包括合格债务工具，且鼓励其至少占 TLAC 工具的 1/3，在"实质大于形式"原则下，G-SIBs 具有更多创新空间。合格债务工具包括资本型和非资本型，其中：资本型债务工具包括我国现有的减记型二级资本债、可转债、永续债，将来可发展转股型二级资本债券等；非资本型债务工具为银保监会之前提及的总损失吸收能力债务工具。此外，根据 TLAC 规则的可行免除条例，部分债务工具虽不符合 TLAC 工具要求，但在法律允许的范围内，在可信的事先承诺机制下，其实际操作中也能吸收损失，实质等同于 TLAC 工具，该类债务可部分纳入 TLAC。第一阶段不超过风险加权资产的

2.5%，第二阶段不超过 3.5%。

在适应对象上，Basel III 对 G-SIBs 整体，TLAC 对每个处置实体。TLAC 要求 G-SIBs 整体满足一个最低外部 TLAC，每个处置实体也要满足其相应的最低外部 TLAC，这会带来 TLAC 规则不同于 Basel III 的两个特征：并表影响、内部和外部 TLAC 区分。

在计算口径上，分母一致，分子不同。Basel III 监管资本要求的分母是加权风险资产，杠杆率要求的分母是表内外风险资产，TLAC 与其一致。但从分子来看，Basel III 监管资本最低要求中的缓冲要求（buffer），因其设立目的是在机构正常经营时吸收损失，与 TLAC 用于处置时吸收损失的设定不符，故不应计入 TLAC，这部分占风险加权资产的比例为 3.5%~8.5%（超额储备资本 2.5%，逆周期调节资本 0~2.5%，系统重要性银行附加资本 1%~3.5%）。同时，有一些符合 TLAC 标准但不符合监管资本标准的工具，在可信的实现承诺下，也可以暂时算作 TLAC，这部分占风险加权资产的比例最多为 2.5%（最低 TLAC 为 16% 时）或 3.5%（最低 TLAC 为 18% 时）。因此，对大部分 G-SIBs 而言，2019 年 1 月 1 日前 TLAC 需补充的数量 = 16% - 2.5% - （当前资本充足率 - buffer）；2022 年 1 月 1 日前 TLAC 需补充的数量 = 18% - 3.5% - （当前资本充足率 - buffer）。具体的补充方式包括继续补充各级监管资本，或寻找符合标准的未到期长期债务认定为 TLAC。

据此，在四大行 TLAC 测算中，需先将 3.5%~4%（逆周期资本 2.5% 和 G-SIBs 附加资本 1%~1.5%）的缓冲资本剔除，再将 2.5%/3.5% 的实质等同于 TLAC 工具的债券考虑在内。为此，在第一阶段（2025/2022 年），中行、工行应满足的 TLAC 最低标准为：16% + 4% - 2.5% = 17.5%，农行、建行应满足的 TLAC 最低标准为：16% + 3.5% - 2.5% = 17.0%。在第二阶段（2028/2025 年），中行、工行应满足的 TLAC 最低标准为：18% + 4% - 3.5% = 18.5%，农行、建行应满足的 TLAC 最低标准为：18% + 3.5% - 3.5% = 18.0%。

资料来源：中国银行业协会. 行业发展动态［EB/OL］.（2023-03-01）［2024-11-25］. https：//www. china-cba. net/Index/show/catid/78/id/37019. html.

 本章测试题

一、名词解释

1. 同业拆借
2. 流动性原则

3. 信用创造

二、简答题

1. 简述商业银行经营的基本原则。

2. 简述商业银行的基本特征。

3. 简述商业银行的发放贷款的主要原则。

三、论述题

在进入 21 世纪后，经济全球化与国际金融化的发展对商业银行有了哪些影响？

◎ 扩展阅读

金融科技对传统银行行为的影响——基于互联网理财的视角

摘要： 本文使用 2011—2015 年 263 家银行的年报数据和北京大学数字金融研究中心基于蚂蚁金服用户数据构建的地市级数字金融普惠指数，探究金融科技的发展对银行行为的影响。研究发现金融科技的发展实质上推动了一种变相的利率市场化，改变了银行的负债端结构，使得银行负债端越来越依赖于同业拆借等批发性资金。负债端结构的改变导致银行资产端风险承担偏好上升，但是借贷利率和净息差都有所下降。即银行选择了更高风险的资产来弥补负债端成本上升所造成的损失，但并没有将成本向下游企业转移。此外，本文还发现规模越大的银行受到金融科技的冲击越小。

资料来源：邱晗，黄益平，纪洋. 金融科技对传统银行行为的影响——基于互联网理财的视角 [J]. 金融研究，2018（11）：17—29.

后危机时代银行业竞争与系统性风险 ——基于全球主要上市银行的实证分析

摘要： 金融全球化已成为经济发展的必然趋势。在 2008 年全球金融危机后，系统性风险这一概念逐渐引起关注。本文从全球商业银行的角度，以 MES 分解模型为实证模型，选取全球主要上市商业银行的面板数据进行系统性风险度量，分析系统性风险的情况，研究银行业竞争与系统性风险之间的关系。研究表明：在后金融危机时代，愈加激烈的竞争会产生更高的系统性风险，这是因为更强的竞争水平对银行间共性行为产生了影响。在发达经济体，商业银行更容易受到更高强度竞争的影响而产生更高水平的系统性风险。MES 分解模型作为一种近年最新研究方法尚未被广泛使用,本文从全球这一更为宏观的视角进行实证研究,并提出相关监管建议。

资料来源:张晓明,赵玥. 后危机时代银行业竞争与系统性风险——基于全球主要上市银行的实证分析 [J]. 国际金融研究, 2022 (2): 44-54.

双支柱下的货币政策与宏观审慎政策效应——基于银行风险承担的视角

摘要: 本文基于有限责任制下银行风险承担行为的理论模型,分析了双支柱框架下的货币政策和宏观审慎政策的调控效应。理论分析表明:货币政策的放松刺激了银行的风险偏好,导致银行部门总体风险水平的上升;相反,以资本约束和杠杆率监管为代表的宏观审慎政策能够有效抑制银行的过度风险承担。并且,货币政策与宏观审慎政策存在相互作用,一方面,宏观审慎监管能够部分抵消货币政策的银行风险承担渠道的影响;另一方面,货币政策的放松恶化了宏观审慎监管所面临的权衡。在此基础上,本文基于我国 69 家商业银行 2009—2018 年的面板数据,对理论模型的结论进行了检验。实证结果表明:首先,货币政策的银行风险承担渠道得到了经验数据的支持,并且这一影响存在显著的关于银行资本水平的门槛效应。其次,宽松货币政策下,银行资本水平的门槛值有所上升;而较为严格的宏观审慎监管则降低了门槛值。并且,宏观审慎监管不仅直接降低了银行风险,而且有效抑制了银行在宽松货币政策下的过度风险承担。最后,货币政策影响银行风险承担的门槛效应在不同性质的银行中存在差异,相比于国有和股份制商业银行,城市和农村商业银行的风险承担行为对货币政策更为敏感。

资料来源:马勇,姚驰. 双支柱下的货币政策与宏观审慎政策效应——基于银行风险承担的视角 [J]. 管理世界, 2021, 37 (6): 51-69+3.

参考文献:

[1] 曹凤岐,杨乐. 银行信贷调配与区域经济增长 [J]. 金融研究, 2014 (6): 50-66.

[2] 马俊起. 美国三十年代的经济危机与《格拉斯-斯蒂格尔法》[J]. 当代经济科学, 1997 (2): 86-91.

[3] 马良. 5G 时代对商业银行发展方向影响研究 [J]. 经济研究导刊, 2022 (35): 60-63.

[4] 吴晓求. 互联网金融:成长的逻辑 [J]. 财贸经济, 2015 (2): 5-15.

[5] 陆静. 巴塞尔协议Ⅲ及其对国际银行业的影响 [J]. 国际金融研究, 2011 (3): 56-67.

[6] 于良春, 鞠源. 垄断与竞争: 中国银行业的改革和发展 [J]. 经济研究, 1999 (8): 48-57.

[7] 邱晗, 黄益平, 纪洋. 金融科技对传统银行行为的影响——基于互联网理财的视角 [J]. 金融研究, 2018 (11): 17-29.

[8] 张晓明, 赵玥. 后危机时代银行业竞争与系统性风险——基于全球主要上市银行的实证分析 [J]. 国际金融研究, 2022 (2): 44-54.

[9] 马勇, 姚驰. 双支柱下的货币政策与宏观审慎政策效应——基于银行风险承担的视角 [J]. 管理世界, 2021, 37 (6): 51-69+3.

测试题答案

一、名词解释

1. 同业拆借: 或同业拆款、同业拆放、资金拆借, 又称同业拆放市场, 是金融机构之间进行短期、临时性头寸调剂的市场。

2. 流动性原则: 是指商业银行应具有随时应付客户提取存款与满足必要的贷款支付要求的能力。

3. 信用创造: 商业银行的信用创造职能, 是指商业银行所具有的创造信用流通工具并据以扩大放款和投资的能力。

二、简答题

1. 简述商业银行经营的基本原则。

对银行的健康发展来说, 安全性、流动性和营利性都是必须遵循的原则, 三者是统一的。营利性是商业银行经营的最终目标, 只有达到理想的利润水平, 银行才能提高抵御风险和履行支付责任的能力。同时, 在保证安全性和流动性的前提下, 银行可以保持正常利润。但是, 在商业银行的具体业务中, 三者经常发生冲突。一般来说, 资产的流动性和安全性越高, 盈利能力越低。因此, 在保持安全和流动性的同时, 最大限度地提高利润是银行管理的最大目标。

2. 简述商业银行的基本特征。

(1) 商业银行是企业;

(2) 商业银行是特殊的金融企业;

(3) 商业银行是特殊的银行;

（4）商业银行具有法律性质。

3. 简述商业银行发放贷款的主要原则。

（1）保证贷款本金的安全；

（2）保证贷款的流动性；

（3）争取贷款有较高的利息收入。

三、论述题

在进入 21 世纪后，经济全球化与国际金融化的发展对商业银行有了哪些影响？

（1）业务范围的扩大。随着经济全球化的推进，跨国企业的数量不断增加，跨国贸易和投资也不断增长。这使得商业银行需要提供更加国际化的金融服务，包括跨国信贷、结算、风险管理等业务，以及跨国支付和汇款服务等。因此，商业银行的业务范围得到了进一步的扩大。

（2）经营模式的转变。国际金融化的发展促进了金融市场的国际化和资本流动的自由化，使商业银行可以更容易地进入国际市场，提供更广泛的金融服务。同时，这也使商业银行可以更方便地吸收国际资金，为国际金融市场提供流动性。因此，商业银行的经营模式也得到了转变。

（3）服务质量的提升。随着科技的发展和金融创新的不断推进，商业银行需要不断提高自身的服务质量和效率。例如，通过数字化转型，提高服务效率和质量，并推出更多的金融创新产品和服务，如网上银行、手机银行、微信支付等电子银行服务，以满足日益多样化的客户需求。

（4）风险的增加。经济全球化和国际金融化的发展也带来了更多的风险和挑战。例如，全球金融市场的波动性增加，需要商业银行加强风险管理，提高稳健性和合规性。同时，这也需要商业银行加强与国际金融机构的合作，共同应对风险和挑战。

综上所述，经济全球化和国际金融化的发展对商业银行产生了多方面的影响，包括业务范围的扩大、经营模式的转变、服务质量的提升以及风险的增加等。因此，商业银行需要不断加强创新和提升服务质量，同时采取有效的风险管理和稳健经营的措施来应对这些挑战和机遇。

第十章　证券公司

自从 1987 年 9 月第一家证券公司——深圳经济特区证券公司在我国诞生以来，几十年间证券公司从无到有，从小到大，经历了一段高速发展时期，成为推动我国资本市场高质量发展的一支重要力量。本章主要介绍证券公司的基本概念、职能、经营原则、主要业务和其风险管理的相关知识。

🎯 学习目标

1. 了解证券公司的概念及行业现状。
2. 掌握证券公司的主要业务。
3. 了解证券公司的组织结构。
4. 掌握证券公司的风险类型、相应控制指标及监管要求。

◎ 引导案例
中国证券业服务实体经济报告（节选）

一直以来，党中央、国务院高度重视资本市场服务实体经济的相关工作。在党的十九大报告中明确指出："增强金融服务实体经济能力，提高直接融资比重，促进多层次资本市场健康发展。"十九届四中全会又提出："加强资本市场基础制度建设，健全具有高度适应性、竞争力、普惠性的现代金融体系。"这些要求都为新时代资本市场践行初心使命、服务实体经济指明了方向。

证券公司作为资本市场组织融资、投资、交易和管理风险的中介机构，在服务实体经济的资本形成、资源配置、价格发现、风险管理等方面发挥着重要作用。经过 30 年的发展，截至 2020 年 6 月末，证券公司家数已达 134 家，证券公司总资产为 8.03 万亿元，净资产为 2.09 万亿元，受托管理资金本金总额达 11.83 万亿元，证券业整体实力不断增强，服务实体经济能力日益提升。

当前我国经济发展面临世界百年未有之大变局，习近平总书记深刻指出，必须加快构建以国内大循环为主体、国内国际双循环相互促进的新发展格局。证券业服务实体经济被赋予新内涵、新使命，面对新的挑战和机遇，证券业必须克服在服务实体经济和自身发展过程中的一些问题。在此背景下，学习和掌握证券公司的理论与实务，更加具有现实意义。

资料来源：中国证券业协会．中国证券业服务实体经济报告（2020）［R］．北京：中国证券业协会，2020.

第一节　证券公司概述

一、证券公司的概念与定义

证券公司（Securities Company）是指专门从事有价证券买卖的法人企业，分为证券经营公司和证券登记公司。狭义的证券公司指证券经营公司，是经主管机关批准并到有关工商行政管理局领取营业执照后专门经营证券业务的机构。它具有证券交易所的会员资格，可以承销发行、自营买卖或自营兼代理买卖证券，主要作用是帮助资金在净供给者（如个人）和净使用者之间以较低的成本和最大的效率进行转移，相比其他金融机构，证券公司只在资金供给者和使用者之间提供中介服务。从法律的角度来看，我国的证券公司是按照《中华人民共和国公司法》（以下简称《公司法》）和《中华人民共和国证券法》（以下简称《证券法》）设立，并经国务院证券监督管理机构审查批准而成立的专门经营证券业务、具有独立法人地位的有限责任公司或者股份公司。

其他国家证券公司的称谓和业务范围也与我国有所不同。在美国，证券公司被称作投资银行（Investment Bank）或者证券经纪商（Broker-dealer），与我国证券公司最大的不同在于，美国的证券公司还从事做市等其他业务；在英国，证券公司被称作商人银行（Merchant Bank），他们与商业银行一道经营证券承销、证券交易及并购财务顾问等业务；在欧洲大陆（以德国为代表），由于一直沿用混业经营制度，投资银行仅是全能银行（Universal Bank）的一个部门。

二、证券公司的产生与发展

证券公司的起源可以追溯到 17 世纪初期，当时欧洲的商业资本主义经济发展迅速，商业票据开始出现，进而发展出以商业票据为基础的交易市场。在这个市场上，商人通过证券交易来筹集资金，而投资者则购买这些证券以获取收益。此时的证券交易大部分是通过经纪人进行的，他们充当买卖双方的中介，并收取佣金。

到了 18 世纪末期，证券交易逐渐从集会和拍卖的形式转变为交易所的形式。1760 年，伦敦证券交易所的前身——伦敦证券经纪人公会成立，这是世界上第一个正式的证券交易所。在这个时期，证券公司开始从事证券承销、发行和交易等业务。19 世纪末至 20 世纪初，美国开始进行大规模的工业化进程，为了支持这一进程，银行业和证券业得到了迅速发展。1879 年，美国联邦政府成立了联邦储备系统，负责监管全国的银行和证券市场。

在中国，1984 年 11 月，工商银行上海信托投资公司代理发行公司股票，开始了中国证券市场的发展。1986 年 8 月，沈阳信托投资公司率先办理柜台交易业务，这是中国证券市场第一次由场外交易转向场内交易。1990 年 12 月 19 日和 1991 年 7 月 3 日，上海证券交易所和深圳证券交易所先后正式营业，这标志着中国证券市场开始走上集中交易市场的发展道路。在初期阶段，中国证券公司的业务主要是承销股票和债券，并代理买卖上市公司的股票。随着市场的发展，证券公司的业务范围也逐渐扩大，扩展到证券自营、证券投资咨询、资产管理、财务顾问等。

总的来说，证券公司的发展历程与资本主义经济的发展、金融市场的演变和中国改革开放的进程密切相关。

三、证券公司的分类

证券公司根据业务范围和经营模式的不同，可以分为以下几类：

（一）证券经纪公司（Securities Brokerage Company）

证券经纪公司主要负责代理客户买卖证券，收取佣金，不承担交易风险。证券投资人经过专业经纪商买卖证券的好处是：专业经纪商的营业人员经验丰富、效率高，能提供较佳服务；专业经纪商处所聚集的证券投资人较多，故信息灵通；有些专业经纪商还可提供一些优良设备及场所，为老客户提供一些投资的咨询等。专业经纪商较受投资者的欢迎。

（二）证券承销公司（Securities Underwriting Company）

证券承销公司主要负责承销证券，协助企业发行证券，并承担一定的风险。证券承销商包括主承销商和承销团其他成员。承销商的商誉和其为所承销证券所作的宣传对投资者的投资行为影响重大，因而各国都对承销商的行为有严格的法律约束。一般证券承销商不参与公开文件的制作，只是对其进行审查，但在我国证券发行中，一般由发行人委托承销商制作公开文件，因此，证券承销商是发行过程中的主导者。承销商处于可对发行人的状况予以保证的地位，一流的承销商承销证券时，以其声誉对其所承销的证券作保证，从而给投资者以信赖。因而要求证券承销商承担赔偿责任，不外乎在于尽可能使多数的关系人负赔偿责任，而互相牵制，以达到有效防止公开文件虚假陈述的目的。

（三）证券自营公司（Securities Dealing Company）

证券自营公司主要为自己账户进行证券买卖，具有一定的风险承担能力。其基本的业务范围为上市的公司证券及政府债券，未上市证券的买卖则必须事先经得证券管理机构的核准方能进行。证券自营商在办理规定的证券业务时，依凭其对市场行市的判断，在预期证券行市上升时购进，待价格上涨到一定幅度时抛出，从中获取差价利润。此外，证券自营商本身也有部分证券存货，通过调整证券的组合也可获取部分利润。由于市场行市瞬息万变，证券自营商的预测不可能完全准确。倘若判断有误，如预期股市回升而吃进某种股票，但实际上股市却不断下跌，此时，即使自营商吃进后很快便脱手，也已蒙受了损失。

（四）综合性证券公司（Integrated Securities Company）

综合性证券公司业务范围广泛，包括证券承销、经纪、自营等多种业务，具有较大的规模和较强实力。实际上，许多证券公司都兼营上述三种业务，按照各国现行的做法，证券交易所的会员公司均可在交易市场进行自营买卖，但专门以自营买卖为主的证券公司为数极少。

（五）证券担保公司（Securities Guarantee Company）

证券担保公司主要为借款人提供证券担保服务，收取担保费用。

此外，根据《证券公司分类监管规定》，证券公司分为A（AAA、AA、A）、B（BBB、BB、B）、C（CCC、CC、C）、D、E 5 大类 11 个级别。A、B、C 三大类中各级别公司均为正常经营公司，其类别、级别的划分仅反映公司在行业内业务活动与其风险管理能力及合规管理水平相适应的相对水平。D 类、E 类公司分别为潜在风险可能超过公司可承受范围及因发生重大风险被依法采取风险处置措施的公司。证监会根据证券公司分类结果对不同类别的证券公司在监管资源分配、现场检查和非现场检查频率等方面实施不同的监管政策。

◎ 补充阅读

在探讨证券公司的分类概况后，为了帮助读者更好地将理论与实际相结合，我们特别提供了 2021 年证券公司分级名单作为补充阅读材料（见表 10-1）。在我国，证券公司分级是基于资本实力、风险管理能力和合规状况等多方面因素进行的，这种分级制度不仅便于监管机构实施分类监管，提高监管效率，也为投资者提供了重要的参考依据。通过了解证券公司的分级情况，投资者可以更准确地评估其风险与信誉，从而做出更明智的投资决策。

表 10-1 2021 年证券公司分级名单

级别	数量	公司名称
AAA	0	无
AA	15	安信证券、东方证券、光大证券、广发证券、国泰君安、国信证券、华泰证券、平安证券、申万宏源、兴业证券、银河证券、招商证券、中金公司、中信证券、中信建投
A	35	北京高华、财达证券、财通证券、长城证券、长江证券、东方财富、东莞证券、东海证券、东吴证券、东兴证券、方正证券、国金证券、国开证券、国元证券、华安证券、华宝证券、华创证券、华林证券、华西证券、华鑫证券、开源证券、南京证券、瑞信方正、瑞银证券、山西证券、首创证券、天风证券、五矿证券、西部证券、西南证券、浙商证券、中航证券、中泰证券、中天国富、中银国际
BBB	18	渤海证券、财信证券、长城国瑞、长城证券、长江证券、第一创业、东吴证券、光大证券、广发证券、国海证券、国金证券、国泰君安、国信证券、华泰证券、瑞银证券、首创证券、招商证券
BB	16	大同证券、第一创业、东亚前海、国联证券、国融证券、红塔证券、华福证券、九州证券、民生证券、世纪证券、万联证券、湘财证券、银泰证券、英大证券、甬兴证券、粤开证券
B	5	德邦证券、金圆统一、摩根大通（中国）、万和证券、野村东方
CCC	11	爱建证券、大通证券、国盛证券、恒泰证券、宏信证券、华融证券、江海证券、太平洋证券、新时代证券、中山证券、中邮证券
CC	1	国都证券
C	1	川财证券
D	1	网信证券

资料来源：中国证券监督管理委员会．中国证监会公布 2021 年证券公司分类结果［EB/OL］．（2021-07-23）［2024-11-25］．http：//www.csrc.gov.cn/csrc/c100028/cd8115eda2d1c47109aab8582e83b5bfd/content.shtml．

四、我国证券公司现状

截至 2021 年底，全国共有 140 家证券公司，其中在沪、深证券交易所上市的证券公司有 41 家，在香港联交所上市的证券公司有 15 家，在全国中小企业股份转让系统挂牌的证券公司有 3 家。外资参股、控股证券公司有 17 家。

2010—2021 年我国证券公司数量概览如图 10-1 所示。

图 10-1   2010—2021 年我国证券公司数量
资料来源：中国证券业协会网站。

从资产规模来看，截至 2021 年底，证券公司总资产达 10.59 万亿元，净资产为 2.57 万亿元，净资本为 2.00 万亿元，客户交易结算资金余额（含信用交易资金）为 1.90 万亿元，证券公司资产管理规模为 7.69 万亿元。

2010—2021 年我国证券公司规模如图 10-2 所示。

图 10-2   2010—2021 年我国证券公司规模
资料来源：中国证券业协会网站。

从营业收入及结构情况来看，2010—2021 年我国证券公司营业收入增长近 3 倍，其中 2011—2015 年增长最为明显，2016—2018 年呈现较大的下降趋势，2019—2021 年开始缓慢回升，截至 2021 年底，我国证券公司全年营业收入为 5024.10 亿元，同比增长 12.03%。在净利润方面，2015—2020 年我国证券公司的净利润情况呈现先下降后上升的趋势。2015 年受牛市影响，证券公司全年净利润达到了 10 年间的最大值 2447.63 亿元。2017 年受再融资、减持新规的影响，投行业务利润下降。2019—2021 年，净利润逐渐恢复，2021 年国内证券公司净利润增长到了 1911.19 亿元，同比增长 21.32%。

2010—2021 年我国证券公司经营情况如图 10-3 所示。

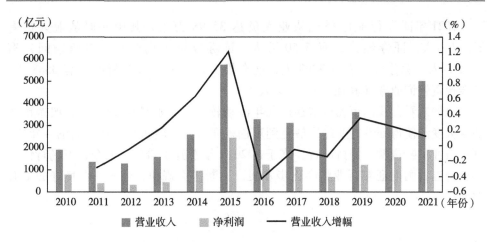

图 10-3　2010—2021 年我国证券公司经营情况

资料来源：中国证券业协会网站。

　　从收入结构上来看，证券公司的收入来源主要是三个方面：证券经纪业务、融资融券利息收入以及自营业务。2021 年我国证券公司证券经纪业务收入占整体收入的 26.64%，融资融券利息收入占比 22.90%，自营业务收入占比 27.48%，该项收入近年来呈稳步增长态势，或受益于证券公司投资水平的逐渐提高。值得关注的是，投资银行业务在注册制的推动下继续保持增长。

　　2021 年我国证券公司经营收入构成如图 10-4 所示。

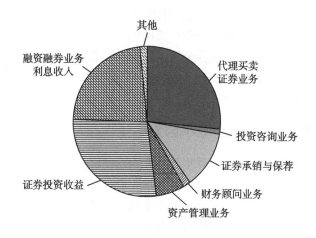

图 10-4　2021 年我国证券公司经营收入构成

资料来源：中国证券业协会。

2021 年证券行业已登记从业人员达 35.98 万人,其中一般从业人员有 22.17 万人,证券经纪人有 5.50 万人,证券投资咨询业务（投资顾问）有 7.11 万人,保荐代表人有 7393 人,证券投资咨询业务（分析师）有 3588 人,证券投资咨询业务（其他）有 1072 人。

总的来看,我国市场行情在近几年波动较大,特别是在 2015 年,股票市场的巨大变动使得证券行业的发展遭到重创,迎来一个转折点。在随后的 4 年内,证券行业不断调整,曲折前行,终于在 2019 年看到了希望。如今,市场行情在不断升温,国内证券行业将会逐步发展,不断扩大规模,迎来一个良好的上升时期。

第二节　证券公司的组织结构

证券公司组织结构的发展是循着从简单到复杂的路径演变的,各种组织结构是与证券公司不同的规模、发展阶段及发展战略相适应的。最初证券公司采取的是职能部门型的组织结构。随着公司规模的扩大,职能部门复杂化且效率低下,组织结构按地域划分横向发展为分公司型,按业务划分纵向发展为事业部型,并进一步演变为矩阵式组织结构。当投资银行向巨型化发展之后,证券公司的组织结构更加复杂化,公司的内部组织外部化,某些部分成为独立的企业,向控股公司演化,成为"金融航母"。事实上,证券市场经常处于变动状态,环境的不稳定,要求证券公司组织结构也具有相对灵活的动态性。因此,并不存在一个适应所有证券公司的组织结构,各证券公司的组织结构是根据各自的内外部环境等影响因素而决定和设计的,但是在证券公司组织结构发展的过程中,仍然涌现出了几种很有特色的组织结构,值得借鉴。

一、证券公司组织结构的影响因素

证券公司组织结构的设计、调整与优化都会受到多方面因素的影响。一是来自市场环境变化的影响。当前我国证券市场正处于结构调整和大发展时期,不断提高直接融资比重、大力发展多层次资本市场,特别是科创板、注册制的推出以及机构投资者的日益成熟,将从根本上重塑证券公司的业务模式。二是来自同业的竞争。一方面,随着我国证券市场开放力度的不断加大,外资券商、互联网券商等新的竞争者正在加速进入市场,证券公司面临的竞争压力将不断增大。另一方面,头部券商凭借资本优势、品牌优势,市场份额日趋集中,过去大而全、小而全的经营模式将受到越来越大的冲击。是选择综合化经营还是走差异化经营之路，是证券公司面临的不可回避的战略抉择。三是来自监管政策的影响。证券行业是受到严格监管的行业，其组织机构也不可避免地受到监管政策的影响。牌照监管、合规风控职能的强化、新业务的许可等都在很大程度上影响着证券公司组织机构的设置与调整。四是来自技术进步的影响。近年来，随着金融科技的发展与广泛应用，证券行业传统的管理模式、经营模式、组织模式正在受到越来越大的冲击与挑战。五是来自证券公司自身情况的影响。不同的证券公司，由于战略定位、管理模式、客户结构、业务特点以及产品复杂程度的不同，在组织结构设计上也将会存在不同的选择。

二、证券公司几种常见的组织结构

（一）职能型组织结构

证券市场发展之初，中国的证券公司规模较小，业务也较为单一。组织结构也相应较为简单，按照职能分为内部管理部门和业务部门，内部管理部门有行政、财务、电脑等部门，业务部门则包括投资银行、经纪业务、资产管理及研究发展部（见图10-5）。

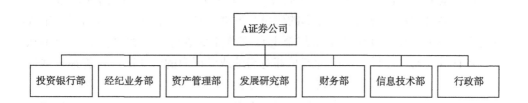

图 10-5　证券公司的职能型组织结构

资料来源：笔者自绘。

1. 职能型组织结构的优点

（1）任务和职责内容明确。每个部门和员工都有清晰的职责划分和具体的任务目标。这种明确的分工有助于提高工作效率，促进专业化发展，简化监督和绩效评估过程。同时，它减少了工作重叠和混乱，加快了决策速度，并便于新员工的培训和指导。明确的责任归属增强了员工的责任感，从而提升了整个组织的工作动力和执行力。

（2）提高专业化程度。职能集中管理的实现，可以大大提高职能工作的专业化程度，这对于需要特殊技术或技艺的工作而言非常有利。

（3）促进协作。各部门都依据自己的专业领域，致力于特定的工作，因此，不仅本部门内部的协调一致易于实现，而且不同部门之间的协调也比较容易实现。

（4）管理权力高度集中。这种结构按职能划分部门，因此，管理部门可以依据各部门和员工的实际需要、业务工作的特点以及经济环境的要求灵活地设置组织结构，这有助于提高管理工作的效率。

2. 职能型组织结构的缺点

（1）狭隘的职能观念。职能观念比较狭隘，因此容易产生只顾本部门利益而忽视其他部门和整个组织利益的倾向，导致组织整体效益不佳。

（2）横向协调差。由于实行纵向管理，各职能部门之间横向联系较差，因此难以协调一致。

（3）对外界变化的适应性差。这种结构相对封闭，对外部环境和组织变化反应比较迟钝，因此对不断变化的环境适应性差。

（4）组织稳定性差。由于这种组织结构经常进行人员调整和变动，稳定性差。

（5）刻板且难以应对简单化。由于这种结构相对刻板，难以应对简单化。

（二）分公司组织结构

经纪业务是中国证券公司的基础业务，为证券公司贡献着相当大比重的利润，各证券公司均极为重视营业部的建设与发展。在公司营业部数量达到一定程度之后，一个总部直接对几十家甚至上百家营业部进行管理就显得有些力不从心，各证券公司往往设立地区管理总部对当地或辖区内的营业部进行管理，并逐渐开展其他业务进而成为分公司，形成了分公司型组织结构。分公司型组织结构为证券公司根据地域或业务设立分公司，同时按照一级法人的形式授权分公司进行业务经营和管理，适合我国现阶段证券公司的经营管理和规模的要求，此种组织结构主要适合规模较小的证券公司。

1. 分公司组织结构的优点

（1）地域优势。分公司可以在当地市场更好地了解和掌握市场信息，与客户建立紧密联系，提高市场竞争力。

（2）业务拓展。分公司可以拓展当地的业务，扩大市场份额，增加公司的业务范围和客户群体。

（3）提高效率。分公司的组织结构相对简单，决策链条短，能够更快速地响应市场变化，提高业务处理效率。

2. 分公司组织结构的缺点

（1）管理难度。分公司的组织结构相对独立，与总公司的协调和管理存在一定难度，需要加强沟通和协作。

（2）成本较高。设立分公司需要投入人力、物力和财力等资源，成本较高。

（3）风险分散。分公司的业务范围相对较窄，风险较为集中，需要加强风险管理和控制。

我国证券公司的分公司型组织结构如图10-6所示。

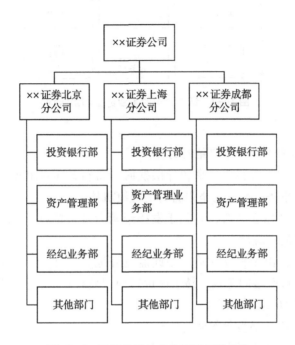

图10-6　证券公司的分公司型组织结构

资料来源：笔者自绘。

（三）证券公司事业部型组织结构

证券公司的事业部型组织结构是指按照产品、服务、市场或地区定义出不同的事业部，将企业人员划分为不同的事业部，企业总部负责计划、协调和安排资源，事业部则承担运营和职能责任（见图10-7）。这种组织结构最早起源于美国通用公司，也被称为M型结构或多部门结构。分公司是按地域范围设置的，而事业部则是按业务及产品范围来设置的。每一事业部有其本身的管理阶层，自行经营事业部的业务，公司由一群"自立营运"的业务单位组成。每一事业部对于总公司，必须贡献一份实质的利润，总公司的利润应为各事业部利润的总和。

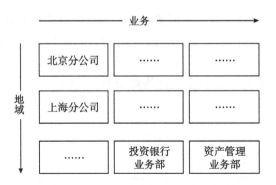

图 10-7　证券公司的事业部型组织结构

资料来源：笔者自绘。

1. 证券公司事业部型组织结构的优点

（1）权力下放，有利于最高领导层摆脱日常行政事务和避免直接管理具体经营工作的繁杂事务，而成为坚强有力的决策机构。

（2）各事业部独立经营，有利于发挥经营者的灵活性和创造性，开发新技术，提高对市场的适应性。

（3）各事业部由于独立核算，因此能更好地建立衡量事业部及其经理工作效率的标准，进行严格的考核，易于评价每种产品对公司总利润的贡献大小，用以指导企业发展的战略决策。

2. 证券公司事业部型组织结构的缺点

（1）各事业部独立经营，容易形成部门本位主义，忽视公司整体利益和长远利益。

（2）资源重复配置，机构重复，带来成本的增加。

（3）事业部间协作较差。

（四）控股公司型组织结构

分公司型组织结构适用于规模较小、业务覆盖地域在本国的证券公司，随着我国加入 WTO 的步伐临近，我国证券公司将逐渐开展国际业务，与国际大型投资银行合作，将会在国外设立分支机构，形成跨国证券公司。资产规模迅速增加，业务范围逐渐扩大，涉及的地域广阔，客户分布在世界各国，届时证券公司采用分公司型组织结构将存在一定的局限性，不利于公司业务的开展和扩张，因为分公司型组织结构的证券公司为一级法人制，分公司并没有法人资格，这时采用控股型组织结构更有优势。证券公司的控股公司型组织结构是指母公司通过控股或投资等方式控制或参与子公司的经营，但子公司的日常管理和决策权仍由其自行掌握。这种组织结构主要用于大型多元化企业的经营，可以实现资源共享和风险分散。控股公司型组织结构又称为 H 型结构。

1. 控股公司型组织结构的优点

（1）实现资本扩张和业务多元化，增加企业收益的稳定性，减少经营风险。

（2）有利于集中资源进行战略性投资，提高投资效率和收益。

（3）可以实现跨行业经营，方便企业根据市场变化进行快速调整。

（4）有利于发挥财务管理和资本运营的协同作用，降低融资成本。

（5）可以优化组织结构和管理流程，提高企业管理和运营效率。

2. 证券公司控股公司型组织结构的缺点

（1）子公司之间缺少正式的沟通协调机制，导致子公司之间协调困难。

（2）存在子公司完全独立化的风险，导致母公司无法有效控制子公司的经营和管理。

（3）子公司与母公司利益产生矛盾或冲突，会对企业的整体运营和战略实施产生负面影响。

（4）控股公司需要承担更高的管理和运营成本，同时需要具备更高的管理和领导能力。

事实上，国际上大型的证券公司，都混合式地采取各种组织结构（见图 10-8），如同时采取子公司和分公司两种形式，并在控股公司下采取事业部制，而事业部之下采取职能部门制。各子公司、分公司、事业部形成覆盖全球的网状结构，子公司内部又将产品种类与地理区域的权责融合在一起，连同各项管理职能，再次建立起三维的网状组织结构，从而使产品、地理与职能的经营活动得以更好协调（见图 10-8）。

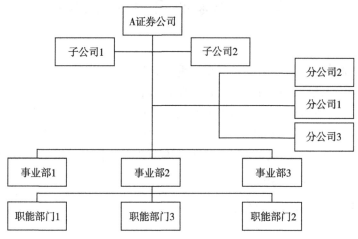

图 10-8 混合式组织结构

资料来源：笔者自绘。

高盛集团组织结构

高盛集团成立于1869年，是全世界历史悠久及规模最大的投资银行之一，总部位于纽约。高盛是全球领先的投资银行、证券和投资管理公司之一，客户包括企业、金融机构、高净值个人等。高盛集团在多个领域表现出色，包括投资银行业务、资产管理、证券交易、财富管理等。其业绩一直处于行业领先地位，是全球最大的股票和债券承销商之一，也是全球最大的投资管理公司之一。高盛集团在全世界范围内拥有约3万名员工，遍布全球多个国家和地区。公司的文化被认为是其成功的关键因素之一，高盛注重团队合作、风险控制和创新，致力于为客户提供高质量的服务。

高盛的组织结构是按客户及产品范围双重标准设置的，部门划分为投资银行事业部、商人银行事业部、投资管理事业部、信息技术事业部、全球投资研究事业部、固定收益货币及商品事业部、股票事业部、养老金管理事业部、服务部门和财务人力资源管理部。高盛在伦敦、东京和中国香港分别设有地区总部，并在全球19个国家41个城市设有分公司或办事处。

资料来源：高盛集团. 首页［EB/OL］.（2023－11－25）［2023－11－25］. https：//www. goldmansachs. com/.

第三节　证券公司的主要业务

利润表是反映证券公司经营成果的重要会计报表，包括了收入、费用和利润等方面的信息。证券公司的业务运营情况会影响到利润表的各个项目，如经纪业务的佣金收入、投资咨询业务的咨询费用、承销业务的承销费用等。因此，证券公司的业务与利润表之间是相互影响、相互作用的。证券公司需要关注两者之间的关系，并根据实际情况进行相应的业务决策和利润管理。本节首先介绍证券公司的利润表，再介绍相关的主要业务。

一、证券公司利润表结构

根据中国证券监督管理委员会（China Securities Regulatory Commission, CS-RC）的要求，证券公司必须按照财政部颁布的《企业会计准则》和《企业会计准则——应用指南》等规定编制财务报表。同时，中国证券监督管理委员会也对证券公司的财务报表披露内容和格式有具体规定。具体来说，证券公司的财务报表应当包括资产负债表、利润表、现金流量表和所有者权益变动表这四张基本报表，以及附注和其他补充信息。其中，资产负债表按照会计恒等式编制，利润表包含收入、费用和利润等信息，现金流量表反映公司现金流入和流出情况，所有者权益变动表反映公司所有者权益的变动情况。此外，证券公司的财务报表还需要按照中国证券监督管理委员会的要求进行披露和公开披露，以便投资者和分析师能够了解公司的财务状况和经营业绩。因此本节以中信证券 2022 年度的利润表（见表 10-2）为例，为大家介绍证券公司利润表的结构。

表 10-2　中信证券 2022 年度公司利润

项目	金额（元）
一、营业收入	35454414083.03
手续费及佣金净收入	19391871120.46
其中：	
经纪业务手续费净收入	7331563192.37
其中：代理买卖证券业务	6710602833.68
投资银行业务手续费净收入	8177351669.31
其中：证券承销业务	7134757205.44
证券保荐业务	632478192.38
财务顾问业务	818178763.53
资产管理业务手续费净收入	2946343445.20
利息净收入（支出以负号列示）	4418265457.53
其中：	
利息收入	16098685623.58
其中：融资融券利息收入	7667787156.64
利息支出	−11680420166.05
投资收益	17988762559.49
其中：金融工具投资收益	17485551455.67
对联营企业和合营企业的投资收益	328885712.79
公允价值变动损益（损失以负号列示）	−6708973913.72
汇兑收益（损失以负号列示）	69644761.36
资产处置收益	1498437.26

续表

项目	金额（元）
其他收益	210064160.14
其他业务收入	83281500.51
二、营业支出	14833150205.83
税金及附加	209001837.74
业务及管理费	15290284032.33
信用减值损失	−670461539.42
其他业务成本	4325875.18
三、营业利润	20621263877.20
加：营业外收入	12357821.30
减：营业外支出	81234529.29
四、利润总额	20552387169.21
减：所得税费用	4606437915.29
五、净利润	15945949253.92

资料来源：中信证券股份有限公司．中信证券 2022 年度报告［EB/OL］．（2023-03-30）［2023-11-25］．http：//www.citics.com．

◎ 扩展阅读

中信证券股份有限公司

中信证券股份有限公司成立于 1995 年 10 月，2003 年在上海证券交易所挂牌上市交易，2011 年在中国香港联合交易所挂牌上市交易，是中国第一家 A+H 股上市的证券公司，第一大股东为中国中信金融控股有限公司。公司以助力资本市场功能提升、服务经济高质量发展为使命，致力于成为全球客户最为信赖的国内领先、国际一流的中国投资银行。

中信证券业务范围涵盖证券、基金、期货、外汇和大宗商品等多个领域，通过全牌照综合金融服务，全方位支持实体经济发展，为国内外企业客户、机构客户、高净值客户、零售客户提供各类金融服务解决方案。目前拥有 7 家主要一级控股子公司，分支机构遍布全球 13 个国家，中国境内分支机构和网点有 400 余家，华夏基金、中信期货、金石投资等主要控股子公司均在各自领域保持领先地位。

中信证券规模优势显著，是国内首家资产规模突破万亿元的证券公司。主要财务指标连续十余年保持行业第一，各项业务保持市场领先地位，在国内市场积累了广泛的声誉和品牌优势，多年来获得亚洲货币、英国金融时报、福布斯、沪深证券交易所等境内外机构颁发的各类奖项。

资料来源：中信证券股份有限公司．中信证券 CITIC Securities ［EB/OL］．http：// www.cs.ecitic.com/newsite/AboutUs/.

　　从中信证券的利润表中可以看出，证券公司营业收入主要由手续费及佣金净收入、利息净收入及投资收益组成，其中代理买卖证券业务、证券承销业务、融资融券利息收入及投资收益构成中信证券最主要的收入来源，资产管理业务手续费净收入则越来越少。事实上，表10-2 只包含了收入的粗略科目，有很多占比较小的科目则被放入了报告附注中。其他证券公司可能与中信证券略有不同，但总体却相关无几，这些业务大致分为以下几类：证券承销与保荐、证券经纪、证券自营、资产管理、兼并和收购、债券回购、融资融券、证券交易与登记结算等。虽然各个证券公司的经营策略有所不同，但总体上来看，证券承销与保荐、证券经纪与自营业务一直是我国证券公司最主要的收入来源。

二、证券公司的主要业务

（一）证券经纪业务

　　证券经纪业务（Securities Brokerage Business）也称"代理买卖证券业务"，是指证券公司接受客户委托，代客户买卖有价证券的业务，然后证券公司从中收取一定比例的佣金。在证券市场中，一般证券投资者不能直接进入证券交易所买卖证券，只能委托在交易所拥有交易席位的证券公司代理交易，因此证券公司在二级市场中具有重要地位，证券经纪业务也是证券公司传统而重要的业务。证券经纪业务的业务流程为：①客户开户：客户需要在证券公司开设证券账户，并提交身份证明、证券账户卡等相关资料；②客户委托：客户根据自身需求，向证券公司发出买卖证券的委托指令；③资金划转：客户根据证券公司的要求，将需要用于买卖证券的资金存入指定的资金账户；④证券交易：证券公司根据客户的委托指令，通过其设立的证券营业部代理客户进行证券交易；⑤成交回报：证券公司根据客户的委托指令进行证券交易后，将交易结果及时反馈给客户，并按照约定的佣金比例向客户收取交易费用；⑥资金清算：证券公司在完成交易后，根据交易结果进行资金清算，即将客户的资金从其资金账户中扣除或增加，并将资金划转给卖方或买方；⑦账户管理：证券公司负责管理客户的证券账户，包括账户的开立、注销、挂失等；⑧信息披露：证券公司需要向客户提供相关信息，包括证券市场行情、交易信息、资金信息等。

　　根据中国证券业协会统计，2021 年证券行业全行业实现营业收入5024.10 亿元，其中经纪业务净收入为 1338.41 亿元，占总收入的 26.64%，所占比重近三年持续升高。从发展前景来看，在我国经济高质量均衡发展、资本市场全面深化改革的背景下，经纪业务有望延续增长趋势，且预计将延续产品化、机构化发展趋势。

（二）证券保荐与承销业务

证券保荐与承销业务（Securities Underwriting Business）是证券公司代理证券发行人发行证券的行为。在这个过程中，证券公司要承担保荐职责，即对发行人的质量和可靠性进行认真评估，并承担相应的责任。同时，证券公司还要负责承销发行的证券，可以采用包销或代销的方式，帮助发行人成功发行证券。

具体来说，证券保荐业务是指证券公司作为保荐机构，为发行人的证券发行提供担保，并承担保荐责任的业务。在保荐业务中，证券公司需要对发行人的质量和可靠性进行全面评估，并在推荐其上市前，对发行人进行尽职调查。如果发行人在上市后出现任何违规行为，证券公司也需要承担相应的责任。而证券承销业务是指证券公司作为承销机构，帮助发行人成功发行证券的业务。在这个过程中，证券公司可以选择采用代销或包销的方式。代销是指证券公司代发行人发售证券，在承销期结束时，将未售出的证券全部退还给发行人的承销方式。而包销是指证券公司将发行人的证券按照协议全部购入或者在承销期结束时将售后剩余证券全部自行购入的承销方式，前者为全额包销，后者为余额包销。

保荐承销业务的流程大致如下：①发行人委托证券公司进行证券发行，证券公司进行立项；②证券公司对发行人进行尽职调查，编制募集说明书；③发行人通过证券公司的内核，内核是指对证券公司投资银行业务风险进行控制和管理的专业委员会；④证券公司向中国证监会提交首次公开发行股票并上市的申报材料；⑤中国证监会审查申请文件；⑥发行人路演，向投资者推介；⑦发行定价，发行人通过簿记建档、系统投标等方式确定股票的最终发行价格；⑧证券公司进行发行，如果发行成功，证券公司会将募集的资金汇入发行人指定的账户；⑨证券公司组织验资；⑩发行人向中国证监会提交股票上市申请文件；⑪中国证监会审核并核准申请，核准后发行人可申请股票上市；⑫发行人刊登招股说明书，在指定媒体上公告。

2021 年我国境内交易所市场证券承销总额达 9.98 万亿元。其中，股权融资业务全年保荐承销总额为 13199.34 亿元，同比增长 24.34%；交易所市场债券发行总额为 86553.13 亿元，同比增长 2.09%；公司债券（包括公开发行公司债券、非公开发行公司债券、可转换公司债券和可交换公司债券）发行总额为 48598.51 亿元，同比增长 7.25%。

近年来我国证券保荐与承销业务出现以下几个趋势：①注册制的推进：随着

注册制的全面实施，证券发行的门槛大幅降低，这使更多的企业有机会进入资本市场，同时也促使市场更加注重企业的质量和长期投资价值。②市场化定价机制：随着市场化定价机制的逐步完善，发行人和投资者的选择权得到更大程度的保障，市场供求关系对发行价格的影响更加显著。③机构投资者的增加：随着资本市场的发展，机构投资者的数量不断增加，这使得资本市场更加成熟和稳定。机构投资者通常具有更专业的投资能力和更强的风险控制能力。④信息披露的加强：随着监管的加强，信息披露制度日益严格，这有助于提高市场的透明度，保护投资者的合法权益。⑤专业化、差异化发展：随着证券行业的发展，越来越多的证券公司开始注重专业化、差异化的经营策略，以满足不同类型客户的需求。

总体来说，我国证券保荐与承销业务正在朝着市场化、专业化、差异化的方向发展，这将为未来的资本市场发展注入新的活力。

（三）证券自营业务

证券自营业务（Securities Proprietary Business）是指证券公司以自己的名义，以自有资金或者依法筹集的资金，为本公司买卖在境内证券交易所上市交易的证券，在境内银行间市场交易的政府债券、国际开发机构人民币债券、央行票据、金融债券、短期融资券、公司债券、中期票据和企业债券，以及经中国证监会批准或者备案发行并在境内金融机构柜台交易的证券，以获取盈利的行为。与经纪业务相比，证券自营业务的主要区别体现在决策自主性、业务性质和资金运用方面。具体如下：①决策的自主性：证券自营业务决策的自主性更强。经纪业务中，证券公司只是接受客户委托，代理客户买卖证券，证券公司没有自主决策的权力。而自营业务中，证券公司可以自主决定买卖证券的品种、数量和方式，可以挑选股票进行投资。②业务的性质：证券自营业务以证券公司自己的名义和资金进行证券买卖，其盈利通过买卖的差价来实现。而经纪业务中，证券公司以代理人的身份出现，其业务是代理客户进行证券买卖，盈利主要通过收取佣金来实现。③资金运用：在自营业务中，证券公司可以动用客户的资金进行投资，但法律明确规定不能使用客户资金。在经纪业务中，证券公司不能动用客户的资金，只能按照客户的要求代理买卖证券。

不同的证券公司从事自营业务具备不同业务流程，但一般来说包括以下5个流程：①投资决策：根据公司的投资策略和市场需求，由投资决策机构制定具体的投资决策，包括投资品种、投资时机、投资组合、投资比例等。②交易执行：根据投资决策，自营部门通过交易系统或人工交易的方式，向证券市场发出交易指令，完成证券的买入或卖出。③交易风险控制：自营部门需遵守相关法律法规和公司的内部规定，对投资品种、交易规模、交易对手等进行风险控制，确保自营业务的风险可控。④交易结算：完成交易后，自营部门需要按照交易结算规则，及时完成证券和资金的交割和结算，确保交易的合法性和安全性。⑤投资后管理：自营部门需要对投资品种进行持续跟踪和评估，根据市场变化及时调整投资组合和比例，保持投资效益和风险控制的平衡。

我国证券公司传统的自营业务包括权益投资和固定收益投资两大类，总体来看2021年证券投资产品合计期末账面价值为48090.79亿元，较2020年末的37989.75亿元增长26.59%。总体来说，近几年证券自营业务朝着投资策略多元化、风险管理精细化、交易技术智能化和监管合规严格化的方向发展。

（四）资产管理业务

资产管理业务（Asset Management Business）是指证券公司作为资产管理人，根据有关法律、法规和与投资者签订的资产管理合同，按照资产管理合同约定的方式、条件、要求和限制，为投资者提供证券及其他金融产品的投资管理服务，以实现资产收益最大化的行为。证券公司的资产管理业务主要有三种方式：①集合资产管理：证券公司接受多个客户的委托，将客户资金集中管理，投资于股票、债券等金融产品，为客户提供低风险的理财产品。②定向资产管理：证券公司接受单一客户的委托，根据客户需求提供个性化的资产管理服务，为客户提供高收益、低风险的理财产品。③专项资产管理：证券公司接受客户委托，设立专项资产管理计划，针对客户的特殊需求提供个性化的资产管理服务，投资于股票、债券等金融产品。这三种资产管理方式的风险等级不同，集合资产管理属于低风险、集合性理财产品，定向资产管理属于高风险、个性化理财产品，专项资产管理属于中风险、个性化理财产品。证券公司在开展资产管理业务时，应当遵守相关法律法规和合同约定，确保客户资产的安全性和合法性。

资产管理业务主要分为七个流程，分别是：①客户申请：客户向证券公司提出资产管理业务的申请，填写相关申请表格并提交有关证明文件和资料。②风险测评：证券公司对客户进行风险测评，了解客户的投资需求、风险偏好和风险承受能力，确定合适的资产管理产品。③签署合同：证券公司与客户签署资产管理合同，明确双方的权利和义务、投资目标、投资范围、投资期限、投资策略、风险收益等重要内容。④资产托管：客户将资产托管在证券公司指定的银行或者其他机构，确保资产的安全性和合法性。⑤投资管理：证券公司根据合同约定的投资策略和限制，对客户资产进行投资和管理，根据市场变化及时调整投资组合和比例，以达到资产收益最大化的目标。⑥定期报告：证券公司定期向客户提交资产管理报告，报告投资组合的收益情况、风险状况和其他重要事项。⑦资产管理期限：资产管理期限届满时，证券公司与客户根据合同约定进行资产的清算和结算，并返还客户的投资本金和收益。证券公司在开展资产管理业务时，应当遵守相关法律法规和合同约定，确保客户资产的安全性和合法性。同时，证券公司还需要建立健全内部控制和风险管理机制，加强对资产管理业务的监督和管理。

2021年证券公司管理资产规模小幅下降。在私募产品方面，根据中国证券投资基金业协会数据，2021年证券公司资产管理规模为7.69万亿元，较2020年的8.01万亿元下降4.06%。在公募产品方面，根据中国证券业协会数据，截至2021年底，由证券公司（或其资管子公司）管理的公募基金（含参公改造大集合）受托资金达9022.24亿元，受托资产总净值达到1.03万亿元。从发展趋势来看，证券公司的资产管理业务将在规模、业务、技术、风险控制和合规监管等方面持续发展和提升，以满足客户需求顺应市场变化。

（五）其他业务

1. 证券投资咨询（Securities Investment Advice）

证券投资咨询是指取得监管部门颁发的相关资格的机构及其咨询人员为证券投资者或客户提供证券投资的相关信息、分析、预测或建议，并直接或间接收取服务费用的活动。

2. 融资融券业务（Margin Trading）

融资融券业务是指一种通过向券商借钱或借股票进行买卖的交易方式。

3. 风险投资业务（Venture Capital）

风险投资业务主要通过直接投资或参与私募股权等方式，对初创企业或成长性企业提供资金支持，并从中获取未来收益。证券公司的风险投资业务具有高风险性、长期性、专业性及收益不确定性等特性。

第四节 证券公司的风险管理

证券公司的风险管理是指证券公司用于识别、评估、监控和控制与业务相关的各种风险的系统方法和制度安排。风险管理是证券公司一项重要的核心业务，通过有效管理风险，证券公司能够确保经营的持续性和稳定性，提高整体竞争力和市场地位。关于证券公司风险管理的文件依据，国内已经有一系列的法规和指引。其中，国务院办公厅发布的《关于进一步规范证券金融活动的若干意见》和《证券公司风险处置条例》是证券公司风险管理的两个重要法规。此外，中国证券监督管理委员会（以下简称证监会）也发布了《证券公司风险监管指标管理办法》《证券公司内部控制指引》等文件，对证券公司的风险管理提出了具体要求和指导。同时，国际上也有一些与风险管理相关的标准，如ISO 31000：2018《风险管理原则和指南》、美国反虚假财务报告委员会下属的发起人委员会

（The Committee of Sponsoring Organizations of the Treadway Commission，COSO）《企业风险管理框架》等。这些标准和指引都强调了风险管理的重要性，为证券公司进行风险管理提供了参考和依据。本节将会介绍证券公司风险管理的相关知识。

一、证券公司的风险分类

随着证券市场的发展及行业竞争的加剧，证券公司面临的风险越来越复杂。风险的分类方式有很多种，根据国际证券委员会组织（International Organization of Securities Commissions，ISOCO）1998 年的风险分类方式，证券公司的风险来源可分以下六类：

1. 市场风险（Market Fisk）

因市场价格变动而导致无法预料的潜在损失的风险。

2. 信用风险（Credit Risk）

交易对手未能履行约定契约中的义务而造成经济损失的风险。

3. 流动性风险（Liquidity Risk）

由于金融资产转化为资金的不确定性变动而遭受经济损失的可能性。

4. 操作风险（Operational Risk）

由于不完善或有问题的内部操作过程、人员、系统或外部事件而导致的直接或间接损失的风险。

5. 法律风险（Legal Risk）

因不懂法律规则、疏于法律审查、逃避法律监管所造成的经济纠纷和涉诉所导致的潜在或已经发生损失的风险。

6. 系统风险（Systemic Risk）

个别资产的风险中无法在资产组合内被分散、抵消的那一部分风险，也称为不可分散风险。

这些风险来源的划分有助于证券公司识别和管理不同类型的潜在风险，从而降低风险，提高经营效率。

二、证券公司业务风险识别

按照《证券法》的有关规定，我国综合性证券公司的主要业务有经纪业务、承销业务、自营业务、兼并收购、基金管理、咨询服务等。因此按照业务类型可将证券公司风险主要分为以下几大类：

（一）证券经纪业务风险

经纪业务是目前我国证券公司的最基本的业务之一。证券经纪业务风险是指证券公司在办理代理买卖证券业务时由于种种原因而对其自身利益带来损失的可能性。经纪业务收入占证券公司总收入的比例较大，一般为30%以上，因此经纪业务风险是证券公司最基本的风险。主要表现有：

1. 经营风险

由于经纪业务的佣金收入占证券公司总收入的比重较大，证券公司对经纪业务的依赖性增强，二级市场行情波动对证券公司收益影响较大。当行情低迷时，佣金收入大幅度降低而各种固定性支出（如席位费、交易通信费用、营业场所租金等）居高不下，经营风险就会出现。

2. 操作风险

这是因交易或管理系统操作不当或违规操作而引致财务损失的风险。主要表现为营业部经营不规范、内部管理不力、员工操作失误、各种形式的违规违法操作等原因导致的损失。

3. 业务拓展风险

随着证券市场竞争的日益激烈，证券公司会采用各种方法来拓展新业务，以取得竞争优势，如融资融券、返佣、股票质押、三方监管以及其他的创新业务等。这些措施会遇到来自技术、咨询、培训和推广等多方面的挑战，风险控制难度加大。

4. 技术风险

证券行业是信息化程度较高的行业，日常的业务运转已经完全依赖于先进的计算机信息系统。随着证券行业业务创新的不断深入，网络、系统的安全可靠、便捷高效变得越来越重要。长期以来证券公司的计算机违法犯罪事件时有发生。

（二）证券承销业务风险

证券承销业务是证券公司的传统业务，其业务量大小是衡量证券公司实力的重要指标。证券承销风险是指证券公司在承销股票、债券、金融衍生品等经营活动中由于不能在规定的时间内按事先约定的条件完成承销发行任务而造成损失的可能性。由于项目周期长，受市场不可预测因素影响较大，随着监管力度的加强，证券公司的连带责任增加，公司各项风险增大。主要包括：

1. 竞争风险

承销业务僧多粥少、竞争激烈，当证券公司在某个承销项目竞争中介入过深，投入的人、财、物较大，而又被对手击败或被发行企业单边终止合作关系，不能争取到项目时，便要承担由此产生的费用损失和机会成本。即使争取到项目，随着证券监管部门审查日趋严格，由于发行公司本身或操作人员的问题而使承销申请被否决，证券公司在该项目中的大量投入仍难以收回。

2. 审核风险

即指对上市公司的经营状况及发展前景研究不够，推荐企业发行证券失败而使证券公司遭受利润损失的风险。

3. 销售风险

销售风险是指证券公司不能按照既定的时间和条件要求完成证券销售任务而造成损失的可能性。我国目前的承销方式多为包销，由于在余额包销的情况下，证券公司要认购未发行出去的证券，如果市场低迷或者价格定位不当，出现跌破发行价的状况，证券公司要承担很大的发行风险。

4. 外汇风险

随着 B 股市场的开放，B 股承销业务有较大发展，随之产生外汇风险。

5. 法律风险

是指对上市公司进行过分包装，信息披露出现过错误，导致投资人造成违规违法的风险等。

（三）自营业务风险

自营业务是证券公司的传统业务之一，其业务收入一般占我国证券公司总收入的 30%。自营业务以自有资金或以自己的名义负债筹资进行证券投资，盈利归己、风险自担，为了规避风险，证券公司往往会选择不同证券品种进行投资组合。自营业务风险主要包括：

1. 市场风险

自营收益与二级市场走势关系密切，目前我国证券二级市场波动相对频繁，很多证券公司未建立有效的投资决策支持机构及相应的责任制度，在选择投资组合策略时缺乏量化的数据支持，容易导致投资决策失误，从而给公司自营业务带来较大的风险。

2. 新业务风险

很多新的交易品种即将推出，但由于业务新、经验少，容易出现问题。新业务一方面可以帮助证券公司规避风险，另一方面也有可能放大风险的效应。

3. 法律风险

为了追求自营业务收益的增加，恶意炒作，操纵股市价格，使股价震荡加剧，从中获利这种行为是《证券法》所严厉禁止的，一旦受到查处，公司的各项业务都将受到严重影响。

（四）其他业务风险

在上述三大业务之外，资产管理业务也是很多证券公司未来发展的重点，但其带来的风险也尤为突出。资产管理业务风险与自营业务风险比较类似。尽管《证券法》以及中国证监会的有关规定明确指出，证券公司在从事资产管理业务过程中不得向委托人承诺投资收益，但是不少证券公司在进行资产管理业务时，还是违规进行保底和收益分配承诺，如果在投资过程中出现亏损，将使本应由客户承担的风险转化为由证券公司承担的实际亏损。因此证券公司在开展资产管理业务时一定要注意风险，不能盲目扩展。

三、证券公司的风险管理

（一）风险管理框架

中国证券公司的风险管理框架主要由以下几个部分构成：

1. 董事会及其风险管理委员会

董事会及其风险管理委员会是证券公司的最高风险管理机构，负责制定公司风险管理战略、政策和程序，监督风险管理和内部控制的有效性。

2. 高级管理层

证券公司的高级管理层对全面风险管理承担主要责任，负责制定并执行风险管理和内部控制政策，建立和完善风险管理组织架构，配备充足的风险管理力量，监督风险管理的实施。

3. 风险管理部

风险管理部是证券公司内部专门负责风险管理的部门，负责全面风险管理工作，包括风险识别、评估、监控和报告，以及制定和执行风险控制措施。

4. 业务部门和分支机构

证券公司的业务部门和分支机构是风险管理的第一道防线，负责持续识别、评估和报告风险敞口，执行风险管理政策和程序，以及履行一线风险管理职责。

5. 内部审计部门

内部审计部门对证券公司的风险管理和内部控制进行独立的审计，监督风险管理和内部控制的有效性，发现和纠正风险管理缺陷。

6. 信息科技风险控制

证券公司需要建立完善的信息科技风险控制体系，保障交易系统、信息系统和数据的安全，防范技术风险和操作风险。

（二）我国证券公司风险管理现状

目前我国证券公司风险管理主要呈现三个特点：

1. 内部数据散乱、缺乏整合管控

由于历史原因，证券公司的风险管理指标和风险管理系统存在明显的不足，数据口径不统一，各部门系统数据难以形成有效的逻辑整体，导致大量风险监测、分析、评估指标无法使用，难以有效实现风险拦截，将风险管理前置。同时，由于集团层面风险数据的不集中，证券公司无法做到同一客户、同一业务的风险集中管控，数据碎片化严重，"数据孤岛"现象凸显，数据权限的安全管理存在隐患。

2. 风险分析效果不佳、时效性差

证券公司的风险管理系统不仅是风险管理的必要支撑，同时还应具备前瞻预测能力、精细化管理能力、更优的资源配置能力以及强大的外延服务能力，能够在满足监管需求、有效防范风险的同时，提高价值创造能力。然而，数据分析工具的缺失，使各风险管理条线无法有效地接触数据、无法有效及时地进行风险分析，数据分析浮于表层，数据价值也尚未得到充分利用。

3. 风险模型搭建门槛高

在证券公司风险管理过程中，虽然已经有一些风险管理指标和模型，但仍存在门槛高、上手难等问题，导致一些基层风险管理岗位人员缺乏快速适应和应对风险事件的能力。

综上所述，中国证券公司的风险管理还存在一些不足之处，需要进一步完善。优点是证券公司的风险管理意识已经有所提高，能够通过分散投资、限制仓位等操作来控制风险。缺点是风险管理不够精细，数据分析能力较弱，风险模型搭建门槛高等。因此，证券公司需要加强对风险的管理和监控，提高风险管理的精细化程度和数据分析能力，并简化风险模型搭建的门槛，以便更好地控制和管理风险。

 本章测试题

一、名词解释

1. 证券承销公司
2. 经纪业务
3. 证券保荐与承销业务
4. 市场风险
5. 流动性风险

二、简答题

1. 证券投资与证券投机的关系？
2. 证券经纪业务的主要风险点是什么？
3. 证券公司在证券市场中的作用是什么？

三、论述题

如何加强证券公司的风险管理？请提出具体措施和建议。

◎ **扩展阅读**

中国证券业 70 年：历程、成就和经验

摘要： 中国证券业 70 年的发展历程大致可分为初步探索、快速发展和新时代发展三个阶段。70 年来，中国证券业在证券交易所建设、期货市场发展、上市公司培育、证券公司成长、投资者群体构建和对外开放等方面取得了一系列举世瞩目的成就，为中国经济发展做出了突出贡献。中国证券业 70 年的发展经验主要有"五个坚持"：坚持以发展为第一要务，坚持探索创新，坚持改革开放，坚持严格监管，坚持守住不发生系统性金融风险的底线。

资料来源：王国刚，郑联盛. 中国证券业 70 年：历程、成就和经验 [J]. 学术研究，2019（9）：88-97+177-178+2.

券商声誉损失与公司 IPO 市场表现——来自中国上市公司 IPO 造假的新证据

摘要： 理论研究表明声誉好的券商在公司 IPO 过程中能发挥认证作用，但是在实证中学者们对于券商声誉是否真的发挥了认证功能仍然莫衷一是。与国内外文献中普遍采用的券商市场份额、排名等间接声誉指标不同，本文以中国券商所承销的公司 IPO 过程违规造假为新的研究视角，从声誉损失的角度重新衡量了券商声誉，并以公司 IPO 后市场表现检验了券商声誉的认证效应。实证研究表明，相较声誉受损的券商，声誉未受损的券商确实具有更好的认证效果，具体表现在：①从同一时期来看，相较于那些没有被披露承销过 IPO 违规造假公司的券商，承销过 IPO 违规造假公司的券商再次承销的公司 IPO 发行溢价率较高，股票长期回报率较低；②对于同一券商，相对于在 IPO 违规造假披露之前，在披露之后（声誉受损）券商所承销的公司 IPO 表现为显著较高的发行溢价率和显著较低的股票长期回报率；③基于双重差分模型的结果依然支持上述结论。实证结果还表明相对于传统的券商声誉指标，基于 IPO 造假构建的声誉损失指标更加有效。

资料来源：张学勇，张秋月. 券商声誉损失与公司 IPO 市场表现——来自中国上市公司 IPO 造假的新证据 [J]. 金融研究，2018（10）：141-157.

分析师报告的逻辑性特征研究：问题、成因与经济后果

摘要："逻辑性"是分析师报告的重要信息质量特征，受到监管机构和投资者的高度重视，但与之相关的研究却十分有限。基于文本分析法，本文实证检验了分析师的估值结论和分析过程是否具有一致的逻辑。结果表明，逻辑不一致的分析师报告在我国资本市场上较为常见；分析师策略性地处置和隐藏被跟踪公司的负面信息是导致研究报告逻辑不一致性的主要原因。进一步研究发现，分析师之所以隐藏公司负面信息，是为了给存在佣金分仓关联的基金客户提供调整投资组合的窗口期，减轻股价下跌给基金客户造成的损失。此外，逻辑不一致性降低了投资者对报告中信息的反应程度，加剧了公司未来的股价崩盘风险。本文丰富了分析师报告信息含量方面的文献，揭示了分析师对公司负面信息的处置策略，为投资者评判研究报告质量以及监管机构完善监管政策提供了借鉴。

资料来源：马黎珺，吴雅倩，伊志宏，等．分析师报告的逻辑性特征研究：问题、成因与经济后果［J］．管理世界，2022，38（8）：217-234.

参考文献：

［1］王国刚，郑联盛．中国证券业 70 年：历程、成就和经验［J］．学术研究，2019（9）：88-97+177-178+2.

［2］刘增学，王雅鹏，张欣．中国证券公司风险约束机制的建立［J］．金融研究，2004（12）：97-105.

［3］雷蒙德·戈德史密斯．金融机构与发展［M］．北京：中国社会科学出版社，1993.

［4］李心丹．金融市场与金融机构［M］．北京：中国人民大学出版社，2013.

［5］张学勇，张秋月．券商声誉损失与公司 IPO 市场表现——来自中国上市公司 IPO 造假的新证据［J］．金融研究，2018（10）：141-157.

［6］马黎珺，吴雅倩，伊志宏，等．分析师报告的逻辑性特征研究：问题、成因与经济后果［J］．管理世界，2022，38（8）：217-234.

测试题答案

一、名称解释

1. 证券承销公司：这类证券公司主要负责承销证券，协助企业发行证券，

并承担一定的风险。

2. 经纪业务：也称"代理买卖证券业务"，是指证券公司接受客户委托，代客户买卖有价证券的业务，然后证券公司从中收取一定比例的佣金。

3. 证券保荐与承销业务：是指证券公司代理证券发行人发行证券的行为。

4. 市场风险：因市场价格变动而导致无法预料的潜在损失的风险。

5. 流动性风险：由于金融资产转化为资金的不确定性变动而遭受经济损失的可能性。

二、简答题

1. 证券投资与证券投机的关系？

联系：二者的交易对象都是有价证券，都是投入货币以谋取盈利，同时承担损失的风险。二者还可以相互转化。

区别：①交易的动机不同。投资者进行证券投资，旨在取得证券的利息和股息收入，而投机者则以获取价差收入为目的。投资者通常以长线投资为主，投机者则以短线操作为主。②投资对象不同。投资者一般比较稳健，其投资对象多为风险较小、收益相对较高、价格比较稳定或稳中有升的证券。投机者大多敢于冒险，其投资对象多为价格波动幅度大、风险较大的证券。③风险承受能力不同。投资者首先关心的是本金的安全，投机者则不太考虑本金的安全，一心只想通过冒险立即获得一笔收入。④运作方法有差别。投资者经常对各种证券进行周密的分析和评估，十分注意证券价值的变化，并以其作为他们选购或换购证券的依据。投机者则不太注意证券本身的分析，而密切关注市场的变化，以证券价格变化趋势作为决策的依据。

2. 证券经纪业务的主要风险点是什么？

经营风险、操作风险、业务拓展风险及技术风险。

3. 证券公司在证券市场中的作用是什么？

（1）提供证券交易服务。证券公司作为证券市场的重要参与者，为投资者提供证券交易服务，包括股票、债券、基金等证券产品的买卖和交易。

（2）促进市场流动性和价格发现。证券公司作为做市商之一，通过提供双边报价和交易执行，促进市场的流动性和价格发现，为投资者提供更加透明和有效的交易环境。

（3）提供投资咨询和资产管理服务。证券公司拥有专业的投资研究团队和丰富的投资经验，能够为投资者提供专业的投资咨询和资产管理服务，帮助投资者实现资产增值和保值。

（4）支持企业融资和并购重组。证券公司为企业提供融资服务，帮助其实现股权融资和债权融资，同时参与企业并购重组，为其提供财务顾问和投资银行服务。

三、论述题

如何加强证券公司的风险管理？请提出具体措施和建议。

（1）建立完善的风险管理制度和内部控制机制。证券公司应建立科学、规范的风险管理制度和内部控制机制，明确风险管理的目标、原则、流程和责任，确保风险管理工作的有效实施。

（2）加强风险监测和预警。证券公司应建立风险监测和预警系统，及时发现和评估各类风险，提前做好风险防范和应对措施。

（3）合理控制杠杆使用。证券公司应合理控制杠杆使用，避免过度杠杆化引发市场风险和流动性风险。

（4）加强信用风险管理。证券公司应建立完善的信用风险管理制度，对交易对手进行严格的信用评估和风险管理，降低信用风险。

（5）加强操作风险管理和内部控制。证券公司应加强操作风险管理和内部控制，完善内部程序和制度，提高人员素质和技能水平，降低操作风险。

（6）加强法律风险管理和合规意识。证券公司应加强法律风险管理和合规意识，遵守相关法律法规和合同规定，防范法律风险。

综上所述，加强证券公司的风险管理需要建立完善的风险管理制度和内部控制机制，加强风险监测和预警，合理控制杠杆使用，加强信用风险管理和操作风险内部控制，加强法律风险管理和合规意识。这些措施和建议有助于保障证券公司的稳健运营和持续发展。

第十一章　保险公司

保险公司是非存款性金融机构的一种形态，保险公司之所以被定义为金融机构，是因为其拥有巨额的保险基金可用于货币市场和资本市场融资，而且几乎表现为资金的融出，并且成为金融市场的金融支柱之一。保险公司与商业银行不同，它的融资活动主要是在资本市场，而不是货币市场。

学习目标

1. 了解保险公司的概念、特征和分类。
2. 理解保险公司的主要职能、经营原则。
3. 掌握保险公司的基本业务体系和主要保险产品原理。

◎ 引导案例
重大灾害精准理赔——中华财险新疆兵团棉花雹灾理赔案例

2019 年 8 月 23 日 22 时，七师垦区发生了几十年不遇的特大冰雹灾害袭击，冰雹持续时间长、范围广，使七师 123 团、126 团、127 团、128 团、129 团 5 个团场、27 个连队的 20 余万亩棉花遭受不同程度的损失。灾害发生后，中华财险新疆分公司立即启动应急机制，各分支机构当晚就赶赴受灾地块，初步了解受灾情况。中华保险奎屯分公司积极行动，统筹部署，调动公司 40 余人及 10 余辆三农服务查勘车协助受灾最重的 128 团支公司查灾定损。要求查灾工做到逐户、逐块查勘，定损结果准确、合理、迅速，同时做好农户的情绪稳定工作。经查勘，本次受灾的 5 个团场合计受灾农户 1785 户、受灾面积 20.33 万亩。其中：重度受灾面积为 10.66 万亩，中度受灾面积为 5.93 万亩，轻度受灾面积为 3.74 万亩。此次雹灾造成了重大农业损失，事关 1785 户家庭的稳定收入。

雹灾发生后，中华财险奎屯分公司切实履行保险合同，兑现保险服务承诺，解除客户的燃眉之急，并有效维护社会和谐稳定，充分体现了保险公司的社会担

金融市场与金融机构

当。截至 2019 年 11 月 15 日，中华财险奎屯分公司给雹灾受损农户共计赔付 12104.1 万元。

中华财险以经营农业保险起家，前身是新疆生产建设兵团农牧业保险公司。公司从 1986 年开业伊始，就在兵团范围内大面积开办农业保险，开创了中国农业保险规模化、专业化经营的先河，摸索出了一整套新疆生产建设兵团农业保险发展模式、风险管理模式、防灾防损模式，为新时期农业保险的发展提供了范本，并为兵团农牧业生产乃至屯垦戍边做出了自己的积极贡献。中华财险始终以服务"三农"、履行社会责任为己任，积极坚持参与农业保险这一重大民生工程，在各级政府和监管部门的正确指导和公司各级机构的共同努力下，公司通过发展农业保险，充分发挥保险的经济补偿功能，有效帮助广大农户减灾救灾、恢复生产，为三农事业，为乡村振兴战略做出了积极贡献。

资料来源：中国保险行业协会. 中国保险行业协会发布 2019 年中国财产保险十佳理赔案例［EB/OL］.（2020-05-13）［2023-11-25］. http：//www. iachina. cn/art/2020/5/13/art_22_104471. html.

第一节　保险公司概述

一、保险公司的概念

根据《中华人民共和国保险法》，保险（Insurance）是一种合同，通过保险合同，投保人以支付保险费的方式将风险转移给保险人，在保险事故发生时，保险人需要向投保人提供相应的经济补偿。

保险公司（Insurance Company）是指一种商业机构或组织，其主要业务是向客户收取保费，为客户提供各种类型的保险产品和服务。保险公司的目标是为个人、家庭和企业提供风险管理和保障，以帮助他们在意外事故、灾害或其他风险事件发生时得到经济上的保护和赔偿。

二、保险公司的特征

保险公司具有一般企业的特征，包括以营利为目的、依法经营、独立承担经济责任等。但保险公司毕竟不是一般的普通企业，它以风险为经营对象，提供保障以获得利润。因此，它有不同于一般企业的特征，主要表现为：

·322·

（一）保险公司的经营对象是风险

与其他企业努力转移或回避风险的做法不同，保险公司的经营目标正是以风险为核心。保险公司的经营过程本质上是一种既集中风险又分散风险的过程。它通过将众多投保人或被保险人的风险转嫁给自身来进行经营活动。当发生保险责任范围内的损失时，保险公司通过让所有投保人或被保险人分担损失，或由其他保险公司或再保险公司承担部分损失，来实现保险的经济赔偿或给付。然而，损失的发生和损失的规模都具有不确定性和偶然性，这决定了保险公司经营本身的风险性。在保险公司的运作中，它们通过精确的风险评估和定价来管理风险，并通过建立充足的储备金和再保险来分散风险。此外，保险公司还实施风险管理和风险控制的各种策略和措施，以确保其自身的可持续经营。

（二）保险公司经营活动成果的核算具有特殊性

与一般商品成本不同，保险经营成本具有未来性，即保险公司经营的预期成本是通过对历史支出的平均成本进行预测分析得出的。而实际成本与实际的保险风险一样，发生在未来。由于未来充满不确定性，保险公司经营的预期成本往往与实际成本在大多数情况下并不相符。因此，在成本核算上，保险公司面临着精确性和偶然性的问题。此外，一般工商企业计算利润的方法是将销售商品收入减去成本和税金。然而，保险公司的经营利润核算方式有所不同。除了从保险费收入中减去保险赔款、经营费用和税金外，保险公司还需要减去各项准备金和其他未来责任准备金。这是因为保险业务具有长期性质，保险公司必须为未来可能发生的风险和责任做出相应的准备。

（三）保险公司的经营活动具有广泛的社会影响

一般来说，保险公司承保的风险范围之宽、经营的险种之多、涉及的被保险人之广，是其他一般企业无法相比的。一旦保险公司无力偿付或者其经营陷入困境，将影响到广大被保险人的切身利益乃至整个社会的安定。

三、保险公司的分类

保险公司可以按照不同的标准进行分类，以下是一些常见的分类方式：

（一）按业务范围分类

1. 人寿保险公司与健康保险公司

（1）人寿保险公司（Life Insurance Company）的主要业务是提供人寿保险产品，其保险标的以人的寿命为基础。人寿保险的目的是在发生保险事件时为被保险人的受益人提供经济和收入保障。通常，人寿保险产品的主要保障是以死亡保险金形式提供的，即在被保险人身故时向受益人支付一定金额的保险金。此外，人寿保险公司的产品还包括寿险附加险，如重大疾病保险、意外伤害保险等，以提供更全面的保障。

（2）健康保险公司（Health Insurance Company）的主要业务是提供健康保险产品，该产品旨在为个人提供医疗费用保障和健康管理服务。健康保险是一种保险形式，当被保险人因疾病、分娩等原因导致经济损失时，保险公司提供经济支持。健康保险产品的覆盖范围包括医疗费用报销、住院费用保障、手术费用保障、门诊费用保障等方面。这些保险形式可以帮助个人应对医疗费用的负担，能够提供财务保障和安心感。健康保险公司还可以提供其他附加保险，如重疾保险、长期护理保险等，以满足不同健康风险的需求。健康保险公司在制定保费和保险条款时，通常会考虑被保险人的年龄、性别、健康状况等因素。这有助于确保保费与风险程度相匹配，并提供适当的保障。

2. 财产保险公司与责任保险公司

（1）财产保险公司（Property Insurance Company）的主要业务是提供财产保险产品，主要开展以财产及其相关利益为保险标的，因保险事故的发生导致财产损失，以金钱或实物进行补偿的一种保险，旨在为个人和企业的财产提供保障和赔偿。财产保险产品通常包括汽车保险、住宅保险、商业保险等，涵盖了财产损失、盗窃、火灾、自然灾害等方面的风险。

（2）责任保险公司的主要业务是提供责任保险产品，以被保险人依法应负的民事损害赔偿责任或经过特别约定的合同责任为保险标的的一种保险，旨在为个人和企业的法律责任风险提供保障和赔偿。责任保险产品通常包括公共责任保险、产品责任险、雇主责任保险、专业责任保险等，涵盖了因行为、疏忽或错误导致他人财产损失或人身伤害的风险。责任保险公司根据被保险人的行业和风险特征，制定适当的保险条款和保费，并在保险事故发生时提供赔偿和法律辩护支持。

3. 再保险公司

再保险公司（Reinsurance Company）是指专门从其他保险公司购买再保险的机构。再保险公司的主要业务是为原保险公司分担风险，帮助原保险公司管理和承担来自被保险人的风险。再保险公司在保险业中扮演着重要的角色，通过提供再保险服务，帮助原保险公司管理和转移风险，维持其财务稳定性，并促进保险市场的可持续发展。通过再保险，原保险公司能够有效管理风险、保持财务稳定，并扩大业务范围。再保险还有助于平衡保险市场的风险分布，提高整体的保险能力和抗风险能力。在大型灾难或重大风险事件发生时，再保险公司的存在可以提供更大的保险容量，确保被保险人能够得到适当的赔偿和保障。

（二）按所有制类型分类

1. 公众保险公司

公众保险公司是指由政府设立或控股的保险公司，其主要使命是提供具有公共利益性质的保险服务。这些公司通常以国家或地方政府为主要股东，承担着为公众提供社会保障和风险管理的责任。公众保险公司的成立旨在满足社会的公益需求，提供广泛的保险产品和服务，以保护公众的权益和财产。这些公司的经营目标通常不仅仅是盈利，更注重社会责任和公共利益的实现，公众保险公司的业务范围涵盖医疗保险、养老保险、失业保险、灾害保险等领域，以提供社会福利和风险保障。作为政府参与的机构，公众保险公司承担着为社会提供保险服务的重要责任，它们以公益为导向，根据政策和法规要求，制定保险产品和保费，提供平价和全民覆盖的保险服务。公众保险公司还可以参与社会救助、灾害风险管理和社会保障体系的建设，以提高社会的抗风险能力和可持续发展。

2. 私人保险公司

私人保险公司是指由私人投资或为私人股东所有的保险公司，以盈利为目的提供商业保险服务。私人保险公司在市场竞争中运作，以满足个人和企业的保险需求。

四、保险公司的现状

（一）保险市场发展迅速，但市场集中度较高

随着中国经济的持续增长和人们对保险需求的增加，保险市场在过去几年中发展迅速。根据保监会的数据，2021 年，原保险保费收入呈总体增长趋势，全国原保险保费收入达到了 44900 亿元，同比增长 4.05%。然而，从市场份额来看，前四大保险公司（中国人保、平安保险、太平洋保险和中国人寿）占据了市场份额的近70%，而其中，国有独资的人保、中国人寿则几乎占去保险市场份额的 50%。这表明我国保险市场仍然处于一种寡头垄断的局面，市场集中度较高。

（二）保险业务规模持续增长，但保险深度和密度仍有待提高

中国保险市场的原保险赔款与给付支出在 2021 年达到 15609 亿元，同比增长 14.12%。其中，财产险业务赔款支出共计 7687.50 亿元，同比增长 11.84%；寿险业务给付金额为 3540.25 亿元，同比下降 2.37%；健康险业务赔款与给付支出 4028.50 亿元，同比增长 40.48%；意外险业务赔款支出 352.39 亿元，同比增长 13.70%。这些数据表明，中国的保险业务规模正在持续增长，但与发达国家相比，中国的保险深度和密度还有待提高。2021 年中国保险深度为 4.15%，全球平均保险深度为 5.96%，而美国、英国等发达国家的保险深度则保持在 10% 以上，中国保险深度仍然具有很大的上升空间。2021 年中国保险密度为 520 美元/人，而全球平均保险密度为 661 美元/人，两者仍然存在一定的差距。

（三）保险公司资产总额持续增加，偿付能力充足率保持在合理区间

截至 2021 年末，保险公司总资产达 248874.05 亿元，较年初增长 11.51%。

其中，财产险公司总资产为 24512.74 亿元，人身险公司总资产为 213894.93 亿元，再保险公司总资产为 6057.45 亿元，保险资产管理公司总资产为 103000 亿元，其他保险公司总资产为 3378.93 亿元。截至 2021 年末，保险公司净资产为 29305.64 亿元，较年初增长 5.72%。

2021 年第四季度，纳入银保监会偿付能力监管委员会审议的 179 家保险公司的平均综合偿付能力充足率为 232.1%，平均核心偿付能力充足率为 219.7%。其中，财产险公司、人身险公司、再保险公司的平均综合偿付能力充足率分别为 283.7%、222.5% 和 311.2%。保险业偿付能力充足率保持在合理区间，风险总体可控。

◎ 扩展阅读

保险服务民生经济质效显著提升

一、大力支持实体经济方面

保险机构与财政部、农业农村部联合印发了《关于扩大三大粮食作物完全成本保险和种植收入保险实施范围的通知》（以下简称《通知》），在十三个产粮大省的所有产粮大县实施三大粮食作物完全成本保险和种植收入保险，提升农业保险保障水平，扩大农业保险覆盖面。2021 年，农业保险为 1.8 亿户次农户提供 4.7 万亿元风险保障。截至 2021 年末，三大粮食作物保险覆盖面约占全国三大粮食作物种植面积的 70%。《通知》强调要推动创新驱动发展战略；要深入推进首台（套）重大技术装备保险和重点新材料首批次应用保险补偿试点，推动成立中国集成电路共保体，为集成电路企业提供有力风险保障；要为经济社会高质量发展提供融资支持。保险资产管理公司要通过债权投资计划等方式，积极参与长江经济带建设、粤港澳大湾区建设、京津冀协同发展等国家重大战略项目建设。

二、努力服务民生保障方面

印发《关于进一步丰富人身保险产品供给的指导意见》，鼓励发展普惠保险、健康保险等与民生保障密切相关的人身保险产品。进一步完善大病保险、长期护理保险、城市定制型商业医疗保险等制度。截至 2021 年末，大病保险已覆盖 12.2 亿城乡居民，患者实际报销比例提升 10~15 个百分点；长期护理保险覆盖超过 1 亿人，为超过 80 万人提供长期护理待遇。全面发挥商业保险功能作用，服务多层次、多支柱养老保险体系建设。截至 2021 年末，养老年金保险保费达 620 亿元，期末有效保单达 2300 万件，为投保人积累 6300 亿元养老责任准备金。批准筹建国民养老保险股份有限公司，推动养老保险公司走专业化发展道路，重点发展养老年金保险和专属商业养老保险、商业养老金等创新型养老金融业务。

三、积极参与国家治理方面

支持完善国家应急管理体系建设。推动在中国香港成功发行境内首支巨灾债券，进一步拓宽巨灾风险分散渠道。住宅地震巨灾保险共同体自 2015 年 4 月成立以来，累计为 1621 万户次居民提供 6300 亿元风险保障。2021 年，为河南、山西暴雨灾后重建赔付约 121 亿元。服务抗击新冠疫情。增加保险产品供给，切实发挥商业保险功能作用，发布新冠病毒疫苗异常反应补偿保险示范条款，新冠疫苗保险为超 28 亿剂次接种提供保障。加强风险分散机制建设。推进上海国际再保险中心建设。"一带一路"再保险共同体自 2020 年 7 月成立以来，累计为 161 亿元境外资产提供风险保障。2021 年，中国核保险共同体为 9750 亿元核电资产提供风险保障。

资料来源：中国保险年鉴编委会．中国保险年鉴 2022［M］．北京：中国金融出版社，2022.

第二节 保险公司的主要职能与经营原则

一、保险公司的主要职能

保险公司的职能可分为两类：一是作为组织保险经济活动和经营保险业务的专业公司，有保险经济补偿（以下简称经济补偿）职能、运营保险基金职能和防灾防险职能；二是作为金融机构的保险公司，有融通资金和吸收储蓄的职能。

（一）经济补偿职能

经济补偿职能是保险公司的基本职能，也是保险公司产生的最初动因。通过承保业务，保险公司将被保险人的风险集中在自身，并在出险时履行赔偿义务，以实现保险的补偿损失功能。同时，通过扩大承保面（标的大量化）和再保险，保险公司将风险分散出去，以实现保险的分散危险功能，将风险在被保险人和保险公司之间进行分摊。保险公司的这种集散风险的操作能力即保险公司组织经济补偿的功能。

保险公司是集散风险的中介，集中风险是商业保险公司经营保险的特有方式。但是，保险公司的经营不在于集中危险，而在于分散危险。因为，保险机制的本身在于分散危险。被保险人通过交保费把危险转嫁给保险公司，从表面上来看，似乎保险公司把危险集中在自己身上，然而这仅仅是形式而已。在这里，形式掩盖了保险人通过收取保费分散危险的实质。

（二）运营保险基金职能

保险公司的运营保险基金职能是保证其能够有效履行经济补偿职责的重要保障。保险公司可以合理运用累积的暂时不需要用于赔付或给付的保险基金，将其用于短期贷款或投资流动性较高的资产，并将一部分资产用于中长期投资。这样一方面可以将部分闲置资金转化为生产性资金，满足社会对资金的需求；另一方面也能实现资金的增值，为降低保费率和扩大保险需求创造有利条件。

（三）防灾防损职能

保险公司是专门与灾险打交道的企业，在承保过程中，它通过调查和识别危险因素来提出危险处理方案；在承保期间，通过监督检查危险因素，提出整改和防范措施；在出险时，通过核查出险原因来总结防灾防险的经验。同时，保险公司凭借其丰富的与危险打交道的经验，还提供危险管理的咨询服务等。保险公司通过这种服务能力来保障国家、经济单位和个人财产的安全，维护人民的身体健康和生命安全。这种能力被称为保险公司的防险防灾功能，它是实现保险监督危险功能的要求和条件。

（四）融通资金职能

保险公司把积累的暂时不需要赔付或给付的巨额保险基金用于短期贷放或投资，这种把补偿基金转化为生产建设基金资金的能力，就是保险公司的融通资金功能。很显然，保险公司的这种融通资金的功能基于保险公司掌管保险基金的功能，或者说前者是后者的派生功能。此时的保险公司则又相当于基金管理公司。

融资功能对于保险公司来说是相当重要的，它可以极大地降低保险公司整体经营成本和积累保险基金的机会成本，实现保险基金的保值和增值，增加保险公司盈利，同时，还可为降低保险费率提供物质条件。所以，融通资金功能是保险公司的基本功能之一，也是保险公司之所以被称为金融机构的条件。

但是，危险发生的不确定性决定了保险公司的经营也具有不确定性的特点，即一旦发生较大的灾损，其投资就要立即兑现。所以，为了保证保险公司的即时偿付能力，维护被保险人的合法权益，保险管理当局必须规定保险公司的贷放对象、投资范围和结构以保证资产流动性，规定保险公司必须从盈余中提留特别危险准备金（保障基金）、呆账准备金，并实施监管。

二、保险公司经营的原则

保险经营原则是指保险企业从事保险经济活动的行为准则。保险公司具有不同于一般企业的特殊性质，因此，在经营保险这一特殊产品的过程中，保险公司既要遵循一般企业经营的基本原则，又要遵循保险业经营的特殊原则。

（一）保险公司经营的基本原则

保险公司经营的基本原则主要包括诚信原则、随行就市原则和薄利多销原则。

1. 诚信原则

诚信是保险行业的核心价值观，也是保险经营的基本原则。保险公司应当诚实守信，遵守合同约定，履行保险责任。同时，保险公司还应当公开透明，充分披露产品信息，不得采取虚假宣传手段误导消费者。保险公司应当尊重消费者权益，积极回应消费者的合理诉求，提供优质的服务。诚信原则的遵守能够增强保险公司与消费者之间的信任，提升整个行业的声誉。

2. 随行就市原则

随行就市原则也是保险经营必须遵循的基本原则。所谓随行就市，是指根据市场行情及时调整保险商品的结构和价格以适应市场的需求。保险公司应根据市场提出的现实要求，随行就市地调整保险商品的结构和价格，以保持竞争力和满足客户的多样化需求。

但是，随行就市不是被动地适应市场行情的变化，更重要的是要有强烈的市场观念，要对影响保险市场行情的各种因素进行全面、细致、深入的分析，并根据所掌握的信息，正确预测和判断其发展变化的趋势和规律，不断地把社会的潜在保险需求转化为现实的保险购买，以达到开拓市场、创造需求的目的。

随行就市要求对保险商品的结构和价格进行调整，主要是指根据市场需求状况和自身经营能力适时地调整保险险种结构和保险费率水平。即保险公司一方面及时推出适应市场需求的新险种，既保持本企业在市场上具有较高的占有率，又起到转移社会各种风险的作用；另一方面根据成本状况、市场需求、国家政策、竞争者价格以及消费者心理等因素适当调整保险费率。

3. 薄利多销原则

薄利多销是保险公司经营的又一基本原则。在薄利多销原则下，保险公司可以以略高于保险成本的低廉价格，打开保险销路，依靠较大的销售量来保证盈利。具体做法是，保险公司在制定保险费率时，应尽可能合理。如果保险费率过高，会加重被保险人的负担，会使保险公司在同业竞争中失去客户，影响业务的拓展；如果保险费率过低，则将影响保险人的偿付能力，甚至发生亏损，使业务经营难以为继。因此，薄利多销是保险企业迅速占领市场、提高市场竞争能力的有效手段。总之，保险经营遵循薄利多销的原则，有利于加速保险公司的资金周转，提高资金利用率；有利于降低单位商品成本，增加企业盈利；有利于使自己的险种迅速占领市场。

（二）保险公司经营的特殊原则

由于保险商品除具有一般商品的共性外，还具有自身特性，因此在经营保险这一特殊商品的过程中，既要遵循企业的一般原则，又要遵循保险企业的特殊原则。

1. 风险大量原则

风险大量原则是指保险人在可保风险的范围内，应根据自己的承保能力，争取承保尽可能多的风险和标的。风险大量原则是保险经营的首要原则，这是因为：

第一，保险的经营过程实质上是一种风险管理过程，而风险的发生通常具有偶然性和不确定性。为了确保保险人能够履行保险经济补偿的职责，保险人需要承保尽可能多的保险风险，从而建立强大的保险基金。这样做可以应对不可预见的风险事件，并为赔付提供充足的资金保障。

第二，保险经营基于大数法则，要求承保大量的保险标的，这样可以使实际风险事件的发生情况更接近预先计算的风险损失概率。通过这种方式，保险公司能够确保其经营的稳定性。

第三，增加承保数量是保险企业提高经济效益的一个重要策略。通过承保更多的保险标的，保险公司可以增加保险费收入，同时降低单位营业费用。根据风险大量原则，保险公司应积极组织扩展保险业务，不仅要保持和巩固原有业务，还要不断发展新的客户，扩大承保范围，拓宽承保领域，实现保险业务的规模经营。

2. 风险选择原则

风险选择原则是指在保险业务中，保险公司根据风险的特征、概率和可预测性，对保险申请人或被保险人的风险进行评估和选择的原则。根据这一原则，保险公司有权选择接受或拒绝某些风险，以确保其业务的可持续性和盈利能力。

保险人对风险的选择表现在两个方面。首先，他们尽量选择同质风险的标的承保。在现实生活中，保险标的的风险性质各异，发生频率和损失程度也各不相同。为了保证保险经营的稳定性，保险人在承保时必须对所保风险进行选择，尽量使同一类业务在风险性质上基本一致。只有这样，才能满足大数法则的要求，使估算的损失概率趋于可靠和稳定。其次，保险人淘汰那些超出可保风险条件或范围的保险标的，其中一个重点是对投保人的逆向选择进行甄别。逆向选择是指那些有较大风险的投保人试图以平均的保险费率购买保险。风险选择原则否定了保险人无条件承保的盲目性，强调保险人对投保意愿的主动性选择，使集中于保险保障之下的风险单位不断趋于均质，有利于提高承保质量。

保险人选择风险的方式有两种：事先风险选择和事后风险选择。事先风险选择是指保险人在承保前决定是否接受投保，即在签署保险合同之前评估风险并做出选择。而事后风险选择是指保险人对保险标的的风险超出核保标准的保险合同作出淘汰的选择，例如在理赔阶段，保险人可能会对某些损失事件进行审查并拒绝赔付。

3. 风险分散原则

风险分散原则是指多个保险人或被保险人共同分担某一风险责任，避免风险过于集中。当保险公司承保了大量风险后，如果这些风险在某个时间段或特定区域内过于集中，一旦发生较大的风险事故，保险公司可能需要支付巨额赔款，这会导致保险公司偿付能力不足，损害被保险人的利益，也会对自身的生存发展构成威胁。因此，保险公司除了对风险进行有选择的承保外，还要遵循风险分散的原则，尽可能分散风险，以确保保险经营的稳定性。

保险公司在风险分散方面采用了两种主要手段：核保时的风险分散和承保后的风险分散。核保时的风险分散主要表现在保险公司对风险的控制方面。在核保过程中，保险公司会对将要承保的风险责任进行适当的控制，包括控制保险金额、规定免赔额（率）、实行比例承保等。通过这些措施，保险公司可以在核保阶段就对风险进行合理分散，降低自身承担的风险。承保后的风险分散则主要依靠再保险和共同保险等手段。

第三节　保险公司的业务体系与运作流程

人寿保险公司与财产保险公司是最重要的两类保险公司，它们的经营业务涉及人类生活的方方面面，在保险行业中具有不可替代的作用。本节以这两类保险公司为主线，介绍相应的业务体系，并从整体上介绍保险公司的运作流程。

一、人寿保险公司的主要业务

人寿保险公司的主要业务包括各类人寿保险、健康保险和年金保险等。这些业务都是为了提供经济保障，消除人们的后顾之忧，增强安全感。

（一）人寿保险

人寿保险（Life Insurance）是一种以人的寿命为保险标的保险产品，旨在为客户提供经济保障和风险管理解决方案。以下是关于人寿保险的详细介绍：

1. 人寿保险标的

人寿保险的保险标的是人的寿命，即被保险人在保险期间内生存或死亡的风险。与其他类型的保险相比，人寿保险的保险标的具有特殊性，因此它需要经过严格的核保程序来评估被保险人的健康状况和寿命预期。

2. 人寿保险合同

人寿保险合同是一种长期的、具有约束力的合同，明确规定了保险人、被保险人、保险责任、保险期限、保险金额等相关事项。在保险合同中，被保险人需要履行如实告知义务，提供真实的个人信息和健康状况，以便保险公司评估风险并决定是否承保。

3. 人寿保险类型

人寿保险可以分为多种类型，以满足不同客户的需求。以下是一些常见的人寿保险类型：

（1）定期寿险（Term Insurance）。定期寿险是指在保险期限内提供一定额度的死亡或全残保障的保险产品。被保险人在保险期间内死亡或全残，受益人可以获得相应的经济赔偿。定期寿险的保费相对较低，但保障期限较短，通常为10—30年。

（2）终身寿险（Whole Life Insurance）。终身寿险是指在整个被保险人生命周期内提供死亡或全残保障的保险产品。由于被保险人无法确定何时死亡，因此终身寿险的保费相对较高，但可以为客户提供长期保障。

（3）分红寿险（Dividend Life Insurance）。分红寿险是指在提供死亡或全残保障的同时，将经营利润分配给保单持有人的保险产品。分红寿险的保费通常较高，但客户可以分享保险公司的经营成果。

◎ 扩展阅读

我国人寿保险需求的影响因素

经济增长：中国经济的快速增长对人寿保险需求产生了显著影响。随着国民收入的增加，人们对人寿保险的需求也随之增长，显示出较大的收入弹性。

赡养率：中国的少年儿童赡养率较高，这对人寿保险需求构成了正面影响。随着老龄化社会的到来，老年赡养率的增加也将推动寿险业的发展。

社会保障：中国的社会保障体系正在逐步发展，商业人寿保险被视为社会保障的重要补充，预示着社会保险和商业保险将共同发展。

教育水平：中国人口的平均教育水平较低，这可能阻碍人寿保险的发展。教育水平较高的人群对人寿保险的需求更为敏感，因此提高教育水平对促进保险意识有积极作用。

通货膨胀预期：预期通货膨胀对人寿保险需求有负面影响，尽管这种影响在统计上并不十分显著。通货膨胀可能侵蚀保险金的购买力，从而降低人寿保险的吸引力。

银行利率：银行利率的变化对人寿保险需求有复杂影响。当银行存款利率高于寿险保单的预定利率时，人们可能更倾向于银行储蓄而非购买保险。

综上所述，中国人寿保险需求的增长与经济发展水平、人口结构变化、社会保障体系的完善程度、教育水平以及通货膨胀和银行利率等因素密切相关。为了促进人寿保险行业的发展，需要综合考虑这些因素，设计满足不同消费者需求的保险产品，并建立消费者对商业寿险的信任。同时，应关注通货膨胀对保险需求的潜在影响，并采取相应措施以减轻其负面影响。

资料来源：卓志. 我国人寿保险需求的实证分析［J］. 保险研究，2001（5）：10-12.

4. 人寿保险金额

人寿保险的保险金额通常根据被保险人的需求和财务状况来确定。在购买人寿保险时，客户需要考虑家庭负债、子女教育、配偶生活费等因素，以确保保险金额能够覆盖这些负债和生活费用。

5. 人寿保险保费

人寿保险的保费通常根据被保险人的年龄、性别、健康状况和保险金额等因素来确定。一般来说，年龄越大、健康状况越差、保险金额越高，保费就越高。

6. 人寿保险受益人

受益人是指在被保险人死亡或全残后，有权获得经济赔偿的人。在购买人寿保险时，客户需要指定受益人，并按照自己的意愿分配赔偿金。

7. 人寿保险投资功能

一些人寿保险产品还具有投资功能，客户可以将部分保费投入保险公司指定的投资账户中，享受投资收益。这些投资账户通常包括股票、债券、货币市场工具等。

8. 人寿保险税务优惠

一些国家或地区会对人寿保险提供一定的税务优惠政策，例如在购买人寿保险时可以享受税收减免或延迟缴纳税款等优惠措施。

（二）健康保险

健康保险（Health Insurance）是一种以医疗费用和健康管理服务为保障对象的保险产品，旨在帮助客户应对医疗费用和健康风险。以下是关于健康保险的详细介绍：

1. 健康保险标的

健康保险的保险标的是被保险人的身体健康状况，即被保险人在保险期间发生疾病或意外伤害的风险。与其他类型的保险相比，健康保险的保险标的具有较大的不确定性，因为疾病和意外伤害的发生是不可预测的。

2. 健康保险合同

健康保险合同通常与医疗保险合同一起签订，明确规定了保险人、被保险人、保险责任、保险期限等相关事项。在保险合同中，被保险人需要履行如实告知义务，提供真实的个人信息和健康状况，以便保险公司评估风险并决定是否承保。

3. 健康保险类型

健康保险可以分为多种类型，以满足不同客户的需求。以下是一些常见的健康保险类型：

（1）医疗保险（Medical Insurance）。医疗保险是指在保险期间为被保险人提供医疗费用保障的保险产品。被保险人在保险期间因疾病或意外伤害需要接受治疗，保险公司会支付相应的医疗费用。医疗保险通常包括门诊医疗、住院医疗、手术医疗、药物费用等多个方面的保障。

（2）重大疾病保险（Critical Illness Insurance）。重大疾病保险是指在保险期间为被保险人提供针对特定重大疾病的医疗费用保障的保险产品。当被保险人确诊患有合同中约定的重大疾病时，保险公司会一次性支付约定的保险金，以帮助被保险人支付医疗费用和应对经济损失。

4. 健康保险金额

健康保险的保险金额通常根据被保险人的需求和财务状况来确定。在购买健康保险时，客户需要考虑自己的医疗费用支出能力和经济状况，以确保保险金额能够覆盖这些支出和经济损失。

5. 健康保险保费

健康保险的保费通常根据被保险人的年龄、性别、健康状况等因素来确定。一般来说，年龄越大、健康状况越差、保险金额越高，保费就越高。

6. 健康保险共付额（Co-payment）

共付额是指被保险人在接受医疗服务时需要自己承担的部分医疗费用。在购买健康保险时，共付额通常是必要的考虑因素之一，因为它直接影响到被保险人的自付金额。

7. 健康保险免赔额（Deductible）

免赔额是指保险公司免除赔偿责任的金额。在购买健康保险时，免赔额通常是必要的考虑因素之一，因为它直接影响到被保险人的自付金额。

8. 健康保险报销比例（Reimbursement Rate）

报销比例是指保险公司对医疗费用报销的比例。在购买健康保险时，报销比例通常是必要的考虑因素之一，因为它直接影响到被保险人的自付金额。

9. 健康保险受益人

受益人是指在被保险人发生疾病或意外伤害时，有权获得经济赔偿的人。在购买健康保险时，客户需要指定受益人，并按照自己的意愿分配赔偿金。

◎ **扩展阅读**

中国医疗保障70年：回顾与解析（节选）

一、中国医保70年历史回顾

中华人民共和国成立初期，受限于近乎崩溃的国民经济与薄弱的财政基础，各地医疗卫生资源严重短缺，人民群众得不到基本的医疗卫生保障，就医需求难以满足。为解决"看病难、看病贵"的问题，中国用有限的医疗资源"迎刃"人口大国的基本医疗卫生问题。20世纪50年代，中国建立劳保医疗制度和公费医疗制度，城镇职工获得基本医疗保障。与此同时，农村地区开始探索合作医疗制度。到20世纪70年代末，这三种医疗保障制度在我国实现广泛覆盖。1998年，城镇职工基本医疗保险制度正式建立，标志着我国医疗保障制度改革进入了建立新型医疗保障制度阶段。此后的20年，中国先后建立新型农村合作医疗、城镇居民基本医疗保险，后又整合为城乡居民基本医疗保险，逐步实现参保人全覆盖。中国用短短20年的时间，建立较为完善的多层次医疗保障体系，实现医疗保障全民覆盖的目标，取得许多国家历经几十年甚至更长时间才能实现的医疗成就。党的十八大以来，中国进一步释放医疗红利，从医疗保障基础入手，为人民群众减轻就医压力。

二、中国医保70年演变路径

中国医保70年的演变路径表现出以下特点：

（一）制度架构从多元分割到逐步整合

从最初的城乡二元结构，到逐步实现城乡统一，以及跨地区、跨行业的医保制度整合，中国医保制度经历了从多元分割到逐步整合的过程。

（二）保障体系从单一到多层次

从最初的劳保医疗和公费医疗，到逐步实现职工医保、居民医保和新型农村合作医疗等多种保障体系的并存，中国医保的保障体系已经从单一层次走向了多层次。

（三）保障责任从个人缺位到多方分担

在计划经济时期，医疗保障主要由企业和政府承担，而个人则相对缺乏保障。随着经济的发展和社会的进步，个人在不同程度开始承担一部分保障责任，形成了多方分担的保障责任格局。

（四）保障对象从部分到全民普惠

最初，医疗保障主要针对城市职工和农村人口，随着经济的发展和社会的进步，医疗保障逐渐覆盖全民，实现了全民普惠。

（五）管理体制从集体管理到社会化管理

最初，医疗保障主要由企业和政府负责管理，随着经济的发展和社会化程度的提高，医疗保障逐渐实现了社会化管理，由专门的社会保险机构负责管理和运营。

三、中国医保70年历史经验与解析

（一）预防为主、初级卫生保健以及低投入与高产出

在计划经济时期，中国在医疗保障制度、医疗卫生服务体系、公共卫生等领域取得了突出的成就。这一时期的突出特点包括以预防为主的卫生工作方针、注重公共卫生与基本医疗保健的投入、中西医相结合的医疗模式、以及卫生工作与群众运动相结合等。这些举措成功地提高了国民的健康水平，人均期望寿命从中华人民共和国成立前的35岁提高到1981年的67.8岁，婴儿死亡率从中华人民共和国成立前的200‰左右降低到1981年的37.6‰。同时，卫生费用在1981年仅占国内生产总值的3%多一点，健康产出相对成本的投入非常高效。这些经验为后来乃至全世界发展中国家卫生健康的发展提供了宝贵的借鉴。

（二）经济体制、卫生服务体系与医疗保障制度的协同发展

自中华人民共和国成立以来，医疗保障制度经历了从无到有、试点探索、全民覆盖、新一轮完善等发展阶段。其演变脉络表现为制度架构从多元分割到逐步整合，保障体系从单一到多层次，保障责任从个人缺位到多方分担，保障对象从部分到全民普惠，管理体制从集体管理到社会化管理。

在计划经济时期，以企业为主要责任的劳保医疗和以财政为主要责任的公费医疗组成了城市的医疗保障体系；在农村，农民自发探索的合作医疗在我国首创

了集体与个人合作分担医疗费用的形式，表现为小范围内的集体保障。然而，随着外部市场化打破了"统收统支"的财政模式，公费医疗难以获得财政原有支持，同时国有企业直接参与市场竞争，经济利润由市场交易决定而非财政的直接补助，劳保医疗的经费支出甚至成为企业的一种隐性负担。这些因素使劳保医疗和公费医疗的可持续性受到了挑战，需要作出适应性调整。

因此，城镇职工的社会医疗保险探索正是在此背景下展开的。同样，农村集体合作经济的瓦解使合作医疗失去了生存的基础，带来了农村长达30年的医疗保障缺失。这一阶段的特点是预防为主、注重初级卫生保健、强调全民参与，最终实现卫生领域的低投入与高产出。总的来说，经济体制、卫生服务体系与医疗保障制度之间的协同发展构成了整个医疗保障变迁的内在规律。

资料来源：仇雨临．中国医疗保障70年：回顾与解析［J］．社会保障评论，2019，3（1）：89-101.

（三）年金保险

年金保险（Annuity Insurance）是一种以生存为给付条件的保险产品，旨在为客户提供退休后的养老金或定期收入。以下是关于年金保险的详细介绍：

1. 年金保险标的

年金保险的保险标的是被保险人的生存状态，即被保险人在保险期间内是否存活的状态。与其他类型的保险相比，年金保险的保险标的相对简单，只需要确定被保险人在保险期间内是否存活即可。

2. 年金保险合同

年金保险合同通常是一种储蓄型保险合同，明确规定了保险人、被保险人、保险责任、保险期限等相关事项。在保险合同中，被保险人需要履行一定的储蓄义务，为未来的养老金做好储备。

3. 年金保险类型

年金保险可以分为多种类型，以满足不同客户的需求。以下是一些常见的年金保险类型：

（1）终身年金保险（Whole Life Annuity）。终身年金保险是指在被保险人一生中提供一定额度的定期给付的保险产品。被保险人在每个约定的给付期限内可以获得一定金额的养老金，直到被保险人死亡为止。

（2）年限年金保险（Term Annuity）。年限年金保险是指在约定的期限内提供定期给付的保险产品。被保险人在期限内可以获得一定金额的养老金，直到期限结束或者被保险人死亡为止。

（3）联合年金保险（Joint and Survivor Annuity）。联合年金保险是指为两个或两个以上的被保险人提供定期给付的保险产品。只有在两个或两个以上被保险人都存活的情况下，被保险人才能获得养老金。

4. 年金保险给付期限

年金保险的给付期限可以灵活设置，根据客户的需求和风险偏好来确定。通常情况下，年金保险的给付期限可以是终身、20 年、30 年或者其他时间。

5. 年金保险保费

年金保险的保费通常比较高，因为这种保险产品的主要目的是为客户提供未来的养老金储备。被保险人需要按照约定缴纳一定数量的保费，以换取未来稳定的养老金给付。

6. 年金保险投资收益

除了固定的养老金给付之外，年金保险还可以为客户提供投资收益的机会。被保险人可以将一部分保费投入保险公司指定的投资账户中，享受投资收益的增值。这些投资账户通常包括股票、债券、货币市场工具等。

7. 年金保险税务优惠

一些国家或地区会对年金保险提供一定的税务优惠政策，例如在购买年金保险时可以享受税收减免或延迟缴纳税款等优惠措施。

二、财产保险公司的主要业务

财产保险公司的主要业务包括财产损失保险、责任保险、信用保险等保险业务。此外，一些财产保险公司还提供诸如财产租赁保险、财产工程保险、农业保险等特色保险服务，以满足不同领域的风险保障需求。需要注意的是，具体的保险业务种类和范围可能会因为不同的财产保险公司和地区而有所差异。此外，随着市场的发展和消费者需求的不断变化，财产保险公司的业务范围也可能会有所拓展和调整。下面就财产保险公司的主要业务做介绍：

（一）财产损失保险

财产损失保险（Property Loss Insurance）是一种为财产所有者提供风险保障的保险产品，旨在降低因自然灾害、意外事故等不可抗力因素造成的财产损失风险。以下是关于财产损失保险的详细介绍：

1. 财产损失保险标的

财产损失保险的保险标的是被保险人的财产，包括房屋、家具、电器、财产等。这些财产是投保人的私有财产，具有价值，面临自然灾害、意外事故等风险时容易受到损害。

2. 财产损失保险合同

财产损失保险合同是一种契约，规定了保险人、被保险人、保险责任、保险期限等相关事项。在保险合同中，被保险人需要履行如实告知义务，提供真实的个人信息和财产信息，以便保险公司评估风险并决定是否承保。

3. 财产损失保险类型

财产损失保险可以分为多种类型，以满足不同客户的需求。以下是一些常见的财产损失保险类型：

（1）家庭财产保险（Homeowners Insurance）。家庭财产保险是指为居民或家庭提供保障的保险产品，保障范围包括房屋、家具、电器、财产等。在自然灾害、意外事故发生时，被保险人可以获得经济补偿。

（2）企业财产保险（Commercial Property Insurance）。企业财产保险是指为企业提供保障的保险产品，保障范围包括企业的固定资产、流动资产等。在自然灾害、意外事故发生时，被保险人可以获得经济补偿。

4. 财产损失保险金额

财产损失保险的保险金额通常根据被保险人的需求和财务状况来确定。在购买财产损失保险时，被保险人需要根据自己的资产状况和经济能力选择合适的保险金额，以保障自己在不幸事件发生时能够得到足够的经济补偿。

5. 财产损失保费

财产损失保险的保费通常根据被保险人的财产价值、地理位置、风险等级等因素来确定。一般来说，财产价值越高、地理位置越危险、风险等级越高，保费就越高。

6. 保险免赔额（Deductible）

免赔额是指保险公司免除赔偿责任的金额。在购买财产损失保险时，被保险人可以选择免赔额的大小，一般来说，免赔额越高，保费越低，但需要自己承担一部分损失。

7. 保险最高赔偿限额（Limit of Liability）

最高赔偿限额是指保险公司对一次事故所赔偿的最大金额。在购买财产损失保险时，被保险人需要了解最高赔偿限额的大小，以便在不幸事件发生时能够得到足够的经济补偿。

◎ 扩展阅读

特色险种之苹果种植险

在云南高原特色农业发展迅速的背景下，诚泰保险自2011年成立以来，不断探索创新，推出了多种服务"三农"的特色农业保险。其中，苹果种植险是诚泰保险推出的首个特色农业保险项目。经过一年多的走访调研，苹果种植险最终选定在云南省昭通市开展业务，起保时间从 2016 年开始。这个项目规划的投保面积是 5 万亩，覆盖昭阳区和鲁甸县。保险责任为旱灾、冻灾、雹灾和风灾，这四种灾害对苹果种植的影响非常大。每亩需交保费 100 元。其中省级财政承担 50%，市县两级财政承担 25%，农户自缴 25%。如果出险，每亩最高可获得 2000 元的全额赔款，这对农民来说是一个非常有力的保障。就在苹果种植险业务开展不久，昭通市在 2016 年 5 月 10 日和 6 月 4 日遭遇了两次 20 年不遇的重大冰雹灾害，给昭阳区和鲁甸县的苹果种植造成了很大面积的受损。但是，由于苹果种植险的保障，农民们得到了及时赔款，减轻了灾害带来的经济压力。2017 年，诚泰保险力争扩大该险种的试点面积和区域，以帮助更多的农民。同时，他们还将在上一轮试点的基础上总结经验，对条款进行针对性的修改和完善，使之更加匹配苹果产业发展和农民生产的需求。

资料来源：本刊编辑部．诚泰保险：特色险种"点"亮万家灯火 [J]．时代金融，2017（7）：19-20.

◎ 扩展阅读
云南启动全国首个农房地震保险试点

2015 年 8 月 20 日，全国首个农房地震保险试点在云南省大理白族自治州启动。在 3 年的试点期限内，为大理州所辖 12 县（市）82.43 万户农村房屋及 356.92 万大理州居民提供风险保障。云南农房地震保险以政府灾害救助为体系基础，以政策性保险为基本保障，以商业保险为有益补充，构建了三位一体的巨灾风险管理体系。

云南约 50% 以上的农房为土木结构，往往小震大灾、大震巨灾，农村、农民是最需要地震保险保障的地区和群体。试点方案从风险最高、损失最大的农房地震灾害着手，既保障财产损失又保障人员伤害，试点期间由省、州、县三级政府财政全额承担保费。

方案对试点地区发生 5 级（含）以上地震造成的农村房屋的直接损失、恢复重建费用以及居民死亡救助提供有效保险保障。农村房屋保险赔偿限额（指数保险）从 2800 万元到 4.2 亿元，使保险赔款在不同震级分档下起到灾害救助补充作用。居民保险赔偿限额（地震灾害救助保险）中，每人死亡赔偿限额为 10 万元，累计保险死亡赔偿限额为每年 8000 万元。

诚泰财险、人保财险、平安产险、大地保险、中华联合 5 家保险公司组建地震保险共同体提供保险服务，强化抗风险能力和保险服务能力。按照当年保费收入和超额承保利润的一定比例计提地震风险准备金，逐步积累应对地震灾害风险的能力。

农房地震保险具有放大政策叠加效应，通过政府"有形之手"为市场"无形之手"发挥作用创造条件，凸显保险"灾前预防—灾害补偿—促进灾后重建"的重要功能作用，使受灾群众在国家财政救济基础上获得额外的保险保障。据测算，通过保险机制，使财政资金的杠杆放大倍数最高达到 15.6 倍，能够有效转移和平滑区域巨灾风险损失。农房保险赔偿平均可达地震民房恢复重建政府补助总金额的 34.07%，能够提高灾区居民重建能力。

近年来，中国保监会大力支持云南保险业改革发展，结合云南省情，积极引导和支持保险业开展创新服务。云南农房地震保险在全国范围内率先建立了以地震风险责任为主的巨灾保险制度，既与国际惯例相符，又与国家政策导向相一致；率先研发震级触发型指数保险，具有信息透明、理赔迅速、交易成本低、风险分散广的优势；率先构建地震风险数据库，建立云南农房易损性曲线，准确厘定地震纯风险费率。农房地震试点将促进云南经济提质增效升级，保障边疆经济社会稳定运行，提供有力的金融支撑。

资料来源：中保网．云南启动全国首个农房地震保险试点［EB/OL］．（2015-08-21）［2024-11-26］．http：//xw.cbimc.cn/2015-08/21/content_166886.htm? bsh_bid=1549083898.

（二）责任保险

责任保险（Liability Insurance）是一种以被保险人对第三方造成的法律责任为保障对象的保险产品，旨在保护被保险人不受民事责任的追究，同时为第三方提供相应的赔偿保障。以下是关于责任保险的详细介绍：

1. 责任保险标的

责任保险的保险标的是被保险人因疏忽、意外、侵权等行为对第三方造成的法律责任。这种法律责任是被保险人无法逃避的法律义务，也是责任保险所要承担的风险。

2. 责任保险合同

责任保险合同通常包括保险人、被保险人、保险责任、保险期限等相关条款。在保险合同中，被保险人需要履行如实告知义务，提供真实的个人信息和风险情况，以便保险公司评估风险并决定是否承保。

3. 责任保险类型

责任保险可以分为多种类型，以满足不同领域和不同风险状况的需求。以下是一些常见的责任保险类型：

（1）公众责任保险（Public Liability Insurance）。公众责任保险主要针对公共场所、服务机构等对公众造成伤害的风险进行保障。当被保险人在自己的场地或设施中因疏忽、意外、侵权等行为导致公众受伤或财产损失时，保险公司会为被保险人提供经济赔偿保障。

◎ **扩展阅读**

"天堂山火"保险理赔案

2017年，美国加利福尼亚州发生了历史上最严重的山火，被称为"天堂山火"。这场山火导致了56人死亡，几乎烧毁了整个天堂镇，并造成了数百亿美元的损失。

在天堂山火发生前，当地的度假村和酒店都已经购买了公众责任保险。当山火被点燃时，这些保险公司在火灾发生后的第一时间开始进行理赔和协助救援工作。

首先，公众责任保险公司向受影响客户提供了紧急服务，包括提供临时住宿、医疗费用和丧葬费用等。此外，这些保险公司还协助客户处理财产损失的索赔事宜，并提供了心理辅导和法律援助等服务。其次，公众责任保险公司还向当地社区提供了大量资金，用于重建和恢复受影响地区的经济和社会秩序。这些资金被用于修建道路、学校和医疗设施等公共基础设施，以及为当地居民和企业提供经济援助和贷款等。在天堂山火发生后的一年里，公众责任保险公司总共处理了近千件索赔案件，并支付了数亿美元的赔偿金额。此外，这些保险公司还为当地社区提供了数百万美元的资金支持，帮助重建和振兴受影响地区。

天堂山火引起了全美乃至全球社会的高度关注和讨论。许多人称赞保险公司及时、高效的理赔和救援工作，认为他们为灾区人民提供了极大的帮助和支持。同时，也有人认为保险公司应该加强对投保人的宣传和教育，提高其风险意识和应对能力。总之，公众责任保险在天堂山火中的实际案例再次证明了其在应对突发事故中的重要作用。它不仅为受影响客户提供了经济保障和救援支持，还协助当地社区重建和振兴受影响地区，受到了社会各界的广泛好评。

资料来源：腾讯网. 理赔金额超100亿元 [EB/OL]. (2020-09-06) [2024-11-26]. https：//news. qq. com/rain/a/20200906A0B2F500.

（2）雇主责任保险（Employer Liability Insurance）。雇主责任保险主要针对雇主对员工造成的工伤风险进行保障。当被保险人的员工在工作中因工作原因受到伤害或患病时，保险公司会为被保险人提供经济赔偿保障，以避免雇主承担过重的经济压力。

4. 责任保险赔偿限额

责任保险的赔偿限额通常根据投保人的实际需求和经济状况来确定。一般来说，赔偿限额越高，保费也就越高。在购买责任保险时，投保人需要根据自己的实际情况和经济能力选择合适的赔偿限额。

5. 责任保险保费

责任保险的保费通常根据被保险人的风险等级、赔偿限额等因素来确定。一般来说，风险等级越高、赔偿限额越高，保费也就越高。

6. 责任保险免赔额

免赔额是指保险公司免除赔偿责任的金额。在购买责任保险时，投保人可以选择免赔额的大小，一般来说，免赔额越高，保费越低，但需要自己承担一部分损失。

（三）信用保险

信用保险（Credit Insurance）是一种为债权人提供风险保障的保险产品，旨在保护债权人不受债务人违约行为的影响。以下是关于信用保险的详细介绍：

1. 信用保险标的

信用保险的保险标的是债务人的信用风险，即债务人无法或不愿意履行债务的可能性。这种信用风险是债权人面临的主要风险之一，也是信用保险所要承担的风险。

2. 信用保险合同

信用保险合同通常包括保险人、债权人、债务人、保险责任、保险期限等相关条款。在保险合同中，债权人需要履行如实告知义务，提供真实的债务信息和其他相关信息，以便保险公司评估风险并决定是否承保。

3. 信用保险类型

信用保险可以分为多种类型，以满足不同领域和不同风险状况的需求。以下是一些常见的信用保险类型：

（1）商业信用保险（Commercial Credit Insurance）。商业信用保险是指为商业企业提供保障的保险产品，旨在保护企业免受商业债务人违约的影响。当商业债务人无法或不愿意履行商业债务时，保险公司会为债权人提供经济赔偿保障。

（2）贷款信用保险（Loan Credit Insurance）。贷款信用保险是指为银行或其他金融机构提供保障的保险产品，旨在保护金融机构免受贷款债务人违约的影响。当贷款债务人无法或不愿意偿还贷款时，保险公司会为金融机构提供经济赔偿保障，以降低金融机构面临的贷款风险。

（3）出口信用保险（Export Credit Insurance）。出口信用保险是指为出口企业提供保障的保险产品，旨在保护企业免受国外债务人违约的影响。当国外债务人无法或不愿意支付货款时，保险公司会为出口企业提供经济赔偿保障，以降低企业在国际市场上面临的风险。

4. 信用保险金额

信用保险的保险金额通常根据债权人的实际需求和经济状况来确定。一般来说，债权人的债务金额越高、债务人的信用等级越低，保费也就越高。在购买信用保险时，债权人需要根据自己的实际情况和经济能力选择合适的保险金额。

5. 信用保险保费

信用保险的保费通常根据债权人的债务金额、债务人的信用等级等因素来确定。一般来说，债务金额越大、信用等级越低，保费也就越高。

6. 信用保险免赔额

免赔额是指保险公司免除赔偿责任的金额。在购买信用保险时，债权人可以选择免赔额的大小，一般来说，免赔额越高，保费越低，但需要自己承担一部分损失。

◎ 扩展阅读

信用保险业务在我国快速发展

自 2010 年起，我国信用保证保险市场步入发展快车道。至 2020 年，全国信用险和保证保险收入录得 200.43 亿元和 843.55 亿元，合计实现 1043.96 亿元，这一数字在 2010 年以来的年均复合增长率达到 22.8%，超过了全国银行业整体信贷余额同期年均复合增长率的 13.4%，接近全国银行信用卡授信总额同期年均复合增长率（25.2%）。

其中，保证保险的发展势头更为猛烈。2019 年保证保险保费收入达到 843.65 亿元，成为财产保险保险公司收入中非车险第一大险种，占财产保险公司原保险保费收入的 6.48%；而信用保险仅占比 1.54%。

在这个市场中，有五家公司的市占率居于前列。它们分别是平安产险、人保财险、阳光产险、大地保险和太保产险，这五家公司在 2019 年的保费收入占比分别为 33.29%、21.81%、8.21%、7.46% 和 5.39%。其中，人保财险的信用保证保险保费收入在 2019 年较上一年增长了近一倍。

另一个值得注意的方面是，近年来，中国出口信用保险公司加大对实体经济的支持力度，充分发挥政策性出口信用保险支持保障作用。仅在 2022 年前 11 个月，该公司就累计实现承保金额 8179.3 亿美元，同比增长 8.6%；服务企业数量达到 17.9 万家, 同比增长 14%。

资料来源: 保险信贷人. 我国信用保证险的现状——信保系列谈之二 [EB/OL]. (2022-07-11) [2024-11-26]. http: //finance. sina. cn/zl/2022-07-11/zl-imizmscv1013531. d. html.

三、保险公司的业务运作

保险的业务运作是以保险市场为起点和终点的活动, 其对象是目标市场的准保户, 其目的是满足目标市场准保户的保险需求。由于保险运作的最终目的是促使保险公司持续发展, 增强保险公司的市场竞争力, 以获取最大的利润。因此, 保险业务运作不仅是一种促销活动, 更是对保险市场的充分研究和统筹决策, 为的是提高保险企业在市场上的占有率, 树立良好的社会信誉。在这个过程中, 保险公司需要准确地识别并理解目标市场的需求, 以便提供适当和有竞争力的保险产品和服务。接下来, 本部分将从多个角度对保险公司的业务运作关键环节进行详细介绍。

(一) 市场营销

市场营销在保险公司的业务运作中起着至关重要的作用。它包括市场研究、产品开发、销售策略制定、广告宣传、客户服务等多方面的活动。保险公司需要通过对市场的深入理解, 确定目标市场和潜在客户群体, 并设计出满足他们需求的产品和服务。同时, 有效的营销策略和手段可以帮助保险公司更好地推广其产品和服务, 提高市场份额和销售额。

(二) 核保

核保是对保险风险进行评估和审核的关键环节。在这个过程中, 保险公司需要对投保人提供的风险信息进行严格的审核和评估, 以确定是否接受承保以及确定保险费率。核保的目标是在确保公司财务稳定的前提下, 为客户提供适当的保障。

(三) 理赔

理赔是保险公司向客户支付保险金或赔偿款的过程。当客户遭遇保险合同中约定的风险事故时, 保险公司需要进行详细的调查和核实, 并根据合同条款进行相应的赔偿或给付。高效的理赔服务可以提高客户满意度, 树立保险公司的品牌形象, 增强市场竞争力。

(四) 投资

保险公司的投资活动是其业务运作的重要组成部分。通过有效的投资策略和运作, 保险公司可以将保险资金投入资本市场中, 以获取稳定的收益和回报。这不仅可以增加保险公司的盈利能力, 还可以提高其偿付能力和市场信誉。

（五）风险管理

风险管理是保险公司必须面对的重要挑战。在业务运作中，保险公司需要采取一系列的风险管理措施，包括识别、评估、监控和降低各种潜在风险。这需要专业的风险管理人员具备丰富的经验和技能，以便对公司的财务风险、运营风险和市场风险等进行有效管理。

（六）合规与监管

对于保险公司来说，合规与监管是其业务运作的另一个重要方面。合规是指保险公司遵守所有适用的法律、法规和行业标准。监管机构对保险公司的业务运作进行监督和管理，以确保保险市场的公平、透明和稳定。

（七）客户关系管理

客户关系管理是保险公司业务运作的重要环节之一。它涉及对客户信息的收集、存储和分析，以了解客户的需求和偏好，从而提供个性化的产品和服务。通过建立和维护良好的客户关系，保险公司可以提高客户满意度和忠诚度，降低客户流失率，并获得更多的业务机会。

（八）组织架构与内部管理

保险公司的业务运作还需要一个高效的组织架构和内部管理体系来支持。这包括明确的公司治理结构、清晰的职责划分、有效的沟通机制和良好的内部控制体系。通过合理的组织架构和内部管理，保险公司可以提高运营效率，降低成本，并实现持续发展。

综上所述，保险公司的业务运作是一个多角度、多环节的过程，涉及市场研究、产品开发、核保、理赔、投资、风险管理、合规与监管、客户关系管理和组织架构与内部管理等环节。在这个过程中，保险公司不仅需要满足客户的保险需求，还需要通过高效的市场营销策略、风险管理措施和良好的组织架构来提高市场竞争力，获取最大的利润。同时，合规与监管也是确保保险公司业务运作稳健和可持续发展的关键因素。

四、保险公司的业务发展趋势

保险公司业务运作模式的改变是在市场竞争、技术进步、客户需求变化和监管环境变化等多重背景下发生的。这些因素促使保险公司不断创新和改变业务运作模式，以适应市场的需求和发展。同时，监管政策的变化和合规经营的要求也推动着保险公司不断改进和完善业务运作模式。这些改变有助于提高保险公司的竞争力和服务水平，推动整个保险行业的可持续发展。主要的改变趋势有以下几个方面：

（一）产品创新与多元化经营

随着消费者需求的多样化和复杂化，保险公司需要不断创新开发具有差异化特点的保险产品，满足不同消费者的需求。例如，针对健康、医疗、养老等领域的保险需求，保险公司可以开发各类健康险、医疗险、养老保险等。同时，保险公司也可以通过与其他行业的合作，开展跨界业务，提供更加全面的保险解决方案。

（二）数字化转型与互联网保险

随着互联网的普及和技术的发展，互联网保险成为保险业务模式的重要组成部分。保险公司可以利用互联网平台，通过在线销售、在线理赔等方式提供保险服务，降低成本、提高效率。数字化转型还可以帮助保险公司实现精准营销、风险评估等方面的创新，提升客户体验。同时，互联网也使得消费者不再被动接受保险公司推送的信息，消费者的需求成为新险种出现的源动力，消费者的行为数据成为保险产品设计的基础。

（三）服务升级与客户体验

保险公司需要注重提升服务质量，加强客户关系管理，提供个性化的服务。通过建立完善的客户服务体系和投资团队，保险公司可以为客户提供更加全面、专业的保险咨询和理财建议，满足客户的多元化需求。同时，保险公司还可以通过技术手段，如人工智能和大数据分析等，提高客户体验和风险管理能力。

（四）风险管理与资本运作

保险公司的核心业务是风险管理，有效的资本运作是保证业务可持续发展的关键。保险公司需要通过科学的风险评估和精细化的风险管理手段，合理配置资本，并通过投资运营实现资本增值。同时，保险公司还需要注重合规经营，加强内部控制，降低经营风险。

第四节　保险公司的风险管理

风险管理是保险业务运营中的重要环节，通过科学、有效的风险管理，保险公司能够最大程度地降低经营风险，提高运营效率，从而为客户提供更优质的保险服务。本小节将介绍保险公司进行风险管理的原则、内容和措施，帮助读者了解和掌握风险管理的基本知识和技能。

一、保险公司的风险类别

保险公司的风险管理主要参照《保险公司风险管理指引（试行）》。该文件由原中国保险监督管理委员会（保监会）于 2007 年 9 月 29 日颁布，用以规范和指导保险公司实施全面风险管理。在风险识别、评估、监控和应对方面，文件提供了具体的操作方法和流程，要求保险公司建立健全内部控制体系，加强风险防范和控制。根据《保险公司风险管理指引（试行）》，保险公司面临的主要风险包括市场风险、信用风险、流动性风险、操作风险和法律风险等。

（一）市场风险

市场风险是指由市场价格波动、宏观经济状况等因素导致的风险。在保险行业中，市场风险主要表现为利率风险和汇率风险，其传导机制主要有以下几种方式：

1. 再投资风险

再投资风险是指利率变化对投资收益的影响。如果保险公司的投资收益依赖于固定收益证券的利息收入，当市场利率下降时，投资收益将减少，从而影响到保险公司的盈利能力。此外，如果保险公司持有外币资产或负债，汇率的变化也会影响到其净资产和净收入。

2. 资产缩水风险

如果保险公司的投资组合中包括股票、债券等有价证券，那么当市场利率或汇率发生变化时，这些证券的价格也会随之波动。市场利率下降时，债券价格会上涨，但股票价格可能会下跌；而当市场利率上升时，债券价格会下跌，但股票价格可能会上涨。此外，汇率的变化也会影响到股票和债券的价格。

3. 准备金不足风险

如果保险公司的准备金不足，那么当市场利率或汇率发生变化时，其承担的利率风险和汇率风险将会更大。因为当市场利率下降时，需要更多的准备金来支付保险赔款；而当市场利率上升时，需要更少的准备金来支付保险赔款。此外，如果保险公司的外币资产和负债不匹配，那么汇率的变化也会影响到其准备金的充足程度。

4. 竞争风险

如果保险公司的竞争对手能够提供更低利率或更有吸引力的汇率的保险产品，那么可能会影响到该公司的保费收入和市场占有率。

综上所述，利率风险和汇率风险对市场风险的传导机制主要表现在再投资风险、资产缩水风险、准备金不足风险和竞争风险等方面。因此，保险公司需要采取相应的风险管理措施来降低这些风险的影响，如加强投资组合管理、合理配置资产和负债、加强准备金管理等。此外，也需要根据市场需求和竞争情况及时调整保险产品定价和营销策略，以降低潜在的市场风险。

（二）信用风险

保险行业中的信用风险可以定义为，借款人或债务人无法按照合同约定偿还债务，导致债权人即保险公司遭受损失的风险。这种风险主要源自借款人或债务人的信用状况的不确定性。影响因素主要有以下几个方面：

1. 经济环境

经济环境的变化会影响企业的经营状况，进而影响其偿债能力，从而影响到信用风险。例如，经济衰退可能导致企业的销售收入和利润下降，偿债能力减弱，从而增加信用风险。

2. 政策环境

政策环境的变化也会对企业的经营状况产生影响，例如，财税政策的调整、产业政策的调整等都可能影响到企业的经营和偿债能力，从而影响信用风险。

3. 市场环境

市场环境的变化会影响企业的经营状况，例如，市场竞争的激烈可能导致企业的销售收入和利润下降，进而影响到企业的偿债能力，从而增加信用风险。

4. 企业经营状况

企业的经营状况是影响信用风险的重要因素，企业的盈利能力、偿债能力、运营能力等都可能影响信用风险。例如，企业如果经营不善，可能无法按期偿还债务，从而增加信用风险。

为了降低信用风险，保险公司可以采取以下措施：对投保人进行信用评估，选择信用良好的客户；对保费和赔款进行严格监控，及时发现异常情况；对赔款进行预赔，减少客户等待时间；建立再保险机制，将部分信用风险转移给再保险公司。

（三）流动性风险

流动性风险在保险行业中是指：保险公司虽然有清偿能力，但无法及时获得充足资金或无法以合理成本及时获得充足资金以应对资产增长或支付到期债务的风险。这种风险主要产生于银行无法应对因负债下降或资产增加而导致的流动性困难。流动性风险的影响因素主要包括以下几个方面：

1. 负债端的影响

保险公司的负债端来源相对单一，主要依靠保费收入。当保费收入不足时，公司可能面临流动性风险。此外，如果大量的保险客户同时要求兑现保险金，如出现大量退保的情况，保险公司也可能面临流动性风险。

2. 资产端的影响

保险公司的资产主要投资于债券、股票等金融工具。如果市场环境发生剧烈变化，如股票市场大幅下跌，可能导致保险公司无法及时变现资产，从而产生流动性风险。此外，如果保险公司的投资项目过于集中，如大量的投资资金集中在某一只股票或某一个行业，也可能导致流动性风险。

3. 经营策略的影响

保险公司的经营策略也可能对其流动性产生影响。例如，如果保险公司为了追求高收益而采取过于激进的投资策略，可能增加其流动性风险。

对于流动性风险的管理和规避，可以从以下几个方面进行：

第一，建立流动性管理制度。保险公司应建立完善的流动性管理制度，定期对自身的流动性状况进行评估和监测，及时发现和控制流动性风险。

第二，多元化投资策略。保险公司应采取多元化投资策略，避免投资项目过于集中，从而降低流动性风险。

第三，保持合理的流动性储备。保险公司应保持合理的流动性储备，以便在出现流动性困难时可以及时应对。

第四，加强与客户沟通。保险公司应加强与客户的沟通和联系，及时了解客户的需求和意见，避免出现大规模的退保等事件。

（四）操作风险

在保险行业中，操作风险可以理解为由人员、不完善或有问题的内部操作过程、系统或外部事件因素所导致的直接或间接损失的风险。

1. 人员因素导致的操作风险

人员因素引起的操作风险是指由投保人、被保险人、受益人以及保险公司的从业人员的人为因素导致的风险。

（1）道德风险。保险行业所面临的道德风险主要分为事前道德风险和事后道德风险。事前道德风险是指，保险可能会对被保险人的防止损失的动机产生一定的影响，导致被保险人变得比原来更大胆，不如原来小心防止事故发生。例如，投保车险的人可能比未投保的人开车更莽撞一些，因为他们知道即使发生事故也可以获得赔偿。事后道德风险是指，保险可能会对被保险人的减少损失的动机产生一定的影响，导致被保险人在损失发生后可能不如原来那样努力去减少损失。例如，享受失业保险的人可能比条件相同却没有失业保险的人在找工作时付出的努力要少，有医疗保险的人会比没有医疗保险的人更多地去医院。

产生道德风险的原因主要有三种：一是信任问题。保险合同本质上是信任合同，建立在保险公司和被保险人之间的信任关系之上。如果被保险人对于保险公司的信任不足，他们可能会选择不购买保险，或者在购买保险后不按照保险合同的约定行事，从而增加了道德风险的可能性。二是信息安全问题。在保险业务中，保险公司需要掌握被保险人的个人信息和风险状况。然而，如果这些信息的安全性无法得到保障，就可能导致信息泄露和滥用，进而增加道德风险的发生概率。三是中介成本问题。在保险市场中，中介机构起着非常重要的作用，它们可以帮助保险公司将保险产品推销给潜在客户，并协助客户完成各项索赔程序。然而，如果中介机构的成本过高，可能会让保险公司为了控制成本而采用一些不正当的手段，如降低对客户信息的核查力度等，从而增加了道德风险。对于道德风险的防范，保险公司通常采取以下措施：

第一，提高投保人的道德水平。通过加强宣传教育，提高投保人的道德意识和诚信度，降低投保人故意欺诈或恶意造成事故的可能性。

第二，加强合同条款的约定。通过明确保险责任、免责条款、理赔程序等约定，增加保险合同的透明度和公平性，减少合同中存在的漏洞和争议。

第三，严格核保制度。通过建立完善的核保制度，加强对投保人资质、信用状况、风险状况等方面的核查，避免不良客户以次充好、骗取保险金等。

第四，强化理赔管控。通过建立严格的理赔程序和制度，加强对理赔案件的调查和审核，避免虚假理赔或恶意索赔等情况的发生。

第五，建立客户诚信记录。通过建立客户诚信记录，对不诚信客户进行记录和惩戒，形成有效的激励机制和约束机制，促使客户自觉遵守合同约定和诚信原则。

（2）心理风险。保险行业的心理风险是指人们因疏忽或过失以及主观上不注意、不关心、心存侥幸等心理状态，导致增加风险事故发生的机会和加大损失的严重性的风险因素，其表现通常包括企业或个人投保财产保险后产生放松对财物安全管理的思想，如产生物品乱堆乱放，吸烟后随意抛弃烟蒂等心理或行为。心理风险和道德风险的主要区别在于风险的性质，心理风险主要是基于人的心理状态，如紧张、害怕、恐惧等主观的疏忽或过失产生的风险。而道德风险则主要与人的道德品质相关，涉及不诚实、欺诈等行为。道德风险往往会触及法律，而心理风险一般不会。

心理风险产生的原因主要包括人们粗心大意、对事情漠不关心、过于依赖心理等。针对心理风险，保险公司可以通过加强宣传教育，提高投保人的风险意识和诚信度，降低投保人故意欺诈或纵火等行为的发生率；同时，也需要加强对保险标的的监督和管理，及时发现和处理存在的安全隐患，防止因投保人的疏忽或过失导致损失的发生。

（3）逆向选择风险。逆向选择风险是指在保险市场上，投保人和保险人之间的信息不对称问题所导致的保险公司在承保过程中可能面临的风险。具体表现形式为，部分客户由于对自身健康状况或其他风险因素有更清楚的认识，可能会选择购买条款以规避免责条款，即逆向选择行为。这些客户可能比其他客户更有可能遭受损失，因此保险公司的赔付概率会超过预期整体赔付率。逆向选择风险的发生是由于投保人和保险人在信息上不对等，导致保险公司在承保时可能无法准确评估客户的真实风险水平。这种信息不对称问题可能使得一些高风险客户得以隐瞒真实情况并获得较为优惠的保险条件，进而导致保险公司的经济损失和经营稳定性受到威胁。为管理逆向选择风险，可以采取以下措施：

第一，完善信息披露制度。政府和监管机构应当要求保险公司向投保人充分披露保险条款、理赔流程、风险评估方法等详细信息，以便投保人了解保险产品的真实风险水平。

第二，提高保险知识水平。加强消费者保险知识教育，提高其对保险产品的认识和理解，有助于减少逆向选择行为的发生。

第三，强化市场监管。政府和监管机构应当加强对保险市场的监管力度，打击逆向选择行为和不正当竞争行为，维护市场秩序和公平竞争。

第四，引入风险评估机制。保险公司可以引入风险评估机制，对客户进行全面的风险评估，以更准确地识别高风险客户并采取相应的承保措施。

第五，建立诚信体系。保险公司可以与客户建立诚信体系，通过记录客户的历史行为和信用状况，对客户进行分类并制定相应的承保策略，以减少逆向选择行为的发生。

第六，完善法律法规。政府应当完善相关法律法规，明确保险公司和投保人之间的权利和义务，为保险市场的健康发展提供法律保障。

2. 不完善或有问题的内部操作过程导致的操作风险

（1）承保风险。承保风险是指保险公司在签订保险合同时，未能准确评估和预测风险而导致保险金赔付比例过高或过低的风险。承保风险包括财产风险、人身风险、责任风险和信用风险等多种类型。承保风险的产生与保险公司的经营策略、承保能力、风险管理能力等因素密切相关。承保风险的表现形式主要有：一是保费收入不足。当保险公司的保费收入不足以覆盖其赔付支出时，就会面临保费收入不足的风险。二是赔付率过高。当保险公司的赔付率过高时，就会导致其经营利润下降，甚至出现亏损的情况。三是客户投诉增多。当保险公司的客户投诉增多时，就会影响其声誉和信誉度，进而影响其业务的拓展和经营效益。针对承保风险，保险公司可以采取以下管理措施：

第一，加强内部管理，提高风险管理水平。保险公司应建立完善的风险管理制度，加强对风险的评估和预测，采用科学的方法和技术手段来降低承保风险。

第二，提高保费收入，降低赔付率。保险公司可以通过提高保费收入来增加经营利润，同时采取有效措施降低赔付率，避免经营亏损。

第三，加强与客户的沟通和协作。保险公司可以通过加强与客户的沟通和协作，提高保险合同的质量和规范性，防范客户投诉和纠纷的发生。

第四，合理配置资产和负债。保险公司可以通过合理配置资产和负债来降低经营成本和提高经营效益，从而降低承保风险的影响。

第五，建立完善的再保险机制。再保险可以为保险公司提供经济保障，降低其承保风险的影响。因此，保险公司可以通过建立完善的再保险机制来防范承保风险的损失。

（2）理赔风险。理赔风险是指由某种不确定因素导致的保险公司无法正常进行理赔或者理赔结果可能引发纠纷、法律诉讼等不良后果的风险。理赔风险是一种比较常见的财务风险，对于保险公司而言，如果不能有效地管理和控制理赔风险，可能会带来较大的经济损失和声誉损失。理赔风险主要表现为：一是保险条款不明确。如果保险条款过于复杂或模糊，可能会导致保险公司在理赔过程中出现争议和纠纷。二是客户欺诈。有些客户可能会故意制造虚假保险事故或者冒名顶替他人进行理赔，给保险公司带来经济损失。三是医疗纠纷。医疗纠纷问题可能会在理赔过程中出现，给保险公司带来调查和处理的难度，甚至可能引发法律诉讼。四是法律争议。由于不同地区和国家的法律存在差异，保险公司在理赔过程中可能会遇到法律争议，导致理赔进程受阻或引发法律纠纷。针对理赔风险，保险公司可以采取以下管理措施：

第一，完善保险条款。保险公司应当在保险条款中明确责任范围、除外责任、理赔流程等方面的内容，避免产生歧义和误解。

第二，加强客户欺诈防范。保险公司可以通过加强客户身份核实、对疑似欺诈案件进行调查等措施，减少客户欺诈的发生。

第三，提高医疗审核水平。保险公司可以建立专业的医疗审核团队，提高医疗审核水平和效率，避免因医疗纠纷而引发的理赔风险。

第四，建立法律争议解决机制。保险公司可以建立专门的法律团队，及时处理和解决各种法律争议，保障公司合法权益。

3. 系统或外部事件因素导致的操作风险

外部事件冲击对保险公司的影响主要是产生巨灾风险。巨灾风险是一种特殊类型的风险，具有极端的低频率和高损失的特点。与一般风险相比，巨灾风险的发生频率要低得多。火灾、车祸等日常事件天天发生，而地震、火山爆发、洪水、风暴潮等巨灾则很少发生，数年、数十年甚至更长时间才发生一次。但是一旦发生，巨灾造成的损失往往巨大，一次火灾可能烧毁一栋房屋，一次大地震或大洪水可能造成数亿、数十亿甚至上千亿美元的损失。自然环境的变化和自然灾害是主要原因之一，如地震、火山爆发、洪水、风暴潮等；其次，人为因素也可能导致巨灾风险的发生，如工业事故、交通事故、恐怖主义袭击等；此外，社会经济和环境的变化也可能增加巨灾风险，如城市化进程中的环境破坏和气候变化等。

◎ 补充阅读

全球重大理赔案件列举

全球最大的保险理赔案件之一是 2005 年美国新奥尔良市卡特里娜飓风。这场灾难性事件导致了巨大的人员伤亡和财产损失，成为美国历史上最致命的飓风之一。根据当时的数据，保险业总共支付了超过 180 亿美元的理赔金额，其中仅美国国际集团就支付了超过 100 亿美元的赔款。

卡特里娜飓风对保险业产生了深远的影响。由于该飓风造成了巨大损失，保险公司不得不调整其保单和保费结构，以更好地应对未来可能出现的类似灾难。此外，该飓风还引发了对洪水保险和自然灾害保险的更多关注，推动了美国政府对洪水保险计划的改革和扩大。

此外，全球最大的保险理赔案件还有 2004 年印度洋地震和海啸。这场灾难导致了超过 2.3 万人死亡，并对多个国家造成了巨大的经济损失。据估计，保险业总共支付了超过 150 亿美元的赔款，为受灾国家提供了资金支持，帮助其重建基础设施和恢复民生。

在我国重大保险理赔案件中值得关注的是汶川地震，其保险理赔总金额超过了 600 亿元。涉及的保险类型包括企业财产险、个人意外险、车险、住宅保险以及重疾险等。据官方数据，截至 2009 年底，汶川地震中的保险理赔总金额超过了 500 亿元，其中中资保险公司保费收入近 30 亿元，理赔金额达 110.6 亿元。外资保险公司的理赔金额也在数亿元以上。此外，汶川地震也成为继 2004 年南亚大地震之后全球第二大保险赔款案件。

这些巨大的保险理赔案件表明了保险公司对于社会稳定和经济发展而言至关重要。在灾害事件发生后，保险公司可以提供及时的资金支持，帮助受灾地区进行重建和恢复。此外，保险公司还可以为个人和企业提供保障，以防备未来可能出现的风险。在全球范围内，保险业正在不断发展和壮大，为社会提供更加完善的风险管理和保障服务。

资料来源：那些看得见的老照片. 史上最大卡特里娜飓风袭击美国 到处是充满了愤怒和失落的涂鸦 [EB/OL]. （2024-08-29）[2024-11-26]. https：//www.163.com/dy/article/JALU4AO50516A873.html.

二、保险公司的风险管理

按照《保险公司风险管理指引（试行）》，保险公司的风险管理原则主要包含三个方面：一是全面管理与重点监控相统一的原则。保险公司应该建立全面的风险管理体系，对所有潜在的风险因素进行识别、评估、监控和应对，同时根据风险状况对重点领域进行特别监控和管理。二是独立集中与分工协作相统一的原则。保险公司应该设立独立的风险管理部门，负责集中管理和监控公司的各类风险。同时，风险管理的各个环节和职能应该分工明确、相互协作，形成一个协调一致的风险管理团队。三是充分有效与成本控制相统一的原则。保险公司应该采取有效的措施进行风险管理，确保风险得到有效控制。同时，风险管理应该合理控制成本，寻求最佳的性价比，以实现公司价值的最大化。在实际管理过程中，保险公司主要通过以下几个方面贯彻上述原则：

（一）建立全面的风险管理体系

保险公司需要建立一个全面的风险管理体系，覆盖公司经营的所有环节和所有类型的风险。这个体系应该包括风险识别、评估、监控和应对等环节。通过定期的风险评估和监控，保险公司可以全面了解自身面临的风险状况，从而采取相应的管理措施。

（二）设立独立的风险管理部门

保险公司需要设立一个独立的风险管理部门，负责集中管理和监控公司的各类风险。这个部门应该具备专业知识和经验，能够对公司面临的各种风险进行深入的分析和研究，并为公司的风险管理决策提供专业的建议和指导。

（三）实现分工协作的风险管理流程

保险公司应该明确风险管理的各个环节和职能的分工，同时建立协作机制，形成一个协调一致的风险管理团队。不同部门之间应该保持良好的沟通和合作，共同应对风险事件。例如，业务部门应该及时向风险管理部门提供相关信息，风险管理部门则可以为业务部门提供风险控制和应对的建议和支持。

（四）充分有效与成本控制相统一

在采取风险管理措施时，保险公司应该既注重充分有效性，又注重成本控制。有效性是指采取的措施能够有效地控制风险，保证公司的稳健经营；成本控制是指采取的措施应该合理控制成本，寻求最佳的性价比。保险公司可以通过建立成本效益分析机制、加强风险管理培训等方式，提高自身的风险管理水平和成本控制能力。

三、外部监管要求

对保险公司进行风险监管的核心内容主要包括偿付能力监管、风险识别与评估、资本充足率监管、保险保障基金、信息披露与透明度等几个方面，其中偿付能力监管是保险公司风险监管的核心内容之一，因为偿付能力是衡量保险公司偿付能力状况的重要指标，直接关系到保单持有人的利益和保险市场的稳定。如果保险公司的偿付能力不足，可能会导致无法履行赔偿义务，甚至破产，因此监管机构需要采取严格的监管措施来保障保险公司的偿付能力充足。下面主要介绍保险公司偿付能力的监管。

《保险公司偿付能力监管规定》是原中国银行保险监督管理委员会（2023年3月改为中国金融监管总局）为了加强保险公司偿付能力监管、有效防控保险市场风险、维护保单持有人的利益，根据《中华人民共和国保险法》制定的一项规定。根据这项规定，保险公司的偿付能力是指保险公司对保单持有人履行赔付义务的能力。保险公司应当建立健全偿付能力管理体系，有效识别管理各类风险，不断提升偿付能力风险管理水平，及时监测偿付能力状况，编报偿付能力报告，披露偿付能力相关信息，并做好资本规划，确保偿付能力达标。中国银行保险监督管理委员会（现为中国金融监管总局）负责对保险公司进行偿付能力监管，包括审批保险公司的设立、变更和终止，监管保险公司的偿付能力状况和经营行为，并指导保险行业协会和保险中介机构的偿付能力相关工作。偿付能力监管主要涉及以下内容：

第一，定量资本要求。对保险公司的核心资本和实际资本进行严格监管。核心资本是指保险公司在持续经营和破产清算状态下均可以吸收损失的资本；实际资本是指保险公司在持续经营或破产清算状态下可以吸收损失的财务资源。两者都有一定的比例要求。

第二，定性监管要求。对保险公司的经营管理、风险控制、财务管理等方面进行综合评价，以实现对保险公司偿付能力的全面监管。

第三，市场约束机制。通过市场力量来约束和监督保险公司的偿付能力，包括信息披露和市场准入等方面。

其中主要涉及三个核心监管指标：

第一，核心偿付能力充足率。是指核心资本与最低资本的比值，衡量保险公司高质量资本的充足状况，不得低于50%。

第二，综合偿付能力充足率。是指实际资本与最低资本的比值，衡量保险公司资本的总体充足状况，不得低于100%。

第三，风险综合评级。是对保险公司偿付能力综合风险的评价，衡量保险公司总体偿付能力风险（包括可资本化风险和难以资本化风险）的大小，不得低于B类。

对于核心偿付能力充足率低于50%或综合偿付能力充足率低于100%的保险公司，监管机构应当采取监管谈话、要求保险公司提交预防偿付能力充足率恶化或完善风险管理的计划、限制向股东分红等监管措施。对于采取措施后，偿付能力未明显改变或进一步恶化的，将由监管机构依法采取接管、申请破产等监管措施。

本章测试题

一、名词解释

1. 再保险公司
2. 事前道德风险
3. 信用风险
4. 心理风险

二、简答题

1. 简述保险经营的特殊原则。
2. 简述保险投资的主要职能。
3. 简述保险公司的主要风险管理原则。

三、论述题

1. 请阐述保险公司在经济生活中的作用和意义，并举例说明。
2. 请论述互联网保险的优缺点及其对传统保险业务的影响。

◎ 扩展阅读

关于完善我国农业保险制度的思考

摘要： 农业保险是世界各国普遍采用的管理农业风险、降低农业生产不确定性的重要措施。农业保险市场失灵现象在世界各国普遍存在。本文从农业保险的特点和主要类型出发，概述了全球农业保险的发展态势和典型经验，以及我国农业保险的发展概况，结合农业保险研究进展对我国农业保险发展存在问题和挑战进行讨论。为建立多层次农业保险体系，应当明确界定我国农业保险的目标，厘清与宏观经济目标的区别，制定农业保险发展的长期战略性规划；注重农业保险创新的科学性、有效性验证，避免农业保险创新催生新的风险；改革农业保险核损的组织形式，提高农户分散经营背景下的农业保险经营效率；加强微观层面的研究，切实提升农业保险需求；深入全面地研究政府支持农业保险的效率和效果，动态调整支持力度，丰富支持农业保险的方式。

资料来源：叶朝晖. 关于完善我国农业保险制度的思考 [J]. 金融研究，2018（12）：174-188.

中国的"影子保险"：来自监管自然实验的证据

摘要：影子保险在金融稳定中扮演着重要角色，但现有文献较多关注影子银行，对影子保险关注不足。"影子保险"即保险公司通过再保险方式将保险业务转移给不受监管或者受监管较弱的关联企业的活动，这会推高其真实的杠杆水平，增加金融体系脆弱性。然而，由于影子保险的不透明性和缺少自然实验，现有研究仅基于有限数据或模型给出简单的特征事实或结构性估计，很少能从因果关系上清楚地识别影子保险活动及其机制。本文利用中国加强对中资保险公司（处理组）再保险关联交易监管的政策冲击这一自然实验，使用微观数据和双重差分方法，识别了中国金融体系中的影子保险活动。研究发现，相关监管有效降低了影子保险活动，这一效应对集团公司的影响尤为显著；在机制方面，相关监管通过影响中资保险公司资产负债表两端的结构性调整进而降低了其风险承担行为，提高了经营稳定性。本文方法对识别金融机构的监管套利和防范系统性金融风险具有一定参考意义。

资料来源：王永钦，段白鸽，钱佳辉. 中国的"影子保险"：来自监管自然实验的证据[J]. 金融研究，2022（4）：18-38.

股权结构对财险公司风险承担行为影响的实证研究

摘要：本文从理论层面上剖析了公司股权结构对风险承担的影响及具体作用机理，然后基于2002—2018年我国77家财险公司的非平衡面板数据构建联立方程模型，利用三阶段最小二乘法（3SLS）进行参数估计。研究发现，股权结构对我国财险公司的风险承担行为存在显著影响。具体而言，股权集中度对承保风险存在显著正向影响，表现出"侵占效应"；股权制衡度对承保风险存在显著负向影响，对投资风险存在显著正向影响；外资参股对承保风险和投资风险分别存在显著正向和负向影响，外资股东的进入有利于降低财产保险公司的投资风险，但在一定程度上会提高其承保风险。基于此，本文提出强化股权的穿透式监管、推进形成"相对集中、多股制衡"的股权结构以及适当引入外资丰富财险公司股权结构等建议。

资料来源：王丽珍，肖淦丹，田嘉晴. 股权结构对财险公司风险承担行为影响的实证研究[J]. 保险研究，2021（2）：17-30.

参考文献：

[1] 王莉，王国军. 数字经济与人身保险行业发展——基于消费者培育视角

[J]. 保险研究 . 2023（3）：11-24.

[2] 谢予昭 . 养老保险税优政策的本土探索 [J]. 保险研究，2022（4）：82-98.

[3] 卓志 . 扎根中国大地 创新保险理论——写在《保险研究》创刊四十周年 [J]. 保险研究 2020（10）：3-19.

[4] 周海珍 . 保险业发展与促进经济增长的关系研究 [J]. 管理世界，2008（11）：170-171+185.

[5] 李琳，游桂云 . 论保险业中的道德风险与逆向选择 [J]. 保险研究，2003（9）：6-8+5.

[6] 叶朝晖 . 关于完善我国农业保险制度的思考 [J]. 金融研究，2018（12）：174-188.

[7] 王永钦，段白鸽，钱佳辉 . 中国的"影子保险"：来自监管自然实验的证据 [J]. 金融研究，2022（4）：18-38.

[8] 王丽珍，肖滢丹，田嘉晴 . 股权结构对财险公司风险承担行为影响的实证研究 [J]. 保险研究，2021（2）：17-30.

[9] 仇雨临 . 中国医疗保障 70 年：回顾与解析 [J]. 社会保障评论，2019，3（1）：89-101.

测试题答案

一、名词解释

1. 再保险公司：是专门从其他保险公司购买再保险的机构。

2. 事前道德风险：是指保险可能会对被保险人的防止损失的动机产生一定的影响，导致被保险人变得比原来更大胆，也不如原来小心防止事故发生。

3. 信用保险：是一种为债权人提供风险保障的保险产品，旨在保护债权人不受债务人违约行为的影响。

4. 心理风险：是指人们因疏忽或过失以及主观上不注意、不关心、心存侥幸等心理状态，导致增加风险事故发生的机会和加大损失的严重性的风险因素。

二、简答题

1. 简述保险经营的特殊原则。
风险大量原则；风险选择原则；风险分散原则。
2. 简述保险投资的主要职能。

经济补偿职能；运营保险基金职能；防灾防损职能；融通资金职能。

3. 简述保险公司的主要风险管理原则。

全面管理与重点监控相统一的原则；独立集中与分工协作相统一的原则；充分有效与成本控制相统一的原则。

三、论述题

1. 请阐述保险公司在经济生活中的作用和意义，并举例说明。

答题思路：①保险公司最基本的作用是提供保障；②风险分散功能；③保险市场是经济发展的重要组成部分；④随着科技的进步和社会的发展，保险公司的经营模式也在不断创新和改进。

2. 请论述互联网保险的优缺点及其对传统保险业务的影响。

答题思路：①互联网保险的优点：互联网保险利用大数据、人工智能等技术，为客户提供更加便捷、个性化的服务。其优点包括降低中间环节成本、提高服务效率、增加客户黏性、提高风控能力等。②互联网保险的缺点：互联网保险也存在一些缺点，如客户信息泄露风险、技术风险、监管风险等。同时，对于一些年龄较大、缺乏互联网经验的客户来说，互联网保险也存在一定的接受难度。③互联网保险对传统保险业务的影响：互联网保险的兴起对传统保险业务产生了深刻的影响。它改变了传统保险公司的经营模式和业务流程，提高了市场竞争力，同时也为传统保险公司提供了转型升级的重要机遇。

第十二章 其他金融机构

在上面的章节中，我们介绍了商业银行、保险公司和证券公司等主流金融机构。然而，它们只是金融版图的一部分，还有许多其他类型的金融机构在发挥着重要的作用。这一章，我们将对这些"其他金融机构"的相关内容进行介绍，看看它们在金融生态系统中扮演的独特角色。

◎ 学习目标

1. 了解投资基金的概念、特点、分类以及投资基金的运作。
2. 了解期货公司的作用和业务类型。
3. 了解信托业务的分类以及信托机构的特征、职能、作用。

◎ 引导案例
基金公司、期货公司和信托公司在我国经济社会发展中的角色

基金公司、期货公司和信托公司在我国经济社会发展中都扮演着重要角色。

基金公司是我国金融市场上的一股重要力量，它们通过发行基金，为投资者提供了多样化的投资渠道，同时为实体经济提供了大量的资金支持。截至 2022 年底，我国基金数量已经超过了 1.5 万只，资产规模达到了 25 万亿元，同比增长 11.8%。这些基金通过投资股票、债券等资产，为投资者提供了多样化的投资渠道。此外，基金公司还通过不断创新，为投资者提供更加专业的投资建议和风险管理服务。

期货公司是我国期货市场的重要组成部分，它们为客户提供多样化的金融衍生品合约，如期货、期权、远期等，帮助客户降低市场风险和实现投资收益。截至 2022 年末，我国期货市场累计成交量达到了 1.67 亿手，同比增长 4.21%，累计成交额达到了 1.5 万亿元，同比下降 4.07%，累计持仓量达到了 1.8 亿手，同比增长 14.5%。这些数据表明我国期货市场的交易规模在不断扩大，而且商品期

货的交易量占比很高，显示出其对实体经济的强烈支撑作用。

信托公司的主要业务是受托管理资产，为客户提供专业的投资建议和风险管理服务。截至 2022 年末，我国信托全行业资产规模为 21.14 万亿元，较上年末增加 5，893.44 亿元。信托行业的资金使用进一步向直接融资类业务转移，包括支持民营企业发展、农村和贫困地区社会融资、中小企业及投资激励等。同时，信托行业逐步完善商务模式，不断拓展财富管理和企业咨询等服务。

总的来说，这三种类型的公司在我国经济社会发展中都扮演着重要角色。他们提供的投资渠道、风险管理服务和资金支持都对实体经济产生了积极的影响。同时，随着市场规模的不断扩大和业务模式的不断完善，他们的作用也将会变得越来越重要。

资料来源：①杨海燕．期货公司营销模式创新：内涵、路径与策略［J］．湖南社会科学，2014（4）：150-152．②廖强．制度错位与重建：对我国信托业问题的思考［J］．金融研究，2009（2）：54-63．③陈晓虹，刘肯，杨婕．我国证券投资基金市场发展现状及存在的问题［J］．中国货币市场，2008（10）：36-42．

第一节　其他金融机构概述

经济的深入发展对金融服务的多元化、专业化需求越来越高。与之相呼应的是各种类型的金融机构也不断涌现。它们或是在证券市场提供投融资服务，或是提供各种保险保障服务，或是提供信息咨询、资信评估服务。这些金融机构的共同特点是不以吸收存款为主要资金来源，不直接参与存款货币的创造，但提供各种专业化的金融服务，故统称为其他金融机构。它们与存款性公司共同构成金融机构体系，促进经济社会的成长与发展。

理解其他金融机构可以从把握以下三条线索开始：一是从金融统计视角理解其他金融机构在全社会货币供应及融资总量形成中承担的作用，这一点需要与存款性公司区别开来；二是从市场利率和汇率的变化角度来把握此类机构与金融市场的关系，简单地说此类机构需要尤其关注利率的期限结构与风险结构变化，其业务运作应基本具备对流动性与收益性的同等重视；三是从业务特色与创新空间上理解此类机构的发展与挑战。

一、其他金融机构的种类

依据其他金融机构所从事的主要业务活动和所发挥的作用，可以将其划分为投资类、保险保障类，以及非投资类、保险类的其他金融机构三类。

（一）投资类金融机构

投资类金融机构（Investment Financial Institution）是指为企业和个人在证券市场上提供投融资服务的金融机构，主要包括投资银行、基金管理公司等。投资类金融机构多作为直接融资中介人，开拓资金流动渠道，通过各种证券、票据等债权、产权凭证，将资金供求双方直接联系起来，促进全社会资金的有效配置与运转。

（二）保险保障类金融机构

保险保障类金融机构（Insurance Financial Institution）是指运用专业化风险管理技术为投保人或投保人指定的受益人提供某类风险保障的金融机构。这类机构是金融机构体系中十分重要的一类，主要包括各类社会保障基金等。保险保障类金融机构一方面能够积聚资金、抵御风险、降低个体损失、提供经济保障，另一方面可以融通长期资金、促进资本形成。

（三）非投资类、保险类的其他金融机构

此类其他金融性公司种类多样，业务差异较大，很难进行类别归纳，主要包括信托投资公司、金融租赁公司、金融资产管理公司、金融担保公司、资信评估机构以及金融信息咨询机构等。随着经济、金融发展的深化和金融创新的推动，此类金融机构的发展空间还很大。

二、其他金融机构的业务运作及其特点

（一）不直接参与货币的创造过程

其他金融机构的共同特点是在负债上不以吸收存款为主要资金来源，在资产上不以发放贷款为主要运用方式，在服务性业务上不提供支付结算业务。因此，它们的经营活动不直接参与存款货币的创造过程，对货币供求及其均衡的影响相对较小。

（二）资金来源与运用方式各异

与业务共性较多的存款类金融机构不同，各种其他金融机构的业务各异，导致其资产负债项目差异很大。如保险公司以吸收保费作为主要资金来源，资金主要运用于理赔和投资获益；基金公司的资金主要来源于发行基金证券，主要通过投资组合来运用资金；证券公司的资金主要来源于自有资本和发行债券，主要通过自营证券投资运用资金；信托投资公司的资金主要来源于信托资产，主要依据委托人的要求运用资金；金融租赁公司的资金主要来源于租金，资金主要运用于购买出租物。

（三）专业化程度高，业务之间存在较大的区别

其他金融机构业务的专业化程度高，如投资银行的证券承销和经纪业务、保险公司对保险产品的设计与管理以及基金公司的投资组合等，都需要专门的金融人才进行操作。同时，这些机构具有特定的服务对象和市场，各自业务的运作大不相同，即便在可归为一类的机构中，如保险保障类机构，其相互间的业务都有差异。

（四）业务承担的风险不同，相互的传染性较其他存款性公司弱

其他金融性公司的业务差异较大，其所承担的金融风险也不相同。相比之下，证券公司、基金公司风险较高，而保险公司和社会保障基金的风险较低，服务类的机构风险最小。因承担的风险具有差异性，特别是在分业经营体制下，相互的传染性也较其他存款性公司小得多。但在监管放松和混业经营的背景下并不尽然，如美国次贷危机中投资银行、对冲基金、保险公司之间的业务往来导致风险加剧，最终酿成恶果。

（五）业务的开展与金融市场密切相关，对金融资产价格变动非常敏感

其他金融性公司的业务与金融市场的发达程度相辅相成。一个国家或地区的其他金融性公司种类的多少，往往代表着金融结构的复杂程度和金融市场的发达程度；而没有发达的证券市场，证券公司、基金公司就失去了存在的意义，没有健全的货币市场、保险市场，保障基金、保险公司也很难发展，相应的资信评估与信息咨询等机构也就没有用武之地了。其他金融性公司业务的开展依托于金融市场，市场动态对其业务运作影响极大，因此，它们对利率、汇率和证券价格等金融资产的价格变动非常敏感。

第二节　证券投资基金

证券投资基金是资本市场的一个新的形态，目前已经作为大众化的理财投资机构，它本质上是股票、债券及其他证券投资的机构化，因为可以克服个人分散投资的种种不足，成为个人投资者分散投资风险的最佳选择。证券投资基金作为稳定市场的中坚力量，极大地推动了资本市场的发展。

一、投资基金的概念

投资基金（Investment Funds）是一种金融机构，它通过发行基金份额或收益证券来集中小额投资者的资金，并由专业管理人员将这些资金分散投资于股票、

债券或其他金融资产。同时，投资基金将投资收益分配给基金持有者。

从目前情况看，投资基金是越来越重要的投资工具。通过投资基金，投资者可以通过多样化的证券组合来降低风险。单个投资者往往拥有有限的资金，难以有效地实现风险的分散。由于规模经济效应，投资基金可以降低投资者购买证券的交易费用，并减少雇佣财务顾问的成本。

二、投资基金的特点

投资基金作为一种专门为中小投资者设立的金融中介，在不同的国家和地区有不同的称谓，但特点却无本质区别，可以归纳为如下几个方面：

（一）小额投资，费用较低

投资基金将小额资金汇集起来，其经营具有规模优势，可以降低交易成本，对于筹资方来说，也可有效降低其发行费用。投资基金的核心是将中小投资者的小额资金集合成巨额资金，并进行组合投资，以最小的投资成本获得最大的投资回报。每单位数额只有几元或几十元，有些基金甚至没有最低投资限制。因此，无论投资者持有多少资金，都可以进行基金投资。在费用方面，由于投资基金的规模庞大，买卖证券的交易量也很大，一般证券公司会提供佣金优惠，降低投资成本，相应地增加基金的收益。此外，为了促进基金的发展，证券监管机构实施了许多税收优惠政策，投资基金的交易费用也相对较低，这使投资者能够获得更多的回报。此外，大多数投资基金聘请证券投资专家进行投资操作，相比每个投资者单独聘请专家提供咨询服务，其费用要低廉得多。

（二）组合投资，分散风险

投资基金可以将资金分散投到多种证券或资产上，通过有效组合最大限度地降低非系统风险。投资基金将一定金额的资金按照不同比例投资于不同行业、不同类型或不同国家的有价证券。这样，在一定时期内，某些证券的价值下跌所造成的损失可以被其他证券或其他证券市场上的投资收益所抵消。即使某一行业或地区的经济暂时不景气，也不会对基金的整体收益造成过大的影响。

（三）专业化运作，专家管理

投资基金由具有专业化知识的人员进行管理，特别是有精通投资业务的投资银行参与，从而能够更好地利用各种金融工具，抓住各个市场的投资机会，创造更好的收益。

投资基金的运作方式是实行"经营与保管分开"原则。这意味着基金的投资组合和投资决策由基金管理人负责，而基金的保管责任则委托给特定的专业金融机构。基金管理人会聘请证券投资专家来进行投资操作，而基金的保管工作则由信誉良好的大型银行或非银行金融机构作为基金托管人来执行。基金托管人将

金融市场与金融机构

基金的资产与自身资产分开进行独立核算，并对基金管理人进行制约和监督，以确保基金资产的安全运作。

（四）买卖便利，流动性强

投资基金由专门的机构负责发行、收益分配、交易和赎回等方面的工作，特别是能够自动将收益再投资，使整个投资过程变得轻松和简便。在任何投资中，营利性、安全性和流动性是需要考虑的重要因素，而流动性则是确保非现金资产实现价值的关键。购买投资基金股份或受益证券的程序非常简单，投资者可以直接在基金管理公司办理购买手续，也可以委托投资顾问机构代为购买。一旦支付认购款项，投资者就拥有了一定数量的基金单位。对于开放式基金，每天都有公开的买卖操作，投资者可以随时申购或赎回，具有很强的流动性。即使是封闭式基金，投资者也可以通过证券交易所进行上市交易，类似于股票交易。

（五）种类繁多，选择性强

随着利率市场化、金融全球化和资本流动自由化的推进，投资基金的数量不断增加，同时它们的投资范围也迅速扩展，这为满足具有各种不同投资偏好的投资者需求提供了良好的机会。

根据投资基金的上述特点，我们可以发现与其他投资机构相比，投资基金具有多项优势，能够满足不同阶层投资者的需求，因此在市场潜力和前景方面具有广阔的发展前景。随着我国经济改革的不断深化、金融市场的发展和完善，共同基金这种受大众欢迎的投资工具将会被越来越多的人所接受和喜爱。

然而，我们也要意识到投资基金并非毫无缺点的投资方式。投资基金作为一种间接性投资工具，选择投资基金就意味着失去了直接参与证券和其他行业投资的机会。尽管省去了一些烦琐和辛劳，整体回报相对较可靠，但短期收益可能低于直接投资所带来的回报，频繁买卖基金还可能会导致较高的交易费用。因此，一般来说，投资基金并不适合短期投资，而是更适合中长期投资策略的选择。

三、投资基金的种类

根据不同的标准，可将投资基金进行如下分类：

（一）根据组织形式的不同，可将投资基金分为公司型基金和契约型基金

1. 公司型基金（Company Type Investment Funds）

公司型基金是指按照《公司法》（或《商法》）规定所设定的、具有独立法人资格并以营利为目的的投资基金公司，其特点是基金本身是股份制的投资公司，基金公司通过发行股票筹集资金，投资者通过购买基金公司股票而成为股东，享有基金收益的索取权。

2. 契约型基金（Contract Type Investment Funds）

契约型基金是指依据一定的信托契约组织起来的基金，其中作为委托人的基金管理公司通过发行受益凭证筹集资金，并将其交由受托人（基金保管公司）保管，本身则负责基金的投资营运，而投资者则是受益人，凭基金受益凭证索取投资收益。

3. 公司型基金与契约型基金的区别

（1）法律依据不同。公司型基金组建的依据是《公司法》，而契约型基金的组建依照基金契约。

（2）基金财产的法人资格不同。公司型基金具有法人资格，而契约型基金没有法人资格。

（3）发行的凭证不同。公司型基金发行的是股票，契约型基金发行的是受益凭证。

（4）投资者的地位不同。公司型基金的投资者作为公司的股东有权对公司的重大决策发表自己的意见，行使股东权利；而契约型基金投资者仅为受益人。

（二）根据投资目标的不同，可将投资基金分为收入型基金、成长型基金和平衡型基金

1. 收入型基金（Income Type Investment Funds）

收入型基金是指主要投资于可带来现金收入的有价证券，以获取当期的最大收入为目的，以追求基金当期收入为投资目标的基金，其投资对象主要是绩优股、债券、可转让大额存单等收入比较稳定的有价证券。这类基金虽然成长性较弱，但风险相应也较低，适合保守的投资者和退休人员。优点是降低了投资者本金遭受损失的风险；缺点是使基金丧失了投资于风险较大但具有成长潜力的有价证券的机会，基金发展受到制约。收入型基金又可分为固定收入型和权益收入型两种。前者主要投资于债券和优先股股票；后者则主要投资于普通股。

2. 成长型基金（Growth Type Investment Funds）

成长型基金以资本长期增值为投资目标，其投资对象主要是市场中有较大升值潜力的小公司股票和一些新兴行业的股票，其特点是风险较大，可以获取的收益也较大，适合能承受高风险的投资者。为达成最大限度的增值目标，成长型基金通常很少分红，而是经常将投资所得的股息、红利和盈利进行再投资，以实现资本增值。成长型基金主要以股票作为投资主要标的。

3. 平衡型基金（Balanced Type Investment Funds）

平衡型基金是指以净资产的稳定、可观的收入及适度的成长为目标的投资基金，其特点是具有双重投资目标，是既追求长期资本增值，又追求当期收入的基金。这类基金主要投资于债券、优先股和部分普通股，这些有价证券在投资组合

中有比较稳定的组合比例。谋求收入和成长的平衡，其风险和年化预期收益状况介于成长型基金和收入型基金之间，风险适中，成长潜力也不是很大。

（三）按基金的受益凭证是否可赎回，可分为开放型基金和封闭型基金

1. 封闭型基金（Close-end Type Investment Funds）

封闭型基金是指基金发行规模和基金存续期在基金设立时已经确定，在发行完毕后的规定期限内基金规模固定不变的证券投资基金，也被称为固定式基金。

2. 开放型基金（Open-end Type Investment Funds）

开放型基金是指基金单位或者股份总规模不固定，基金证券数量及其基金资本金会因发行新的基金证券或投资者赎回本金而变动的基金。投资者既可以通过基金销售机构购买基金，使基金资产和规模由此获得相应的增加，也可以将所持有的基金份额卖给基金并收回现金，使基金资产和规模受到相应的减少。

3. 开放型基金和封闭型基金的区别

（1）基金规模不同。封闭式基金发行上市后，在存续期内，如果未经法定程序认可，不能扩大或缩减基金的规模；而开放式基金的规模是不固定的，投资者随时可以申购新的基金单位，也可以随时向基金管理公司赎回基金单位。

（2）期限不同。封闭式基金均有明确的存续期限，在此期限内已发行的基金份额不能被赎回；开放式基金没有固定的存续期，只要投资人认可基金运作，同时基金规模没有低于规定的最低标准，基金就可以一直存续下去。

（3）买卖方式不同。封闭型基金在首次发行结束后，投资者无法通过向基金管理公司赎回基金单位来获取现金，只能通过向第三方出售基金单位来变现；而开放型基金在首次发行结束后，开放内部交易柜台，允许投资者随时赎回基金单位。

（4）定价方法不同。封闭式基金的买卖在二级市场进行，封闭式基金的价格也会受到市场行情影响，即基金的单位买卖价格主要受市场供求因素的影响；开放式基金则不同，它的申购、赎回价格确定，以每天计算出的基金资产净值为基础，并减去一定的手续费，因此基金的单位买卖价格不受证券市场波动和基金市场的供求关系影响。

（5）投资策略不同。由于封闭式基金不能随时被赎回，基金公司不用担心来自投资者的赎回压力，可以更从容地进行投资，且无需预留准备金，其募集得到的资金可全部用于投资，这样基金管理公司便可据以制定长期的投资策略，取得长期经营绩效；而开放式基金则必须随时应付投资者的申购和赎回，这导致开放式基金必须保留一部分现金，以便投资者随时赎回，而不能尽数地用于长期投资，因而一般投资于变现能力强的资产。

（6）管理难度不同。从管理难度上来看，封闭式基金的管理难度较小，基

金资产可以在基金封闭期内从容运作；而开放式基金的管理难度较大，基金资产的投资组合要求高，开放式基金随时面临赎回压力，须更注重流动性等风险的管理，要求基金管理人具有更高的投资管理水平。

（四）按基金是否公开发行，可分为私募基金和公募基金

1. 私募基金（Private Offering of Funds）

私募基金是指以非公开方式向投资者募集资金设立的投资基金。私募基金的投资单位不对公众开放，只向特定的投资者提供投资机会。私募基金的投资策略多样，包括股权投资、债权投资、风险投资、地产投资等。相比公开基金，私募基金的投资策略更加灵活，不受公众情绪和市场波动的影响，同时也享有更大的投资自由度和机会。然而，私募基金也存在一些风险和限制。由于其非公开性质，私募基金的流动性较差，投资者往往需要长期持有。此外，由于监管较为宽松，私募基金的风险管理和信息披露程度可能相对较低，投资者需要谨慎评估风险并选择合适的基金经理和策略。

2. 公募基金（Public Offering of Funds）

公募基金是一种公开募集的投资基金，旨在向公众投资者开放，通过发行投资单位的方式募集资金，由专业的基金管理公司负责管理和运作。公募基金采用开放式份额，投资者可以随时根据自己的需求购买或赎回基金份额。这种流动性和灵活性使投资者可以根据市场变化和个人需要调整投资组合，提高资金的流动性和灵活性。公募基金要求向投资者提供透明的信息披露，包括基金的招募书、基金公告、季度报告等。投资者可以了解基金的投资策略、投资组合、费用结构等重要信息，使其能够更好地了解和评估基金的状况和表现。

（五）据地域不同，可分为国内基金、国家基金、区域基金和国际基金

1. 国内基金

国内基金是指把资金投资于国内有价证券，且投资者多为本国公民的一种共同基金。

2. 国家基金

国家基金是指在境外发行基金份额筹集资金，然后投资于某一特定国家或地区资本市场的共同基金。这种基金大都规定了还款期限，并有一个发行总额限制，属于封闭型基金。

3. 区域基金

区域基金是指把资金分散投资于某一地区各个不同国家资本市场的投资基金。这种基金的风险较国内基金和国家基金小。

4. 国际基金

国际基金又称全球基金，它不限定国家和地区，将资金分散投资于全世界各

主要资本市场上，从而能最大限度地分散风险。

四、投资基金的运作

（一）投资基金的设立

设立基金的首要条件是需要有发起人。发起人可以是一个机构，也可以由多个机构共同组成。通常情况下，基金发起人必须同时满足以下条件：至少有一家金融机构参与；实收资本占基金规模的一半以上；所有发起人均为公司法人；有至少两年以上的盈利记录；首次认购基金份额不低于20%，并保证在基金存续期内持有基金份额不低于10%。

发起人需要确定基金的性质并制定相关要件。例如，如果是契约型基金，需要有信托契约在内的重要协议；如果是公司型基金，需要有基金章程和所有重要的协议书。这些文件规定了基金管理人、保管人和投资者之间的权利义务关系，以及会计师、律师、承销商的相关情况，还包括基金的投资政策、收益分配、变更、终止和清算等重要事项。一旦发起人准备好所有文件，就需要向主管机关提交申请，申请设立基金。

发起人在筹建基金过程中应享有一定权利，其权利主要是：①有权接受合理的报酬或利润；②有权取得法律认可的特别利益；③有权优先分配剩余财产。

同时，在基金的筹建过程中，发起人也需要承担相应的责任。一旦基金成功成立，发起人既要对基金组织承担责任，又要对第三方负责。

发起人对基金组织承担的责任主要涉及以下方面：如果在基金首次发行时，基金股份或基金债券出现认购不足或认购后未付款的情况，无论发起人是否存在过错，都应负有连带认缴责任。这种责任被称为无过失责任。如果此类情况已经导致了损失，发起人有义务进行赔偿。如果发起人故意或出现重大过失导致基金组织遭受损失，发起人将承担由此造成的损失的连带赔偿责任。

发起人对第三方的责任主要表现在以下方面：在开展基金组织筹建业务时，如果发起人违反国家法律、法规和政策导致他人遭受损失，发起人应承担连带赔偿责任。这些第三方包括基金的认购人。如果由于发起人懈怠工作导致基金价格暴跌，从而导致认购人遭受损失，发起人也应当承担责任。

当基金最终无法成立时，发起人对基金筹建期间的行为和费用负有连带责任，与基金认购人无关。发起人在基金组织筹建过程中的行为包括与基金认购人签订认购契约合同、租用场所、发布招募广告、印刷纸质契约以及借款等。此外，发起人也需对认购人所支付的基金款项承担连带责任，包括归还本金和支付利息。

（二）投资基金的募集

基金的设立申请一旦获主管机关批准，发起人即可发布基金招募说明书，着手发行基金股份或受益凭证。该股票或凭证由基金管理公司和基金保管公司共同签署并经签证后发行，发行方式可分为公募和私募两种，类似于股票的发行。基金募集包括基金发行和基金认购两个环节。

1. 基金发行

基金发行是指在基金管理公司或信托投资机构的基金发行申请获得主管机关批准后，将基金证券或受益凭证向个人投资者和机构投资者进行销售的过程。基金证券的发行是整个共同基金运作过程中的基本环节。

基金证券的发行涉及特定的发行对象、发行日期、发行形式、发行价格、发行数额、发行地点等要素。根据发行形式的差异，基金发行又可以划分为直接发行和间接发行。直接发行是指基金发起人直接向投资者销售基金，而不通过承销商，这种方式主要适用于私募基金；间接发行则是指发起人通过证券承销商进行基金的发行，可能采用招标发行、竞价发行等方式。根据发行对象和范围的不同，共同基金的发行又可分为私募发行和公募发行两种形式。

对于封闭型基金，除了规定发行价格、发行对象、申请方法、认购手续费和最低认购额之外，还需要确定基金的发行总额和发行期限。一旦发行总额达到要求，无论是否到期，基金将会封闭，不再接受新的认购申请。而对于开放型基金，在发行时虽然其总额可以变动，但仍需设定该基金的发行总额和发行期限。如果在规定的期限内无法募集到设定的基金总额，那么该基金将无法成立。

投资基金的发行价格是指基金发起人在初次发行基金时确定的初始基金单位价格。通常，该价格由基金面值和发行费用两个方面组成。在国际市场上，封闭型基金的发行价格可分为平价、溢价和折价三种情况，而开放型基金的发行价格一般是基金面值加上一定比例的首次发行费用。

2. 基金认购

基金认购是指个人投资者和机构投资者按照基金证券发行公告或规定，在基金募集期间、基金尚未成立时，向基金管理公司购买已获得批准发行的基金证券的行为。由于投资基金的类型不同，投资者参与基金投资的方式也有所不同。对于公司型基金，投资者通过购买基金公司的股票来实现投资；对于契约型基金，投资者通过认购受益凭证来进行投资。

一般来说，投资者通过认购基金单位来购买共同基金，即购买基金的受益凭证。封闭型基金只能在发行期内认购，认购价格以面值计算。而对于开放型基金，基金单位的认购价格在首次发行期内按面值计算，发行结束后则按前一营业日或认购当日的资产价值计算。

（三）投资基金的交易

基金交易是指市场上的基金买卖活动。按照惯例，基金在发行结束的一段时间内，通常为 3 至 4 个月，就应安排基金证券的交易事宜，以提高基金的流动性并吸引更多投资者购买基金份额。

对于开放型基金，其投资基金的交易表现为投资者向基金管理公司赎回股票或受益凭证，或向基金管理公司认购股票或受益凭证。开放型基金通常允许投资者在每个交易日进行基金单位的赎回或认购，并且其单位交易价格并非根据市场行情随时波动，而是每天报价，每天只有一个买入价和卖出价。开放型基金的基金单位的买入（赎回）和卖出（认购）价格是根据基金的净资产价值进行计算的。基金单位的买入价格，即赎回价格，是基金单位所代表的资产净值扣除赎回费用后的价格。该价格不受市场供求关系的影响，不会出现溢价或折价的情况，投资者以该价格将基金份额卖给基金公司。

封闭型基金的单位交易价格基于基金单位的资产净值，然而由于封闭型基金发行的单位数量是固定的，而市场需求是不断变化的，因此，在交易过程中，封闭型基金经常出现溢价或折价的情况。封闭型基金的单位交易价格最终由市场供求来确定。

（四）投资基金的投资

设立投资基金后，其核心在于基金的运作。投资基金有一个重要的特征，即分散投资，通过有效的组合来降低风险。因此，基金的投资实际上是实现投资组合的过程，不同类型的共同基金根据各自的投资对象和目标来确定和构建不同的证券组合。根据对风险收益的判断，基金的投资策略可分为三种类型：

1. 高风险高收益型

这类基金的主要目标是为投资者提供资本增值的机会，通常将基金资产投资于较高风险的金融产品，以期望获得更高的回报。

2. 低风险长期增长及收益型

这类基金旨在使投资者获得相对稳定的长期收益。通常，这些基金主要集中投资于高息证券。

3. 一般风险平衡分散投资型

这类基金的目标介于以上两种投资目标之间，同时强调资本增值及收益稳定。

基金管理人在运用基金时，必须遵守法律法规的规定，在基金章程、信托契约所规定的范围内行使自己的权力。

（五）投资基金的收益分配

投资基金在获取投资收益并扣除费用后，需要将投资利润分配给投资者。投资收益的主要来源包括股息收入、利息收入和资本收益，而基金的主要费用包括开办费用、固定资产购置费、管理费、保管费、运营费用、以及支付给管理公司的绩效报酬等。基金收益的分配涉及分配比例、时间和方式等方面，通常在基金契约或其他基金文件中进行规定。

1. 分配比例

分配比例是指从投资利润或基金可分配收益中拿出多大比例来分配给投资者。很多基金都把可分配收益全部分配给投资者，有些基金则不同。

2. 分配时间

基金收益的分配一般都是一年一次，于每个会计年度结束后 1~3 个月内公布收益分配方案，且规定分红的具体时间。我国《证券投资基金管理暂行办法》规定，基金收益分配至少每年一次。国外有的基金视其种类而有不同的分配时间。

3. 分配方式

综观中外各种基金的分配方式，不外乎有三种：

（1）以现金形式发放，这是基金收益分配最常见的形式。

（2）派送基金单位，把应分配的利润折成等额的新的基金单位，送给投资者。这种分配形式实际上是增加基金的资本总额。

（3）既不发放现金，也不派送基金单位，而是把投资收益按基金单位的净资产值折成相应的基金单位份额滚入本金再投资。

上述三种收益分配方式，有的基金只采取其中一种，有的则是几种结合采用。此外，有些基金允许投资者自由选择获利的分配方式。

◎ 扩展阅读

对冲基金简介

对冲基金是一种采用对冲策略的私募基金，它通过利用期货、期权等金融衍生品以及相关联的不同股票进行空买空卖、风险对冲的操作，来降低和化解投资风险。对冲基金起源于 20 世纪 40 年代的美国，当时一位名叫 Alfred Winslow Jones 的财经记者用股票多空对冲的方式来降低熊市的风险，这也就是"对冲"两字的由来。对冲基金最初的目标是降低投资风险，随后逐渐发展为一种投资方式，提供了多样的解决方案，既可以用来规避风险，也可以用来追求高收益。

世界上最大的对冲基金是桥水基金，由雷·达里奥于 1975 年创立，为养老基金、捐赠基金、基金会、外国政府和中央银行等机构客户提供服务，是全球最大的对冲基金，截至 2021 年 3 月，管理资产总额约为 1400 亿美元。达里奥致力于不断创新和发展，确保桥水公司始终适应不断变化的环境，而不是像几十年来的许多竞争对手那样逐渐失去竞争力。在他的领导下，桥水基金一直保持着超额业绩，甚至在金融史上一些最糟糕的衰退期也是如此。他的投资案例包括宝洁和美国国际集团等，但他最为著名的投资案例可能是 2008 年次贷危机时对美国房地产市场的对冲。当时，他准确地预测到房地产市场的崩溃，并采取了一系列措施来对冲风险，这使桥水基金在危机中获得了稳定的回报。

在中国，对冲基金的发展历程比较短。1998 年，光大证券成立了中国第一家对冲基金，标志着国内对冲基金的发展开始。2019 年，国内对冲基金数量已经超过 300 家，管理规模近万亿。对冲基金的优势在于其稳健的收益、较低的风险以及高度的资金使用自由度。由于对冲基金的投资策略多样化，它们可以根据市场环境灵活调整投资组合，降低单一资产的风险。此外，对冲基金通常由经验丰富的专业投资经理管理，具有较强的风险管理能力和资金运作能力。然而，对冲基金也面临着一些挑战，如监管政策的不确定性、市场风险的增大以及人才的缺乏等。

对于中国来说，虽然对冲基金的发展历程较短，但国内市场的逐步开放和金融改革的深入推进，为对冲基金提供了广阔的发展空间。未来，随着中国金融市场的不断成熟和发展，对冲基金的投资策略和市场规模都将继续扩大，为投资者提供更多元化的投资选择。

资料来源：①易纲，赵晓，江慧琴．对冲基金·金融风险·金融监管［J］．国际经济评论，1999（1）：15-22．②黄运成，陈志斌，楼小飞．近期对冲基金业的发展特征及对我国的启示［J］．国际金融研究，2008（2）：4-9.

第三节　期货公司

一、期货公司概述

期货公司又叫期货经纪公司，是指依法设立、接受客户委托、按照客户的指令、以自己的名义为客户进行期货交易并收取交易手续费的中介组织。

期货公司是交易者与交易所之间的桥梁和纽带。期货交易者的交易指令一般都是通过期货公司在期货交易所内予以执行的。期货公司接受客户委托代理期货交易，拓展市场参与者的范围，扩大市场规模，节约交易成本，提高交易效率，增强期货市场竞争的充分性，并为客户提供专业的咨询服务，充当客户的交易顾问，帮助客户提高交易的决策效率和准确性。此外，还对客户账户进行管理，控制客户交易的风险。

按照中国证监会的规定，期货公司不能从事自营业务，只能为客户代理买卖期货合约、办理结算和交割手续；对客户账户进行管理，控制客户交易风险；为客户提供期货市场信息，进行期货交易咨询，充当客户的交易顾问等。期货公司根据业务需要，经中国证监会批准后，可以设立营业部。

二、期货公司的设立条件

期货公司的设立必须依据有关法律、规章，按照规定程序办理手续。在我国，期货公司是依照《公司法》、《期货交易管理暂行条例》及《期货经纪公司管理办法》成立的，经中国证监会批准，并在国家工商行政管理局登记注册的独立法人。公司成立之前，必须经过政府主管部门批准，并到政府有关部门办理登记注册。

最新的 2013 年修订的《期货交易管理条例》规定：申请设立期货公司，应当符合《中华人民共和国公司法》的规定，并具备下列条件：

（1）注册资本最低限额为 3000 万元；

（2）董事监事、高级管理人员具备任职资格，从业人员具有期货从业资格；

（3）有符合法律行政法规规定的公司章程；

（4）主要股东以及实际控制人具有持续盈利能力，信誉良好，最近 3 年无重大违法违规记录；

（5）有合格的经营场所和业务设施；

（6）有健全的风险管理和内部控制制度；

（7）符合国务院期货监督管理机构规定的相关其他条件；

国务院期货监督管理机构根据审慎监管原则和各项业务的风险程度，可以提高注册资本最低限额。注册资本应当是实缴资本。股东应当以货币或者期货公司经营必需的非货币财产出资，货币出资比例不得低于 85%。

国务院期货监督管理机构应当在受理期货公司设立申请之日起 6 个月内，根据审慎监管原则进行审查，作出批准或者不批准的决定。

未经国务院期货监督管理机构批准，任何单位和个人不得委托或者接受他人委托持有或者管理期货公司的股权。

三、期货公司的作用

期货公司为期货投资者服务，它连接了期货投资者和期货交易所及其结算组织机构，在期货市场中发挥着重要作用。期货公司的功能作用主要体现在以下六个方面：

（1）期货公司克服了期货交易中实行的会员交易制度的局限性，吸引了更多交易者参与期货交易，使期货市场的规模得以发展。

（2）经过期货公司的中介作用，期货交易所可以集中精力管理有限的交易所会员，而把管理广大投资者的职能转交给期货公司，使期货交易所和期货公司双方能以财权为基础划分事权，双方各负其责。

（3）期货公司可以汇集很多交易，而且交易制度规则高效，为市场上的交易者提供了一个安全高效的交易场所，有助于交易者节约成本。

（4）代理客户入市交易。期货公司代理客户办理买卖期货的各项手续，向客户介绍和揭示期货合约的内容、交易规则和可能出现的风险等，及时向客户报告指令执行情况或交易结果及盈亏情况。

（5）对客户进行期货交易知识的培训，向客户提供市场信息、市场分析，提供相关咨询服务，并在可能的情况下提出有利的交易机会。

（6）普及期货交易知识，传播期货交易信息，提供多种多样的期货交易服务。

四、期货公司的部门设置

各个期货公司的内部机构设置不尽相同，这些机构的名称也不完全一样，但是根据其业务开展的需要，一般都设有如下部门：

（1）保证金部门。这一部门负责监督每一客户的保证金账户，并密切关注每一客户的财务状况，防止个别客户超越其财务承受能力超量交易而给期货公司带来风险。

（2）结算部门。每一交易日结束后，期货公司都要根据期货结算所公布的结算价格对每个客户的交易进行结算，核对每个客户的所有交易与结算所的记录是否一致，并负责客户和结算所的应收应付款项的清算工作。

（3）交易部门。交易部门，负责将客户的交易指令传给交易所场内经纪人并把场内的成交情况汇报给客户。

（4）客户服务部门。客户服务部门负责向该期货公司的客户提供各种必需的服务，如向客户解释期货交易的有关规则和手续，为客户办理开户手续，向客户报告市场行情等。

（5）实物交割部门。办理交割事务。

（6）发展研究部门。该部门负责研究分析期货市场与相关现货市场的信息，进行市场分析和预测，同时还要研究制定期货经纪公司长期发展战略等。

（7）行政管理部门。该部门主要负责本期货经纪公司内部的行政管理工作。

五、期货公司的业务类型

1. 期货经纪业务

期货经纪业务是期货公司开展的最基本的业务，期货公司收取一定的交易佣金，通过自己的交易渠道代理客户进行期货交易。同时，为客户提供交易、结算、风险管理、行情资讯、信息咨询等配套服务。

2. 期货投资咨询业务

取得期货投资咨询资格的期货公司，根据客户的需求，为客户提供风险管理顾问、信息研究分析、交易咨询等信息服务业务，并收取一定的服务费用。

3. 资产管理业务

期货公司在接受客户的委托后，根据《期货公司监督管理办法》《私募投资基金监督管理暂行办法》的规定以及合约的约定，用客户委托资产进行投资，并根据合约约定收取费用或报酬。

4. 风险管理业务

这类业务包括基差交易、仓单服务、合作套保、定价服务、做市业务以及其他与风险管理服务相关的业务，对同类型业务实施分类管理，行备案制。

◎ 扩展阅读
期货公司风险管理现状、诱因与稀释策略（节选）

在当前经济环境下，期货公司作为市场与投资者之间的桥梁，承担着巨大的风险管理责任。这些风险包括市场行情的波动、投资者的信用问题，以及内部从业人员的道德风险。面对这些挑战，期货公司必须建立高效的风险控制体系，以确保业务的可持续性，并在此基础上进行创新和转型。

市场风险是期货公司面临的首要问题。由于期货交易的特殊性，价格波动频繁，加之杠杆效应，风险被放大。期货公司必须对市场风险有深刻的认识，并采取相应的风险管理措施。信用风险同样不容忽视，客户的违约行为可能给公司带来损失。因此，期货公司需要对客户信用进行严格评估，并制定相应的风险控制策略。

操作风险则是由内部员工的操作失误引发的。期货公司的内部管理制度不健全、交易程序存在漏洞、员工道德素质不高等问题都可能导致操作风险。因此，期货公司需要加强内部管理，提高员工的专业素质和道德水平。

为了应对这些风险，期货公司需要建立长效的风险管控机制。这包括完善公司治理结构，调整业务架构，以及强化对内部从业人员的管理。同时，也需要外部监管环境的支持。我国应设立独立的期货监管部门，并在法律层面明确其监管职责，以此加强行业监管。

在监管逐渐强化的背景下，期货公司内部风控机制的滞后性显得尤为突出。治理结构不完善、风险控制手段单一、风险管控环节存在缺漏等问题，都需要期货公司高度重视并加以解决。期货公司应该倡导合规文化，将风险管理措施具体落实到各阶层、各部门，同时强化内控制度，增强风险意识。

合理的业务结构调整也是降低风险的重要途径。期货公司应发展资产管理和风险管理等创新业务，以提供新的盈利增长点，增强市场竞争力，并分散经营风险。同时，完善公司治理结构，发挥董事会、监事会、股东会对经营活动的监管职能，也是提高风险管理能力的关键。

最后，强化内部员工管理是降低操作风险的有效措施。期货公司应增强从业人员的执业意识，提升其专业素质，建立考核激励机制，以提升员工的工作积极性和责任感。

总之，期货公司的风险管理是一个复杂而多维的问题，需要公司从内部管理到外部监管多方面着手，以确保在激烈的市场竞争中稳健发展。

资料来源：陆岷峰，沈黎怡．期货公司风险管理现状、诱因与稀释策略［J］．湖南财政经济学院学报，2017，33（2）：13-20.

第四节 信托公司

信托公司（Trust Company）为社会经济发展提供与传统金融方式不同的金融服务，并在我国的经济与生活中，逐渐凸显出其特有的作用，业务活动也愈加活跃。然而，信托公司相对应的业务经营机构都还处于变化和发展之中，其各自的演进与我国经济发展水平和状况同行，可以视为我国金融制度改革与创新在特定领域的缩影。

一、信托

（一）信托制度及其发展基础

1. 信托制度的定义

信托制度是指通过法律规定形成的以保护受益人利益为核心的信托体系，这个信托体系包含委托人、受托人和受益人之间明晰的法律关系，委托人将资产交由确定的具有法人组织形态的专业受托人管理，受益人获得有偿性的信托报酬（或代价）。

2. 信托制度的实质

信托制度就是委托人创设的一种在生前（或死亡后）生效的法律安排，并在相应的司法框架下受到法律约束。

3. 信托制度的发展基础

基于对信托制度的基本认识，信托一定是针对财产的某种具体的托付。因而，信托制度发展必须具备如下基础条件：①私有制及剩余财产；②法律基础；③经济发展水平；④社会习惯。

（二）信托业务的分类

信托业务的分类是依一定分类标准，从目的、特点地域等方面对信托业务进行种类划分，使信托活动有别于其他经济活动，具有自身鲜明的特征。科学地划分信托种类是研究其业务特点、分析信托业务与其他经济业务之间联系与区别的重要基础。划分信托业务种类，不但有助于确定信托学研究的范围，了解信托的发展变化及规律，同时也便于改进信托经营方式，加强信托经营管理，建立健全与信托形态相适应的信托法律和制度。按照不同的分类依据，信托可以分为不同的类别。本节将依据以下三个标准对信托业务加以分类，这三个标准是：信托关系建立的特点、信托目的和信托的其他内容。这种分类便于从不同角度来理解信托在经济中的作用。

1. 依据信托关系建立的方式及特点进行的分类

依据信托关系建立的方式及特点进行的分类包括按信托关系确认方式分类、按信托关系能否随时撤销分类和按信托事项的立法依据分类。

（1）按信托关系确认方式，可将信托分为任意信托、法定信托和强制信托。

1）任意信托。任意信托是指信托关系主要出于委托人的自由意思，经受托人同意而成立，不受外力干预，而且信托当事人（委托人、受托人、受益人）的意思表示明白且记录在有关信托文件（契约或遗嘱）之中，故又称自由信托。又因其意思表示记录在文件中，所以亦称为明示信托。任意信托的意思表示以委托人意思表示为最重要的依据，但是也必须是受托人同意受托，受益人乐于受益。这类信托是信托中最为普遍的一种。

2）法定信托。法定信托是指由司法机关依法律的规定，推测当事人可能的意思表示，并以此确定信托关系。这种信托的成立缺少信托关系形成的明白表示，须经司法机关根据该项关系的内容，考察有关文件资料来确定当事人的信托意思表示，然后断定各当事人之间是否是一种真正的信托关系，所以又称为确定信托，或指定信托。

3）强制信托。强制信托是一种强制的法定信托。司法机关以公正公平的法律观念，用法律上的强制解释权，不问当事人的意思表示如何，强制断定有关当事人之间的关系是一种信托行为关系。强制断定这种信托是为了制止某人用诈欺、错误或不法行为攫取他人财产，即只承认该人是法律上的受托人，不承认其是产权的绝对所有人。

（2）按信托关系能否随时撤销进行分类，可分为随时撤销和不能随时撤销的信托。

1）信托关系能随时撤销的信托。能随时撤销信托关系的信托是指以法院为委托人的信托，当时信托的成立，是法院的命令所致。因此，法院可以随时以命令形式变更信托条件或撤销信托关系。此种信托，对委托人来说比较便利，但对受益人的利益而言具有不确定性。

2）信托关系不能随时撤销的信托。不能随时撤销信托关系的信托是一种比较普通的信托，即成立信托的文件中订明信托关系不能随时解除。

3）按信托事项的立法依据进行分类，可将信托划分为民事信托、商事信托和民事商事通用信托。

a. 民事信托。民事信托是指依据各种民事法律，如民法、婚姻法、经济法、劳动法、继承法而建立的信托关系和发生的信托事项。民事信托旨在调整财产关系和人身关系。

b. 商事信托。商事信托是指依据各种"商事法"（商法），如公司法、票据法、保险法和海商法而建立的信托关系和发生的信托事项。商事信托旨在调整企业商业活动和经济活动关系。例如，股份公司的设立、改组、合并、解散与清算的信托，公司债（企业债）的发行，还本付息的信托，商务管理的信托，商业人寿保险的信托等。这些信托事项均为商事信托。

c. 民事商事通用信托。商事信托与民事信托的界限有时没有明显的区别。因为两者有较为密切的联系，所以有些信托事项两者可以通用，既可划为商事信托类，也可划为民事信托类。

2. 依据信托目的进行的分类

依据信托目的进行的分类包括按设定信托受益人性质分类、按受托人是否营利分类和按信托目的进行分类。

（1）按设定信托受益人性质进行分类，可将信托划分为公益信托和私益信托。

1）公益信托。公益信托是指为增进社会公共利益，使社会公众或者一定范围的社会公众受益而设定的一种信托。具体来说，就是为了救济贫困、救助灾民、扶助残疾人、发展教育、科技、文化、艺术、体育、医疗卫生事业，发展环境保护事业、维护生态平衡，以及发展其他社会公益事业而依法设立的信托。公益信托通常由委托人提供一定的财产设立，由受托人管理信托财产，并将信托财产用于信托文件指定的公益目的。其受益人不是特指某一个人，而是社会中有资格享受这种利益的人，受益人范围较宽。

2）私益信托。私益信托是指委托人为了特定受益人的利益而设立的信托。受益人范围窄，一般又可分为自益信托和他益信托。自益信托是指委托人为了自身的利益而设立的信托，从理论上来讲，委托人和受益人都是信托关系人，虽同为一个人，但信托关系仍存在。他益信托则是指信托的目的是为委托人指定的第三者谋利。

（2）按受托人是否营利进行分类，可将信托划分为营利性信托和非营利性信托。

1）营利性信托。营利性信托是指受托人以收取报酬为目的而承办的信托业务。营利性信托是在信托发展到一定阶段以后出现的，信托事项经历了从无偿到有偿收费，再到追求盈利的发展过程。

2）非营利性信托。非营利性信托是指受托人不以收取报酬为目的而承办的信托业务。从受托人角度来看，他并不以收取这种报酬为目的。在现代信托制度下，这类信托的目的是提供一种社会服务，如为慈善事业、文教事业、科技事业等举办的公益信托。

（3）按信托目的进行分类，可划分为担保信托、管理信托和处分信托。

1）担保信托。担保信托是指受托人掌握信托财产的产权之目的在于保护受益人的合法权益。这种信托业务在保护受益人合法权益时，是通过掌握信托财产的产权来保证信托财产的确实与安全来实现而不是通过管理和运用信托财产来实现的。

2）管理信托（或称财产管理信托）。管理信托的受托人掌握信托财产的目的在于保护财产的完整，维护财产的现状，不变更财产的方式或形态，并收取此项财产的固有收益和支付应支付的必要费用，以使这种财产不致有任何损失。在信托关系中，信托受益人可以是委托人本人，也可以是第三者。

3）处分信托（又称使用和处分信托财产处理信托）。处分信托的受托人掌握信托财产的目的在于使用和支配信托财产，处理这种信托财产，以使信托财产的本身价值增加，或使信托财产收益增加。为实现上述目的，受托人掌握信托财产物上代位权，允许受托人变更信托财产的方式和形态。

3.依据信托的其他内容分类

依据信托的其他内容分类包括按信托财产形态进行分类、按委托人性质进行分类和按设定信托涉及的地域范围进行分类等。

（1）按信托财产的形态进行分类，可将信托划分为资金信托、动产信托、不动产信托和债权信托。

1）资金信托。资金信托是指受托人受领的信托财产是货币形态的资金，在信托终了或依信托契约规定，归还原本金（信托财产）时，仍以金钱给受益人的信托。信托贷款、证券投资信托或年金信托等都是这种形式的信托。

2）动产信托。动产信托是指接受的信托财产是动产的信托，它是不动产信托的对称。所谓动产，是指可以移动的财产，如交通工具、设备、原材料等一切可以搬运、移位的财产。因此，动产信托又称设备信托或动产设备信托，它是财产信托的一种，是主要以动产（主要指契约设备）的管理和处理为目的而设立的信托。

3）不动产信托（或称房地产信托）。凡以不能移动的财产，即移动后会引起性质、形态等变化的财产为信托财产而成立的信托称为不动产信托。

4）债权信托。债权信托是指委托人将债权移转给受托人，在此项债权给付清算后再交委托人或受益人管理、使用或支配的信托。在此信托关系成立时，委托人转移给受托人的债权，不是实物形态的信托财产。

（2）按委托人性质进行分类，可将信托划分为个人信托业务、法人信托业务及个人和法人通用信托业务。

1）个人信托业务。个人信托业务是指个人委托人设定的信托业务。

2）法人信托业务。法人信托业务是指法人委托人设定的信托业务。

3）个人和法人通用信托业务。个人和法人通用信托是指个人和法人均可以作为委托人设定的信托业务。

这种以委托人性质划分的分类方式便于了解信托的主要业务内容，也有利于进行经营管理或监管。

（3）按设定信托涉及的地域范围进行分类，可将信托划分为国内信托和国际信托。

1）国内信托。国内信托是指信托业务所涉及的范围限于一个国家境内，或者说信托财产的运用只限于一国范围之内的信托。

2）国际信托。国际信托是指信托业务所涉及的事项已超出了一国的范围所引起的信托财产在国与国之间的运动。

二、信托公司

信托公司是指依照法律授权并以受托人资格从事信托业务的法人组织，泛称为信托业。由于法人在处理信托业务的经验和能力上要比自然人有更多的可靠性和安全性，因此各国一般都把受托人明确为法人机构。由于当代信托公司涉及的业务范围较广,既包括一般的民事信托业务,又包括多种金融业务,并提供有特色的投资管理、财产规划等投资服务,所以其在一些国家或某些时期又被称为信托投资公司。在大多数国家,信托公司都以追求一段时期内高额回报的投资理财或追求财产持久获利、平稳增长的财产管理服务为主要业务。

我国的信托业务是指信托公司以营利和收取报酬为目的,以受托人身份承诺信托和处理信托事务的经营行为。我国不存在自然人作为注册的受托人从事适法性信托业务的情况。

(一) 信托机构的特征

1. 与资本市场关系密切

信托公司除经营一般信托业务外,还从事与资本市场相联系的各种特定目的的投融资业务。信托公司开展信托业务实际上包含各个不同性质的过程,第一个过程是信托公司向自然人、法人或其他组织提供信托产品,筹集信托资金,是典型的信托活动。第二个过程是信托公司在获取受托管理的资金或其他财产后,通过专业化管理把这些资金或其他财产运用于货币市场、资本市场或其他商品市场、不动产市场,并获取财产增值,这个过程进行的是财产管理活动或投资活动。可以看出,信托公司的经营与资本市场关系密切,促进了资本的形成。

2. 经营方式灵活多样

这一特征主要体现在信托公司能够把融资和融物结合、把间接融资和直接融资结合、把一般的理财活动和资本市场投资结合。此外,信托公司业务经营面较广,可结合不同方式方法、不同地区的经济差别以及不同经济关系的特点,灵活地开展业务,与商业银行、保险公司等金融机构相对单一的资金运作方式形成明显对比。

3. 服务性突出

信托公司作为专业理财机构,是标准的受托人,受托为委托人或受益人的利益服务。例如,为谋求事业的平稳发展进行财产管理,为谋求财富增值进行投资理财,为慈善目的或其他特定目的进行财产运作。信托公司经营业务的准则是受托为他人利益着想、为他人谋利,因而收取的是手续费性质的信托报酬。这一点是信托公司与商业银行、保险公司等机构运作最大的不同之处,即后者作为社会资金运行中的中间借款人和中间贷款人出现,而不是受托人。此外,信托公司聚集了一批专业人才,加上先进的技术手段、多样化的信息渠道和分类明确的专业管理优势,具备为委托人带来高于社会平均利润率的收益之能力。例如,有的信托公司以资金信托为主,在证券投资或实业投资方面具有丰富的资金运用经验;有的信托公司以财产信托为主,在资本营运、企业兼并重组等方面具有突出优势;有的信托公司以管理各种基金为主,具有较强的基金管理经验。信托公司的这种比较优势是信托公司立于不败之地的根本所在。

（二）信托公司的职能与作用

1. 信托公司的职能

（1）为人管业、代人理财的本业职能。信托公司的本业职能是财产事务管理职能即接受客户委托，代客户管理、经营、处置财产，概括来说就是"受人之托、为人管业、代人理财"。这是信托公司最基本、最能反映其行业特征的职能。

社会经济越发达，社会分工的专业化程度就越高，个体参与者的活动越来越被局限于社会的某一个领域或行业。从理财的角度来看，当财富积累到一定水平，财富的拥有者很难完全通过个人的力量来实现对个人财产的最优管理和运用，必然产生借助于他人的能力、知识以及经验来管理和运用财产的需求。在代客理财业务中，资金信托业务是信托公司的主要业务。

（2）融通长期资金职能。长期资金的融通职能是在本业职能以外，信托公司派生出来的与其他金融机构共有的职能。这一职能是指信托公司能够对长期资金进行融通。信托财产可以是货币，也可以是其他形态的财产。在动产理财中有对资金融通形式的区分，有时以融物的形式进行融资（如信托公司为企业办理动产信托业务），有时以货币资金的形式进行融资（如信托公司为客户办理资金信托业务）。

（3）协调经济关系职能。协调经济关系的职能是信托公司在本业职能以外派生出来的与其他金融机构共有的一个职能。信托公司协调经济关系的职能是指信托公司在处理信托业务的过程中，实现对各种经济关系调整的职能。受托人在复杂的信托关系中作为委托人与受益人的中介，充当代理人、见证人、担保人、介绍人、咨询人、监督人。信托公司通过信托业务的办理充当上述角色，使各方建立起相互信任的关系，并实现一定程度的调整。总之，在现代的社会分工、部门协作生产条件下，信托公司从事上述类似于经纪人的活动使各方面建立起相互信任的关系，加强了各方的沟通与合作。信托公司在使各方关系更加协调、有序的同时促进了地区之间的物资和资金融通，在社会经济发展中发挥着独特作用。

2. 信托公司的作用

信托公司经营的特殊性使其在职能发挥的过程中，对经济运行产生了不同于其他金融中介机构的特殊作用，主要表现在以下几个方面：

（1）促进商品经济充分发展；

（2）有利于增加个人财富，更新财富传统继承观念；

（3）促进公益事业的发展，推动社会进步；

（4）促进企业融资、重组等各种商事活动的顺利实现。

（三）信托公司的经营与风险防范

1. 信托公司的经营特点

（1）资金来源的特点。信托资金是信托开展的重要基础。资金的信托投资是当代信托公司提供的核心服务，这种服务可以由专门化的信托投资机构来提供，也可以由银行的信托部或一般的信托公司来提供。不论哪类信托机构经营信托业务，从中外信托业吸收的资金情况来看，信托资金有定期、数整、额大的特点，极少或根本不吸收活期存款资金。

（2）资金运用的特点。信托公司的资金运用主要反映在对长期资金的融通上。如对上市公司股票、债券（公债、国库券、公司债券、金融债券）的投资，贷款信托业务，养老金信托业务，对生产企业的直接投资，对住宅建筑和企业建筑的投资等。信托资金运用的特点是：与资本市场关系密切，以各种证券投资为主；可进行短期证券投资，但不办理短期放款；以信托公司特有的方式实现储蓄向投资的转化，降低了投融资风险、委托人参与成本和交易成本，解决了代理监督问题。

（3）利润来源的特点。佣金和手续费是信托机构的主要利润来源。一般来说，信托公司的利润主要有两部分，一部分是信托公司固有财产产生的利润，也叫自营业务利润；另一部分是经营信托业务获得的利润，也叫信托业务利润。自营业务利润主要是对外投资所得的红利，信托业务利润主要是管理信托财产获得的手续费和佣金。

（4）支付准备的特点。相比较而言，传统的金融机构中只有银行需要必要的支付准备，银行作为中间债务人对债权人到期债务的及时偿还而言极为重要，必须保持必要的流动性，因而需要支付准备。而信托公司不需要支付准备，因为信托机构不存在作为债务人正常支付款项的问题，它是作为受托人在一定信托目的的前提下从容运用资金的。

2. 信托公司面临的主要风险

信托公司在不同的市场环境下所面对的风险不尽相同。通常对金融风险的一般分类与分析，也可在一定范围内适用于分析信托公司的风险。本节主要基于我国信托公司的风险管理环境进行分析。

（1）信托公司经营目标多样化带来的风险。信托公司的经营目标可以从两方面来界定。对于信托公司的自有资产，其经营目标是实现盈利，即目标是要保证公司出资人或股东权益的最大化，这是一个直接实现目标的过程。另一方面，在信托资产经营中，要尽量实现委托人和受益人权益的最大化，从而保证信托公司的信誉，使信托公司赢得公众的信任，以此来实现业务的扩大，间接实现股东权益最大化。经营目标对内部风险管理的影响主要表现在经营目标决定风险管理上，因此，鉴于信托公司经营目标的相对复杂化，我国信托公司内部风险管理体系的建立与实施，必须建立在股东、委托人和受托人三方利益最大化的目标基础之上。在对不同的资产进行管理时，要根据不同的经营目标制定不同的风险管理战略。

（2）盈利多渠道带来的风险。信托公司是金融机构中唯一可以直接联结金融资本和产业资本的金融机构，信托公司的一大优势是：在货币市场上可以与金融机构进行金融往来、同业拆借；在资本市场上，可以发起基金管理公司、证券公司，可以做投资银行业务。信托公司的另一个重要的优势是可以直接投资，如投资房地产行业等。正是因为这种优势有利于信托公司的资源整合，因而可以使其发挥出其他金融机构所不能发挥的重要作用。但也正因为如此，给信托公司的风险防范带来了复杂性。

（3）国有股高度集中带来的风险。我国几家大的信托公司几乎全是国有股东控股公司。第一类是地方政府控股公司，有的通过地方政府的财政厅直接控股，有的通过国资委控股，有的通过地方政府控制下的集团公司或者投资经营公司直接控股；第二类是国家特大型企业或者产业集团公司控股公司；第三类是金融控股集团公司控股公司，在这种股权结构中没有真正的利益制衡机制，股东缺乏来自不同出资股东之间该有的内在利益的真正制衡。

3. 信托机构的风险防范与控制

（1）加强信托公司的内部控制。有效的内部控制必须覆盖机构所有的部门和岗位，渗透到各项业务过程和各个操作环节，不能留有任何死角。一般说来，内部控制的基本内容包括三个方面：一是恰当的职能分离，对容易发生风险的业务环节实行有关职能的分离。二是双人原则，对重要岗位如资金交易、信贷管理、财务会计等要实行双人、双职、双责，对相关活动进行交叉核对并由双人签字。三是独立审计，通过设立专门的内部审计部门或聘请外部审计机构，对信托公司的各项业务活动、内部控制执行情况以及财务报表等进行独立、客观的审查和评价。独立审计能够及时发现内部控制中存在的问题和风险隐患，提出改进建议，确保内部控制制度的有效性和合规性，为信托公司的稳健运营提供保障。

（2）建立科学严密的决策机制。防范信托风险要把工作重点放在对风险的研究、分析和控制上，要重视做好事前防范工作。必须按照决策权、经营权、监督权分离的原则，理顺决策程序、限定操作权限、加强监督力度，使三者相互独立，努力将风险牢牢控制在决策层手中。为保证科学决策，必须成立专门的决策评审委员会对固定资产贷款、大额流动资金贷款及大额投资项目进行评委会人员集体评审，遵守评委会建立的议事规则和否决制度，使评估决策建立在民主、科学的基础上。

（3）完善风险预测预警制度。建立预测预警机制是防范风险的重要手段，这种机制可以使信托公司科学、准确地预测风险，及时、灵敏地发出风险信号，达到化解风险的目的。为建立风险预测预警机制，必须先要确立一系列的指标体系，对风险程度进行定量分析。指标体系一般划分为两类：一类是由公司的监管部门重点掌握的综合指标，包括资产规模、资本充足率、委托与自营存贷比例、担保限额比例、资产流动比例、资产变现比率等；另一类是由业务部门控制的单项指标，包括投资项目进展情况、信贷业务中的逾期贷款比例、催收贷款比例等。

（4）规范业务操作流程。业务操作流程虽然是程序问题，却是信托业风险控制的关键环节。信托公司必须采用规章制度的形式使业务操作流程明确化、制度化，以减少操作失误带来的风险。业务操作规程的高效性、严格性不仅体现在相关岗位的操作方法和控制步骤准确衔接、协调配合以及业务流程的连贯顺畅上，还体现在相关环节之间合理的监督制约关系上。

◎ 扩展阅读
信托行业在我国的发展

按照信托行业主营业务变迁来划分，我国信托业 40 多年的发展历程大致可以分为四个阶段：

（1）野蛮生长期（1979—2000 年）。从 1979 年中国国际信托的诞生到 2001 年《信托法》的正式发布之前。这一阶段信托公司主营业务为融资平台类业务，依靠政府信用，通过吸收信托存款、拆借以及海外发债等各种渠道融资，向企业发放贷款。同时，信托公司也从事进出口贸易、房地产开发、租赁等投资经营活动。由于法律法规、监管制度的缺失，许多信托机构盲目扩张、管理混乱，并且往往影响国家的宏观调控，信托行业常常出现"宏观发烧、信托吃药"的现象，在 1982 年至 1999 年期间，经历了五次行业清理整顿的"阵痛"，其中以从 1999 年开始的第五次清理整顿工作最为彻底和有效。

（2）艰难探索期（2001—2007 年）。从 2001 年"一法两规"的提出到 2007 年"新一法两规"的颁布。信托行业的第五次彻底整顿，引致 2001 年《信托法》和 2002 年《信托投资公司管理办法》《信托投资公司资金信托管理暂行办法》（被称为信托行业的"一法两规"）的出台。信托业与银行业、证券业严格的分业经营体制正式建立，信托业定位为主营信托业的金融机构，存贷款类业务被压缩清理。无法持续经营的信托公司被停业整顿、关闭和撤销，68 家信托公司的格局初步确立。这一阶段,信托公司开始了信托业务的探索和尝试,相继推出了基建信托、房地产信托、证券信托等信托产品,但在规模和收入上并未形成较大贡献,信托公司的主营业务是表内投资业务,投资业务的收入占信托行业收入的90%以上。

(3) 迅猛发展期 (2008—2017年)。从2008年"4万亿"刺激政策到2018年资管新规的发布之前。2007年,中国银监会发布《信托公司管理办法》和《信托公司集合资金信托计划管理办法》(被称为"新两规")。"新两规"将"信托投资公司"这一名称变更为"信托公司",并要求信托公司剥离实业投资业务,反映了弱化固有资金投资业务、强化信托业务的监管导向。2008年,为应对国际金融危机的冲击,我国推出了"4万亿"经济刺激计划。2010年经济出现过热苗头,监管政策开始收紧,规避监管限制的银信合作规模快速扩张,加之房地产、基础设施等行业处于上升周期,融资性信托业务也快速增长。从2008年至2017年的十年里,信托资产规模扩张了近30倍,从2007年底的0.95万亿元发展到2017年末的26.25万亿元。这一阶段,信托公司的主营业务主要为融资类信托、事务管理类信托。

(4) 整顿回归期 (2018年至今)。从2018年资管新规开始。2018年4月,《关于规范金融机构资产管理业务的指导意见》(以下简称资管新规)发布,标志着资管行业迎来新一轮变革。监管明确按照资管产品的类型适用统一的监管标准,打破刚性兑付,清理影子银行。商业银行建立理财子公司,实质性推进金融机构回归本源,实现重大金融风险的防范和化解。2020年,信托行业开始了严格的"两压一降"政策,即压降信托通道类、融资类业务规模,加大对表内外风险资产的处置,安信信托、四川信托、新时代信托、新华信托等多家高风险信托公司被重整或接管。2022年,新业务分类办法发布,发展资产管理信托、服务信托、慈善信托成为信托行业转型的新方向。

资料来源:中国信托业协会.2022年信托业专题研究报告 [R]. 北京:中国信托业协会,2022.

 **本章测试题**

一、名词解释

1. 投资基金
2. 封闭型基金
3. 私募基金

4. 信托制度

二、简答题

1. 简述投资基金的特点。
2. 简述公司型基金与契约型基金的区别。
3. 简述期货公司的作用。

三、论述题

请论述其他金融机构在金融市场中的作用和影响。

◎ 扩展阅读

证券投资基金规模适度性研究——基于中国市场的证据

摘要： 随着社保、养老金等中长期资金的大规模入市，中国公募基金规模面临更快扩张，那么基金规模究竟是可以无限扩张还是存在制约？本文研究发现，基金规模扩张会受到基金经理与投资者之间的委托代理冲突、边际规模报酬递减、投资者大规模赎回的制约。基于此，本文提出了基金管理规模适度区间的概念及其相应计量模型，并借此对 2011—2019 年中国公募基金市场规模的适度性进行实证判断和检验，结果显示：①中国公募基金的平均管理规模在 2015 年之前过大，2016 年之后趋向适度，而在 2019 年出现偏小现象。②中国基金市场规模适度区间的上、下限呈现逐年减小趋势，但二者的差值，即适度性区间的宽度却逐年增加。③规模适度基金的业绩表现远好于规模不足和规模过大两类基金，但市场上的规模适度基金占比则小于另外两类基金。最后，本文就如何提升公募基金，尤其是对安全性和营利性要求更高的养老保险基金的规模适度性提出了相应对策建议。

资料来源：张琳琳，沈红波，范剑青. 证券投资基金规模适度性研究——基于中国市场的证据 [J]. 金融研究，2022（3）：189-206.

影子银行、信托资金行业投向与系统性风险

摘要： 影子银行资金投向复杂，防范风险跨行业交叉传染成为当前规范影子银行发展的重点。本文以资金信托行业投向作为影子银行的代理变量，采用 ΔCoVaR 模型，利用来自 19 个行业的资金信托投向数据测算尾部风险指标，分析以信托业为代表的影子银行部门系统性风险的生成机理和风险传导路径。研究发现，由本文模型测算的以信托业为代表的影子银行部门系统性风险主要由行业间

关联性驱动，时间维度上具有顺周期性；通过构建指标识别出系统重要性行业和系统脆弱性行业，对前者的溢出效应和后者的吸收效应采取必要的风险隔离措施。因此，在经济上行周期，应通过完善监测系统来捕捉影子银行可能出现的风险，对与影子银行相关的行业采取重点监管措施，防范在下行周期风险出现跨行业扩散，减轻实体经济受到的影响。

资料来源：宋鹭，赵莹瑜，方意. 影子银行、信托资金行业投向与系统性风险 [J]. 国际金融研究，2022（6）：64-74.

中国期货业发展的阶段性特征及未来展望

摘要：中华人民共和国成立以来，中国期货业经历了起步探索、治理整顿、规范发展和创新发展四个阶段，每个阶段都面临着不同问题，具有鲜明的产业发展阶段性特征。党和政府将期货业放在建设社会主义市场经济体系的大范畴中，在其不同发展阶段出台了一系列方针政策，激发了期货市场功能，取得了显著成就，积累了丰富经验。纵观行业内外，未来中国期货业将呈现行业竞争集中化、服务对象实体化、市场范围国际化、交易策略程序化的趋势，期货业各参与主体需要采取切实对策应对行业发展。

资料来源：张国胜，王文举. 中国期货业发展的阶段性特征及未来展望 [J]. 经济与管理研究，2019，40（11）：41-55.

参考文献：

[1] 徐琼，赵旭. 我国基金经理投资行为实证研究 [J]. 金融研究，2008（8）：145-155.

[2] 张国胜，王文举. 中国期货业发展的阶段性特征及未来展望 [J]. 经济与管理研究，2019，40（11）：41-55.

[3] 于洪，曾益. 退休年龄、生育政策与中国基本养老保险基金的可持续性 [J]. 财经研究，2015，41（6）：46-57+69.

[4] 姚铮. 证券与期货 [M]. 北京：清华大学出版社，2008.

[5] 吴世亮，黄冬萍. 中国信托业与信托市场 [M]. 北京：首都经济贸易大学出版社，2010.

[6] 王鲁志. 证券投资基金实务教程 [M]. 上海：复旦大学出版社，2011.

[7] 张琳琳，沈红波，范剑青. 证券投资基金规模适度性研究——基于中国市场的证据 [J]. 金融研究，2022（3）：189-206.

[8] 宋鹭，赵莹瑜，方意. 影子银行、信托资金行业投向与系统性风险 [J]. 国际金融研究，2022（6）：64-74.

📋 测试题答案

一、名词解释

1. 投资基金：投资基金是一种金融机构，它通过发行基金份额或收益证券来集中小额投资者的资金，并由专业管理人员将这些资金分散投资于股票、债券或其他金融资产。同时，投资基金将投资收益分配给基金持有者。

2. 封闭型基金：封闭型基金是指基金发行规模和基金存续期在基金设立时已经确定，在发行完毕后的规定期限内基金规模固定不变的证券投资基金，也被称为固定式基金。

3. 私募基金：私募基金是指以非公开方式向投资者募集资金设立的投资基金。私募基金的投资单位不对公众开放，只向特定的投资者提供投资机会。

4. 信托制度：信托制度是指通过法律规定形成的以保护受益人利益为核心的信托体系，这个信托体系包含委托人、受托人和受益人之间明晰的法律关系，委托人将资产交由确定的具有法人组织形态的专业受托人管理，受益人获得有偿性的信托报酬（或代价）。

二、简答题

1. 简述投资基金的特点。

小额投资，费用较低；组合投资，分散风险；专业化运作，专家管理；买卖便利，流动性强；种类繁多，选择性强。

2. 简述公司型基金与契约型基金的区别。

（1）法律依据不同。公司型基金组建的依据是公司法，而契约型基金的组建依照基金契约。

（2）基金财产的法人资格不同。公司型基金具有法人资格，而契约型基金没有法人资格。

（3）发行的凭证不同。公司型基金发行的是股票，契约型基金发行的是受益凭证。

（4）投资者的地位不同。公司型基金的投资者作为公司的股东有权对公司的重大决策发表自己的意见，行使股东权利，而契约型基金投资者仅为受益人。

3. 简述期货公司的作用。

（1）期货公司克服了期货交易中实行的会员交易制度的局限性，吸引了更多交易者参与期货交易。

（2）期货交易所和期货公司双方能以财权为基础划分事权，双方各负其责。

（3）期货公司可以汇集很多交易，而且交易制度规则且高效。

（4）期货公司可以及时向客户报告指令执行情况或交易结果及盈亏情况。

（5）对客户进行期货交易知识的培训。

（6）普及期货交易知识，传播期货交易信息，提供多种多样的期货交易服务。

三、论述题

请论述其他金融机构在金融市场中的作用和影响。

答题思路：（1）金融机构的定义和种类。请简要介绍这些机构的基本定义和主要分类。

（2）这些金融机构的主要业务活动。请详细描述这些金融机构的主要业务活动，如投资银行业务、证券承销、并购咨询等。

（3）这些金融机构对金融市场的影响。请分析这些金融机构对金融市场的主要影响，包括提高市场流动性、提供风险管理工具、推动金融创新等。

（4）这些金融机构的风险及监管。请讨论这些金融机构在运营过程中可能产生的风险，如市场风险、信用风险等，并就如何对这些风险进行监管进行深入探讨。

（5）未来的发展趋势。请预测这些金融机构未来可能的发展趋势，以及它们在金融市场中的作用和影响。